我们这个很大的国家，可以说只有两块地方：
一块叫城市，另外一块叫乡村

1.

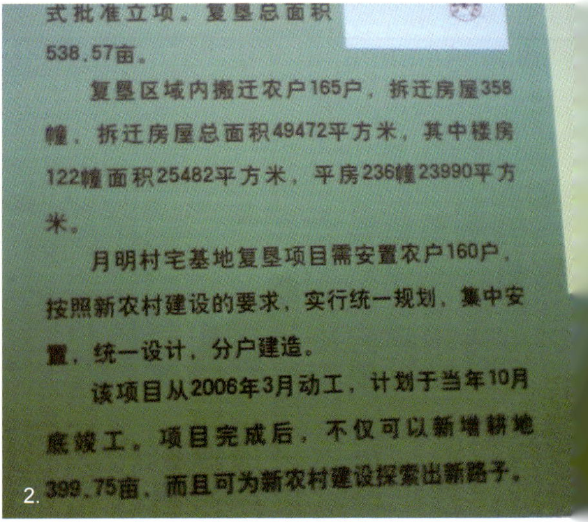

式批准立项。复垦总面积538.57亩。

复垦区域内搬迁农户165户，拆迁房屋358幢，拆迁房屋总面积49472平方米，其中楼房122幢面积25482平方米，平房236幢23990平方米。

月明村宅基地复垦项目需安置农户160户，按照新农村建设的要求，实行统一规划、集中安置，统一设计，分户建造。

该项目从2006年3月动工，计划于当年10月底竣工。项目完成后，不仅可以新增耕地399.75亩，而且可为新农村建设探索出新路子。

2.

1 2006年7月，北京大红门外，典型的城乡接合部

2 2006年5月，浙江长兴月明村的宅基地复垦项目介绍

3 2009年1月，都江堰，街上到处挂着土地确权的标语

4 2008年3月，都江堰，在大观镇茶坪乡向娥村与当地村民一起讨论

5 2008年11月，参观北京郑各庄——“建在集体土地上的城”

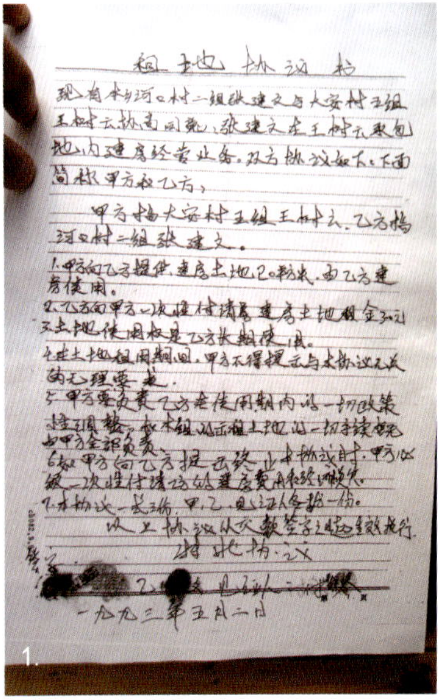
租土地协议书
一九九三年五月二日
1.

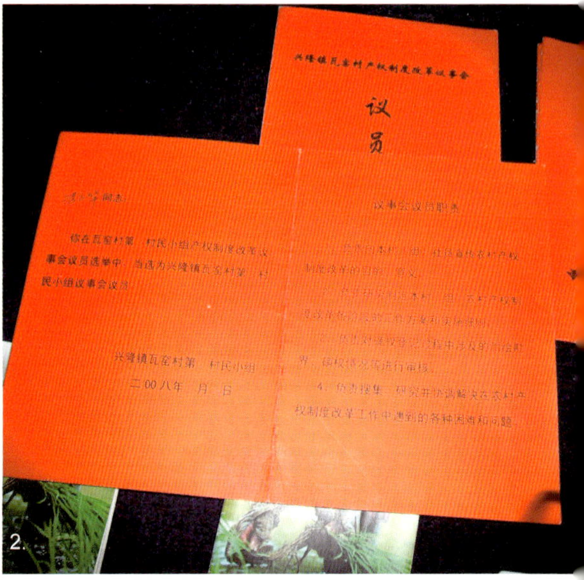
兴隆镇瓦窑村产权制度改革议事会
议员
议事会议员职责
兴隆镇瓦窑村第 村民小组
二00八年 月 日
权制度改革工作中遇到的各种困难和问题。
2.

3.

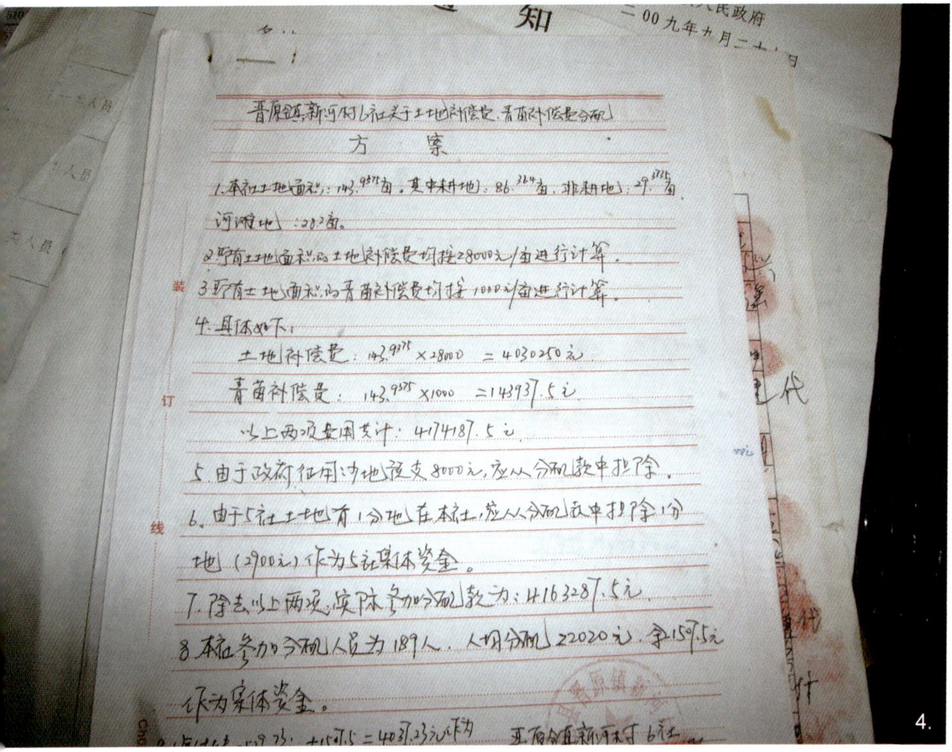

晋原镇新向村6社关于土地补偿费、青苗补偿费分配

方　案

1. 本社土地面积：143.9375亩，其中耕地：86.364亩，非耕地：29.3735亩，河滩地：28.2亩。

2. 所有土地面积的土地补偿费均按28000元/亩进行计算。

3. 所有土地面积的青苗补偿费均按1000元/亩进行计算。

4. 具体如下：

土地补偿费：143.9375 × 28000 = 4030250元

青苗补偿费：143.9375 × 1000 = 143937.5元

以上两项费用共计：4174187.5元

5. 由于政府征用沙地预支8000元，应从分配款中扣除。

6. 由于6社土地有1分地在本社，应从分配款中扣除1分地（2900元）作为5社集体资金。

7. 除去以上两项，实际参加分配款为：4163287.5元。

8. 本社参加分配人员为189人，人均分配22020元，余1507.5元作为集体资金。

4.

5.

1 2009年1月，都江堰，当地村民出示的签于1993年的租地协议书

2 2009年7月，成都双流县，当地村民成立的产权制度改革议事会的议员证

3 2010年5月，唐山曹妃甸，密密麻麻的楼盘规划

4 2010年2月，大邑晋原镇，新向村关于土地补偿费、青苗补偿费的分配方案

5 2010年7月，都江堰，进行土地确权和新农村规划后的茶坪乡向娥村

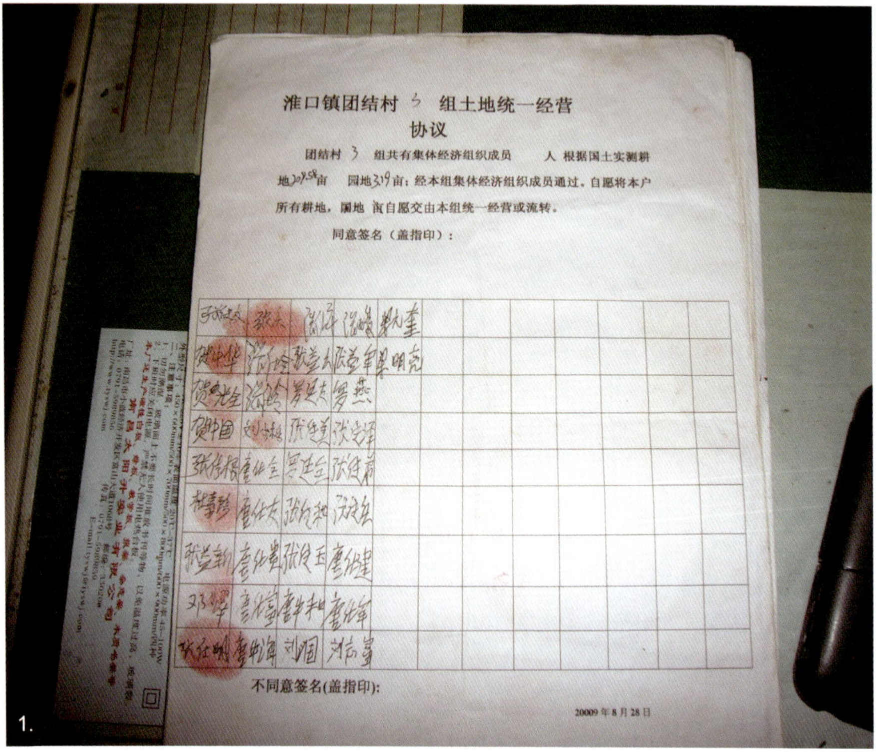

1 2010 年 1 月，成都淮口镇团结村，村民签署的土地统一经营协议

2 2010 年 1 月，都江堰，村子里的还权赋能标语

3 2010 年 9 月，成都大邑县，当地农民关于土地确权已经有了各类权证

4 2011 年 7 月，边城满洲里

耕地保护合同
（农户）
成都市国土资源局 监制
中华人民共和国
农村土地承包经营权证
中华人民共和国农业部监制
中华人民共和国
房屋所有权证
中华人民共和国
集体土地使用证

3.

4.

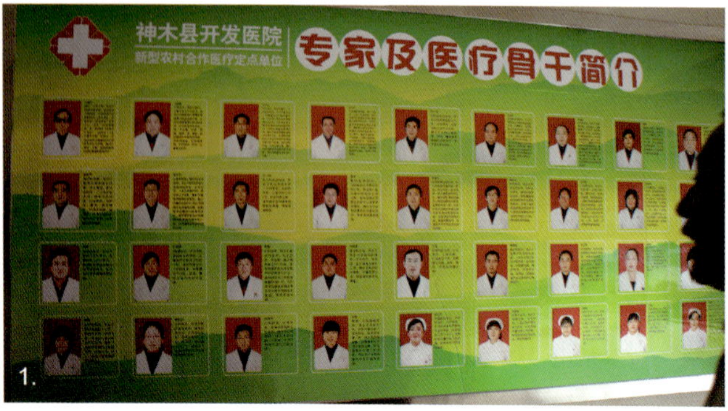
神木县开发医院
新型农村合作医疗定点单位
专家及医疗骨干简介

1.

2.

产业传奇
8#地块12万平米
1#地块13万平米
引入150家知名企业
产品、配套全面升级
部分入园企业介绍

3.

4.

1 2011 年 8 月，神木县，因为煤价连年上升，当地财力雄厚，宣布全县实行免费医疗，图为医院医生介绍

2 2011 年 9 月，喀什，考察新疆的向西开放

3 2012 年 3 月，长沙，当地开发的综合工业地项目介绍

4 2012 年 6 月，南充市考察，图为阆中古城

1 2014 年 11 月，鄂尔多斯，造城运动留下的一眼望不到头的高楼

2 2014 年 7 月，上海，松江区新桥镇农村集体经济联合社的收益分配记录

3 2014 年 6 月，上海，城市农业的未来发展之路——现代农业园区

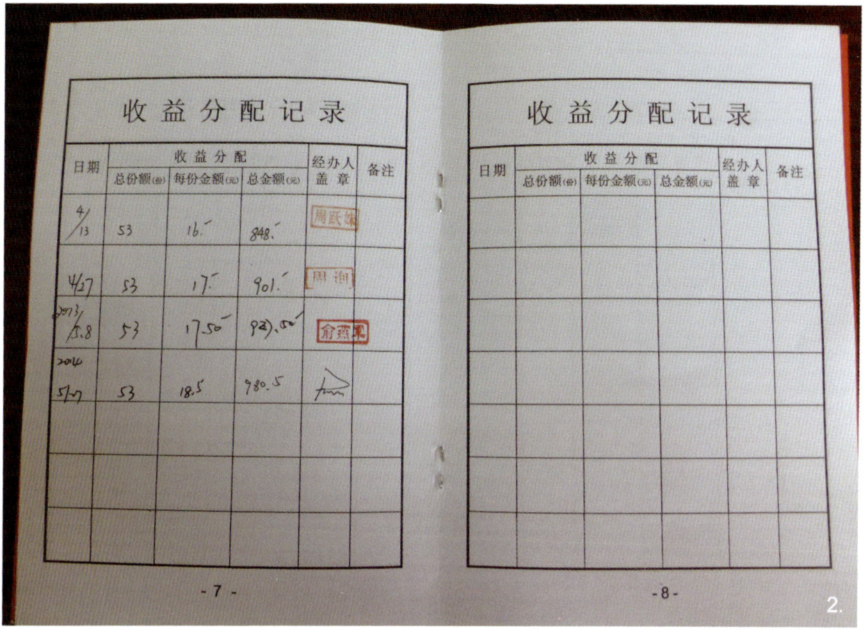

2.

3.

1.

2.

3.

1 2015年11月，四川内江，农村改革试验区的无花果种植科普示范基地

2 2015年1月，建设中的云南呈贡新区

3 2015年7月，大理海西农村

4 2015年4月，天津滨海新区

5 2015年1月，云南呈贡

4.

5.

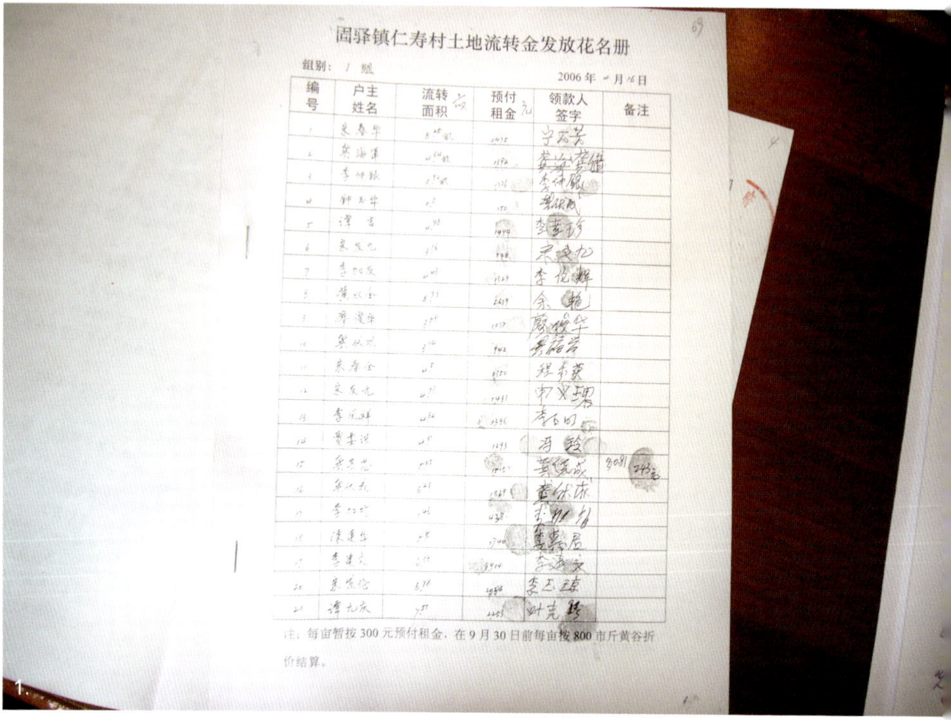

固驿镇仁寿村土地流转金发放花名册

组别：1组　　　　2006年4月16日

编号	户主姓名	流转面积（亩）	预付租金（元）	领款人签字	备注
1	宋春华	8.25亩	2475	[illegible]	
2	樊海清	4.64亩	1392	[illegible]	
3	李仲银	3.92亩	1176	李仲银	
4	钟玉华	0.5	150	[illegible]	
5	谭吉	4.98	1494	李云珍	
6	宋发元	3.16	948	宋发元	
7	李加友	4.43	1329	李伦辉	
8	黄永全	8.73	2619	余艳	
9	廖俊华	3.59	1077	廖俊华	
10	樊永兴	3.14	942	[illegible]	
11	宋本全	4.5	1350	程秀英	
12	宋友元	4.77	1431	[illegible]	
13	李庆祥	4.64	1336	李正明	
14	[illegible]	4.31	1293	冯玲	
15	[illegible]	5.05	1515	[illegible]	3081 243元
16	[illegible]	6.23	1869	[illegible]	
17	李加[illegible]	1.46	438	[illegible]	
18	陈建华	5.8	1740	[illegible]	
19	李建文	3.38	1014	李[illegible]文	
20	[illegible]	6.78	2034	李正琼	
21	谭九成	7.51	2253	叶克[illegible]	

注：每亩暂按300元预付租金，在9月30日前每亩按800市斤黄谷折价结算。

1.

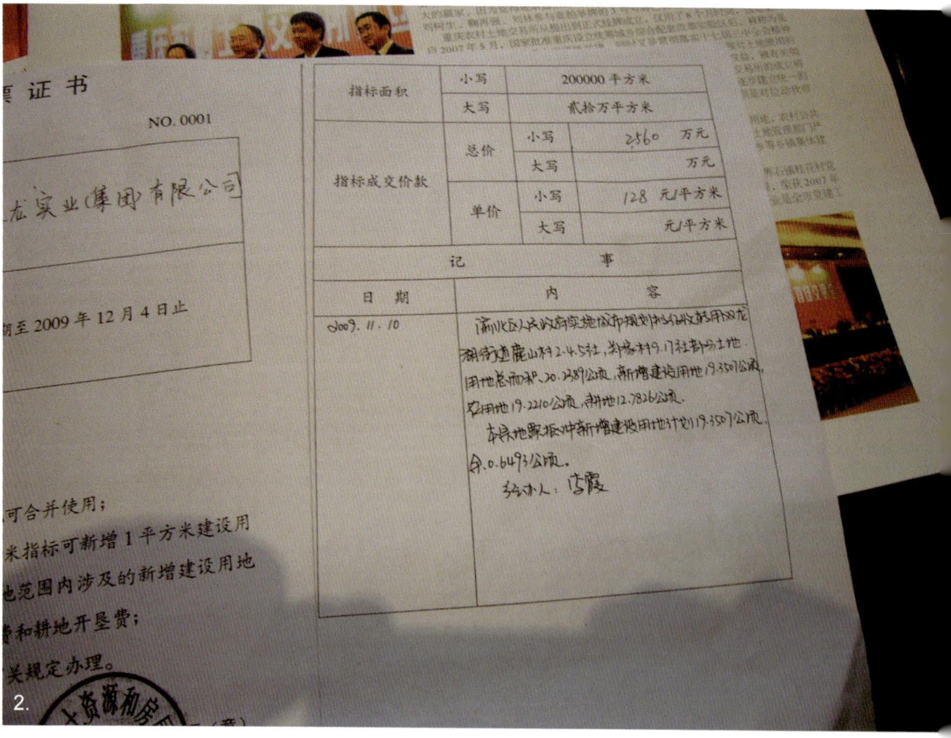

票证书

NO. 0001

[illegible]龙实业(集团)有限公司

[illegible]期至2009年12月4日止

指标面积	小写		200000平方米
	大写		贰拾万平方米
指标成交价款	总价	小写	2560　万元
		大写	万元
	单价	小写	128　元/平方米
		大写	元/平方米

记事	
日期	内容
2009.11.10	渝北区人民政府实施城市规划利用地票用以龙头[illegible]街道鹿山村2.4.5社，[illegible]村9.17社部分土地。用地总面积20.2289公顷，新增建设用地19.3507公顷，农用地19.2210公顷，耕地12.7826公顷。本次地票抵冲新增建设用地计划19.3507公顷，余0.6493公顷。经办人：[illegible]霞

[illegible]可合并使用；
[illegible]米指标可新增1平方米建设用[illegible]
[illegible]地范围内涉及的新增建设用地
[illegible]费和耕地开垦费；
[illegible]关规定办理。

[illegible]土资源和房[illegible]（章）

2.

1 2008 年 1 月，都江堰，固驿镇仁寿村确权后的土地流转金发放花名册

2 重庆第一宗地票

3 深圳坂田街道，“城中村”村民自建的“握手楼”

1 以结余土地指标换取重建村庄资本后的四川省都江堰天马镇新貌（航拍图）

2 2015 年 8 月，四川成都邛崃，农地整治、村庄整治后的羊安镇界牌村

城乡
中国

修订版

周其仁 著

中信出版集团 | 北京

图书在版编目（CIP）数据

城乡中国 / 周其仁著. -- 修订版. -- 北京：中信出版社，2017.5（2025.7 重印）
ISBN 978-7-5086-7174-1

I. ①城… II. ①周… III. ①城乡建设–经济发展–研究–中国 IV. ①F299.2

中国版本图书馆 CIP 数据核字（2017）第 003545 号

城乡中国

著　　者：周其仁
出版发行：中信出版集团股份有限公司
（北京市朝阳区东三环北路 27 号嘉铭中心　邮编　100020）
（CITIC Publishing Group）
承 印 者：三河市中晟雅豪印务有限公司

开　　本：880mm×1230mm　1/32　　插　　页：8
印　　张：18　　字　　数：350 千字
版　　次：2017 年 5 月第 1 版　　印　　次：2025 年 7 月第22次印刷
书　　号：ISBN 978-7-5086-7174-1
定　　价：72.00 元

目
录

第二部分 自由乃城市之基

第三部分 地权的演变路向

第四部分 机制的分叉

第五部分 确权之路

第六部分 寻找突破口

第七部分 治标分歧路

第八部分 “挂钩”三岔口

第九部分 思维的辨析

“城乡中国”开篇的话

中国很大。不过我们这个很大的国家，可以说只有两块地方：一块叫城市，另外一块叫乡村。中国人口也很多，不过十数亿中国人，也仅分为两部分人：一部分叫城里人，另外一部分叫乡下人。这样看，城乡中国、中国城乡，拆开并拢，是一回事。

当然，人们也可以说城乡美国、城乡德国、城乡法国或城乡日本，更可以说城乡巴西、城乡印度和城乡俄罗斯，因为除了少数例外，世界上绝大多数国家的土地人口，差不多一律是城乡两分天下。“城市国家”（city country）是有的，譬如新加坡，整个国家由城市组成，完全没有乡村，不过那里的城市人，不少还是从周边其他国家的乡村里来的。倒是没有“乡村国家”这回事——整个国家全部由乡村组成，完全没有城市——不但当今没有，似乎很远久之前也从来没有过。《乡土中国》是费孝通先生的名著，20 世纪 40 年代发表的时候，中国早有了城市。费老本人受教过的苏州大学和清华大学，都在有名的中国城市里；后来他到伦敦大学深造，更是地处世界大都会。或许是城乡之间深刻的分野，才激发前辈学人认知城乡、认知中国。

这是说，一个国家分为城乡两个世界，是相当普遍的现实。当然，普遍性总是隐藏在一个个的特殊性当中。概而言之，欧美日本等发达国家，城市所占比例高，城乡之间的差别不那么大，所以人们一般不取城乡角度讨论经济社会问题。像美国和法国，2012 皆大选之年，不过好像没有听说哪一党哪一派拿那里的城乡问题说事儿。发展中国家特别是低收入经济体，城市部分比例小，城乡之间鸿沟大，这就决定了国家发展的基础、重点和难点都在农村。这也不难理解，要是绝大多数人都是农民，那么离开了农村、农业和农民状况的根本改善，国民经济是搞不起来的。

城乡中国是一个发展中的经济社会结构，带有城市化率低、城乡差距大的特征。可是几十年来中国在战略、体制和政策方面不断选择与实验，也让今天的中国城乡具有若干鲜明的、不容漠视的特色。其一，工业化超前，城市化滞后；其二，市场改革激发了天量的城乡人口流动，不可逆转地改变了经济机会的版图分布，也形成着新的社会结构；其三，城市化加速与经济高速增长相伴，造就了城乡关系极为夸张的紧张。

并没有把握说，这些现象他国全无，唯我中华独有。但是横看竖看，这样的三个现象交织到一起，把以十亿计数的中国人都网罗其中、欲罢而不能的，在人类历史上没有多见的机会。不是吗？2012 年的春节，仅铁道部公布的春运人数就达 2.21 亿人次；算上公路、水路和民航，春节前后 40 天全国客运量过了 30 亿人次！实在是没有什么可比的：世行有报告说美国每年 3500 万人更换居所，也是人口流动的大国。不过，那边是长期搬迁，这厢却是短期探亲，过完了年节还要“打道离府”的。再往上追，19 世纪 60 年代的美国无疑也是个发展中国家，西部大开发青史留名。可是以我 2003 年在耶鲁法学院图书馆里查看到的资料，当年的美国移民多半举家西行，不似我们这里，光留守儿童和留守妇女就有好几千万。

让我辈无法别过头去置之不理的，不仅仅是城乡中国悲喜纠结，还因为在这些现象的背后，有着尚不容易阐释的逻辑。工业化搞不起来，城镇给不了乡下人更多的机会和容纳空间，好懂；国家工业化如火如荼，城市大门却对农村日益紧闭，实在不好懂。再有，人往高处走的动力学，好懂，所以工业化、城市化伴随大量移民，不断从低收入的乡村地区移向机会与收入较高的城市，也好懂。从这个逻辑出发，城乡的收入差距大，才刺激强劲的进城移民运动，等到更多的农村移民融入城市，城乡之间的人均收入水平就可以趋近。可是迄今为止，中国的城乡差距激发的似乎只是“进城打工”，他们在年轻力壮的时候到城市赚钱，年纪大了还是回家。这岂不是说，城乡收入之差，缩短一段时日之后又要重新拉大？还有那所谓的“土地城市化超过了人口城市化”——从没听说过这个别扭概念的读者，要容我以后细说——岂不是确认，中国城市化的加速意味着人口在空间分布的密度下降？如是，叫城市化，还是叫逆城市化呢?!

最不好懂的，是工业化城市化驱动的国民经济高速增长，居然给城乡中国带来出乎意料的紧张。我读到的相关新闻，十之六七，要件不是一块地，就是一处房。奇了怪也：房和地不就是“生产要素”吗？平平和和地“配置”不就得了？就算市场上供求双方利益相向，不是还有句老话“买卖不成仁义在”吗？怎么要闹得如此火爆，个别场景居然还要舞枪弄棒的呢？个人不相信那深不可测的“斗争学说”，而倾向于认为，这里面总是哪个制度和政策环节没有妥帖，才让中国“浩浩荡荡、顺之者昌”的城市化加速，从某个角度看去好像是中了什么诅咒一般可怕。

当然，过于沉重的题材，也不适合拿来连续开专栏。幸好，“城乡中国”不是这样的题目。讲过的，天下人不是城里人就是乡下人，或者像农民工，可算在城乡之间进进出出的流动人——因此估计，对“城乡中国”感兴趣的读者可能不少。其次，“城乡中国”看来严肃，其实也蛮有意思的。试举一例：你要怎样让一个老外很快明白什么是“小产权”呢？“small property”（小产权）肯定满拧，“informal rights”（非正式产权）又多半误导。也不要以为老中就个个都知道，看新闻，“国土部又要清理小产权房”云云，那标题里有一个概念是混搭出了错的——从来只有“小产权地”，没有“小产权房”。此说何据？读读本专栏吧，总有一期我会告诉你。

是的，在城乡中国的大题目之下，妙趣横生的小题目多得很。“城中村”，也许各位略有所闻，不过欲知其详，我们还需要一道前往探查。“村中城”呢？很少听说，怕要实地看了江阴地方号称“天下第一村”里那座300米高的摩天楼，我们才算知其然。还有“城中城”哪，几年来区区在下追踪访问过那么几座，颇有感悟，很乐意与读者分享。“是城似乡”则所在多有，费老当年刻画的“乡土中国”，不但在观念与人际关系方面依旧覆盖着今日的城乡中国，而且直观地看，很多大都会城市的空间特征其实还“相当的农村”，人们见怪不怪就是了。中国的城城乡乡之间，有多少现象值得梳理，又有多少道理值得探究？

所以，早就想写一组城乡中国的系列评论。观察的基础还算厚实。自2007年在“50人论坛”成都研讨会上听到当地城乡统筹的改革经验之后，这些年来对成都的调查访问就没有断过线。不是我一个，而是一群有此同好的同事和同学。我们不但细看城乡成都，还参照调查了重庆、长沙、嘉兴、天津、京郊、镇江、南海与深圳，在横看侧看之间寻寻觅觅，期望增加对城乡中国的认识。一回头时间还过得真快：2008年1月一起在都江堰大观镇茶坪村住在老乡家里的几位同学，留学的留学，工作的工作。对越积越多的调查素材，应该是进一步加工的时候了。本专栏算我开个头，希望逼我们的后起之秀写出更好的著述来。

一如既往，写系列专栏一概不预定计划。2012年元旦刚刚结集成册的《货币的教训》，起于2010年4月20日那篇《口水能决定汇率吗？》。原本的写作冲动，就是为自己，也为同学和读者对吵得一天世界的人民币汇率问题理出个头绪来。完全没有计划，就是一篇一篇写，没想到一共写了50篇，其间忙过几个其他题目，还有几次断稿，前后居然持续一年半。再上一个系列是医改评论，开工的时候是冲着所谓新一轮医改方案形成时的辩论而去的，本以为新方案不久可以面世，不料人算不如天算，我写到40篇的时候，那个医改方案还没有出生。要讲的都讲了，停就停吧，说起来也是“止于当止之处”，不违作文之道。倒是2002年写的那个系列《农民收入是一连串事件》，起笔之前在笔记本电脑上一口气打出十多个关键词，似乎是预备讨论的题目。可是一旦开写，笔下似乎自有展开的逻辑，就不管预想的计划了。有此经验，写系列评论恐怕还是没有计划的好。可让读者放心的是，在下生性愚钝，却还不算蠢笨，同学、编辑和读者略有提点，我就知所适从，当停则停的。顺便交代一句，读者来信我不会一一都回，但看还是会看的。骂的也会看，不过看得飞快些，除非真的骂出了水平。

第一部分

城市的功用

城市的能耐

城乡中国以“城”字打头，那就先打量一番城市吧。让我从2010年上海世博会的主题谈起。这场吸引了7308万人入园参观的世纪嘉年华，全部300多个参展主题展示，包括200多个国家和国际组织馆、18个企业馆、中国内地31个省区市馆以及香港馆、澳门馆、台湾馆，还有近80个城市最佳实践区案例馆，演绎的中心主题就是“城市，让生活更美好”。

自己没有看成世博，除了开馆前，应邀参加过万科馆的开建仪式。很想去的，只是那超级排队的纪录让我到最后还是裹足不前。有朋友看了回来兴冲冲地讲见闻，我问那主题演绎得如何。回答是，主题的中英文表达有异，似乎看不出演绎的究竟是哪一个。

看来是很容易就挑到的毛病：“城市，让生活更美好”是斩钉截铁的因果关系。“Better City，Better Life”呢？条件的含义很明显——（如果有）更好的城市，（当有）更好的生活。

难怪引出了一个热闹的插曲。那是在世博开幕前，主办方举行世博论坛阐释本届主题。应邀前往讲演的各界知名人士中，有一位韩寒。谁也没有料到，这位小老弟上台开口第一句话，就刮起一股寒风。他说：“我讲的主题是，城市让生活更糟糕。”看了网上的记录，他无非是把大都会城市生活糟糕的那一面数落了一通。看来看去，顶多算与世博主题的中文翻译唱了个反调。要是冲着英文去的，韩寒再寒，怕也只能说，“糟糕的城市，定有糟糕的生活”。

中国人百年办一场世博，怎么主题的中译会出破绽？心有不甘，反正又不去现场了，就找背景资料来读。原来从 1999 年决定申办世博会起，上海市政府发展研究中心就开始研究本届世博主题。“课题组总结了主题选择的 9 条原则，从 32 个提名主题中初选了 3 个，其中两个与城市有关。同年 11 月，时任国际展览局主席的菲利普森在访问上海时，提出了 10 条主题表述，每一条都包含城市与生活。在整个主题研究的过程中，有关专家举行了无数次研讨，最后确定了上海世博会主题：城市，让生活更美好。”

主持其事的有位幕后人物，叫季路德。履历说，他曾是北大荒下乡知青，后来回到复旦大学任教，自上海申办世博第一天起就参与工作，从申博到办博，前后历时 11 年。季先生主管的就是世博主题演绎，所以当记者问及主题的中英文“两者内涵似乎有差异”时，由他出面阐释：“中英文在深层次是一致的，中文是手段和目的的关系，英文则是并列的关系。当然，现在有人说城市根本不美好，你为什么要说它美好？但是我们也要问，我们的道路、方向应该是怎样？不能说生活的城市不美好了，就质疑这句话，这句话不是一个结论，是一个方向。”

麻烦还是挥之不去。如果强调方向与目标，直译“更好的城市，更好的生活”，不就结了？独独一句“城市，让生活更美好”，怎么还是让人觉得好像漏掉了前提——让城市更美好。不讲条件，定论“城市一定让生活更美好”，岂不是把天下对城市生活有抱怨、有批评、有指责的人们，统统推到“城市让生活更糟糕”的大旗之下？

看来，这不是容易弄懂的学问。可是再读下去，我却从季路德代表上海世博向国际展览局做出的说明中，得到一个启发。原来，国际上投票通过 2010 年世博的主办方之后，上海世博会还要向国际展览局提交《注册报告》，明确定位，才能向参展各国发出邀请。报道说，国展局秘书长洛塞泰斯先生对中方最初文本不满意，提出 180 多个问题要求修改。季路德带领团队用两周时间昼夜苦战，最后终于在国展局执委会会议上让中方《注册报告》顺利过关。个中细节，报道语焉不详，但其中提点到的一句话，却让我眼睛一亮，“季路德有意识地将中国的城市化进程与世博会主题联系起来”——只此一招，执委会的专家们就觉得上海世博的主题说得通了。

当然说得通。不管言语、议论、牢骚、抨击还是认真系统的批评，选一个角度问，从实际行为看，人们究竟是不是认为“城市，让生活更美好”？答案非常明确，因为越来越多的人事实上选择在城市生活，尽管城市生活不尽如人意，甚至在很多方面还很糟糕。

世博官网上列出的数据可以为凭：在 1800 年，全球仅有 2%的人口居住在城市；到了 1950 年，这个数字迅速攀升到了 29%；而到了 2000 年，世界上大约有一半人口迁入了城市。根据联合国预测，到 2010 年，全世界的城市人口将占总人口的 55%。中国在这方面落后了一点，但也正在急起直追——2012 年 1 月中国国家统计局宣布，13.5 亿中国人的 51.27%常住城镇。

对韩寒来说，他当然拿得出支持“城市让生活更糟糕”的诸多依据。不过若问他自己在哪里生活，怕还是城市。乡下倒有赛马赛牛的，可要玩F1 方程式，非国际大都会不敢问津。文化上的“韩寒现象”呢？以我的外行之见，也以为那纯属城市现象，离开了巨大的人气积聚，才情就是比天高，也做不到发一句话让天下人即刻便知。或有人说，互联网让城乡之别再不重要。错了——那玩意儿是城市的产物，也只有城里人才鼓捣得出那玩意儿。它当然可以向乡村扩散，却注定要把乡村改变为城市！

这就是城市的能耐。城市不但容得下认为“城市更美好”的人，也容得下批判城市、咒骂城市、把城市生活恨得牙根儿都痛的人们。后者一般不会同意“城市，让生活更美好”，但他们自己生活于城市、离不开城市的行为，却表明他们在事实上也同意上海世博主题的中译表达。认为乡下不够美好，或美好我也不可常住的人，可以选择进城，可是进了城又不满意的，除非迫不得已，一般很少回乡。他们多半边批评城市，边改善城市，或移居到 better city（更好的城市），去过更好的生活。

城市的能耐是在比较当中被认知的。十多年前，有则报道教我记住了这一点。当时刚上任的世界银行行长沃尔福威茨先生访华，在甘肃省永登县秦川镇东川村与村民马社巴有一段对话。沃尔福威茨行长问："你想让你的孩子将来做什么？"马大爷答："我希望他们能上大学。"行长又问："然后做什么工作呢？"答："在城里、公司里挺好的。"行长再问："让他们做农活不好吗？"马大爷想了一想说："(做农活)好是好，但不如在城里工作好。"

我当时就写有短文对此评说。现在看，甘肃农民马大爷讲的就是城市的能耐。这也是全世界城市化趋势不可抗拒的关键。本书由此展开：为什么城市有如此特别的能耐？

经济密度甚于人口密度

很多人集聚在一个相对不大的地理空间里，一旦达到某个人口密度的标准，此地便被命名为“城市”。放眼打量，这个变化趋势在全球范围内迄今依然有增无减，“城市化”大潮不可阻挡。

看来，人还不单单是所谓的社会动物，而且还是“倾向于集聚”的社会动物。倘若问：为什么普天之下，人都喜欢往城市里凑？文化和文明方面的理由我说不好，经济上的动力看起来直截了当——城市创造更高的收入。

以2010年有一次到访过的东京为例。大东京的人口聚集程度早就令人印象深刻，在仅占全日本4%面积的空间里聚集了25%的人口。不过，这个全球第一大城市的经济聚集程度更甚：该年度东京的人均国内生产总值7.2万美元，高出日本全国平均值67.4%。

这样算下来，大东京一个地方就占日本总产出的40%。

其他大城市又何尝不是如此呢？据2004年的统计，大阪人口占日本人口1.6%，但经济（以国内生产总值为参照，以下简称GDP）占4.1%；伦敦人口占英国人口11.8%，经济占13.3%；纽约市人口占美国人口2.3%，经济占3.5%；芝加哥人口占美国人口0.92%，经济占1.25%；洛杉矶人口占美国人口1.3%，经济占1.68%（把这三大美国城市加到一起，人口占全美4.52%，经济占6.43%）；多伦多人口占加拿大人口13%，经济占14.4%。发展中国家好像也是如此，如墨西哥城的人口占全国19%，但经济占20%。前世行行长佐立克还提供过一个更为夸张的例子：35.7%的埃及人口聚集在只占全国土地面积0.5%的首都开罗，但产出的GDP却超出了全国一半！

最后的这个例证，就写在2009年世界发展报告（《重塑世界经济地理》）的前言里。那份报告的主题，正是经济发展和财富分布的地理不平衡：人口、生产和财富向城市，特别是大城市和发达地带聚集和集中。读者可不要被“重塑”这类词语迷住了，似乎人们动不动就可以“打造”出一个新世界来。正好相反，差不多一代人以来的研究成果显示，不论有多少人偏好于“更平衡的增长”，全球范围的证据却表明，人的经济活动所包含的逻辑就是在流动中聚集，然后再流动、再聚集，直至人口、经济和财富在地理上集中到一个个面积相对很小的地方去。

这正是“城市化”本来的含义。讲过了，城市总以人口密度来定义。至于人们为什么喜欢——不喜欢也一样——向城市聚集，上文提供了理解的线索，这就是经济聚集甚于人口聚集。这么想吧：开始兴许是安全或其他随机的原因促成了人口聚集，但人们只要发现人口聚集有利于经济增长，聚集到一起有利于增加收入，聚集与再聚集的增长引擎就发动了。

如果经济聚集度高于人口聚集度，那么除非有越不过去的屏障，就一定还会吸引更多的人口聚集。仍以大东京为例，听当地行家介绍，早在30年前，不少人就抱怨这个天下第一大都会的人口太多、空间太密、承载力不堪负荷。有关的立法和政策，也在很长时间里围绕“东京疏散”“更平衡增长”的思路推进。可是，几十年时间过去，实际趋势还是聚集度在增加，因为东京的致命吸引力还是挥之不去，“向东京聚集”的进程还是势不可当。

道理简单：即便加上疏散和平衡政策的作用，东京的经济密度依然高于其人口密度，人均产出还是高出全国平均水准近70%。这是说，移入东京的，收入水平就提升。人往高处走，那还能挡啊？当然，大东京的高密度也增加了人们的生活成本与生产成本，可是利害相权，孰轻孰重，“春江水暖鸭先知”，当事人总是算得明白的。东京的聚集之势依然，恰恰显示了芸芸众生的算计结果，并一目了然地写在日本的大地上。

顶牛多少年，据说最后还是东京的市政当局及其规划专家认了。干吗非要把人推向低处去呢？如果经济规律使然，人类喜聚集，创造更好的聚集环境不就顺了吗？2010年10月我们在东京参加会议，主办方安排了一趟空中观光。直升机从市中心的高楼顶上升空，环顾四处，好几座摩天大楼的楼顶上居然是工地，多部工程机械忙得正欢。请教后才知道，这是东京的都市更新——“空中城市花园”，要进一步增加大都会的密度，不惜到高空来实现霍华德当年“田园城市”的理想。

经济密度高于人口密度，必定吸引更多的人口聚集。可是人口聚多了，经济密度是不是一定还可以提升？不见得。2004 年首尔的情况就是这样的，这个韩国首都的人口占全国的 21%，但经济仅占 20.7%。此前多年的报道说，首尔像个黑洞一样吸取着全国的资源，甚至闹得釜山那样的城市也出现了负增长。

这并没有否定城市化的动力机制——经济聚集甚于人口聚集。我倒是倾向于推断，如果出现了类似首尔这样的情况，即人口密度与经济密度持平，甚至略有不逮，那么这个城市的人口聚集就达到了一个“边”，再也难以继续。还是“人往高处走”的准则在起作用，既然此处经济聚集趋势不再，收入“不留爷”，那人们就寻找其他收入更高的“留爷处”。要是处处不留爷呢？那城市化就到顶了，因为事情已经“均衡”。

人口聚集推进经济聚集，反过来再刺激人口聚集，这就是城市化的动态进程。怕是老天爷也打不得包票，推进城市化的动力永不衰竭。我们只能说，迄今为止，全球范围的城市化依然没有停步的迹象。当一些城市停滞、衰亡时，另一些城市生机勃勃地兴起；一个时期——有时候真的很长——城市化止步不前，另一个时期，城市化又欲罢不能。我们能够抓得住的，唯有一个关键点，这就是经济聚集是不是甚于人口聚集。如果环境的、技术的、制度的和观念的条件能够维系经济聚集超越人口聚集，我们就有把握推断城市化必将继续。反之，经济地理就将重新“变平”，不管你我高兴还是不高兴。

以上所述，基于常理，属于不证就可以自明的那套逻辑。这也是本书认定的城市化的普适道理，放之四海而皆准。千差万别的是，满足推进城市化的条件，特别是本文强调的“经济聚集高于人口聚集”，的确各不相同。以中国为例，从古到今，人口聚集久久得不到更强有力的经济聚集的召唤和刺激，从而在很长的历史时期里不曾给城市化以应有的推动。

对探查方法的一个交代

从现象上看，中国的城市化水平不算高。以最新公布的统计为例，我国城镇化率刚刚超过了50%，怎么衡量，也就是接近全球平均水准。考虑到我国的统计口径是“城镇人口”，而不是“城市人口”，再加上我们的城镇常住人口中有很大一部分是家庭尚在农村的“农民工”，说中国已达到的城市化程度低于全球平均水平，应该是成立的。

也许没什么好奇怪的。中国今天的经济总量固然雄踞全球第二，但人均收入的绝对水平就低了去了，也就排到全球第八十多名的位置吧。人均收入不高，城市化率也不高，不是蛮合乎逻辑的吗？看那些高度城市化的国家，人均收入一般都很高，似乎也说明了人均收入水平与城市化率的因果关系。

这里要当心了，因为其中的逻辑也可能被弄反了。为什么不是因为城市化率低，所以人均收入水平才低呢？如果像我们观察到的，城市的人均收入一般比较高，那么一个国家有更多的人口居于城市，其人均收入水平必定更高，难道不是照样顺理成章的吗？

是的，在上一篇里我提出了一个理解城市化进程的基本“构造”——人口聚集带动更高程度的经济聚集，反过来又刺激更高的人口聚集。按此理解，“人口聚集带动更高的经济聚集”，是城市化的第一推力；“经济聚集刺激更高的人口聚集”，则是城市化的第二推力。两股推力交互作用，结果就是城市化率走高了再走高。

在上述构造中，已经包含了人均收入的因素。讲过的，何谓“经济聚集甚于人口聚集”，那无非就是人均收入因人口聚集而得到提高。一个农村小伙子，不在生于斯、长于斯的家乡待着，千里迢迢进城打工，还不是因为城里的收入比较高。他进城挣到了较高的收入，再呼朋唤友，把家乡的亲戚、同学、邻居、朋友，一个又一个地带进城里，大家一起谋取较高的收入，这难道不就是我们可以观察到的城市化？

要注意，是乡下青年人首先移入人口密度较高的空间——城市是也——才得到较高收入的。这样看，城市化才是因，人均收入则是果。譬如今天中国的人均收入水平还不高，可以说就是因为中国的城市化率尚低的结果。

如果把动力机制撇开，我们更可以把城市化率与人均收入水平差不多看成是一回事。反正在统计上，城市化率高的人均收入不会低，反之亦然。既然几乎就是一回事，城市化率不过是人均收入状况在人口空间布局上的一种表达，那就不容许我们随便找出一个变量——譬如人均收入——就以为自己已经找到了理解城市化进程的因果关联。

关键在于，相关程度极高的两个现象，并不见得一定有因果关联。举一个例，“一唱雄鸡天下白”，是不少人读过的名句。我有时拿这句诗问同学：鸡叫是不是天亮的原因呢？从统计上查——至少在传统乡村的环境里——鸡叫与天亮当然高度相关，且总是鸡叫在先，天亮在后。但是，非要说是鸡把天叫亮的，那就不免过于武断。就算不识天体运行，民间智慧也教我们知道：“鸡叫天亮，鸡不叫天也亮。”

我的看法，任何可观察的现象，都不可能构成其他现象的原因。原因或事物的因果联系，唯一来自人的抽象与想象。离开了基于观察的人的思维活动，即使最潮的计算手段在手，把天下所有的变量都放进去算，哪怕到天荒地老，也得不出一个因果关联来。

这不是一个小问题。轻率地以为找到了事物的缘由，人们或许就放弃继续探查的努力。这里牵扯到了方法论，有必要向读者交代一下。本文认为比较妥当的方法，是在观察上猜测因果关系。还拿上面那个例子来说，我们先清清楚楚地观察到天亮，然后探查为什么天会亮。欲回答此问，我以为最有效的招数便是一个字——猜，即试着向一切可能的方向，猜测引起天亮的原因。

观察当然也可以给猜测以启迪。比如看到鸡先叫、天后亮，于是猜，鸡叫为因，天亮是果。不过到此为止，我们还并没有完成猜测，因为还没有猜出一套道理来。为什么鸡叫之后，天就亮了呢？

鸡究竟是怎样把天叫亮的？总要讲出一番道理来吧。而天下“道理”，无论优劣，总是思维的产品——概念、命题、推理、逻辑等等，反正与现象再也无关，观察力再也帮不上忙，唯有靠立志理解现象的人开动思想机器，大胆地猜。

猜到了原因，也多少讲出一番道理，事情就算完了吗？还没有。因为再了不起的猜测也只是一个猜测，再精妙的道理也不过是人脑可构造的无数道理中的一套道理而已。下一步，我们不妨把猜到的道理当作“假说”，拿来再检查、再推敲。到了这个层面，学问就深了，因为如何检查、如何推敲才合乎规格，讲究甚多，离开学术传统不容易无师自通。化繁就简，先易后难，起码也要用常识把猜到的因果联系掂量一番。人人说鸡叫天亮，可是偏有人见识过鸡瘟或禽流感，发现鸡没叫，但是天照样亮了。一个反例击败了流行之说，那就赶快另打主意，向其他可能的方向继续猜因果联系。

回到中国的城市化。五千年的悠久文明，城市化率至今不高是一个基本的事实。再仔细地看一看，刚过50%的城市化率还是近年城市化大大加速的结果。30年前，中国的城市化率不到19%。再往前推30年，中国城市化率不过10%上下。确定了现象真实无疑，若还有兴趣探究原因，我们就要猜、猜、猜。更要紧的是，即便猜到了令自己满意的答案，也还要继续推敲、辨识、查证，在“观察—猜测—查证”中来来回回，去伪存真，去粗取精，以期逼近对现象的可靠理解。

大体上，我们就打算用这么一种方法，开始关于中国城市化问题的探查。基于可观察的人口聚集与经济聚集及其变化，本书将运用一个基本猜测：中国城市化进程历史性落后的原因，在于人口聚集受到抑制，难以对经济聚集做出积极反应。这个猜测包含以下有待探查的问题：当限制人口聚集与经济聚集的哪些关键条件被改变，中国的城市化进程才重新加速启动，并日益变得激越昂扬？

再三向读者交代，本文的“猜测”普通得很，不过是有待查证、有待探查的一个对作者而言比较便利的出发点。“猜测”绝不是理论，即使将来有幸经得起推敲、查验与辩驳，在作者看来，也不过是进一步观察与思考的一位未来向导。

抑制城市成长的传统原因

理解中国城市化的进程，要借助某些关键的因果关联。在方法上，这就离不开一套思维游戏，比如“观现象、猜原因”。不过，因果关联也有多种多样的可能性，猜测要选方向。上文我们先排除了一种流行取向，即把人均收入水平看作城市化率高低的原因。那只不过看起来好像两个量，其实是一回事，谁也说明不了谁的。

余下再向哪个方向猜？还是费思量。传统时代中国城市化的程度不高，是不是农业文明的一个必然的空间表达呢？初想蛮有道理的。农业活动的技术基础是光合作用，每一株作物的每一片叶子都要晒得到太阳，才有产出。这就决定了，农业文明追求的是土地的面积——“有土斯有财”。在广袤的土地上搞农业，人口唯有分散居住，才便于就近耕作。是的，倘若没有安全、防卫和其他公共生活的需要，传统农耕文明的居住模式可以是极其分散的。

不过，早有学者指出，中国山多地少、各地差异极大的生态经济环境，并不注定这个伟大的文明非要以农立国不可（例如许倬云《汉代农业》，1980）。事实上，商业文明也早就在中国萌芽。从本文关注的角度看，商业活动从一开始就提出了在空间上聚集的要求。我们不妨从集市开始——那可是最初级的市场——买家和卖家总是自然地聚到一起，仿佛非要凑热闹，才便于交易的达成。

问题是，仅仅为农业服务的集市，受制于交通条件，覆盖的人口范围不可能过大，本身聚集的程度也不可能太高。关于这一点，人类学家施坚雅（G. W. Skinner）做过出色的研究。这位早在1949—1950年就在四川做过田野调查的美国教授，发现传统的乡土中国是由市场——而不是由村庄——组织起来的。在庞大的市场网络的最基层，往往是一个集市带动着周围15~20个村庄。

从集市向上发展，就会到达层级各不相同的中心市场。原来，交易活动也分层，并像产业活动一样会逐步升级！现在不难明白，这只不过反映了随着交易批量增加、交易半径延伸以及交易复杂程度提高，需要集中更多的资本——人力的以及非人力的——参与其中，当然也因此需要更为完备的对财产权利的保护。于是，中心市场多半设在有城郭拱卫之处，依城建市，“城市”应运而生。

当然，城市还有其独立的来历。对版图辽阔的中央帝国而言，庞大的军事行政网络必定有空间上的表现。至少秦汉以降，“百代都行郡县制”——皇帝老子靠朝廷命官治理天下，布关设防、征收赋税、实施政令，当然要选地理网络的节点充当各级衙门的所在地，否则无从应付大一统帝国极其昂贵的治理成本。官、兵、民的聚集之地，商业服务供需两旺，因城而市的，所在多有。其中，最耀眼的当数历代京师之地，像咸阳、长安、杭州、北京，每一个都是最繁华大都会的一时之选。

这样，以市依城也罢，以城立市也罢，殊途并进，一起成就了中国层级制的城市体系。这里有什么共同的特点可以把握吗？我听听施坚雅的发现："从一个中心地上升到上一级中心地时，居民的户数就会增加，而从事农业生产的劳动力比重则下降。"（《中国农村的市场和社会结构》，中译本第 10 页）到了非农业人口聚集这样一个抽象层面，中国的城市与法国年鉴学派刻画下的欧洲市场与城镇体系，看起来也就没有什么很大的不同。

可惜，城市体系作为复杂商业的空间构造，说精巧极精巧，说脆弱又非常脆弱。譬如战乱对城市的摧残，总是甚于对乡村的破坏。很不幸，中国历史上外患内乱频仍，战争动乱的规模之大、持续时间之长、杀戮之残酷，历史上的欧洲怕是没的好比的。历史似乎不讲对称，生产力聚集到城市不容易，破坏力指向城市却很自然。仅就此点而论，中国的城市文明即使达到过西方不曾有过的高度（想想马可 · 波罗由衷的赞叹），也一定屡遭毁灭性破坏。令人不堪回首的历史记忆，甚至凝结为民间智慧，例如在刘心武的笔下就出现过以下字样："小乱进城，大乱下乡。"是啊，一次次的大乱总是先毁掉城市文明，既然身家性命在城里难保，还不如上山下乡吧。

和平时期城市发展受压，常常来自中央政权持久的抑商倾向。

过去我总是读不明白，为什么历代中国皇权会一以贯之地敌视商业？有解释说，那是商业利润太高，难免令执政者担心农业生产的根基被瓦解。这是说，担心“无商不富”动摇了“无农不稳”。可是经济逻辑并不支持以上道理——商业暴富是因为商业活动的供不应求，唯有兴商才能降低其平均利润，而抑商反倒永远维系商业的暴利。历代那么些个圣贤与明君，为什么连这么个简单道理都不懂？

后来看了20世纪40年代末吴晗和其他多家的著述，才领悟到中央皇权真正担心的是富商与之争夺官僚的忠诚。农业大国的财政基础薄弱，“高薪养廉”很好说，真正做到就不容易了。低薪不养廉，官僚们公权私用的成本很低，一旦富商使钱买走他们的忠诚，即便“贵为天子”，还有什么意思吗？这样看，“抑商”所固的远不只是“农本”，而是大一统天下国家的政治国本。

代价就是城市抑制。因为讲到底，抑商即抑市。个中道理也简单：商业活动要聚集在大大小小的城市中才能展开，人口聚集推进经济聚集（即人均收入显著增加），反过来经济聚集再吸引人口聚集，城市化的发动机就安装上了。可是，抑商政策插进来一杠子，非要把商业利润人为地压下去，那么商业活动的人口聚集就带不来人均收入更高的结果。失去经济聚集的刺激，甚至经商还不如务农，人口的城市聚集怎么可能会有强大的动力？

总之，以农业为本的经济结构、抑商政策倾向以及频繁的战乱，一起抑制了现代化以前时代中国城市的成长。据史家估计，1843年在中国商业经济最发达的长江下游地区，约有7.4%的人口居住在 2000 人以上的城镇，比商品化程度较低的华北地区的 4.2% 高出了 3 个百分点以上。但是，1801 年的英国，居住在 5000 人以上城镇的人口就达 27.5%。这说明，早在工业革命之前，城市抑制就拉开了中国与西方国家发展的距离。

19 世纪 40 年代以后的中国，主权动摇、被迫开放。以上海为代表的“五口通商”推进了城市化的进程，却又被一场场更大规模的战乱所抵消。正负影响一起算，到中华人民共和国成立，全国城镇化率也就是区区的 10%。新的问题是，在结束了战争、重建国家主权之后，再加上经济方面的强有力的国家工业化，中国是不是从此就具备了消除传统时代抑制城市成长的条件？

工业化超前，城市化滞后

工业化与城市化相辅相成。在理解上，这一点没有困难。工业不同于传统农业，技术上不靠光合作用，不需要每部机器、每道生产工序都均匀地晒到太阳，所以可以在空间上集中，也需要通过聚集来节约基础设施的投资。此外，工业产能大幅度提高之后，产出有了革命性的增长，需要更发达的分配体系，一般也会刺激市场和商业中心的发展。

中国在很长的时期内，推进工业化的难度更大，因为长期以农立国，工业化的资本、技术、人才门槛皆高，难以逾越。比较之下，城市却是老早就有了的。发展城市也没有什么名堂，似乎工业化之后，城市化自然就会加速。倘若工业没有长足的进步，“消费性的城市”再多，对经济也没有好处。由此，前辈学者皆重工业化。笔者一向尊敬的、2011 年高龄辞世的张培刚教授，20 世纪 40 年代在哈佛的成名之作就是《农业与工业化》。

中国的工业化历经艰难曲折，终于在全球搞出了名堂。比照之下，倒是原先普遍认为门槛不高的城市发展，成为落后于工业化的一条短腿。本节标题“工业化超前，城市化滞后”，讲的就是我国工业化与城市化不相匹配的现实，其中包含的经济逻辑，值得深入探查。

先简要交代一下，衡量工业化的水平，关键指标是“工业化率”，也就是工业增加值占经济总量的比例。城市化呢？当然是“城市化率”，即城市人口占全体人口的比例。这两个“率”，一个经济，一个人口，当然无从直接比较。不过，由于工业活动总要投射到人口的空间分布上，所以在经验上，以上两率又可以做统计上的比较。

让我们先从最新数据看起。2012 年国家统计局宣布我国城镇化率 51.3%，那是 2010 年人口调查的结果。同年的工业化指数是多少呢？ 46.8%。这是说，2010 年我国不但城镇人口超过农村人口，且城镇化率也超过了工业化率。这当然是了不起的成就。不过拿全球的情况来看，中国工业化率相对于城市化率而言，还是偏高不少。据世界银行的数据，2010 年全球平均的城市化率为 50.9%，而工业化率不过 26.1%，而中国的两率的比值是 1.09（即城市化率/工业化率 = 51.3% / 46.8%）。全球平均比值是多少呢？ 1.95（50.9% / 26.1%）。中国的工业化率相对全球平均水平高出了近一倍，统计口径的细节差异就没那么重要了。从大的图景看，中国工业化推进的城市化率的提升，远远不及全球平均水平。

与发达国家的区别就更为显著了。2010年，美国的城市化率/工业化率为4.1，即城市化率高达工业化率的4.1倍。同年同一比值，法国为4.11，英国为4.09，德国为2.64，日本为2.48，共同呈现出城市化率远远高于工业化率的特征。即便是“金砖五国”中的巴西、俄罗斯、南非和印度，城市化率除以工业化率的比值也分别达到3.22、1.97、1.38和1.15，都比中国高。

不可小看这个比值。讲过的，工业化活动引起人口分布的改变，在空间上总有相应的表现。城市化率大大高于工业化率，描绘的是随着工业产出占总产出比重的提高，会有高得多的比重的人口居于城市。这幅图景背后，有规律在起作用吗?

让我援引道格拉斯·诺斯的一项研究成果。这位后来以制度变迁理论荣获诺贝尔经济学奖的教授，早年研究美国经济史。1988年他与一位合作者发现，在1970年美国的全部产出中，来自交易部门的贡献高达46%~55%，比一个世纪前的美国状况——交易部门贡献了26%的总产出——整整提升了约一倍。这与经验的观察很一致，就是与“发展中的美国”相比，发达后的美国有更多的人力资源从直接生产部门转移到“交易部门”工作。后者通常聚集于城市，所以城市化率比工业化率有更快的提升。

研读这项发现的时候，我问过一个问题：如果交易部门不是比工业生产部门更发达，美国还能拥有世界第一强大的工业生产能力吗？答案是否定的。没有更发达的交易部门，工业品无从在市场上实现转手，很快遭遇产能过剩，那就再也谈不到继续发展了。毕竟，工业生产流水线的技术进步可以很快，产出规模也可以迅速翻番再翻番，可是，打通市场的技术进步一般就没有那么快了。简言之，是无数“推销员之死”，才成就了现代工业革命。

受此认识的提点，我对交易部门相对更快的增长，多少有了点敏感性。1995 年底回国，下车的当晚，我就前往济南看一家洗衣机厂，对这家当时生产规模不大的制造业公司要向几十个城市派出庞大的销售、服务和修理团队，印象极为深刻。1998 年有机会访问TCL，李东生的副总介绍他们遍布全国的营销人员总数远比车间工人多得多时，我就不觉得那么吃惊了。交易部门的加速扩张，是工业化进步的可靠征兆。

可是，就整体而言，中国还是上述经济规律的一个反例！不是吗？作为当今全球总量第二大的经济体，2010 年中国工业增加值总量为 18.8 万亿元人民币（约合 2.78 万亿美元），占据全球工业总量中的最高份额，也说明“世界工厂”名副其实。可是，若论工业化推动交易部门的更快增长，以及其空间投影——城市化率更显著的上升——中国却不但敌不过美欧日本，甚至在金砖诸国中也甘居下游。这里冒出来一个谜：工业化推动城市化率更快增长这个规律，为什么在中国的经验里失灵？

我的看法，谜底在于开放与全球化。读者都知道，今天的中国工业为全球市场供货。但是，中国制造的工业品之所以大步流星地走向世界，很大程度上是借助了“世界城市体系”的帮助。离开了香港、新加坡、首尔、东京、法兰克福、汉堡、洛杉矶、旧金山、芝加哥、纽约、伦敦等世界城市的商务、物流、技术和融资等多方面的服务，中国制造要坐上天下出口的第一把交椅，应该没有那么容易。

看来，内地企业的“借船出海”，首先是“借城出海”。世界上当然没有白借这回事，服务费总是要付的，学费也不能不交。来来往往之间，中国制造刺激了境外交易部门的繁荣，推动了相关经济体的城市化更上层楼。我们要明白，今天发达国家的城市，服务的可不仅仅是他们本国的实体部门，这些声名远播的世界城市中心，也为中国制造提供服务，并在服务扩展中成长。

在某种程度上，这就替代了中国内地交易部门的更快增长。投影到空间表现上，中国的城市化率就没有表现出相对于工业化率的更快提升。虽然自己和自己比，近年内地的城市化率已经有了很大的提高，甚至有人认为已经偏快了，可是拿全球的情况作为参照，迄今为止，我们还是可以在中国现状中看到“工业化超前，城市化滞后”的现象。本节要说的是，经济规律未被违反，只不过是开放与全球化不再让它显示在单一国家的账面上。

城市化滞后拖累经济转型

出口导向驱动的高速经济增长，遮蔽了中国经济的一条软肋，那就是城市化滞后。大量中国制造品源源不断地外销全球市场，其实是利用了现成的境外商贸、物流以及金融等方方面面的服务，也就是借现成的境外城市达成了中国制造的出海。一路顺风顺水走下来，中国作为世界工厂，经由世界城市向世界市场外销产品，十分顺理成章。

冲击才显露出掩盖在成就下的薄弱环节。2008 年全球金融危机波及中国，使以往每年 20%~30% 正增长的出口，骤然降为 20% 以上的负增长。东部沿海出口主导的中国经济增长引擎，突然失速。那年 10 月间我先后在沿海一些工业区里转，看到上下班人潮依旧汹涌，但订单大幅度下降的情况却普遍出现了。年底，农业部门发布的一项调查说，出现了2000万农民工的回乡潮，为1962年以来所仅见。

形势当然严峻。须知中国的出口在最兴旺的年份，几乎相当于国民生产总值的40%。外部冲击一到，中国的出口增长率里外里下跌了50%，倘若找不到另外一驾马车顶替一下，经济增长断然难以持续。

这就逼出了一个新动向：当庞大的出口工业能力遭遇外需疲软时，一些外向型厂家率先向内转型，希冀通过开拓内需市场来摆脱困境。从道理上看，向内转具备可行性，因为外需走弱明显改变了中国产品在内、外市场上的相对价格，“看不见的手”终究会牵着厂家之手向国内市场的方向走。虽然购买力的绝对水平还是外高内低，但这些年国内消费市场扩容也不小，加上人民币兑美元的真实汇率不可阻挡地升值，风助火势，“中国制造”部分转内，应该大有可为吧？

恰恰是2008年10月的温州之行，教我懂得中国制造转内绝不容易。那次访问的由头，是温州市请到2004年诺贝尔经济学奖得主爱德华·普雷斯科特，要他为温州产业界指点全球危机的迷津。不知出于什么考虑，主办方还点上了我作陪。我自己是刚看了东莞的几家工厂，很乐意利用这个机会再看看温州。于是，在论坛开始的前两天我先行到达，请当地朋友安排看几家温州制造企业。

转来转去，就转出了名堂。印象最深的，是红蜻蜓老总钱金波在他的办公室里给我上的那一课。记得刚坐下来，钱总就报了一个数：今年销量下降了15%，这是从来没有过的。我问：行业怎么样？他说降得更凶，怕30%还不止。也是因为外销收缩吗？是的。怎么会呢？温州总不像东莞那么依赖外销吧？

听到我的问题外行，钱金波决定从头细说。温州鞋业原本是内向为主的，大约六七年前开始大规模转出口。当时的情形是国际大公司拿着大订单来，看上哪家，全部生产线都要了，条件就是为外需贴牌生产。那时，国内鞋的市场竞争激烈，杀价无情，还要跨地域管理庞大的营销网络，遇到经济景气波动，收货款都难。比较之下，外销订货数目巨大，回款的信用好，特别是交易简便，签了合同、发个传真就可以做生意。别看国际订单压价狠，毛利率低，可是走货量大，麻烦很少。权衡利害，大批温州制鞋企业转为外向。传统的温州商业模式，即“做市场、带工厂”，也一路转为“接单工业”。老板倒是再也不用那么辛苦了，特别是不用为国内商路上那层层叠叠的麻烦劳神了。

红蜻蜓算一个另类。2003年，一家国际连锁巨头公司要红蜻蜓接单。钱金波在谈判中才算明白了接单模式的利与弊。这位楠溪江边的农家子弟，认定还是要创自己的牌子，所以看到了“舒舒服服贴牌”中隐含的代价。他认定，红蜻蜓遍布全国城镇的1000家自营门店和3000家加盟店，才是自己真正的核心竞争力。尤其是看到业内那么多厂家亦步亦趋转接单，他把心一横，不但谢绝了超大订单，而且把当时已占公司30%产出的贴牌生产，也转为通过自己的渠道销售。

这就是红蜻蜓在2008年的冲击当中，受伤程度低于行业平均水平的原因。“好歹我们还可以通过自己的销售网灵敏地知道市场动向，可以及时调整。”接单工业就不同了，一旦国际市场需求减缩，没了订单，“就像电灯突然拉掉，屋子里马上漆黑一团，谁也摸不着门”。

难道不可以再转型回来吗？无非是重操旧业，再把国内的销售渠道建起来就是了。可是，钱总对此不乐观。“那次从内转外，是从难转易；此次由易转难，不可同日而语。”更要命的是，“那时我们鞋业老板的平均年龄也就是30来岁、40来岁，现在40多岁、50多岁，打拼不动了”。

是的，温州工业——珠三角制造业也一样——原本就是做内需起家。举凡纽扣、像章、眼镜、鞋饰、低压电器、小家电，这些当年赫赫有名的温州小商品，我们想不出有哪样不是冲着国内消费者生产的。温州人的本事是做市场，十万经销员打天下，进而承包商业柜台，然后搞起遍布神州的经销系统，终于带出闻名天下的温州制造业。历史的轨迹很清晰，离开了开拓国内市场的经销能力，温州人的创业梦（“白天当老板，晚上睡地板”）怕是圆不成的。

20世纪90年代以降，特别是中国加入世贸之后，温州货走向更远的市场。草创的本地公司边干边学，把产品越做越好，达到国际市场可接受的标准。另外很重要的宏观环境因素，是1994年中国主动大幅贬低人民币兑美元的汇率，国内工业的成本优势得以发挥，与国际市场打成一片，“中国制造”更开放地涌入世界市场。

恰恰在那一波转型当中，长三角、珠三角的制造业普遍发生了一种“流程性”的转变。原本的“以商带工”，逐渐演变成专业程度极高的“接单制造”。要明白，接单工业绝不是不要创意、设计、融资、分销、物流以及售后服务。哪一个环节也少不了，只是无须“中国制造”亲力亲为。所有那些环节，很多甩在了境外，由发单的跨国公司去完成。用进废退之间，中国制造转成了世界工厂，或者更准确的描述是成为“世界车间”。中国制造借了世界商业和服务业，借了世界城市，然后大踏步地走向世界市场。

这也是2009年以后,虽然“转变经济发展方式”“扩大内需”以及“刺激消费”等口号不断升温，但最后中国经济主要还是靠政府主导的高投资，才抵御了全球危机对中国增长的影响。说白了，在现实条件下能够替代外需这匹大马的，只是投资，而不是消费驱动的内需。

钱金波教我懂得了选一个新的角度看全球金融危机对中国的影响。已在相当程度上“接单化”了的中国制造，要转向开拓内需市场，非借国内商业与服务业的跳板不可。反映到空间布局上，这块跳板就是城市。问题是，“世界工厂”多年繁荣，并没有为中国备下一个消化得了超前工业化成就的国内城市。整体看去，中国城市化的小马，拉不动工业化的大车。这是经济转型绕不开的一道坎。

重工轻城，由来已久

城市化相对于工业化发展的滞后，在中国并不是一个新现象。比较而言，愈是早先的经济增长，工业化超前、城市化滞后的特征就愈显著。这说明，重视工业而轻视城市的倾向，由来已久。

先看十几年前。根据统计年鉴，2000年中国的城市化率为36.2%，工业化率为50.9%。这就是说，那时候城市化率与工业化率之间的比值还不到1，仅为0.71（= 36.2% / 50.9%）。再往前看20年，1980年我国城市化率与工业化率的比值干脆不到0.5，仅为0.44（= 19.4% / 43.9%）。

关注这个现象，说起来为时不短。记得最早是1985年春天，地点就在中国农村发展问题研究组当时所在的北京西直门内草场街22号，“老八队”讨论农村发展与国民经济时，大家七嘴八舌的议论中抓住过这个命题。顺便交代一句，成立于1980年的农发组，于1984年莫干山会议后一分为二，大部分研究人员转到国家体改委下属研究所，剩下八个成员继续留在杜润生领导的农口做研究，昵称“老八队”。记忆中是一间不大的客厅，阳光透窗而入，陈锡文、罗小朋、白南生、杜鹰、高小蒙、邓英淘、高山围成一圈散坐，我受差遣拿了支粉笔在小黑板上做记录。那一节的题目是“国民经济的特征”，应该是小朋或淘淘先提出来的，大家吵了几句后认为算得上一条，我就记下“工超前、城滞后”六个字。

搞农村调查研究的，为什么要扯上国民经济？原来1984年出现了全国范围的“农产品卖难”——农民增产的粮食、棉花，交售时遇到国家仓储不足的严重困难，到处排队，引发农民抱怨。直接缘由，当然是包产到户惹的“祸”，因为激励机制的变革，农民多种多得，生产积极性与大锅饭时代不可同日而语。1979—1984年农业总产值年均增长近9%，其中种植业年均增长6.61%，粮食年均增长340亿斤，棉花1300万担，都是多少年没有过的。

似乎不难明白，是农业生产的超常规增长，才显出国家收购农产品的“胃口”不够大，所以引发卖粮难、卖棉难。可是一路跟踪农村的改革与发展，农发组对形势的研判多看了一个层面，即农产品的需求遇到了一个结构性障碍。简单讲，在“十亿人口、八亿农民”的中国，一旦农民放开手脚积极增产粮棉两亿，城里人根本不可能消费得了。因此，问题不单单是国家粮仓不足，而且是给定城乡隔绝现状，我国农产品的市场需求相对不足，背后的原因是城乡比例失调，城市经济的容量严重不足。

麻烦来了。改革以来我国农业的超常增长，曾经是国民经济高速增长的基础。当时分解，1979—1984 年我国社会总产值年均 9%的增长，大头来自农民新增消费与新增投资（主要是农村住宅）的贡献（约占 62%）。如果市场需求把初级农产品一马当先的增长拉下来，国民经济继续增长的引擎何在？新的机会与挑战究竟是什么？

这就是当时“老八队”一起讨论国民经济的背景。实在怀念那时研究问题的氛围。都是多年下乡又进城读了大学的年轻人，个个具有鲜明个性，却又被卷入同一座思考现实中国实际问题的“熔炉”（邓英淘语）。争论起问题来，谁也不买谁的账，可就是不伤和气。大家面对真问题，感兴趣的只是现象与现象背后的道理。杜老的领导方式是百无禁忌，放手让小子们观察、思考、提问、分析与建言，从来没有命题作文这回事。也没有谁会争职称和发表的署名，更从来不讲官话与套话。一晃 30 多年过去，当年围坐一圈的八个老友，先后去世了三位，实在叫人感慨万千！

那记在黑板上的“工超前、城滞后”，写进研究报告的文字如下：“迄今我国仍有 80%的人口滞留农业与农村，说明我国以往的高速工业化是在城乡隔离的条件下进行的。工业化在城市高速推进，而众多的农村人口则同小部分国民收入组合在一起，保持着一种很低的分工水平和经济社会发展的水平。工业净产值的高比例同农业‘就业’的高比例，十分罕见地长期并存。”这是对经济结构的特征描述。未来可能是个什么样子？“1979—1984 年国民经济增长格局的终结，同时就是根本改变原有城乡经济关系的开始。”

还有战略与政策建议："在新成长阶段，很难仅仅以小集镇（农民离土不离乡）战略来解决城市化问题。我国的结构变革绝不可能在目前城乡分隔的基础上完成。""打破城乡隔绝既需要从改革由'城市人口'组成的城市体制来推进，也需要兴建、扩建一批主要由'农村人口'组成的新城市。"

这篇研究报告，后来署名"中国农村发展问题研究组"，以"国民经济新成长阶段与农村发展"为题，全文刊登在《经济研究》上。我们可没有想过公开发表，更没有想过能在全国经济学最权威的学术刊物上发表。最出乎意料的是，这篇两万字的长文不是投稿，而是时任执行主编的唐宗焜先生看到了我们的草稿，主动要责任编辑乔桐封联系作者们并对文稿进行了精心的编辑——好年代遇到的好人实在是很多。

我自己参加此项研究的收获，是从此关注城市化与工业化的关联。前提的前提，是认识到"工业化超前、城市化滞后"既不自然，也不正常。后来隔几年我就看看城市化率的变动，也看看工业化率的变动，并把两率之间的数值描出一条曲线来看趋势。总体来说，改革开放以后，我国重工轻城的扭曲状态不断得到改善，尽管城市化率与工业化率之比，到 2010 年的最高值（1.09）仍然还低于世界平均水平，低于其他金砖国家的水平，并远远低于发达国家的水平。

是"重视工业、轻视城市"使然吗？不好说。那不过是从行为结果推测动机罢了。不难理解中国人对工业的普遍重视，那是从近代洋务运动就开始了的共识。毕竟"船坚炮利"的教训，国人皆不会忘记。后来毛泽东所言"落后就要挨打"，大体上也包含"工业落后必定挨打”的意思。整体而言，中国人的“重工”倾向，不是从民生消费或生产率出发，而是从国家主权、国防、国际环境的角度加以衡量的结果。

当然，中国的经济思想、战略与政策，一般也“重农”。不过我的感受，那也是为“重工”服务的。没有农业和农产品的支持，工业想快也快不起来。真想重视工业特别是重工业吗？那就非重视农业不可。这是《论十大关系》的点睛之笔，也表明“重工”才是真正的决策重心之所在。

比较费解的是为什么要“轻视城市”。工业不靠光合作用，总要讲聚集，达到一定的密度就是城市，所以工业与城市分不开，一般也不容易对立起来。我没有看到有明确阻遏中国城镇发展的论述、文件和言论。找不到“轻视城市”的动机，却收到了轻城之效果，何以如此，下文再谈吧。

城市偏向导致城市化滞后

说来不易相信，长期以来我国工业化超前、城市化滞后，居然与一套“城市偏向”的观念、制度和政策有关。真可谓“不是冤家不聚头”：原来重工轻城并不是“轻视城市”的产物，恰恰相反，是“维护城市”的偏向主导了体制与政策，才强力阻挠了人们择城而入、择地而居的自发倾向。

容我从较远的地方说起。1991 年我到加州大学洛杉矶分校后，选过一门讲英国人口的课程。老师是剑桥来的斯科菲尔德（R. S. Schofield）教授，曾多年主持颇有声望的“历史人口小组”的工作，利用散见于英国各地教区的洗礼、婚礼、葬礼登记资料，还原了工业革命前几百年英国经济社会人口的变迁。就在那门课上，我才知晓早在出国前就自以为耳熟能详的城市化，从观察到概念的形成别有一番来历。

最早是人口统计方面的发现。例如17世纪的人口统计学先驱约翰·格朗特（John Graunt，1620—1674），在分析当时伦敦的洗礼与殡葬数据时，发现本地的殡葬数远远大于本地出生的人数。他估算，从乡村和小城镇到伦敦的净迁入人口，平均每年高达6000人。作为交叉检验，他又分析靠近南安普敦一个小镇的数据，发现90年间这个小镇共增加了1059人，其中300人留在原地，400人移民美洲，300~400人迁入伦敦。这就是说，伦敦城从一开始就是人口迁徙的产物。更一般地说，城市是城市化的结果——居民从聚集程度很低的乡村流动到密度较高的城市。

是城市的热闹与收入机会等把人口"拉"上了城市化之路吗？至少开头不是。不少乡村人口是被"赶"出来的。哪些人呢？那些没有权利继承家庭农地或手工作坊的年轻人。儿子也无权平分家产吗？是的。原来那里的传统，家产是家长的财产，要按家长的意愿交给后代继承。没有老子的意愿表达即遗嘱，儿子无权染指家产。从收集到的遗嘱看，多数给了长子，但也不是铁定的长子继承制，因为传给女儿、亲戚、家仆甚至外人的，也都有记录。比较可靠的准则只有一条，就是家产按家长意愿传给后代。

无权继承农庄的后代，只好走人。那天然牢不可破的血缘、地缘关系网，就这样被无情地撕开了一道口子。从这里跑出来的，注定是姥姥不疼、舅舅不爱之辈，同是天涯沦落人，谁与谁也没个宗法纽带，只好发展陌生人之间的平等契约，合作讨生活。后来所说的"自由民""市民"或"市民社会"，就是这样来的；以市立城、作为自治体的“城市”，也是这样来的。

与行政中心或军事重镇之“城”不同，“城市”在很长时间里可不是锦上添花的繁华之地。也是这位老师在课上讲到的，包括伦敦城在内的诸多英国城市，多少年来的人口死亡率要远高于乡村地区，预期寿命则远低于乡村地区。原因简单，密度达到临界点就要基础设施建设的跟进，但早期多数自治城市满足不了，建筑通风、道路、上下水管道、防火等等，一律乏善可陈。就是新鲜食物的大批供应，也谈不到。简言之，生活质量城不如乡，这似乎是英国早期城市化的常态。那里的上流社会推崇田园生活，是不是也由此而来？《英国女王》说伊丽莎白得空就下乡，《凯恩斯传》说这位经济学的天之骄子隔三岔五去伦敦郊外休闲，怕都是在那个时代城乡差距过大之下趋利避害的行为吧。

人们为什么还要在如此糟糕的城市里凑合着过？农庄之不容和不留是推力，向城镇聚集、需求集中刺激出来的分工细化，无意中创造更高收入，就是拉力了。费雪讲得好，收入是经济活动的出发点和落脚点，也是经济学的第一个字母和最后一个字母。既然都没有继承到土地，谋生当然以创造新收入为要。人口聚集带来经济聚集，经济聚集又吸引更多的人口聚集——“城市的能耐”终于开始发力，这是我在以前的文章里讲过的。

把以上讨论抽象出来，最重要的法则是一条：社会总要承认——至少不禁止——人口在空间移动、聚集的权利，才有城市，才有城市化。其实，城市化的“推力”和“拉力”都是动力，重要的是城市化的动力要大于禁止人们择城而入、择地而居的阻力。很明白，恰好17世纪英国的习俗和法律，并不禁止人们从农村移入城镇，否则根本不会有“1800年英国城市化率达到25%”这回事。

深究下去，自由移民的权利常常在无足轻重的时候才容易被承认。不是吗？中世纪西欧的经济、财富、高品质生活的重点不在城市，而在乡村庄园。相比之下，“城市”反倒成为“没法子之人”的一个去处。所以打从一开始，很多“城镇”差不多就是“贫民窟”的同义词，脏乱差并举，绝不是世袭特权家庭的安身立命之处。也正因为如此，城市才与普通人的自由相连。至于日后的城市成为文明和财富极其耀眼的中心，那应该不是上层等级谋划的产物，而是自发的自由经济活动的意外结晶。

容忍向城市流动的自由，在中国遇到一个困难，那就是早在工业化之前，我们这个悠久而庞大的农业文明，国家权力、财富和文明都集中于城。说起来，农业文明并不需要空间上的高度集中，可是据一些学者之见，大规模的治水事业和面向骑兵的国防，离不开中央集权的国家机器。大一统中国应运而生，而国家运转的重心早就集结于城市。

远的不提，现代史上的“农村包围城市”，并不是说中国的城市不重要，而是很重要、太重要，只无奈敌强我弱，不可能在几个中心城市“一声炮响”就取得革命胜利，才下决心迂回曲折，先在农村搞几十年根据地，直到具备了实力，才把战略重点转向城市。电影《开国大典》里，毛泽东豪情万丈地说这是进京赶考，可见早知道城市重要。

城市被看明白绝非无足轻重之地，搞建设的时候开放自由流入就不容易。就当下讨论中国城市化滞后而言，不少意见指向一个关键的制度变量，即公民有没有宪法保障的“迁徙自由权”。据查，1954 年我国第一部宪法规定了公民自由迁徙权。后来此项宪法权利被删，且再也没有写回来。不少人大代表、专家和公众意见领袖，因此主张“迁徙自由权”重新入宪，以此指导、规范相应的法律和政策。

研读了有关材料，有三点印象。一是 1954 年宪法写入“迁徙自由权”时，本身就不那么顺畅；二是宪法写入“迁徙自由权”之后，实际执行中很快打了折扣；三是 1975 年“文革”高潮中从宪法里拿下了“迁徙自由”，后来再要求重新写入，困难重重。

这段公案，对理解中国城市化问题大有意义。我的解读，恰恰是对城市地位的看重和偏爱，才引致观念、制度和政策限制人们择城而入、择地而居的自由。

第二部分

自由乃城市之基

录以备考的迁徙自由

传统中国之城，凡比较知名的，差不多都起于行政中心和军事重镇。纯粹以自由市场立城者，有也是有的，不过顶多就是些小集镇。围起个城墙来的去处，没有不是官家主导的。那里当然也有市井生活，不过照例处于“为辅的”地位罢了。

这些特质，与我在斯科菲尔德教授课上听到的英国早期城市，实在大相径庭。近代帝制崩塌、战乱动荡把中国闹得“国将不国”，城市的地位当然也大变。不过从一般阅读得到的印象，中国的城市还是财产与权力的庇护之地。例如湖南农民运动席卷三湘之时，据青年毛泽东的考察，重要的土豪劣绅……几乎都跑光了，他们中间，头等的跑到上海，次等的跑到汉口，三等的跑到长沙，四等的跑到县城。此外还有天津的租界，无论末代皇帝、军阀还是达官贵人，谁倒了霉都可以进去躲一阵的。

即使对于中国革命者而言，城市也是个好地方。孙中山策动的那些军事行动，离开了香港、广州这样鱼龙混杂的城市生态，不好想象。中共一大选了上海石库门为会议地点，偶然之中也有绝非偶然的因素。至于后来的“农村包围城市”，并不是城市不重要，而是太重要，只是一时敌强我弱拿不下来，非迂回夺取不可。

城市的实际分量很重，被方方面面看得更重。这样的地方，可以允许自由进出吗？从这个角度想，从1912年的《中华民国临时约法》、1941年颁布的《陕甘宁边区施政纲领》到1954年的第一部《中华人民共和国宪法》（第九十条），一以贯之地把“迁徙自由”列为公民的一项基本权利，还真的殊为不易。我的看法，与其说这来自传统与牢靠的社会共识，还不如说是那个时代“与国际接轨”的产物吧。

据亲历者回忆，1954年第一部宪法关于迁徙自由权的规定，来得极不容易。这位回忆者是董成美教授，时任中华人民共和国宪法起草委员会编辑组总编辑。董先生毕业于北京大学政治系，后到人民大学法律系任教，1951年后调任国务院和全国人大机关工作。他在2003年12月接受的一次采访中讲道：“毛主席在宪法起草中是不同意规定迁徙自由的，他认为人不能想到哪儿就到哪儿，得有制度；城里人就是城里人，乡下人就是乡下人，不能随便来回移动。”

这段石破天惊的文字，收在《1954年宪法与新中国宪政》（湖南人民出版社，附录7，“关于制定1954年宪法若干历史情况的回忆——董成美教授访谈录”)。那本书的编著者是人民大学法学院韩大元教授，一位知名的宪法学家。我看过关于他的报道，印象深的是为了收集第一部宪法的资料，韩教授带着他的学生从按规定不允许复印的档案馆里，一个字一个字抄回了宪法起草委员会 7 次讨论的纪要。我很自然地相信，以如此态度治学的，编书一定认真。

可是对毛主席不赞成迁徙自由的回忆，网上也有质疑声。一是孤证，因为没有其他人的旁证说明此说为真。二是董先生于 2008 年辞世，死无对证。孤证说有点道理，因为我也想看看还有没有类似的回忆或更直接的记载，表明毛主席确实反对迁徙自由权入宪。找来找去，没有发现。

只是在同一篇采访中，董成美先生还说了一句：“但是后来宪法仍做了规定（指迁徙自由权），没有听毛主席的，我们大都认为规定迁徙自由是有必要的。”关于这一点，即某些毛主席不赞成的条款最后还是被写入 1954 年宪法，却还有类似的例证。如《建国以来毛泽东文稿》保留的对 1954 年宪法起草过程的 16 条批语，其中第一条批语是“不写为好”，针对的是“中华人民共和国公民有言论、出版、集会、结社、游行、示威和信仰宗教自由的权利”，毛泽东在“游行、示威”旁画了两条竖线，打一问号，并在上方写了这条批语。但是，最后的宪法文本并没有采纳毛泽东的意见。对此，韩大元的评论是，“在宪法制定过程中，毛泽东的工作作风是民主的”。

董成美关于迁徙自由权的回忆，倒是没有讲得很清楚，毛主席的反对意见究竟是在什么场合说的，究竟是一种深思熟虑的不同意，还是对迁徙自由的一般性议论而已。反正我自己读后的第一反应，是觉得毛主席他老人家自己也是农民之子，也是不可抗拒的由乡入城历史潮流里的一分子，怎么就对人们在城乡之间的“来回移动”抱有那么大的反感呢？

其实，不赞成把迁徙自由写入宪法的，还有毛主席的秘书、时任宪法草委副秘书长的田家英。蔡定剑在他的《宪法精解》（法律出版社 2010 年版）中提到：“在讨论时，有人问田家英为什么没有写迁徙自由。他解释说，主要原因还不是怕农民进城，也不是怕建设时搬迁不了的问题。原条文规定了居住自由，可以包括迁徙自由，居住自由比迁徙自由更广泛。比如一个人有多处居所，今天在这里住，明天在那里住，这并非迁徙。”最后是邓小平一锤定音：写上“迁徙”，少费唇舌。

公民的居住和迁徙自由权最后还是写进了 1954 年宪法。1954—1956 年是我国历史上户口迁移最频繁的时期，全国迁移人数达 7700 万，包括大量农民进入城镇居住并被企业招工（见《当代中国研究》2007 年第 4 期）。可是，很快也遇到新问题。有人检索法律文档，发现从 1955 年 6 月到 1957 年 12 月，政府先后就“建立经常户口登记制度”“防止农民盲目流入城市”“制止农村人口外流”等问题发布了 7 份政策文件，实际上限制农民进城。1958 年 1 月 9 日，全国人大常委会通过了《中华人民共和国户口登记条例》，规定：“公民由农村迁往城市，必须持有城市劳动部门的录用证明、学校的录取证明，或者城市户口登记机关的准予迁入证明，向常住户口登记机关申请办理迁出手续。”（《建国以来重要文献选编》第11册，中央文献出版社1994年版，第18页）从此，多了一个中文词——“盲流”。由于防止、制止、禁止的重点是农民进城，所以这一称号多半用来称呼在城里被看见的农民。

1975年在“文革”的高潮里修宪，迁徙自由权被正式拿下。其实，早在1961年国家动员2000万城里人回乡之后，城乡壁垒就已经高高筑起。“文革”后又来一场“我们也有两只手，不在城里吃闲饭”的运动，外加2000万知青和干部再次出城入乡，在实际生活里早没了影的迁徙自由，被从宪法文本上删除，谁也不觉得不正常。

历史转了一大圈。再回头看，即使毛主席本人在起草1954年宪法时没有表示过反对意见，那种“认为人不能想到哪儿就到哪儿，得有制度；城里人就是城里人，乡下人就是乡下人，不能随便来回移动”的观念，在上层建筑里还是相当有市场。是不是可以这样看，与其把1954年“迁徙自由”入宪看成“正常的”“成熟的”状态，把后来该权利出宪看作是对神圣宪法准则的违背，还不如说公民在城乡之间的迁徙自由还远没有被视为与生命一体的抽象权利。它只能服从“种种不同的实际”，在某种情况下可以存在，在另外一种情况下则轻易被限制直至废除。

迁徙自由权重新入宪，怕要另选一条路，即先从实际情况允许广泛地重现该项自由，再经由观念上的更新与抽象达成。

限制迁徙自由的理由

上节文字发送给编辑之后，又阅读到一些有关迁徙自由的资料。急于告知读者的是，早在宣告“公民拥有居住和迁徙自由”的1954年宪法发布之前，限制迁徙自由的政策和做法就已经出台了。所以，上文要修订：不是1954年之后“遇到了新问题”，而是早在第一部宪法颁布之前，政府就着手限制迁徙自由。

先看中央人民政府内务部社会司于1950年11月26日发表于《人民日报》的一篇文告——“应劝阻农民盲目向城市流动”（收入于建嵘主编的《中国农民问题研究资料汇编》，第二卷下册）。该文列举了当时农民进城找工作的现象后，指出“必须大力说服农民，以克服农民盲目向城市流动的情绪”。至于必须劝阻农民进城的理由，文告点到“浪费国家许多钱财，影响社会秩序，而且给各地人民政府增加了许多不必要的困难”；同时，“对于农民来说也很不利，因为他们盲目跑到城市，一时找不到工作，便只好卖掉衣服被褥等物，走上流浪的道路”。全文最可圈可点之处，是下面这句话：“目前的劳动就业主要是解决失业问题，而农村的剩余劳动力并不是失业者，他们有地种，有饭吃。”

两年多后，1954 年宪法尚没有诞生，政务院于 1953 年 4 月 17 日发布《关于劝止农民盲目流入城市的指示》，提出“由于城市建设尚在开始，劳动力需用有限，农民盲目入城的结果，在城市，使失业人口增加，造成处理上的困难；在农村，则又因劳动力的减少，使春耕播种大受影响，造成农业生产上的损失”。解决的办法，就是不但要“劝”，而且要“止”，包括“不得开给介绍信”“动员还乡”“不得擅自到乡村招收工人”等。

又过了不到一年，内务部、劳动部于 1954 年 3 月 12 日发布《关于继续贯彻劝止农民盲目流入城市的指示》。查对了一下，1954 年宪法通过的日期是同年 9 月 20 日，所以此指示早于宪法半年，内容无非是过往的政策还是没有解决问题，所以必须进一步“劝止”。

这样看，在公民迁徙自由权正式入宪之前，农民进城的权利在新中国的实际生活中已经受到了限制。问题是，1954 年宪法写入了迁徙自由权，是不是就此清理、审查、停止与宪法原则相违背的规定与政策呢？没有。因为上文讲到的从 1955 年 6 月到 1957 年 12 月，政府先后就“经常建立户口登记制度”“防止农民盲目流入城市”“制止农村人口外流”等问题发布的 7 份政策文件，一以贯之地限制农民进城。

其中，“盲流”的称号一直沿用，政策取向没有改变，唯一变化的是从劝止、预防到制止和紧急制止，政策越来越严。

宪法上白纸黑字写有“迁徙自由”，但实际执行的却是限制农民进城的一整套政策。如此并行不悖，难受不难受？不难受，特别是在我们的上层建筑里看不到有什么好难受的。这是一个直到今天也还值得注意的现象：讲归讲，做归做，谁也不难受。问题是，在这样的氛围里，即便迁徙自由权重新入宪，对实际生活究竟有多大的意义？

关心这一点，与研究制度对人行为影响的学术传统有些干系。至少从道格拉斯·诺斯之后，就不能无视人们的“认知”——也就是我们习惯用的“观念”——在制度变迁中的重要作用。流行之见，“利益”和“观念”可以并列为影响制度变迁的力量。可是所谓的“利益”，难道真的可以摆脱“观念”的纠缠吗？

以怎样看待自由迁徙、农民进城为例，所有关于“实际情况”的分析，以及有关利弊得失的“计算”，没有一处离得开人们的观念与看法。比如上文提到的，农民进城“浪费国家许多钱财，影响社会秩序，而且给各地人民政府增加了许多不必要的困难”云云。这里面的每一点，都离不开人们的观念。“浪费国家许多钱财”，是指什么呢？是政府补贴农民进城吗？如果仅仅补贴流动者，当然对不流动者不公，所以不该发放特别补贴——事实上也没有这回事。那是指政府为此而增加了行政经费吗？这又要运用观念进行运算了：政府本来就有履行公务的责任，公民行使宪法规定的权利，当然要发生相应的公共服务成本，否则要公共财政何用？至于是不是

“影响公共秩序”，更是端看我们如何定义社会秩序——允许流动的社会是一种秩序，不准流动的是另外一种——那就与流行的观念息息相关了。

再看“对于农民来说也很不利，因为他们盲目跑到城市，一时找不到工作，便只好卖掉衣服被褥等物，走上流浪的道路”，那就更有意思了。首先对农民究竟是不是有利，有权下判断的不是农民自己，而是“比农民还关心农民”的别人。此种观念源远流长，到今天依然振振有词的，人数还是多得惊人。换一种看法，身无隔夜粮的“盲流”，其实最缺乏“盲目流动”的经济条件，他们非很快找到工作才有饭吃。“一时找不到工作，便只好卖掉衣服被褥等物，走上流浪的道路”，有没有呢？应该是有的。但是这里也需要辨析：那时期年度流动的农民以千万计，究竟有多少因为一时找不到工作而流浪，多少是找到了工作、挣得了更高收入而改善了生活的？为免除极小部分因流动受损的农民利益，不惜限制、禁止流动，从而妨碍因流动受益的大部分农民的利益，难道就不值得细加权衡吗？

在 1954 年宪法前后一系列劝、限、禁农民流动的政策文件中，最具紧迫性的一个理由是，“使春耕播种大受影响，造成农业生产上的损失”。作为一个悠久的农业文明，“不违农时”有广泛的共识。再以当时的农机条件看，农忙时分如果发生大量劳力外流确也可能影响农作。不过我的问题是，写入这点理由的文件是 1953 年 4 月发出的，包含“迁徙自由权”的 1954 宪法是 1954 年 9 月通过的。要是担心农民流动损害农业，迁徙自由权不入宪不就得了？或者更精巧一点，规定迁徙自由必须以不妨碍农业生产为前提？

这就涉及社会认知（观念）更麻烦的一个层面：流行观念有彼此矛盾的地方。在这里，劳力外流妨碍春耕是一套逻辑，承认并保护公民的迁徙自由是另外一套。后者认为农民务农并不是他对社会应尽的义务，而不过是争取收入权利的一种实现方式。务农带来的收入高，务农可也。但国家无权强制农民务农，特别是出现高于务农收入的机会时，“农人”也有权转工、转商、转服务。就算此种“较高收入”只不过是一种预期，甚至是一厢情愿的误判，农人转业的权利还是要给予保障。否则，“务农者恒为农”的秩序，猴年马月才能打破？

经济学推理是支持宪法逻辑的。务农收入偏低，其实是务农人数太多，务农者之间的竞争过于激烈。此时农民见异思迁，试试其他机会，本身也会改善农业。如果一时转农为工的人数太多，生之者寡，食之者重，农产品价格连同务农收入将上升，再次吸入劳力与其他资源，以不断达成供求平衡。这里只需两个支点，那就是有可靠的择善而从的权利，外加转来转去的费用尽可能的低。

不过对于农耕历史悠久、工业化刚刚起步的中国而言，观念矛盾是题中应有之义。如何处理矛盾的复杂现实，本来免不了磕磕碰碰。此时，“一边倒”学苏联的国策开始发力。毕竟，“老大哥”的经验连同其支持的观念，在那时是不可抗拒的。

“老大哥”的坏榜样

以国家强制力限制公民迁徙、农民进城，这么一个了不起的传统，其实并不是中国内生的，而是从苏联“老大哥”那里学回来的。回到20世纪50年代初，一个农民占人口绝大多数的国家在经历了长期的内外战乱后，百废待举要搞经济建设，要奔工业化。可是，从农村包围城市的战争里打出来的新生革命政权，对工业、技术、城市和建设又所知甚少。在历史的逼迫之下，新中国“一边倒”学苏联经验，有样学样，很顺理成章。

具体到有关迁徙的制度安排，苏联搞的是哪一套？我看到的史料说，斯大林治下的苏联于1932年12月31日颁布法令，全面实行十月革命后从没实行过的人口登记与迁徙管理：只有持有居民证的人才能流动、迁徙和变更居住地点。该法规定，居民证的发放范围限于城市，最初仅限于莫斯科、列宁格勒等25个重点城市，后来才扩大到所有市镇，但不包括农村和农民。按此法令，苏联公民须在进入任何地区后的24小时内，到当地政府申请暂时居住许可证；如不被批准，则在3日内必须离开。这样，根本就没有居民证的广大苏联农民，只好被牢牢地束缚在土地上，直到1975年，苏联农民才获得持有国内居民证的权利。

这段公案里所谓的“居民证”，与今天你我人人都有的身份证，是不是一回事呢？根本就不是。我是从中央党校党史教授王海光论文的注释里，看到“propiska”这个词，再根据注释的提示，到维基百科查了这个词条，才大致明白此“居民证”的真实含义，乃“居留许可签证”也。顺便记一笔，维基百科的很多词条都有中译，但偏偏很值得中文读者留意的这一条，却是没有的。

这“propiska”（普罗皮斯卡）是俄文（пропи.ска）的音译。维基百科的解释是这样的：“在1917年以前的沙俄帝国时代和20世纪30年代以后的苏联，（它）既是定居许可，也是移民记录的手段。”至于具体形式，除了在地方户籍登记系统里有文档记录，它还是在个人国内通行证上加盖的一个官方签章。

老实说，读到这里，我对这个“普罗皮斯卡”究竟是个甚，还是没有清楚的概念。好在维基百科附有照片，顺藤摸瓜，我又从网上看到若干，才大致明白它相当于护照和签证：护照证明身份，但人们光持有护照还出不了国；要出国，还需要签证，即注明同意你进去、居留时间的对方国家的官方许可。“普罗皮斯卡”就是加盖在国内护照上的签证，表明持有人可以合法流动、入住、居留。不同之处，这不是为出国，而是在国内就要有的。更不同的地方，是1933年1月1日之后，苏联居民中只有城里人才有权得到这个宝贝，乡下人没有，所以不能合法流动、入住、居留。

老天爷，斯大林是怎么搞出这么一套办法来的？仔细读，原来那也不是斯大林原创。上文不是说了吗：在1917年前的沙俄帝国时代，“普罗皮斯卡”就已经存在。再查，整个沙俄帝国时代，自由迁徙从来就不是农奴的权利。甚至在1861年亚历山大宣布废除了俄国农奴制之后，农民虽然得到一般意义上的人身自由和有限度的财产权利，但迁徙权还是暂付阙如，因为他们并不准自由离开村社。“普罗皮斯卡”还是一以贯之，唯有城里人才有国内护照，也唯有加盖了国内居留签证的，才可以合法流动。难怪我们当中学生读到的俄国文学作品，从十二月党人到列宁的流放生活都有那么一股子的“贵族气”。没错，不够贵的进不了城；不是城里的人，根本就没资格被流放！

斯大林怎么好意思，把革命对象沙俄帝国禁止农民流动进城的制度，公然统统给恢复了？说起来，也是一连串实际情况使然吧。当代学者讲到这一段，总要提到1927—1928年间苏联的“粮食收购危机”。那不难懂，因为落后国搞社会主义，要加快国家工业化，总会面临工业化原始积累与农业和农民之间的矛盾。列宁在世时坚持的新经济政策，无非就是要较多利用包括富农在内的农民生产积极性，在发展农业的基础上推进工业。但列宁去世后，新经济政策就停了，斯大林试图压农民拿出更多的“贡赋”，以此加速苏联的重工业化。问题是，哪里的农民也不是那么好压的，加上天气因素，粮食危机自天而降。

斯大林的反应是干脆全盘集体化，从限制富农转向消灭富农。这就迎来1929年所谓“大转变的一年”——用急风暴雨般的阶级斗争改造农民，在“消灭富农”的纲领下组织几万干部下乡，突击组建“集体农庄”。到1931年底，约2000万户农民加入20万个集体农庄。土地被宣布全盘国有化，仅允许集体农庄使用；后来政府又部署了国有的拖拉机站，实行国家以机械化服务交换农庄产品的体制，并对瞒产、拒交行为实施强制打击（参看中央党校国际战略研究所苏联模式研究组左凤荣、姜长斌的文章）。

这样国家拿粮食是不是就容易了？没有。生产力——富农总也是农，也是生产力吧——遭到严重破坏，苏联的粮食产量多少年以后还达不到1914年战前沙皇时代的水准，绷得再紧，也是无米之炊。农民被逼急了，涌向富裕地区和城市的事情就发生了。情况危急之下，限制农民流动的“普罗皮斯卡”，就算是沙皇的老招数，搬出来用用对斯大林来说也无妨。

有一点，斯大林倒做得比较言行一致。那就是他没有把“迁徙自由”写进1936年苏联宪法——那可是被叫作“斯大林宪法”的“第一部社会主义宪法”。翻开第十章“公民的权利和义务”，举凡“劳动的权利”“休息的权利”“受照顾的权利”“受教育的权利”，以及“言论自由、出版自由、集会自由、游行和示威自由”，还有法律保障“人身、住宅、通信秘密”等条款一应俱全，全部入宪。唯一不见的，就是“迁徙自由”。也好理解，“普罗皮斯卡”还在生活里管用着呢，分明做不到的事情，写进去又有什么意义呢？后来历次苏联修宪，“迁徙自由”再没有入宪。

斯大林宪法当然是我国1954年宪法起草时，首要参考的国外宪法文本。据有的回忆录讲，1954年宪法最早拿出来的稿本上，就没有“迁徙自由”的字样。后来在讨论中有人提到，1949年我国的《共同纲领》里面有，而近代多部宪法也有“迁徙自由”，所以建议列为公民权利。这才有了邓小平那句话（“写上‘迁徙’，少费唇舌”），也有了“居住和迁徙自由”这一权利条款。不过整体看，“社会主义与迁徙自由不相容”的观念，还是进入了中国。毕竟，1954年宪法还是从新民主主义向社会主义过渡的宪法，到下一次1975年修宪，“文革”高潮中的中国当然是响当当的社会主义啦，“迁徙自由”被逐出宪法，还是在这个问题上与斯大林保持了一致。

从那个时代的认知水平来看，苏联“老大哥”的做法和理念，毫无疑问地代表着中国的明天。要过多少年历史才会指出，那是“老大哥”带来的一个坏榜样。

制度安排非同小可

作为一个落后农业国，中国在推进工业化时免不了要学习外国经验。至于20世纪50年代“一边倒”学苏联，是不是真的就是必然的不二之选，怕要让历史学家慢慢去做结论才好。从可观察的现象看，亦步亦趋跟苏联“老大哥”走，成就与问题也大同小异：国家工业化推进速度很快，但工农、城乡关系长期紧张失调——越是粮食困难，越把农民捆了个结结实实的；反过来，农民越不自由，粮食困难越挥之不去。

1956年，毛主席觉察到苏联模式有问题，说苏联的办法把农民挖得很苦。他们采取义务交售制的办法，把农民的东西拿去太多了，给的代价又极低。他们这样来积累资金，使农民的生产积极性受到极大的损害。这是《论十大关系》里的知名论断。不过从体制上看，集体化、统购统销以及“剪刀差”这一套已在中国扎根，要全盘更改苏联模式，谈何容易？剩下的，也只有程度的选择：人家把农民挖得太苦，咱们就少挖一点吧。

少挖也不容易，因为学回来的制度安排里还加上了一条：不许农民自由跑。当然带有中国自己的特色：苏联搞“普罗皮斯卡”，多少还有点欧洲文化的影子，因为至少城里人还有旅行这回事，有权手持一份“国内护照”。中国的传统是大难临头才背井离乡，“流民”从来就不是个好词，怎么记得到权利的名下？至于平头百姓具备“公民有权申领护照”的新意识，更要等几十年以后的改革开放“自由行”。

当时中国的办法是搞户籍制：旅行——甚至包括逃荒——要开个介绍信，定居就非拿出户口本不可。没有那张小小的户口卡片，任何人不能移居、定居他处。据说开始时户籍制度仅为选举服务，登记清楚才好准确记录选民。但实际情况——粮食困难和饥荒——需要劝止农民转工进城。劝而不止，措施就必须升级。弄来弄去，户籍与选举无大关系，却发展成为划分城乡居民身份的法律凭证。

不要小看那张户口卡片。它与“普罗皮斯卡”的功能是一样的：户口不在本地的，就不可合法居留，更不能合法定居、移居、再定居。“黑了身份”硬住下来行不行？完全不成，因为办不了粮油关系、租不到房子（遑论参与住宅分配）、不能登记结婚，也无法办妥孩子入托和上学手续，更不被受理办护照、出国留学和其他公干私干。总之，户口是所有身份关系里的龙头老大，没了户口，人们寸步难行，啥也干不成。

当然，控制的重点是由乡入城、由小城镇入大城市，特别是“盲目流向”北京、上海、天津这样的特大都市。“反向流动”——城里人上山下乡、大城市人到小城镇落户等等——是允许的，不时还受到鼓励。不过，受到收入的指引，在一般情况下，“人往高处走”是主流。因此不难明白，“户籍金字塔”的底部主要是农民，而流动受限最甚的也是农民。

限制迁徙自由与“把农民挖得太苦”，这两件事情有关系吗？我的理解，大有关系。这里的关键是，仅仅在单一方向上动用国家对农民的强制力，效果将大打折扣。以“挖农民”为例，那无非是采用“征粮制”而不是自由贸易的办法，“把农民的东西拿去太多了，给的代价又极低”。问题是，当国家真把农民挖得太苦时，农民就不会“跑”吗？当然会跑。事实上，无论是1928年的苏联农民，还是1955年的中国农民，都曾经大量“跑”——跑出集体化，跑出农村，跑向收入较高的工业，跑向城市。

农民跑了，还挖什么去？于是，苏联的“普罗皮斯卡”和中国日益完备的户籍制登场，限制、禁止农民流动的政策、制度和观念登场，最后就是城乡隔绝的制度全面登场。由于跑不了，“挖农民”就比较容易了。

经济逻辑是这样的。粮食和其他农产品，即便是斯大林认为的属于农民应当为国家工业化提交的“贡品”，也有生产成本。国家要拿到“贡品”，还要花费征集成本。为了低价拿到农产品，国家就必须尽可能压低农民的生产成本，因为倘若农产品的生产成本压不下来，国家的“征集成本”就要上升。影响农产品生产成本的因素很多，但给定劳力在传统农业中的决定性作用，农民能不能跑——广义的，包括在不同产出之间的“跑”，以及向更高收入的产业部门和区位的“跑”——对农业生产成本有决定性的影响。

试想无论苏联农民还是中国农民，其劳力总有多种用途。以种地而论，他们可种粮、可种棉，也可种豆和种菜。如果制度允许种植自由，那农民种粮，就意味着放弃运用其劳力种其他农作物所获得的净收益；反过来，种别的作物也要放弃机会集合里所有其他的收益——这就是从事某种生产的成本了。禁止农民的自由种植呢？譬如只准农民种收益较低的粮食，不准种收益较高的经济作物，那农民产粮的生产成本立马就降低了——没有要放弃的其他收益。生产成本低，即使国家给价低，征集成本也比较低。这是说，农民自由影响到一系列体制的执行成本。

这可以解释，为什么计划经济管了头，还要管脚。因为农民的种植活动连成一体，只管头、不管脚，脚的收益就抬升头的成本，然后麻烦就转到国家这方面来了，造成国家征集难度的上升。管脚也要全面地管，不但要限制农民之脚在粮、棉、豆、麻、菜之间自由走动，还要管住跑向工业和城市，因为那样的机会可能带来更高的收益，将在更大程度上拉升粮食的生产成本，进而给国家征粮造成更大的麻烦。

很明白，虽然马克思主义的圣贤从来没有说过搞社会主义可以不准农民转工进城，但斯大林治下的苏联“老大哥”还是带着中国走上了不准农民自由跑来跑去的路线。这条道进去容易出来难，原因也简单，一旦不准农民跑，粮食和其他农产品的成本就压住了，低价征集的制度成本也压住了。落后国加速国家工业化、重工业优先、高积累等等一切战略利益尽在其中，欲罢也不能。

不让跑，农民没有其他机会，农产品的生产成本就可以压低到近乎生存底线。1956年毛主席批评苏联把农民挖得太苦，那么中国自己是不是就挖得少一点呢？怕是也没有。22年之后的1978年，中国农民人均的年净收入仅130多元，其中现金收入一年不过几十元。10亿人口的8亿农民当中，约2.5亿人吃不饱。2004年，多年主管农业的原人大常委会副委员长田纪云撰文回顾中国农村改革历程，其中有一句结论说，“遗憾的是，我们中国的办法（苏联的办法加自己的创造）比苏联把农民挖得更苦”（该文发表于《炎黄春秋》，后《新华文摘》转载）。何以如此？经济逻辑是，不让农民跑，挖来省力，就是想挖得少也不容易办到。

城乡分割影响深远

很久以后，我才弄明白，过去朗朗上口的“十亿人口、八亿农民”，既不是历史的必然，更不是一种自然现象。不论实际上靠哪种职业谋生，“农民恒为农民”不变，这其实是一整套制度安排的结果。至于如何成就了这么一套，那么今天我们可以说，“老大哥”的榜样、当时占主导地位的观念，以及遭遇到的实际情况，怕是混合在一起发挥的作用。

制度安排为什么非同小可？答案是制度有刚性。这里“刚性”的意思，指的是制度安排依赖国家强制力。不是你情我愿，以大家的自愿为基础，高兴就办，不高兴就不办。制度带有强制性，不情愿也非照办不可。制度性的强制也不是一般的强制，如街上偶遇强凶霸道的那类，靠拳头或拳头威胁就“把成本强加到别人的头上”。

国家强制力如诺斯说过的，不但最具规模经济的特点，还用占统治地位的观念层层包裹起来，成为“唯一合法的强制力”。这样办起事来，师出有名，后盾强大，所以执行的成本很低。像小小一张户口卡片，为什么把多少大活人都治得个服服帖帖的？国家强制力使然：谁不照办，那就可以把他给办了——而且前后左右的，大家都觉得他错、错、错，反正就是该办。

在开始的时候，限制公民自由迁徙、禁止农民转工进城，以及在户籍、粮油供应、教育、就业等方面城乡二元的制度安排，要面对的无非是一连串看似无关的实际情况：粮食供应困难，民工流动带来的交通压力、住宿压力、就业压力，以及种种偶发的“流离失所”境况。有问题当然要解决，兵来将挡，水来土掩，一道道政策措施见招拆招地加上去，仿佛不经意之间，城乡之间就挖出了一道大壕沟，普通人再也不能越雷池一步。

其实，任何实际问题都有不同的成因，也都有不同的解决办法。粮食供应紧张吗？成因可能是天灾，可能是生产方面缺少技术支持，可能是农民种粮没有积极性，也可能是运销不畅，或销售价格被压得太低，以至于刺激了过度消费。还有的可能干脆就是相关统计数据不真实，背离了实际情况。至于应对粮食问题之道，不但不同的成因要用不同的办法，就是同一个成因也可选不同的解决办法。

问题是决策者在决定应对办法和政策时，到底面临哪些可能的选择？好比驾车前行，如果正前方冒出一座山，或者出现一堵墙，那我们就无法直行，只好绕道选择其他可能的通行之路。决定经济政策和办法的时候，究竟什么才是碰不得的山或墙呢？那要取决于当事人怎么看世界，也就是他们的观念，特别是有关权利安排的观念。如果在一套观念下，“自由迁徙”被看作是包括农民在内的所有公民的受宪法保护的权利，那我们解决任何实际问题，都不可以把消除、限制人民的自由迁徙权，当作一个选项。因为那就是一座山，或就是一道墙，非要去碰撞，必然车毁人亡。

还说粮食困难。不让农民进城，城外种粮的竞争加剧，城内吃粮的竞争减弱，当然有利于解决粮食供求失衡的困难。但这样看世界、选政策，需要有一个前提条件，就是不把“人往高处走”看作天经地义的农民也可享受的权利。为了解决粮食困难，可以左加一道、右加一道地对农民的迁徙自由权予以限制、消除直至禁止。累加起来，解决实际经济问题就走向完全不同的另外一个方向。

斯大林不太把苏俄农民的权利当回事，容易理解。布尔什维克搞的是城市革命，彼得格勒城一声炮响，工人赤卫队打开冬宫大门，就拿下了国家政权。按照阶级理论，农民基本上不是无产阶级，而是小资产阶级，其中富裕的部分还挂得上资产阶级。所以无产阶级国家一旦确立了加快工业化的目标，就可以对不起农民。从余粮征集制到“工农业产品剪刀差”，从限制富农到消灭富农，列宁的合作社纲领很短暂，斯大林的“改造农民”才是苏联模式的正统。

中国革命走的是“农村包围城市”的路线，毛主席和中国共产党长期靠农村根据地，靠动员农民、武装农民而夺得天下。为什么进入国家工业化时期，在对待农民权利的问题上，中国居然与苏联基本上亦步亦趋？我的理解，在长期残酷的战争环境里，革命者要靠牺牲自我，前仆后继地抛头颅、洒热血，才可能实现以弱胜强。搞革命连个人的性命都可以不要，其他权利又何足道哉！转到搞建设、实现国家工业化，“小我服从大我”的革命逻辑依旧，一旦确定了国家的整体目标，任何个体的权利都是可以牺牲的。

在革命传统下，个人权利根本就不可能被看作一座碰不得的山，也不可能被看作一道撞不得的墙。于是一旦面对实际问题，压缩个人权利很容易就被选为实现整体目标的手段。在很多情况下，只要可以压制个人权利，整体目标还真的就能够快速实现。这样，一次得手再来一次，用进废退，来来回回就压出了一条路。如此氛围之中，甚至“坚持保障不侵犯他人自由的个人权利”，也被广泛看作是一种不道德的权利主张。事实上直到今天，虽然公民权利得到了过去不可想象的张扬，但具体的目标压住抽象的个人权利，还是可以在很多场合看到。

没有根据可以说，当年为了解决那一点粮食问题，决策者就定下了非把农民变成“二等公民”的系统目标。我不相信有这回事。问题是事情有自己的展开逻辑。国家强制力也是稀缺资源，也一样服从尽可能节约成本的经济定律。让进城农民回乡下去，是可以立马减轻粮食需求的压力，但回乡农民再流动进城又如何处理？于是，户籍、粮本、就业等一道道限制加上去，总结果就是走向系统的城乡分割。

过去划阶级的根据，按列宁之说，是“对生产资料的占有关系不同”。据此，完成了国有化、集体化之后的苏联和中国，城乡人民都在公有制下讨生活，应该不至于在经济权利方面出现系统的差别。可是实际的观察与体验，和理论上的预言完全不同。1965 年北京一位参加农村“四清”的大学老师到上海我就读的中学做报告，讲出的一个细节让同学们受到极大的心灵冲击：“工作队员下乡不敢拿出小镜子来梳头用，因为这是老乡们从没见过的奢侈之物。”回想起来，这是我第一次感悟到城乡差距的皮毛。三年后自己上山下乡，在农村生活了很长一个时期，才明白我们的城乡居民之间不是阶级差别，而是古人所说“天有十日，人有十等”那样的等级差别。

以消灭阶级为出发点，结果走到城乡之间出现等级之别。这应该也绝不是预设的社会改造的目标。至于阶级与等级有什么区别？一言以蔽之：“阶级”间“跳槽”不容易，等级身份变换更困难。

经济自由是城市化的根基

除去词汇的颜色，中国农民到今天还是一个与身份相关的社会等级。种地不种地、务农不务农，是不是已经以非农业为生，这些皆不重要。决定性事件只有一个，那就是一个孩子出生在户籍分类里的哪类家庭——只要他或她的父亲系农村户口，那么这个孩子差不多永远就是一个农民。

为什么搞阶级和阶级斗争多少年，居然搞出了一个名副其实的等级来？我的理解，在完成社会主义改造之后又延绵多年的阶级和阶级斗争，实际的对象不是别的，恰恰是普通农民的经济自由。历史的结论是，限制乃至消灭普通农民的经济自由，是形成农民等级的基础条件。

党史专家说，1962 年毛泽东重新高举阶级和阶级斗争的纲领，最重要的背景是人民公社运动遭遇的挫折和失败。本来，农民合作社早就席卷全中国，甚至“高级社”（即社员的入社土地和牲口都不参加分红、大家仅凭劳动力在集体里吃饭）也普遍化了——被认为与消灭阶级的农村公有制已经确立。可是，偏偏还要折腾，非把已失去土地所有权的农民合并成数万人组成的“大社”和“超大社”，才觉得过瘾。人民公社“一大二公”，在与苏联较劲的同时，还指望动员更多的劳力、土地搞规模经济，实现中国的大跃进。

结果事与愿违，发生了和平年代罕见的大饥荒。现实令人难堪：重分了土地，推翻了地主，免除了高额地租，执政者又立意发展生产，怎么搞出个南辕北辙的局面来？在难以接受的现实面前，“民主革命不彻底”之说推上了台面——原来是敌对力量混入党内，滥用权力，欺负农民。于是政治运动全盘压倒经济，阶级和阶级斗争的重点被定位在执政党内。

意图归意图，结果归结果。上层重弹阶级斗争高调的“底层效果”，直接看得见的结果就是压制了农民本来就不多的经济自由。我是 1968 年下乡的，去了之后才懂得，“资本主义”可真的是“自发地、大批地、每日每时地产生的”！什么是“资本主义”呢？无非就是老乡自家养鸡下蛋私卖，什么农作物贵就愿意种什么，自留地的庄稼长得比大田的好，还有搞大寨式评工记分时出工不出力。就是教我打猎的师傅在山里摘采的蘑菇、木耳和黄花菜，悄悄卖给知青，也算资本主义的行径。可是，知青过年回家总要带点啥孝敬父母吧，管不了那许多的，就“资本主义”一回吧。

不需要读弗里德曼的大作，生活就教我懂得了当时所谓的“资本主义”，其实就是平头老百姓的经济自由。很明白，在任何情况下，资源总有多种可能的用途。所谓经济自由，就是行为主体按自家意愿选择了可以带给自己较佳经济结果的那一种用途。小鸡可以公养，也可以私养，当然也可以不养，一旦有点机会农民选了私养，那就是经济自由。不过实在是很可怜的一点经济自由，充其量不过就是当时叫得很传神的“资本主义尾巴”。可是连尾巴也不放过，开大会、搞运动、出民兵。把尾巴割来割去，农业内那点选择自由都难以实现，更免谈跨出农业去务工经商。结果，全盘限制农民经济自由，活活把“农民阶级”变成了“农民等级”。

等级社会怎么可能推进城市化？历史数据放在了那里：1960年我国城镇化率为19.7%，可是到1978年的城镇化率只有17.9%。这就是说，18年间中国的城镇化率不但没有寸进，反而下降了近两个百分点。真比“老大哥”还出彩，因为那里的纪录是城市化率仅在1939—1940年间出现过0.4个百分点的下降，那还是因为发生了苏联卫国战争！

顺便比较一下。苏联的城市化模式是计划加行政命令。他们把城市看作是国家工业化的副产品，哪里上工业项目，哪里就找一块配套的空间供工人、工程师和管理者生活居住。在此意义上，城市无非就是一个比工厂更大一点的空间而已。既然计划经济可以建设大批工厂，为什么就不能大批建设城市？一样都是建设项目，一样动用人、财、物，计划经济的长项是用行政命令配置资源，工厂搞得成，城市也一样搞得成。

“老大哥”的城市建设和城市化记录还真的不俗。据苏联经济研究文献，1926 年苏联城市人口 2630 万，占总人口的 17.9%，到 1990 年，全苏联城市人口 1.9 亿，占总人口的 66%。其间，全苏城市人口增加了 7.2 倍，城市化率提高了 48.1%。苏联学者统计，1917—1982 年间，苏联共建设了 1238 座新城市，平均每年 20 座，其中 10 万人口以上的大城市数已跃居世界之首。

这岂不是说，不在意经济自由也可能成为推进城市化的另一条路线吗？对此我取保留态度。其一，苏联时代限制普通人经济自由的程度，与 20 世纪六七十年代的中国相比，多少有点小巫见大巫。反正“批判苏修”时公布的那些材料让我相信，苏联的小自由远比中国的“文革”时期要大得多。至于个中缘由，究竟是幅员辽阔、行政效能不佳，抑或是因为劳力不足，用人机构的竞争事实上抬升了苏联劳动者的经济自由，还是两国之间的组织文明在极限值方面存在差距，那就要请教研究苏联问题的行家了。

其二，也是更重要的一点，城市化指数是一回事，城市化内涵对经济增长的全面影响又是另外一回事。苏联时期城市化率进步很快，这是事实。可指令计划驱动的城市数量增长，在空间资源的配置，特别是实现经济资源的有效积聚和集中方面，却并不成功。例如，由于苏联理论界长期对城市化持否定观点，认为社会主义国家不能重蹈资本主义人口过度集中的覆辙，要走自己的人口均衡分布的发展道路。结果，苏联长期坚持“限制特大城市、积极发展中小城市的方针”，人为抑制包括莫斯科、圣彼得堡在内的 48 个最具集聚潜能的中心城市的发展。“在苏联时期，政府致力于将圣彼得堡、中部地区和中乌拉尔等老工业区的比例从65%缩减为32%，迫使生产力向东部转移。1925年，东部地区的经济生产只占4%，到国家解体时，该比例增至28%。国家行为导致的空间效率低下可能加速苏联的解体。”（2009年《世界发展报告》，第4页）

这些讨论要求我们明确，经济自由与城市化以及更一般的空间资源配置效率之间究竟是一种什么关系。我们不妨定义，经济自由是行为主体对机会以及由机会带来的机会的选择，而这恰恰构成城市化——人口在空间上的流动与集聚——的微观基础。国家计划当局在提出旨在导引城市化的宏大规划或计划时，似乎特别需要重视这个伟大进程的微观条件。

谢天谢地，改革开放以来中国城市化的推进，为研究以上问题提供了丰富的经验基础。急剧扩大的经济自由，加快了中国城市化的速度，而更高质量的城市化，则需要经济自由得到更完备的权利保障。

城市化加速的第一推动

我国城市化指数重新掉头向上，是从1979年开始的。1978年我国的城镇化率不到18%，是新中国成立之后的一个谷底。1979年城镇化率回升到18.96%，应该主要是知识青年大批回城带动的，但城市化的绝对水平，也就比20年前的1959年略高了一点点。自此之后，城镇化加速之势开始形成，1979—1995年间每年提升0.7个百分点，1995年以后每年提升1.3~1.5个百分点，直至2011年我国城镇人口越过了总人口的51%。

仔细打量，这一波城市化的重新加速，并不是政府以有形之手“指哪儿打哪儿”的杰作。从头探查，在20世纪80年代早期，甚至还根本没有可能把“加快城市化”列为政府的经济政策目标。当时摆上决策台面的，是一些更为紧迫的问题：8亿农民搞饭吃，但粮食问题远未过关；经济权力高度集中，资源配置的效率却极其低下；企业还是行政机关的附庸，急需扩大经营自主权；财政赤字，基础设施的投资和建设严重拖了国民经济的后腿；科技教育极端落后。总之，当时国计民生问题成堆，从哪一头数，也轮不到“城市化加速”。

有意思的是，国家为解决那一连串实际经济问题的种种努力，被引向了一个日后看来意义深远的新方向——反计划体制的集权模式而行之，大规模向地方、企业、家庭和个人分权，并在行政分权的过程中开启了重新界定财产权利的历史进程。

举一个实例吧。农业落后、粮食供应短缺，从来是社会主义经济先天不足的一根软肋。1933年的斯大林以及1955年的毛泽东，面对的都是这道大难题。不过这两位领导人的应对之道，是不断地把农民种地和销售的权利集中到国家控制的集体农庄和人民公社。结果，农业拖腿和粮食紧张就成为那个时代的一种常态。对比之下，1978年的中国又遇农业和粮食困难，可这次的实际问题却逼出了一个农民包产到户的改革，不过几年工夫，人民公社就解体了。为什么会有如此截然不同的“反应方程”？

容易找到答案的，是执政理念的变化以及由谁来主导政策制定。这当然是两个关键。譬如，由“实践是检验真理的唯一标准”大讨论确立的“实事求是的思想路线”，对于30多年前的中国改革当然有决定性的意义。不靠实践，靠本本、靠背语录，哪里搞得起农村改革？还有，如果当时不是邓小平、陈云等领导人，换上另外一批也够级别的领导人主政，实际问题真不一定就逼出一个普遍合法的包产到户来。

那么，再追问：为什么要到20世纪70年代末，执政党的为政理念、思想路线和领导班子，才发生那样根本性的一个大变局？因素当然很多，不过我以为最基本的一条，就是原来的那一套实在搞不下去了！

这里所谓的原来那一套，实质是为了国家工业化而不断剥夺农民的自由、收减农民的权利。那一套也有自己的逻辑，就是“管制加码”——开始只管头，效果不彰，又转过来管脚；越管越多，农民的自由越来越少。管头管脚还要师出有名，罩上了一件标榜“主义”的大袍子，什么宪法、法律、政策以及过去的政治承诺，统统不受拘束。

那可是极其完备的一整套，走进去就不容易走出来。何以解套的呢？苏联是国家垮了台才算拉倒。中国幸运一点，但也是不撞南墙不回头，非搞到再也搞不下去的地步，才人心思变。以个人之见，决定性的还不是那些个反映客观情况的数据，例如低到不能再低的农民人均收入、多少种田人吃不饱饭以及饥荒死亡人数等等。真正决定制度和政策命运的，其实首选人们的主观感受，要看当事人特别是层层执政者对那一套做法的内心评价。

我下乡的黑龙江，大片大片的黑土地，只是“越长江、过黄河，粮豆总产300亿”，口号喊了多少年，产量也上不去。记得那时省里有一位领导下去蹲点，抓了一年路线斗争还是没把粮食抓出来。最后他给省上写信，有一句泄气话倒让人过目不忘——“就是派马克思来，粮食也打不上去！”那可是20世纪70年代初，一位省级领导若不是对那一套彻底丧失了信心，哪里会把老祖宗拿出来调侃？

基层干部看得就更真了。金华是浙江最早搞包产到户的地区，我访问过那里的一个大队支书，他是合作化后一以贯之的积极分子。问到怎么同意包产到户，他的回答是：解放好几十年了，农民的裤子还是破的，露着肉。总要试试别的办法吧。

说起来头头是道的那一套，非要闹到搞不下去的地步，才引发怀疑、反省与反思。事情也只有闹到搞不下去了，底层才被逼尝试、摸索别的办法，上层才凝聚"不改革死路一条"的共识。从农村的经验看，底层闯一闯、试一试，高层看一看、想一想，上下互动，才有机会推进体制方面的改弦更张。

国家权力开始向着另一个方向发力：松动管制、放宽政策、承认农民更多的自由并给予保障。当然是一步步渐进而行：农民增加了选择种地方式的自由，粮食就多了；粮食多了，则增加了选择种粮还是种经济作物的自由；接着就是增加农民选择农业活动和非农业活动的自由；再往前一步，农村的工业商业如何摆布为好？分散搞，村村冒烟；相对集中搞，城镇的开放就提上了日程。

容我从当时的政策文本里寻章摘句，好叫感兴趣的读者了解，事后被证明从根本上改变了城乡中国大格局的新政策，原汁原味的表达究竟是怎样的。以下是《关于一九八四年农村工作的通知》（即20世纪80年代第三个中央"一号文件"）里的几段文字：

——随着农村分工分业的发展，将有越来越多的人脱离耕地经营，从事林牧渔等生产，并将有较大部分转入小工业和小集镇服务业。这是一个必然的历史性进步，可为农业生产向深度广度进军，为改变人口和工业的布局创造条件。

——不改变“八亿农民搞饭吃”的局面，农民富裕不起来，国家富强不起来，四个现代化也就无从实现。

——现有社队企业是农村经济的重要支柱，有些是城市大工业不可缺少的助手。要继续抓紧整顿，建立和完善责任制，改善经营管理，采取适用技术，提高经济效益，促其健康发展。责任制的形式应根据企业的规模、生产特点和经营状况确定，防止少数人仗权垄断承包、压价承包和转手承包的现象发生。家庭小工业，供销合作社办工业，国营和社队联办工业，各具有不可取代的经济作用和意义，应总结经验，努力办好。

——农村工业应充分利用当地资源，面向国内外市场，特别是广大农村市场，以发挥自己的优势，与城市工业协调发展。农村工业适当集中于集镇，可以节省能源、交通、仓库、给水、排污等方面的投资，并带动文化教育和其他服务事业的发展，使集镇逐步建设成为农村区域性的经济文化中心。建设集镇要做好规划，节约用地。

背景、趋势、问题铺垫完毕，最后轻轻一笔，画龙点睛：

一九八四年，各省、自治区、直辖市可选若干集镇进行试点，允许务工、经商、办服务业的农民自理口粮到集镇落户。

相信今人读了以上文字，不会觉得惊天动地。其实，当时也没有。无非“允许农民自理口粮到集镇落户”，还能闹出多大的动静来？当时文件下达，没有欢呼的热潮，也没有激烈的挑刺和批评。唯一的变化静悄悄，那就是“农民中最不甘心永远当农民”的活跃分子，从此多了一个改变自己和家人命运的合法机会。他们影响别的农民，别的农民再影响别的农民。多年之后，蓦然回首，才叫人看得真切，原来数亿中国农民由乡入城的机会之链，第一环就在上引那些朴实无华的语言中。

行文至此，恰逢 7 月 18 日杜老（杜润生）百岁生日。杜老是山西人，他的出生地太古县阳邑村，几年前出差时我们几个专门转道去看过：再普通不过的北方村庄，再普通不过的农家院落。可见出了杜老这么一位人物，靠的还是时代大潮。是的，“一二 · 九”运动、太行山上、挺进中原、新区土改、中央农村工作部、“小脚女人”、科学院秘书长、重回农口、主持制定五个“一号文件”、谋划农村变革，直到远离了庙堂还替这个国家操心农民问题——哪一场都没有落下的，数下来也就只有杜老这一位。老外盛赞他是“中国农村改革之父”，江湖上不少老人家尊他为“农村改革总参谋长”。听来都顺，因为杜老实至名归、当之无愧。

不过最为妥帖的，还是杜老他自己在 90 岁生日时讲过的话。那次是在京西宾馆——80 年代多次起草、讨论、决定中央“一号文件”的地方——轮到 90 岁的杜老致辞，他开口第一句就让满堂宾客为之动容："我也不知道，为什么我就活到了90岁?!"下面还有一句："我不过是农口的一个符号。"

是的，杜老是中国改革开放、城乡关系变革伟大潮流里一个耀眼的符号。中国改革开放的上下互动，中间有没有杜润生这个符号，历史毕竟大不相同。

政策背后是权利安排

说来波澜不惊，我国城市化指数重新掉头向上加速，源于改革开放加大了普通农民的经济自由。上文追本溯源，发现 1984 年“一号文件”与此最相干的政策，其实就是一句话：“允许务工、经商、办服务业的农民自理口粮到集镇落户。”简化一下，仅八个字而已——允许农民进城落户。后来的实践说，好政策本不需要那么复杂的，几个字就给出几亿人新的发展空间。

为什么四两拨得动千斤？让我们解读一番。

第一点，“允许”的事项，是生活里已经发生的、有实际需要的行为。请注意那个动词——“允许”，不是“提倡”“鼓励”，也不是笼而统之的“要”。“允许”是对实际上已经出现、已经发生的行为，在政策上宣布开绿灯。试想想，务工、经商、办服务，哪一样不是包产到户后的农村已经发生的现象？发生了的，以及有继续发生的需要，人们才关心政策上允许还是不允许。政策说“允许”，这把火就算烧起来了。反过来，实际上根本没影的事，再伟大，全靠自上而下发动，难度不免就大了。

第二点，“允许”代表一种态度。比照于“打击”“禁止”“反对”“限制”之类，“允许”反其道而行之，才释放出强大的势能。看过水库吧，关闸憋水，水位越来越高。一道开闸命令，水的势能就释放出来了。经济方面，务工、经商、办服务，绝不是改革之后才有的现象，问题是多年“左”字当道，这也不行、那也不可，甚至被看得像洪水猛兽一般，哪里能成气候？工商服务业又不同于农业，在区位上对积聚和集中有特别的要求，可是城乡之间壁垒高筑，经济潜力就被憋在那里了。“允许”等于开闸，水能高位释放，见效当然快。

再一点，“允许”的落脚之处，不是细细碎碎、让人抓不到重点的小节，而是整个城市化里最关键的一着，那就是农民可以合法进城镇落户。农民进城涉及的事项甚多，哪一项卡住了也不成。但大政策要讲重点，化繁就简抓要害，牵一发就能动全身。试想连落户都允许了，农民还不能流动或迁徙吗？还不能“非农”吗？还不能离乡吗？还不能到城镇租房买房吗？一允百允，统统都可以。当时比较麻烦的，是进城农民没有粮食供应保障。那也有办法，“自理口粮”便是。反正“落户”当头，一通百通，过去多少年“敌城市化”（deurbanization）那一套，就此开了个大口子。

最后，“允许”是国家政策，而不是书生的文章或建议。就是说，它有权威性，不是说说笑笑就算了的，而是办事的依据。是的，当年法制建设刚刚起步，国家政策的最高表达不是人大通过的法律，而是中央红头文件，还算对等，因为以往禁止农民流动、设立城乡壁垒、限制经济自由的，也是以红头文件表达的。原汤化原食，以正确的中央文件解除错误的中央文件，才改变得了实际工作的方向。这也是当年杜老领着他的一班人，那样精心制定"一号文件"、推敲政策措辞的缘由。尽最大的可能为多方接受，通得过中央文件出台的全部复杂程序，国家机器才得以开动，经济自由才能够落实于实际生活。毕竟，工业化和城市化不是议论的产物，而是一连串实际行为的结果。

不过，"允许落户"政策最值得称道的地方，在于其目标指向了抽象的权利。不妨问一个问题吧：为什么允许农民进城落户？讲得出的道理有很多层面，一层一层讲进去，到最后一个层面，"因为那是农民的权利"。

"权利"非常抽象。读者不妨试一试，看自己有没有一个关于权利的简明定义。网上不少词典给出的关键词，包括"东西""力量""法律概念"，甚至"价值回报"，差不多都没有拿准这个词的含义。也难怪，因为"权利"系外来词，据考证，最早是1864年美国传教士丁韪良在翻译惠顿的《万国公法》时，使用了"权利"这一词（见李贵连："'万国公法'：近代'权利'之源"，《北大法律评论》1998年第1卷第1辑）。

这位丁韪良，英文全名William Alexander Parsons Martin，1827年生于美国印第安纳州一个牧师家庭。1850年，他受美北长老会派遣到中国传教，1863年移居北京，在传教之余翻译美国人惠顿的《万国公法》，还受到恭亲王奕䜣的赏识，由总理衙门拨专款付印出版。1869年，经海关总税务司赫德的推荐，丁韪良辞去了美北长老会的职务，出任京师同文馆总教习。1898年底，京师大学堂正式开学，由李鸿章推荐，光绪皇帝任命丁韪良为京师大学堂首任西学总教习，说起来与北京大学还有点渊源呢。

丁氏用“权利”译“rights”，也许是因为找不出一个恰当的中文词来表达英文的原意。在中国文化传统里，“权”当然是有的，不过那原义是“平衡”，而不是后来流行的“权力”，更不是“权利”。“权力”也是外来词“power”的汉译，意思是“实现意志的能力”，特别是“在别人反对的情况下仍能实现自己意志的能力”（米尔斯），这就让权力带有“强制的”意味。顺便提一句，我以为更好的权力定义是经济学家巴泽尔给出的——把成本强加给他人的能力——不过那要留待以后细细切磋。

“权利”是不是“凭权力获取利益”呢？后者也是东西方社会里都可以观察到的现象，也就是“因权（力）而贵”。至于把“权贵”现象与何种主义相连（例如“权贵资本主义”），那就端看使用者的思维习惯和语言偏好了。不过无论如何，“凭权力获取利益”，却与“权利”（rights）风马牛不相及。

“权利”（rights）有“对的”“正当的”“合法的”意思，所以也有“被社会允许的”含义。不过，“rights”终究是个名词，这也是有词典定义“权利是某某东西”的原因。那么，权利究竟是个什么东西呢？我自己教产权理论，要向同学阐释财产权利的含义，不免对此多做一点功课。我的用法是，“权利”是一个自由行为的空间，或曰“被社会认为是正当的、受法律或习俗承认的自由行为空间”。这个定义我们日后还要再谈，这里先越过“东西”一步：所谓你有某项权利，就是你有某个自由行为的空间，可以在那个范围内自由行为，并被社会认为是正当的，也受到法律或习俗的承认与保护。

回到“允许农民进城落户”，那当然是一项大权利。过去被认为不正当、不正确，受法律和政策的限制或禁止，很多时候还要遭受打击，现在中央红头文件说“允许”，就是给出一个自由行为的合法空间。世世代代务农的，允许务工、经商、办服务；生在农村里的，允许离开农村、进城镇落户。这是一套新的行为规范，一套新的行为许可，也就是一套新的权利制度的安排。没有这套权利空间，中国城市化的重新加速，根本无从想象。

抽象的目标很重要

还要圈点一番的是，“允许农民进城落户”似乎并没有具体的政策目标。比较而言，当时的其他政策，要解决的问题很明确，所以政策目标也具体。譬如，“允许包产到户”为了激发农民产粮的积极性，“允许多种经营”为了增加农民收入和轻工业原料的供给，“开放长途运输”为了克服农产品流通的瓶颈，“允许个体私营企业的发展”为了增加就业。唯独“允许农民进城落户”，要解决的究竟是个什么问题呢？

是的，产业活动很具体，所以发展产业的政策目标从来很明确。如果“以农业为基础”太原则，那么后来的“以粮为纲”就具体了。更具体的是 1955 年定下全国农业发展的纲要，国家规定，到 1967 年粮食平均亩产在黄河以北地区达到 400 斤，黄河以南达到500斤，长江以南达到800斤。这也就是那个年代人人皆知的“过黄河、跨长江”。我下乡已经是1968年，但直到10年之后恢复高考回城，黑龙江还在为“上纲要”而奋斗。

亩产总还算着眼于产出的结果。更具体的政策目标还可以转向生产过程的环节。“大跃进”之前的几年，毛主席他老人家对农业的投入与耕作细节关怀备至，“农业八字宪法”对深耕耕几尺、每米植多少株庄稼（密植）都有指示。偌大一个中国，最高层目标细而具体，外加上一个公社体制，层层放大强行落实，那还不闹得人仰马翻？我看到过一幅照片，社员排队“深耕”，差不多挖出壕沟来了，生土上翻，怎么还能长庄稼？

工业产品五花八门，活动分工细，因此发展工业的目标，想要具体也有困难。于是化繁为简，来一个“工业以钢为纲”。结果，“钢铁元帅升帐”，其他只好统统服从。大学毕业后我们分到社科院所工作，当时一位副所长叫王耕今，是待年轻人非常好的一位前辈，曾经任国家计委委员。讲到计划经济时代如何编制计划，他说，就是主席的专列里加挂两车厢计划人员，单等前面定下一个钢产量计划数，后面就算出一套国民经济平衡指标。过一会儿，前面传回来的钢铁数变了，后面所有的“因变量”再跟着一起变。结果，“元帅”头脑过热，所有国民经济部门都受影响。事后，刘少奇用湖南农民的话批评“三分天灾、七分人祸”，看来祸起高度集权的体制当是无疑，但是高层目标过细，也是惹祸的一个因由。目标太具体，容易“指标化”。一旦脱离实际定下高指标，再层层强力放大贯彻，就给国民经济和人民生活埋下祸根。

比较而言，GDP就抽象一些了。首先它不是产值，而是附加价值的概念，在不同经济部门之间转来转去的那部分不计算在内。更重要的是，GDP不限产业和部门，也不拘泥于某个产品，只要新创造出来的附加价值，哪一行、哪一项、哪一款都算。这样看，1980年邓小平定下的“本世纪翻两番”，比更早期的“全党为实现1070万吨钢而奋斗”，或者农业“上纲要”“过黄河、跨长江”，进步不小。

何以见得？我的看法是：GDP目标总比粮产、钢产来得抽象，而高层的目标略为抽象一点，底层的经济自由通常就扩大一点。不是吗？以钢为纲，全国动员大炼钢铁，谁不参加都不行，其他都要放一放，否则就被“拔白旗”[①]！GDP翻两番呢？搞啥都可以的：粮食是GDP，经济作物是GDP，钢铁是GDP，家电、汽车、玩具、服装都是GDP，连搓澡、擦鞋、送货、唱戏、办差都是GDP。从选择生产活动的自由着眼，“翻两番”远比“以粮、钢为纲”的自由空间来得大。

这样看问题，“允许农民进城落户”比GDP还要抽象。“落户”固然也是行为和行为的结果，但没有直接产出。以今天的认识，农民进城改变了生产、消费活动的区位，利用了经济过程要素积聚所带来的效率提升，从而间接地增加了收入和所得。譬如，积聚的工业比“村村冒烟”，更节省基础设施投资，也更容易分享信息和技

① 1958年“大跃进”时期曾对一些坚持实事求是、反对浮夸的学术观点当作“资产阶级白旗”加以批判、斗争甚至处分，当时把这种做法叫作“拔白旗、插红旗”。——编者注

术进步；集中人口的交易，市场人气更旺，“纯商业费用”（这是中国经济学家张培刚在 1940 年的独立发现）也更低。因此从包产到户里解放出来的农村生产力，自发进城镇，尝到甜头的就进而要求在城镇落户。

“允许”政策应运而生。说它更抽象，还不是从“粮食到GDP”那样，把经济产出做了更一般化处理。“允许落户”不是产出的抽象，它进入另一个层面，即我们讨论过的“权利”层面。“农民进城落户”之诉求，不再是“生产甲产品还是乙产品”，而是“能不能像城镇居民一样，在城镇落户，最后成为城里人”。政策说“允许”，开放的是更为抽象的权利，对应的自然是更大的自由。

当然，抽象之权从具体来，也可以回到具体去。比如两个翻两番之后，GDP似乎又重新具体化也指标化了。我曾去过一个地方，“五年再造一个××”成为喊得响当当的口号。还不是喊喊就拉倒，实际上是靠“官帽”机制层层加压，“不换思想就换人”——其实就是换顶官帽。此强度比不过当年的“全国大办”，一般不可能把全部老百姓都卷进来，但还是可以把官场搞得地动山摇，而“政府主导的”经济模式又把这股力量，“杠杆”到经济全局去。

“农民进城落户”也有类似的遭遇。时至今日，城市化——也就是允许大量农村人口进城务工经商搞服务，进而落户——与GDP即经济增长的关系，已经被越来越多的人看得明明白白。于是，城市化也从权利的抽象层面，退到比较具体甚至可以高度指标化的状态。一些地方下达农民转市民的年度计划，我们的同学实地访问，真的见到一辈子住在农村、现在仍然住在农村，但户籍却一夜之间改成城镇居民的“市民”。这也算不得为天下之先，早有别的地方10年前就“宣布”一晚上就完成百分之百城市化。

于是引发批评。“GDP至上”，批评只顾经济不及其他的倾向；“伪城镇化”，剑指虚夸的为政之风。舆论几乎一致呼吁改变考核体系。发展目标方面，有建议以“产品服务的质量和生活品质”来约束GDP；有建议把环境代价算进去，搞“绿色GDP”；也有建议用国民“幸福感”代替冷冰冰“客观的GDP”；更复杂的建议是用“全面小康指标体系”取代GDP。城市化方面，不少人建议降温以防止“大跃进”，特别是呼吁稳健推行户籍改革。这些批评建议各有道理，不过也有一个共同倾向，那就是要把政策目标定得更精准、更具体。

问题的重点可能另有所在。经验说，考核指标的改善当然会影响行为，例如本文提到的从粮食、钢铁转向GDP，层层政府和官员的行为逻辑的确发生了变化，个人和企业从事经济活动的自由空间也大大增加。不过，假以时日，人们也发现，转向GDP考核的经济运行，也泛出“钢铁大跃进”的某种味道。变化的还只是考核的中心指标，还并不是考核机制。如果还是当期对上级负责压倒了对人民、对未来负责这一套，那么变更考核指标顶多只算治标。

要解决考核体制机制的问题，不消说又需要新的（改革）政策。那么，是抽象的政策目标重要，还是具体的、可指标化的政策目标重要？

用抽象的原则保障具体的自由

自由总是具体的。以经济活动为例，生产要讲投入和产出，就有数不清的选择，生产者总有不小的自由。苹果公司的出品集中于极少的几款，那是苹果公司的自由。索尼公司的产品好几百种，那是索尼公司的自由。肯德基不卖炸酱面，奥迪不产自行车，别无他因，“他的生意他做主”就是了。中国人喜欢的“说了算”，用到此处就是按行为者的意志、理解、愿望、喜好来决定生产什么、生产多少、怎样生产。

举凡消费、交易和投资，有形形色色的自由。本书讨论的城市化也是一连串行为自由的结果：如果人生在哪里不可选，那么在哪里成长、上学、创业或就业，可不可以选一选呢？计划时代一切按行政指令行事，那也是说说的大原则。其实即便那个时候，百密一疏的事情数不胜数。我在上海念中学时，有位同学举家从城市的另一头搬迁过来，无论房子还是他父母的工作，都靠在电线杆子上贴条子“交换”而成——那时没有市场，麻烦非常，但总还是有一点不怕麻烦的“自由”。中国走市场经济之路，实质就是扩大自由之路。今天大都市的居民小区里，外地口音五花八门，再夹杂几句老外的腔调，人们见怪不怪就对了。

没见过有谁真的不喜欢自由。当然，裴多菲可能把自由写得过于浪漫了——“生命诚可贵，爱情价更高，若为自由故，两者皆可抛”——真的要恪守，真不容易。但常识之中，喜欢自由还是人之常情。虽然批“自由主义”的所在多有，不过轮到批判者自己，恐怕也是自由要多不要少，与你我凡人没有多大的不同。

人们普遍不能接受的，是自己的自由受到干涉、限制或禁止。乔布斯一度被自己创办的苹果公司逐出大门，当然不高兴。古代中国的文王拘、仲尼厄、屈原放逐、左丘失明、孙子膑脚还有韩非囚秦，就是上千年过去了，还不免令人耿耿于怀。道理简单，自由受限，没有人会觉得爽快。普通人也一样。你看街上追名牌包包的那一族，不论真假好几万人民币挎上那么一个，美得不能自已。或有人问一句值不值呀，回应多半是“管得着吗”——谁也不喜欢别人干涉自由！

是的，人人喜欢自由，独不喜欢他人干涉自己的自由。问题是，究竟什么是“他人之干涉”呢？投票驱逐乔布斯，难道不正是苹果董事会其他成员的自由？正如拘文王、厄仲尼、放逐屈原、挖去孙膑的膝盖骨或把韩非关起来，还不是相关人士“凭借他们的意志而行动”的“自由”？说破了，能妨碍一个人的自由的，常常恰好就是他人的自由。

这样看，“绝对自由”就难以成立了。除非到一个孤岛上，鲁滨孙的自由对任何他人的自由都不构成损害；反过来也一样。在存在着他人的社会里，一个人的自由对他人自由多多少少总有些影响。于是社会问题就来了：甲的自由妨碍了乙，丙的自由又搅得丁不得自由。这也是真实世界里的自由，总不免要打些折扣的原因。康德坚持自由以自律为前提。法国《人权宣言》把“自由”定义为“有权做一切无害于他人的任何事情”。孙中山则说，不侵犯他人的自由才是真自由。不管怎么说，反正没有“漫无节制的自由”，因为那类“自由”一定损害他人的自由。

相比之下，伯林（I. Berlin）区分了“积极自由”（positive freedom）与“消极自由”（negative freedom），被看作是推进了关于自由本质的认识。在这里，“积极自由”是指行为主体凭借自己的意志主动“做合意之事的自由”。“消极自由”呢？则是“免于受干扰的自由”。用这位牛津教授的原话来说，就是“在变动不居的，但永远可以辨认出来的界限以内，不受任何干扰”。伯林认为，“消极自由”划下了一个社会自由的底线，因为只有“消极自由”，才保障每个个人免受他人自由，特别是他人积极自由所带来的干扰。

追根究底的学者指出，以上界分两种自由的思想来自古典传统，并不是伯林原创。不过，毕竟经由伯林在 1958 年的演说之后，“消极自由”的概念与分析才启发了更多人对自由做更深入的思考。个人自由的上限可以达到极其理想的境界，不过，一个社会实际的自由程度却是由自由的下限决定的——消极自由的空间有多大，行为自由的空间至少就有多大。

探究下去，消极自由也是一个边界变动的行为空间。规律是不是这样的：积极自由的火烧得越旺，消极自由的空间就收缩得越狭窄？譬如革命讲的是牺牲个人、服从组织，压缩小我、成就大业。攻打巴士底狱在即，至少当年法国革命者就断然没有“免受革命干扰”的消极自由。唯有造反成功，刀枪入库、马放南山，革命者“用我们自己的方式，追求我们自己利益的自由”，才可能增加。

搞经济本来比搞革命可以容忍较多的自由，不过这也要看情况而定。像中国这样在革命传统的基础上搞建设，加之一边倒学苏联模式，再加之赶超的雄心万丈，一切追快、追大，“积极自由”的范围甚至一度大过战争年代。不是吗？“大炼钢铁”的人力动员，规模比解放战争四大野战军还大了多少倍。既然自上而下发动的“大跃进”是改天换地、向自然开战的革命的积极自由，那普天之下小人物的消极自由就对不起了，只好收缩“免除‘大跃进’打扰的自由”。最后闹到天灾人祸一起来，碰了一个大钉子，才明白国家给个人、家庭、基层多留点消极自由的空间，究竟有多重要。

计划经济的根本问题，是国家权力的积极自由太多，老百姓的消极自由太少。以为经济底子薄，全盘公有的资源集中起来才易办大事，一切全国动员、全民大办，似乎唯有压缩“小自由”才能成就大事业。殊不知，由于信息和处理信息的能力有限，高度集中权力的举国模式可能举对，也可能举错。一旦集权出错，举国体制的最大问题，就是想要纠错也很难。积极自由覆盖了一切，就没有消极自由的必要空间。

从这个角度看，改革开放是从扩大底层消极自由的空间入手的。从“允许包产到户”“允许多种经营”“允许民营经济”，直到“允许农民进城落户”——所有这些“允许”当头的政策，很明显开拓了“可做什么”的积极自由空间。但还有一个含义，“允许”不等于“必须”，更不等于非办不可。不包产到户行不行？继续务农行不行？不进城镇行不行？也行。那是消极自由的含义了。改革政策也可能出错，留点“不改革”的空间，事后证明反而有利于推进改革。

小结一下。保障形形色色的自由，要靠抽象的权利。允许个人、家庭、基层组织做什么，是抽象权利的一个层面；保留人们不干什么、拒绝什么，是抽象权利的另一个层面。中国的城市化大潮当中，要注意过去时代留下的一切经验教训。

城市化的权利不平衡

一般的观察，改革开放以来，普通人的经济自由是增加了的。不过，中国改革走的是一条渐进之路。走在这条路上，人们的自由逐步扩大，保障自由的抽象权利也逐步发展。只不过，自由与保障自由的权利发展，都不平衡。

讲过的，1979 年以后中国城镇化指数重新掉头向上，记录了城乡居民特别是农村居民多种经济自由有了显著扩大。但是，渐进改革的不平衡，也带来多维度经济自由之间的权利不平衡。这对我国城市化的进展，产生了深刻影响。

以“土地城市化”为例说明一下吧。何谓“土地城市化”？字面含义不复杂，无非就是原本用于农村、农业、农民的土地，现在转入了城市，成为城市建设用地。如果总人口中的城市人口比例代表着“人口城市化”，那么总土地面积中用于城市建设土地的比例，就代表“土地城市化”了。

常识说，人口城市化率的提升，多少总要扩大城市范围、增加城市用地。像北京这样的大都市，现在的实际人口规模当在2000万以上。如此数目巨大的人群集聚到一起，当然要比500万人口规模的城市，或者100万人口的城市，占用更多土地。这点没什么问题，古今中外大同小异，不需要大惊小怪。

问题是人们发现，近年我国“土地城市化”的速度，远远超过了“人口城市化”的增长速度。以我阅读所知，最早指出这一重要特色的，是现在美国三一学院教经济的文贯中教授。贯中教授复旦毕业，在中国社科院工作过，很早出国留学，也是芝加哥大学鼎鼎大名的盖尔·约翰逊教授的学生。老朋友了，1988年我们一起到湄潭调查土地问题，一转眼，20多年就过去了。

那是2009年7月，我们研究成都经验的小组在朗润园研讨，文贯中教授是应邀嘉宾之一。会后不久，他发来一篇文章草稿，对会上争议的题材做了处理。记得他的主要论点，是当下我们的城市化出现了某种偏差，最关键的论据，就是城市建成区面积的扩张速度，居然比人口城市化还要快！那时贯中正研究上海城市化历史，直言以占地为先的浦东模式，有偏离正道之虑。他本人高举老上海即浦西之经验——地方小小的，人口密密的，到处散发着浓浓的城市生活味道。不论同意与否，“土地城市化快于人口城市化”的说法自此流行。这里为贯中打个广告，说不准确的地方，请贯中和读者纠正。

自己从小生活在浦西，不乏理解上引论点的经验基础。不过从拜读贯中文章的第一时间，我的想法就跑到了另一个方向：土地城市化快于人口城市化，岂不意味着城市人口密度的下降？如是，那还有什么城市化，不如叫“反城市化”或“稀释城市化”算了。

是的，“城市化”风起云涌，甚至让人们不在意究竟何谓“城市”！前文已明确用“密度”定义城市（见“经济密度甚于人口密度”一文）。按笔者之见，正是人口分布于空间的密度提升，才反映了人口集聚；也因为人口集聚，才汇集了需求而容纳得下更高水准的分工，从而推进生产率提升、推高收入，并对人口更高程度的聚集，产生难以抗拒的引力。这样看，以密度定义的城市，才是城市化之核。没有因密度而激发分工、收入、生产率提升的城市，“城市化”何以发生？

现在发生了什么？城市土地面积的扩展快于城市人口的增加，等于城市密度不升反降！读者不要以为这是术语变换游戏，其实里面包藏着一个大问题：如果城市化把自己的“核”都化掉了，或者化薄了，那它还可能保持持久的冲动吗？还能够担负现在人们普遍寄予厚望的那副千钧重担——靠城市化就可以稳保中国经济持续高速增长吗？

理解上的困难也不小。土地固然为财富之母，可它没有腿脚，不会自己跑进城市来。“土地城市化”不是自然现象，无疑是人的行为之果。于是我们要问：究竟是哪一种诱因，刺激人们长年累月地喧宾夺主，非要把为城市圈地，摆到比“人口城市化”更为优先的位置之上？

本文的答案，就是题目标明的“权利不平衡”。要说明一下，资源在城乡之间流动、重组，涉及的权利制度安排有多个层面。不过仅就本题而言，我们也可化繁为简，集中分析两项权利之间的不平衡。这一项是，农民进城居住的权利偏轻；另外一项是，农地转为城市之用的权利又偏重。比较之下，一项权利畸轻，另一项权利畸重，不平衡就发生了。

先看宪法。1954 年宪法列入的“公民自由迁徙权”，实际上在当时就没有好好贯彻落实。“文革”中的 1975 年修宪，干脆让该项权利“出宪”，直到今天也没有恢复。这些我们都是知道的。比照之下，“城市的土地属于国家所有”，还有“国家为了公共利益的需要，可以依照法律规定对土地实行征收或者征用并给予补偿”，则都是宪法准则，有明确的表达，也受到宪法保护。所以在宪法层面，轻公民自由居住权而重国家征地权，一目了然。

从消极自由的角度考量。农民有没有拒绝流动、拒绝迁徙、拒绝进城居住的自由呢？总的来说还是有的。只不过“强制农民进城”的报道多了，不免让很多人心里打了折扣。对比土地进城，“城市土地全盘国有”，谁家的土地进城全然取决于城市规划和行政审批，被划入者无权拒绝也不准拒绝。征地不是自由交易，被征一方就是一百个不愿意，也不准拒绝。征地补偿法定，没有留下双方讲价钱的合法空间，更不可以“买卖不成仁义在”，下次再说吧。这样看，农民拒绝进城，要比“土地拒绝进城”，拥有更大的“消极自由”。

再看实际生活。自 20 世纪 80 年代早期始，农民大规模进城镇务工、经商、落户，就成为潮流。1984年中央红头文件予以“允许”的确认，上文已经引用。90年代以降，大体与中国加入世贸组织相辅相成，我国东部沿海地区成了世界工厂，数千万农民工远距离跨省流动，蔚然成风。最具标志性的事件，就是每年春运居然有几十亿人次在城乡之间大搬迁。这说明，实际生活比法律文本的变化更快，也因此大规模改变了中国的城乡关系。不过更仔细地观察，也表明流动、打工是一回事，安家落户是另一回事。后者涉及户籍、子女教育、社保医保可否携带等问题，远比流动打工更为麻烦。沿着城市的等级系列观察，外来人落户小城镇容易，落户大城市就偏难。这也与土地进城构成了鲜明的对照：城市的级别越高，圈地能力越强，扩展版图越大。

从哪一个层面看，农民进城的权利与土地进城的权利都在扩大。突出的问题是，此两项事关城市化大局的关键权利，“发育进度”很不平衡。结论是，土地进城易、农民进城难，由此才出现了“土地城市化快于人口城市化”的现象。而我们的分析，也将由此入彼、由表入里，要追溯到制度安排的非平衡层面，来增加对中国城市化特色的理解。

第三部分

地权的演变路向

土地产权的变化线索

上文的发现是，所谓“土地城市化快于人口城市化”，其实是土地划入城市的权利，大大强过了人口进城的权利。接下去我们继续探讨，把大片土地很容易划入城市的权利，究竟是怎样逐步发展起来的。

让我们先确认，大批土地被划入城市，是改革开放之后才出现的现象。1978 年之前，我国城市人口增长不多，城市总数变化不大，因此城市面积也就没有很大扩张。像我出生的上海，从小到大，市区似乎从来就没有变化过。1966 年“大串联”到过的北京，虽然已经开挖地铁，但“城里”无非就是从东单到西单，“出了城”还是非常农村的地方——学院路一带甚至有带“粪兜兜”的马车出行。那时及以后我去过的几个城市，如绍兴、宁波、苏州、南昌、长沙，以至武汉和南京，以“大上海”之眼光看，差不多都是“小地方”，虽然上海自己也还不过就是密度极高的浦西。1978 年我从黑龙江高考进京读书，看到伟大首都的市容有了进步，城区不容易再见到马车，但城市地盘依然如故。从全国看，“国家工业化”时期老城市的扩大有限，新增工业城市虽然有那么一批，如包头、大庆、攀枝花等等，但城市数目总的来说增加不多。

城市扩张是 20 世纪 80 年代之后发生的。第一推动是前文提过的，“允许农民自带口粮进小城镇经商、务工、落户”。那个政策口子开得不大，只不过中国农民有 8 亿之众，即便很小一个比例的人数起来响应，也可以让原来的城镇人满为患。于是城镇要扩大，也出现了一批新市镇，如温州的龙港，就是当时知名天下的“农民自办的城镇”。

这还是“人口城市化”驱动的，即随着人口向城镇流动和集聚，城镇范围有所扩大。当时的实际状况是，城乡之间的人口流动已经发生，但土地流动依然障碍重重。套用流行说法，那个时期应该是“土地城市化慢于人口城市化”。

读者或问，人口可以流动，土地也可以流动吗？在物理上，土地不能流动。愚公移山，挖土外运，流动的是“土壤”，而不是“土地”——那块承载着大山的“地”，是无法流动的。但是在经济上，土地却可以“流动”。譬如种地的农民把土地转让给别人盖厂房、开商店、建住宅，地还是那幅地，但地主变了，土地的用途也变了。那也是一种流动，或者更妥帖一点，称为“流转”。

不少朋友听熟了今日之新闻，对“地价急升、地王频现”之类，耳熟能详，以为“土地流转”天经地义，从来如此。不是的。土地流转连同其交易价格和交易量的频频变动，严格说来不过是25年前才发生的“新鲜事物”。原本的中央计划经济体制，根本就容不得“土地流转”！

让我摘一条法律给各位读一读：“任何组织或者个人不得侵占、买卖、出租或者以其他形式非法转让土地。”该条款出自1982年《中华人民共和国宪法》第10条，拥有极高无上的法律地位。其意清楚明了，用语斩钉截铁：不得“侵占”，也不得“买卖”或“出租”，且不得“以其他形式非法转让土地”。至于还有没有“合法转让土地”的空间，在1982年那是完全没有的。由于是宪法条款，所以也统管了当时的《土地管理法》。甚至那时候的《刑法》，也把“以牟利为目的，非法转让、买卖、出租土地”之行为，列为刑事犯罪。

如果哪位仁兄手持1982年的《宪法》《土地管理法》和《刑法》文本来到当下之中国，那么他满眼望去，应该遍地都是“非法现象”！因为很明白，不论人们持何种价值评判，“土地转让”已经成为在中国很容易就观察到的经济现象。其间究竟发生了什么，才使得土地市场登堂入室，土地拍卖火爆进行，土地转让遍及神州大地？

关键的变革发生在1987年。是年，中国经济早对外资正式开放，民营企业也可以合法注册登记。新变革带来不少新问题，其中最形而下的，是内外“非公经济”如何合法落地？须知那个时候，人力、建材、机器设备和原料，皆有了“市场流转”，不难获得。

但让人家来投资，总还要有个地方可供落脚，总要有块土地可以承载厂房、机器、设备和人工吧？

由政府划拨供地吗？国企可以，无非“掏左口袋给右口袋”，横竖全民一家，肉烂在锅里就是了。内资的民企也好办，戴上一顶“红帽子”，用“乡镇企业”或“联合经营”的名义办厂，土地就有了——至多日后再加一道“产权明晰”的代价而已。但是外商要“化装”，怕就没有那么容易了。小规模的外资还够胆儿，反正珠三角一带“遇见红灯绕着走”的本事大，只要本地人敢招商，他就敢进来。大型外资就不敢了，法律审查通不过。憋来憋去，1987年中国政府决定大幅修改土地法律，从严禁“土地流转”的传统立场，变通为“有条件允许转让”。

突破之处就是一点，即土地所有权依旧不得买卖、出租或以其他形式转让，但国有土地的使用权却可以经过批准后以多种形式转让。全国人大据此原则修订了《宪法》《土地管理法》和《刑法》的相应条款。仅从字面上看，新的修订也不大，无非在原先“土地所有权不得转让”之后，直直地加上一条：“使用权经批准可转让。”解释起来，国家即全体人民的土地一点没少，也永远不会少；顶多就是这些永远国有的土地，在某一个时期内的使用权，有条件地转让给个人与内外非公企业。

在经验上，农村的包产到户——学名是家庭联产承包责任制——就是把土地所有权与使用权分开处理的结果。农地所有权永久归集体，使用权按年期归农户。你说这是姓“社”还是姓“资”？所有权公用就姓“社”，既然所有权没变，一定年期的使用权归农户，也不好贸然就说姓“资”吧？重要的是，如此一来，农民就愿意好好种地了。等到多年的粮食短缺转为“卖粮难”，再吵来吵去就没什么意思了。

城市开放也一样处理：工厂、商店、楼宇下面的土地，所有权永远国有，但使用权却可以按一定年期转让给内外民企和居民个人。怕变色吗？所有权没变啊。怕政策僵硬、招商困难吗？土地实际上已经可以转让，制度有足够的弹性来容纳新的生产力。现在不少人以为邓小平的“不争论”，就是凭他个人的革命权威下了一道死命令。不完全准确。具体的改革政策和体制选择，也要让好争论的人士难有大的用武之地。

代价就是法律解释很绕口。试举一例，修订后的法律还是禁止“以牟利为目的……非法倒卖土地使用权”。如何理解呢？网上有如下说明：“所谓倒卖土地使用权，是指将土地使用权非法出卖给他人，或者为了出卖而向他人收买、租借土地使用权等，有的是明码标价予以出卖；有的则是以某种形式掩盖其土地的买卖，如明里购买他人的厂房，暗里则是购买厂房所占地的土地使用权；借买他人住宅之名行占他人住宅基地使用权之实等。”老天爷，读得懂吗？我觉得很难。不过有一点，事情是做起来了：统计上描述进入中国的外资和民营经济的增长，每一个数字下面，都实实在在发生了“土地使用权的转让”。

至此，“土地转让”艰难起步，还远远赶不上人口与其他资源转让的脚步。进一步的强力发动机从何而降，听下文分解吧。

“先国有化，再市场化”的由来

政府与土地结下不解之缘，且为“土地城市化”装上强大的发动机。这一套究竟是从哪里来的？本书要告诉读者，其实这是原本叫作计划经济的体制，对一连串开放机会所带来冲击的反应。那时应该没有什么“顶层设计”，也没有制度安排方面的深谋远虑，仿佛不经意之间，就生成了一套独特的土地制度。

中国打开国门搞开放之际，土地作为基本生产要素，还受到高度严格的计划管制。那时的宪法准则是，凡涉及土地，任何组织或个人既不得“侵占”，也不得“买卖、出租或以其他形式非法转让”。是滴水不漏的体制，任谁要用地，找政府划拨就是，但开放引进外资，不能给人划拨土地，也不能让人家“悬空”办厂吧。

冲击引出问题，终于提到决策层面。据《瞭望东方周刊》记者葛江涛、周丽和罗敏的报道，1986年时任吉林省委副书记的王先进被调入京，出任国家土地管理局首任局长。2012年，这位王老已是80多岁高龄，回顾以往，讲到了一些关键情况：

> 1987年2月，国务院组织召开外资领导小组会议，我作为领导小组成员参加会议。时任国务院副总理谷牧在会上传达了国务院主要领导同志的意见，提出能不能转让一部分城市土地，吸收一些外资，加快城市建设。
>
> 我当时表示赞同并提出三条意见：第一，转让的是土地使用权，不是所有权；第二，转让土地要有一定年期，不是无限期的，到时无偿收回；第三，要按不同年期收取一定租金。只要把握这三条原则，搞土地转让就不会有问题。当时会议决定，由国家土地管理局和国务院法制办组织试点。
>
> 后来经过一系列准备，我们在1987年11月向国务院提交了试点报告。1987年12月，深圳市按照国务院批转的文件精神，首次公开拍卖一幅面积8588平方米的地块，使用权为50年，这就是新中国历史上土地拍卖的第一槌。

这就是“中国方式”（Chinese way）了。事情是外资引起的，首先问题要足够大，才能穿越行政层级，直达“有权拍板”之“天庭”。问题不大，或大了也反映不上去，那就万事皆休，什么也不要谈了，这是一。问题提出后，还要有敢负责的领导人，先拿出个倾向性的意见（“能不能转让一部分城市土地，吸收一些外资，加快城市建设”）。如果谁也没个态度，或只讲几句不痛不痒的套话，那“问题”就永远是问题了，这是二。然后还要走一走集体决策的程序，因为问题复杂，牵一发而动全身，要到跨部门会上（这里是“国务院外资领导小组”）过一过，看看有没有解不开的死结，这是三。没有，再责成有关机构“组织试点”，看想法能不能成为可操作的经验，这就是四了。

王老的回忆，讲的就是上述四部曲。问题自下而上，先有一、二、三，还要自上而下，那就是四，“由国家土地管理局和国务院法制办组织试点”。其实还没完。当时试点选了深圳，几个月后的1987年12月1日，那里就拍出了天下第一槌。个中故事应该也不少，但报道没有说，希望还有其他消息来源的公开披露。

也是2012年，我和同事同学在深圳调查土地问题，倒是知道，如果当年深圳第一幅土地的拍卖，可算成土地变革的第五步，那至少还有第六步，即1987年12月29日广东省人大常委会通过的《深圳经济特区土地管理条例》。其中有一条说，“特区国有土地实行有偿使用和有偿转让制度”。

然后才是第七步，在深圳先行先试的基础上，1988年全国人大通过了对宪法第10条的修正案：“任何组织或个人不得侵占、买卖或者以其他形式非法转让土地，土地的使用权可以依照法律的规定转让。”

后两步，绝对少不得。须知深圳开拍土地的时候，内部人士或许知道，那是国家土地局和法制办根据国务院外资领导小组决定，选点试验。但是在外人看来，《宪法》《土地管理法》甚至《刑法》，白纸黑字俱在，一切土地都不得转让，你广东、深圳一个地方政府，怎么就敢冒天下之大不韪，公然组织土地拍卖呢？

所以要赶快跟上：拍卖在先，28 天后再出地方法规；几个月之后，全国人大常委会在“土地”后面加了“使用权”三个字，就从“不得转让”改为“可以依照法律的规定转让”。

在 1988 年的中国，其实并没有允许土地转让的全国性法律的存在。非要“依照法律”，也就只有上引广东人大做出的那份规定。这差不多就是上位法从下位法里找根据了，究竟说得通还是说不通，要听法学家的意见。我是门外汉的看法，以为说得通，因为把行得通的事情再写通、说通，比较顺理成章。反过来，说得头头是道、写得清清楚楚的，未必行得通。

当然全国人大的宪法修正案本身就是地位最高之法。“可以依照法律的规定转让”，可不可以就是依照本宪法修正案呢？好像也没有什么不可以的，就是套来套去，很拗口就是了。实际上，1988 年宪法修正案最重要的作用，是在一个多少年禁止土地转让的国度，为转向“土地可转让”的新体制争取了时间。又过了两年，国务院于 1990 年才颁布了《城镇国有土地使用权出让和转让暂行条例》。从此，“土地使用权可转让”才算有法可依。

从广东人大的地方法规到宪法修正案，还有一个细节值得一提。上文都引过了的，广东的法条里讲允许转让的，是“特区国有土地”。到了全国人大常委会，把“特区”的限制词去掉了，把“国有”的限制词也去掉了。于是，在宪法层面可以依法转让的，是非常一般化的“土地的使用权”。

看客须知，中华人民共和国的土地，从所有权分就是两种：国有土地和集体土地。后者是农村、农民的土地，历史上的权利形成源远流长，当代历经土改、互助组、合作社、人民公社，一路升级就成了农民集体所有的土地。那么，1988 年宪法修正案说“土地使用权可转让”，是不是说国有土地使用权可以转让，农民集体土地使用权也可以转让呢？

从法治准则看应该如此，也只能如此。由此也埋下了另一粒制度变迁的种子，要再过十数年，才有机会从城乡统筹改革试验中看其发芽成长。实际情况是，1988 年宪法修正案写的是“土地转让权”，但真正实施可以依法流转的，还是限于“国有土地”，并未把集体土地包括进来。玄机何在？就在“依照法律的规定”。也讲过的，对 1988 年的宪法修正案来说，当时唯一可借鉴之法，就是广东人大 1987 年底通过的规定，那里写明，唯“特区国有土地”才得以转让。1990 年国务院出台的土地出让、转让条例，同样写得明明白白，允许合法转让的，非“城镇国有土地”莫属。这一前一后两部可依之法规，都规定唯有国有土地才可合法转让，宪法修正案写得再一般化，集体土地还是不可转让。

咬文嚼字之间，一部新的发动机被装进了我国土地制度。“转让”何意？市场交易也。土地可交易，其资产化、资本化的逻辑就被开启——预期的土地未来收益就可以成为当下融资的根据。日后很久，人们才知道，这是威力多么强大的一部发动机。当时只不过设下一项宪法并未明确限定的前置条件——唯国有土地才可合法入市。国有土地的唯一代理人，不是别人，正是政府。

由此，政府充当了土地市场化的第一推动。新时代从此拉开帷幕，土地资源的配置，越来越服从“先国有化、再市场化”的强力逻辑。

土地急就章的得与失

目前通行的城市土地制度，起源于20世纪80年代中国的改革开放。那是一部急就章：从法律严禁土地转让、租赁和买卖，到形成可以拍卖土地使用权的市场体制，在国家行政和立法层面，前后用了不到一年时间。如此剑及履及的紧迫改革，于今怕是再也难以想象：不要说一年完成改革的七步，就是七年走一步，也不容易。

当然地方和底层的改革，酝酿的时间要长一些。以深圳为例，那里城市国有土地的有偿使用，其实早在1981年就开始了。再早一点，还有拿土地做“补偿贸易”的记载。那是自1956年以后，国有土地“无偿、无限期、无转让”体制的实质转向。有偿利用也是外资逼出来的，最早1979年的《中外合资经营企业法》，已规定使用场地可以收费。这是初级的权利界定，一旦有了“你的还是我的”之别，初级“转让”——缴费使用土地——就登堂入室了。

“有偿使用”要定费率，其实就是为国土使用权的转手定一个价。我看到的资料，开始取费不高，每平方米1~21元不等。深圳最早执行，1982—1986年间累计收取的土地使用费不足4000万元。

当时有两股力量，一起把这种初级转让推向“高级形式”。其一是用地企业，因为每年用、每年付，但对来年还能不能再用，没有稳定的预期。投资要讲长期收益，因此要求用地期限拉长。其二是政府，因为邓公有言在先：中央没有钱，可以给些政策，你们自己搞，杀出一条血路来。其中，允许借贷就是一大政策，但借贷要还息。资料说，1985年深圳借贷6.5亿银行贷款，每年须还息5000万。那年的土地使用费仅1200万，还息都不够，逼迫深圳政府想办法。

好在深圳与香港交往频繁。据时任市委书记回忆，是霍英东“一语惊醒梦中人”：你们有土地，怎么会没有钱？钱可以从土地中来！这话可不是无厘头，因为香港经验就是土地财政。于是，深圳派出调查组赴港研究，并于1986年底拟就“深圳土地管理制度改革方案”，要点就是出让国有土地长期使用权，以此为城市建设筹措资本，并给中外投资者利用土地的长远预期。

在对改革方案的论证中，有香港专业人士提出：方案可行，“但必须修改《宪法》和《土地管理法》，否则外商绝对不敢来买地”。可是，要30个全国人大代表联名才有提案权，而当时深圳只有5名全国人大代表。这才反映到国务院，才有了上文提到的国务院外资领导小组的讨论和决定。

应该是得到国务院授权，深圳政府才于 1987 年 10 月修改了原先行政规定，确立“土地使用权可以有偿出让、转让、抵押”。这里至少有了“地方合法性”，对改革的实质推进意义重大。1987 年 9 月，深圳以协议方式和公开招标方式，分别出让了两幅土地。试水成功后，于 12 月 1 日开拍“天下第一槌”。然后在不到一个月之内，由广东省人大通过地方法规，明确“特区国有土地实行有偿使用和有偿转让制度”。

这么回顾，从 1979 年法律规定可收土地使用费到 1987 年深圳国土的拍卖转让，前后也经历了 8 个年头。虽然时间不算短，但对于土地制度这么影响方方面面长远的大事来说，怎么看也还是篇急就章。

首先是变革的动力急。外资外企说来就来了，来了要落地，急急提出“场地使用付费”，也来不及考虑更长远，包括日后“外国人究竟可不可以在中国购房”，只能走一步是一步，走不通时再找辙。

其次是观念转变急。严禁土地转让究竟是为了哪般？从来就没有清楚明白的说明。不行就是不行，连动一动念头也是弥天大罪。突然又允许转让，道理也来不及细讲，反正转让的不是所有权，只是使用权。至于为什么所有权转不得，使用权却可以转，以及到底何谓所有权，何谓使用权，也一概来不及细说，完全顾不得“权利”（rights）要以人们普遍认为正确（right）为基础。

还有就是借鉴别人的经验急。香港土地制度是 1840 年后中国割地赔款的结果，名义上土地归英国皇家所有，按英国本土的crown land（意即皇室土地，官地）对待，可批租给民间和市场经营，皇家换得现金，又没有断卖祖宗财产，挺两全其美的。无奈中国内地不是殖民地，也不是“所有土地都是国家财产”，更没有1997回归问题。借重香港土地经验，急急冲开了禁区，也埋下日后其他麻烦。

急就章的好处是收益来得快。在体制上，终结了“土地不得转让”，开启了市场之门。在财务上，仅1987年深圳那三宗地的转让，就让政府库房收入增加了2336.88万元，相当于1985—1986两年的土地使用费。受让方也不吃亏：作为第一拍的出价最高者，深圳经济特区房地产公司为那幅8588平方米的土地付出了525万元的对价，但建成当时深圳最大的商品房小区之后，公司净赚400万元。

更重要的是扩散效果。深圳那个首场拍卖会，规格之高，空前绝后：时任政治局委员、央行副行长、内地17位市长，以及28位香港企业家和60多位记者一起在现场观摩，把“土地可以转让筹资”的新理念、新做法迅速传播到沿海内地。来年7月9日，上海市以招标方式出让虹桥开发区内一幅1.29万平方米土地的50年使用权，这回是一家国际公司中标，支付了1亿多人民币。从此，土地有偿转让进入中国实际经济生活，人们对“买卖土地”再也见怪不怪。2011年，据时任国土部长徐绍史接受记者采访时讲，从1997年到2008年，全国共出让7000万亩土地，获得5.3万亿元土地出让金。

"得"是明显的。那么，完全没有"失"吗？如今回首，我看还是有的。如果向未来看，那篇土地转让急就章，恐怕还要面临代价大幅上升的困境，值得讨论和关注。

明显之失，是当时急急忙忙定下的土地转让年期，如住宅用地70年，工业用地50年，商业用地40年，留给未来一个大麻烦。讲过了，那是香港的影响，而那里有一个回归内地的特殊约束条件，所以越接近回归，土地批租的年期越短。再加上当事人对土地转让年期的理解，难免带上时代痕迹。结果，土地转用的年期安排不但过短，且没有清楚交代到期后的处理办法。天下通行的"房地一体"，到中国内地就变成"房、地分离"——企业和居民个人对房屋拥有所有权，但其下的土地，却是国家到期就可以收回的！这个麻烦，现在已露头，未来将与时俱增。

可转让土地的分类，看来也经不住经济结构变化的考验。住宅、工业和商用，看似泾渭分明，但分类管制的僵化，当技术、产业和需求结构进一步变化时，却成为障碍。譬如"新型城市综合体"，要求把商业、产业、住宅等多种形态的建筑，组合在一个不大的空间里，便于时间成本快速提升的城市新人，更便捷地在"产城结合"的环境里生活和工作。此时，土地分类僵硬，管制烦琐，变更手续麻烦，势必束缚城市成长。

最大之失，还是把香港单一土地所有制的特殊，错以为是通行天下的一般。其实全部土地归港英政府，只是港岛殖民地体制遗产，并不是包括新界在内的全部香港的土地制度。可惜早年尚没有如此高的“分辨率”。结果，在内地可转让的土地制度里，从一开始就带上了“国有土地才可批租”的基因，完全无视内地存在两种土地所有权的历史与现实。特别是后来土地财政的强大诱因，变异出始料所不及的“政府与民争地”的可怕动力。

香港地制另一面

20世纪80年代中国内地开放，在土地方面急急引入香港经验，解开了当时不准土地转让的历史难题，也开启了以土地为工业化、城市化筹资的新路。说来蛮有意思的，从那个时候起，内地、香港的地制如出一辙，不是“两制”，而是“一制”。

香港的“资本主义”，怎么那么快就进入了内地？十几年前写《农民收入是一连串事件》，涉及土地制度变迁，我对此有所讨论。当时是这样说的：“被叫作‘资本主义’的经济里面，香港是一个例外。因为是殖民地，香港的土地曾经全部归英国女王所有。为了在国王的土地上发展经济，香港发明了一个‘土地批租’制，由政府主事，让工业家、地产批发商竞标购买一个时期内的土地使用权。政府‘批’出土地，得到收入；业界得到清楚的、可以再度交易的土地使用权。”

其实没有“发明”。鸦片战争之后，港岛割让给英国，于是香港的土地就成了英国皇室财产，与其在英国本土的皇家土地一样，都是crown land。请教过在英国任教的朋友，那里的惯例，crown land也可按年期批租给民间。要注意，不是“断卖”，而是“批租”。我的理解，这样英国皇家既有银子开销，又不用背上“出卖祖业”之骂名。只是香港在远东，英国又要求香港“财政自立”，于是香港crown land的批租权，就交给港英政府行使，租金所得也归港府库房。这样，香港的crown land就被通称为“官地”。

“官地”是公有土地的一个类别。欧美不少资本主义国家也有的，明确归政府所有，所以也可以进一步明确为归联邦、州或城市政府所有。香港的特别之处，在于全部土地皆为“官地”。这是1843年《英皇制诰》宣布的，其实也不准确。因为港岛系割让，但九龙的部分和新界却是租借的，土地所有权当然不同。可是要殖民地当局“确权”，就没有那么多道理好讲了：除了新界部分农地为村民所有，其他港地一律被宣布为“官地”。

“官地”之利用，当然以官意为主导。先看年期，我看到的资料，1844—1848年间多为一次批租75年，不可续约；1848年以后的50年，改为一批99年；到了1898年，港英政府认识到租期过长不利于政府分享土地升值收益，代之以75年可再续租75年租约，并要求承租人在期满后按新标准支付土地租金。再后来，75年租期成为标准租期，直至1997年香港回归；但北九龙及新界土地，却又以1898年7月1日起99年减最后3天批出。例外也总是有的，如中环花园道旁的圣约翰教堂的土地，就是英王赠予圣公会坎特伯雷大主教的，所以这幅土地属“永业权”（freehold），不同于其他承租人的“租用业权”（leasehold）。

土地批租也不一定都有偿。通常，香港政府对公用事业、学校、医院、慈善机构、教堂、庙宇等，多以无偿方式批出土地；对于不营利的公益用地，有时只收取象征性之价。对那些经济效益不突出，但政府决定支持发展的行业与企业，也可免交地价或以低于市价的官方优惠价供地。至于香港政府自己的办公用地，则完全无偿。批租土地的方式，也是公开拍卖、招标或私下协议并举。这些灵活性如何掌控，完全由政府凭其所有者身份来决定，仅受香港政制约束。

最为特别之处，是香港官地，即便已经批租给公司或个人，且在约定租期之内，但只要官家“为了公共利益”，便可以“收回”。为此，香港法律专门有《收回土地条例》，规定因卫生欠佳、不适合人居住或危害健康或为军事利用以及“为行政长官会同行政会议决定为公共用途的任何类别用途”，政府就可以把官地“收回作公共用途”（resumption for a public purpose）。政府收回官地，要给以“公正的补偿”。原租用业主有异议，也可要求独立的“土地审裁处”裁决。但拒绝迁出者，政府可以“占用官地”的罪名起诉、强制执行。就是从此扇窗口看进去，我才对在“契约合约理论”框架里处理政府题材，从根本上怀疑。

这样，官地公有，所有权不买卖、不出租，但政府可批租收益，并以最终所有者身份主导土地利用契约的订立和执行，就构成香港地制的主要特色。十几年前我的评论说，这是“资本主义的一个例外”，当不为过。也正因为是个例外，所以才与内地体制一拍即合。这里被高度市场化了的，仅是土地使用权，至于土地的国家所有权，连同政府主导土地利用的控制权，岿然不动。

很明白，这样引进港式土地批租制，不会损害内地的“社会主义土地公有制”。由于法律禁止所有权层面的买卖、出租和转让，所以土地公有制没有变，也永远不会变。新的变化只发生在使用权层面，且定下转让的年期，在期内政府也可视需要“收回”（内地叫“征用”）土地，到期更可以“收回土地连同其上盖”！仅此变化，政府就可以坐收土地出让金，筹得大笔公共资本。这等好事，何乐而不为?

引进容易，效果立见。不过，这一套是不是“有百利而无一害”？也不尽然。十几年前我看到的，是下面这一点：

> 不料政府当“地主”，也可以别出心裁。为了获得更多一点财政收入，香港政府特意控制土地的供应数量，旨在“少批多得”。香港政府常常“规划”出一块土地，因为市场竞价“不理想”而收回，待来日再批。看到被当地人称为“石屎森林”的摩天大楼自天而降，你可不要以为香港的土地资源已经耗尽。事实上，港九岛上未开发的土地还有70%强！
>
> 如此一来，我们这个东方之珠的地价就在全球称王。是的，香港的税法简明而所得税率很低，连弗里德曼都说过值得美国学习。但是，香港政府通过土地批租而征得之“暗税”，

在资本主义经济里举世无双。香港要不是具有区域性市场经济制度（特别是金融制度）的竞争优势，那样天价的土地市场，无论如何是撑不住的。

十几年来，除了地价房价蒸蒸日上，香港经济究竟还有多大的看头？数来数去，还是那几位老辈地产商在那里引领潮流，但见前浪、不见后浪。制造业早就移师内地，本地的“数码革命”，出不来苹果也出不来三星，最后能熟门熟路造就的，还是一座座地产之“城”。

香港土地模式席卷内地，“土地财政”外加“土地金融”，威不可当。但是花团锦簇的繁荣之下，也露出事情还有另一面。公有土地在政府主导下批租筹资，既然“两地一制”，那么经济逻辑也一致，引发的后果也相似。所幸内地比香港大了好几千倍，港式土地病灶由沿海转到内地，“发作时间”看来比较漫长。不幸之处也有的：国家幅员辽阔，多级政府体系庞大，法制薄弱，巨大土地利益包围政权、腐蚀官员，防不胜防。君不见，十几年来差不多每个腐败大案，皆与土地有关？为反腐防腐，土地管制要搞到叠床架屋，土地政策更是变化多端，这在“原产地”香港，反倒不多见。

民地如何转官地

话说内地引入香港经验，破解了以土地筹资的难题，为工业化、城市化安装上一部功率强大的发动机。时至今日，一个政府主导的城市土地市场早就遍及大江南北、沿海内地。不消说，这在筹资方面取得了过去计划时代根本无法想象的绩效。但也不容讳言，在资源配置、收入分配、管制等方面，该“市场”的运行负荷也日趋沉重。形势很明白：中国的城市化要再向前走，绕不开“反思官地筹资”这一课。

细细梳理我国土地制度变革的急就章，我们的发现是，内地学香港搞土地筹资，忽略了一个基础性的差别，这就是：此地原本就不是单一“官地”制，所以这里要搞港式的“以官地筹资”，首先要面对一个香港从来不曾面对过的难题，即如何把原本不是官地的民地，转化为可由政府出让长期使用权的官地？

翻看中华人民共和国的《宪法》和《土地管理法》，内地行土地公有制。不过，中国的土地公有与前苏联不同。“老大哥”是单一土地国有制，起源于 1917 年 11 月列宁一纸法令签下“全部土地无偿转归国有”。中国实行的则是国家所有与集体所有并存的两种土地公有。我们这里的集体所有制，全称当为“劳动农民的集体所有制”——就是说，集体土地乃农民之地，民地而非官地。

以上中苏之间的差别，来自历史。布尔什维克搞的是城市革命，阿芙乐尔号军舰一声炮响（前几年我到访圣彼得堡，才知道真的只有“一声炮响”，再没有第二响），冬宫大门被打开，十月革命就胜利了。按当时的革命意识，农民私有土地是小资产阶级所有制，也是无产阶级革命的对象，所以列宁的土地法律，把包括农民土地在内的所有土地，一概无偿收归国家。但是，中国革命靠发动农民，走农村包围城市的路线，中国共产党靠实施承认小土地私有权的土改纲领才争取了农民，赢得了天下。现在有些中外人士动不动喜欢说“中国的土地都是国家的”，只表明他们对近现代中国历史以及中国共产党合法的根基，一无所知。

从数量上看，我国农民的集体土地占绝对优势。起因也是国情，现代工业和城市极不发达，经济结构只能以传统农民、农业、农村为主。不但广袤的农村地区差不多都是民地，就是占地、占人比例极小的城市，也悉数被农村包围。以深圳为例，30 多年前那里的城镇人口不过 3 万，城镇建成区的面积不过 3 平方公里，其余的呢，还不全都是宝安县的农民和农村？看来从革命年代到建设时期，还是“农村包围城市”！

开放引进港式“官地筹资”，好固然好，问题是哪来那么多可由政府出让的官地？要知道，香港官地原本也是民地，无奈鸦片战争前后，国家积弱积贫，弄到裂土割地，把港岛和一部分九龙民土割让给英国，再由英国皇家“委托”给港英政府打理，这才有所谓“官地”以及“以官地筹资”这回事。两地基础条件不同，就算学得一身人家的本领，没有数目足够的官地，巧媳妇难为无米之炊，筹资又从何谈起？

新动力由此产生：发现、寻找、开发更多官地，然后走港式资本积累之路，经由向市场官地，为城市筹资。承载这新使命的主体，讲到底还是政府。因为在传统计划经济下，国家就是一家“超级公司”，以行政指挥配置经济资源，本来就是中国经济运行的题中应有之义。改革从放权入手，一部分“国家公司”之权放到企业，另外一部分则放到条条块块的政府。像深圳这样的，承担“杀出一条血路来”的责任的，是政府；负责招商引资的，是政府；提供基础设施配套的，是政府；负债贷款的，开始也是政府。加上港式“以官地筹资”的主体也是政府，“一桌菜”就齐了：在国家工业化之后，政府主导的城市化模式正式登场。

该模式是政府要不断地开发、控制更多官地。在香港没有这个问题，因为全部官地一次割让过去，他们只需控制进度就可以了。内地不同，由于大量土地是民地，所以实际上还是“一国两制”，因为我们的地方政府，要加快开放、发展、引资、建设，就天天要琢磨“把更多的民地转为官地”！

不过，这内置动力究竟可以发挥多大的力量，还要受制于其他社会条件。我们先看法律。这里要探查的问题是，转民地为官地，法律上允许不允许，有没有足够的合法空间？

答案是法律上有空间，但有限制条件。首先在宪法层面，“国家为了公共利益的需要，可以依照法律的规定对土地实行征收或者征用并给予补偿”（见《宪法》第10条）。这里有几点很明确，一是存在非官地即民地，否则如果全盘国有，再也无所谓征收或征用了；二是转民地为官地的合法途径，“征收”（即永远归国家所有）或“征用”（即国家用完后还地于民），此外没有“非征”之路可走；三是国家征收或征用民地，要有条件，其中一项是“为了公共利益的需要”，另外一项则是“给予补偿”。

但以上宪法准则，也有含义模糊。现在大家看得比较明白的，首推“为了公共利益的需要”。含糊究竟什么才算“为了公共利益”。招商引资、扩大税收和就业，算不算？搞基础设施（包括建造资产可上市的高速公路等），算不算？建商场、盖楼宇，算不算？修高尔夫球场呢，又算不算？问题是“公共利益”（以及近来人们喜用的“公共产品”或“公用品”）本身的含义就模糊，吵一万年也难吵得明白。没有法律的明文规定或法官法的传统，见仁见智的术语拿来充当“征地许可”的法定前提条件。

前提含糊，许可的行为却非常明确——征收或征用土地。这个“征”字，何其了得。那可是明明白白的强制行为，实施主体又是诺斯所言“唯一可以行使合法强制力”的政府，强强相加，完全不以被征土地所有者的意愿为依归。放到一个行政权力本来缺乏有效监督、制衡的环境里，法律的“止纷定争”功能很容易走向反面。“给予补偿”又是单方面的。对照有关法律规定，1999 年前的《土地管理法》，甚至规定政府征地给予的补偿，不超过土地原用途三年平均所得的 20 倍。这就是说，法律只规定了征地补偿上限，但没有划定下限！咬文嚼字地讲，政府拿走民地，一分钱不补也并不违反法律。

当然，法律优于“内部掌控政策”的地方，在于公众包括被征地的所有者也可以提出自己对法律的理解，据法力争。譬如提出“有违公共利益”证据，或关于“补偿”方面的索求。不过，我们还有其他法律条款支持把民地转为官地。其中，最有力量，也对我国城市化进程发挥影响最为重大的，是宪法规定，“城市的土地属于国家所有”。

城市土地国有化之谜

第一次宣布城市的土地属于国家所有，是 1982 年。那一年全国人大通过修订的《宪法》，第 10 条第一句，就是“城市的土地属于国家所有”。读下来一共不过 11 个字，简洁、清楚而斩钉截铁，就像是陈述一件久已存在的事实。

其实不然。我国城市土地的权属关系，原本相当复杂。当然早就有了国有土地，源于旧中国官僚买办资本的土地，在共产党进城之后，被收归国有。还有原民族资本主义的工商物业，经过社会主义改造，成为国有经济组成部分，其中的土地当然也归国家所有。这都没有问题。

问题是原先的城市，还有大量居民住宅。那房子是私宅，其下土地就是民地，由私人购得并属私人所有。也不是唯有官僚、地主和资本家才购置城市地产，一般小市民、自由职业者、教师、小职员，甚至工人和其他三教九流，也有拥有私宅民地的。譬如《银元时代生活史》的作者陈存仁，老上海一个医生，他的书里就写到出道不久，就拿出行医所得买得了静安寺附近的一小幅土地。

在这些民间私地上盖起来的私房，凡业主自住的，那就属于生活资料，划不到生产资料私有制的范畴，也算不得社会主义改造的对象。因为按那个时代的经典理论，社会主义仅仅与生产资料私有制不相容，至于生活资料，那是可以也必须私有的，在意识形态上与社会主义并不冲突，法律上也受国家保护。

但是民间私宅，如果自住有余而拿出来出租的，那就得有个说道了。房租乃非劳动收入，与“剥削”脱不得干系。用于出租的房产，因此也不再是纯生活资料，多多少少具有某种生产性。问题来了：生产了房租的民地私宅，算不算生产资料私有制，要不要纳入社会主义改造之范围？

中华人民共和国从新民主主义一路走向社会主义，对城市民地私宅的政策是逐步变化的。《共同纲领》和1954年宪法时期实行生产资料的多种所有制，包括“个体劳动者所有制”和“资本家所有制”，都受宪法承认与保护，所以城市居民的民地与私房，无论自住还是出租，在法律上都不成问题。1956年以后，中国加快转向社会主义改造，不过重点是工厂、商店和农业生产方面的公私合营与合作。直到1956年，城市私有土地和私房，基本上还可以买卖、出租、入股、典当、赠予或交换，只要缴纳相应的契税，就都是合法的。

1956年1月，中共中央书记处二局发出《关于目前城市私有房产基本情况及社会主义改造的意见》，提到“一切私人占有的城市空地、街基地等地产，经过适当办法，一律收归国家”，开启了城市土地国有化的进程。中央在批转这份文件时指出：“在当前社会主义改造的高潮中，争取在一两年内完成这一任务，这是完全可以做到的。”

但是城市私房的社会主义改造，显然比资本主义工商业的社会主义改造更为复杂。1958年2月，时任国务院八办副主任的许涤新在第一次全国城市房产工作会议上就讲到这一点：“出租房屋的占有者不是一个阶级，小市民、教师、工人、小职员等都出租房子。因此要很客观地、细致地分析这个问题，不能一概称为资本家。对房产的改造不要简单化，出租房子的少数是资本家，大多数是一般市民、工人等等，所以要求我们要细致地解决问题，不要概念化，不要拿工商业改造的办法硬套，一套就套糟了。”

不照套，“改造”就快不了。事实上，到1958年中，私房改造除了部分地区已按期完成或正在积极行动外，还有不少城市尚未着手进行（时任第二商业部张永励副部长语）。甚至到了1960年底，全国范围内还有14%的市及2/3左右的县还未进行或者没有完成城市私房改造工作。

其间，按后来的标准看还算温和的私房改造，究竟是如何进行的？过去外出调查，喜欢翻看地方志。像陕西《辉县志》就有以下记载：“根据1964年国务院批转国家房管局《关于私有出租房屋社会主义改造问题的报告》，县改造私有出租房屋领导小组于当年4

月派出工作组，深入县城5个居民委员会，对私有出租房屋进行社会主义改造。改造原则是，私人出租房屋建筑面积在100平方米以上者，均应进行改造。地主、富农、资本家及教会、庙观出租房，不论多少一律改造。房主住房一般以现住房屋为准；房主户口不在本镇者，一律不留。”

“改造”的具体内容，也有记载：“改造后的房屋由县财政局统一管理，统一经租，按月将租金的20%、25%、30%返还房主，作为月息。”这就是说，地主、富农、资本家、教会、庙观以及房主户口不在本镇的，全部出租房都列入“改造”；其他老百姓家的，则划一道出租房屋面积的杠杠（100平方米），超过部分才纳入“改造”。此外很重要，“改造”也不是一下子把物业充公，而是交政府“统一经租”，即由政府房管部门代为充当中介，并将所收房租的20%~40%返还原房主，相当于给原业主一个固定的利息收入。

以我看到过的北京、上海、广州、温州、常州等地的资料，“文革”前的私房改造，大体都是划下每户可出租面积的界限（一般大城市为150平方米，中等城市100平方米，小城镇50平方米），超出部分的私房，归政府“经租”，然后分成20%~40%作为利息付给原业主。从产权关系看，进入改造的城市私房民地，所有权并没有一下子归公，原业主一般还保有人民政府颁发的房证地契，但这部分私房的使用权、出租权已经归了政府，物业的私人转卖、处置和继承权都废止了，但收益分成权还是保留着。

到了“文革”，温和改造就跟不上形势了。1967年11月4日《国家房管局、财政部、税务总局答复关于城镇土地国有化请示提纲的记录》明确："对（城市）土地国有化问题，中央在1956年已有原则指示，到十年后的今天提出要把土地收归国有不是太早而是太晚了"，"无论什么空地（包括旗地），无论什么人的土地（包括剥削者、劳动人民）都要收归国有"。该文件对"一切私人占有的城市空地、街基地等地产"的解释，也扩大为"其中街基等地产应包括在城镇上建有房屋的私有宅基地"。

实际情况比上述文件还要"左"。私房经租的房租收入到1967年全面中止，"造反大潮"中很多城市出现抢占私房的行为，而红卫兵的抄家甚至把新中国成立后颁发的地契房证也作为"变天证据"付之一炬！"极左"高压之下，私房业主谁人还敢言"私"？有数据说，截至"文革"，全国完成的城市私房改造共1亿平方米，且结束了房租分成，全部经租和收益权，统统归了国家。

不过天下大乱的时候，"资产阶级睡不着觉，无产阶级也睡不着觉"，也没有哪个地方当真办过一回"私房国有化"的法律手续。最高法院虽然早在1964年就对经租房有过一个司法解释，称"国家经租房屋的业主实际上已经丧失了所有权。因此业主死后，经租房屋不能允许他的家属继承"（2007年高院正式废除该司法解释），但"实际上丧失"还不等于在法权方面的彻底终结。"文革"后，中央要求"落实私房政策"，法律根据其实还是私房私有。

即使经租房全部归了国家，城市还有大量居民私有的自用房。这里又分两块，一块就是上引文件讲到过的政策限额以内的出租房，比如大都市每户出租150平方米以内的，以及小城镇每户出租50平方米以内的。即便按"改造政策"，这限额以内的出租房，"实际上的所有权”并没有改变，还是民间私产。另外一块，居民自有自住、没有出租的房屋。那可是完全的“消费资料”，就是按正统社会主义理论，也无须改造。

所以，即便到了“文革”，我国城市土地也并没有完成全盘国有化。1975年“文革”高潮中修宪，拿出的文本还有如下表述：“国家可以依照法律规定的条件，对城乡土地和其他生产资料实行征购、征用或者收归国有。”（1975年宪法第6条）为什么国家对“城乡土地”都可以“征购、征用或者收归国有”呢？那一定是城乡皆有非国有的土地啊。乡下好懂，因为农民集体土地本来就不是国家的。城里呢？还不是部分民地上盖有居民的私房，才使得“文革”宪法也不得不强调国家有权对城乡土地实施征购、征用或收归国有！

谜一样的问题：1975年之后的中国，究竟发生了什么，才使得进入改革开放的1982年宪法，突然宣布“城市的土地属于国家所有”？

城市土地国有与全盘土地国有

上文梳理“城市土地国有”的来龙去脉，厘清了一个事实，这就是包括“文革”“极左”在内，也没有能够把城镇的私宅民地彻底收归国有。1975 年的宪法还承认城乡都有可以征用的非国有土地，可是 7 年之后通过的 1982 年宪法，利利落落 11 个字就宣布了“城市的土地属于国家所有”。其间，中国究竟发生了什么？

一个可能，就是在 1975 年之后，虽然“文革”已成强弩之末，但又在城镇私宅国有化方面烧了一把火，在事实上完成了国有化。倘若这样，到 1982 年修宪之时，生活中的私宅民地已经完成所有权方面的国有化改造，法律不过记下一个事实，大声无音，不会惊天动地。

但是资料验证不了这一点。上文引过的，最初提出“一切私人占有的城市空地、街基地等地产，经过适当办法，一律收归国家”，是 1956 年。后来说“到十年后的今天提出要把土地收归国有不是太早而是太晚了”，“无论什么空地（包括旗地），无论什么人的土地（包括剥削者、劳动人民）都要收归国有”，是 1967 年。但是如何在全国范围推进，连这份语调十分激进的《记录》，也不过允诺各地见机行事：“如果你市认为需要，就可以根据中央 1956 年的指示精神采取适当办法进行土地收归国有的工作。市里可以做出决定，也可请示省里批示，只要大方向不错，有些手续不够完整，那是枝节的问题。”

从 1967 年到 1975 年，该疯狂的都疯狂过了，但实际上离城镇土地全盘收归国有的目标，还有不小的距离。更为悖论的地方，是“文革”根本不把法制看在眼里，所以“收归国有”尽管口号震天、行为乱来（没收房产、火烧地契、拒付租金、重分住户），却没有人会去办房地产国有化的“过户手续”。因此在法律表达上，城镇的私有土地并没有因为“革命”而真正终结。

“文革”宪法的次年，发生了天安门“四五事件”，然后就是毛泽东辞世、“四人帮”垮台。“文革”想不收场也不行了。再过一年，抓纲治国，“两个凡是”，终究也没有守住“左”的大统。到了 1978 年，“实践检验真理”势不可当，中国航船正式拐了一个大弯。是年 3 月通过的 1978 年宪法，显然还脱不开“文革”框架——政府还叫“革命委员会”，国家仍不设国家主席——但年底中共十一届三中全会召开之后，那部宪法也失去了得以贯彻的政治条件。像落实干部、知识分子和华侨政策这样的工作，一个重要方面就是退还私房。这与过去的“收归国有”，完全南辕北辙。

等到改革开放打开了局面，邓小平于1980年部署重修宪法。全国人大专门成立宪法修改委员会，紧张工作两年，成果就是1982年宪法（有老外称之为“邓小平宪法”或“改革宪法”）。在此期间，在城镇实际工作的层面，反“文革”之道的“落实政策”还忙不赢，哪里有人还会继续推进“城镇私地国有化”？

这样梳理下来，1982年宪法第10条宣布的“城市的土地属于国家所有”，既不是对已发生事实的确认和承认，也不是“文革”前后“把城镇土地收归国有”政策的继续。如此果断地宣布城市土地国有，我的看法，是遇到了新情况、新问题。其中最为突出的，是国家在工作重点转向大规模经济建设的新时期，如何处理建设与非国有土地之间的利益瓜葛。

这样一个看法，是仔细阅读了1982年修宪的有关讨论记录后得出的。这方面，最公开、全面而又权威的，当数许崇德先生所著《中华人民共和国宪法史》（福建人民出版社2003年第1版）。许先生是人民大学法学教授、知名宪法专家，且亲历1982年修宪全过程，是宪法修改委员会秘书处成员。他的著作，不但勾勒了新中国成立后自《共同纲领》以来每部宪法的来龙去脉，还特别记录了修宪过程中方方面面的意见、观点和建议，有助于我们了解抽象的宪法条款的背后含义。

关于1982年宪法的土地条款，许崇德的著作提供了胡乔木对修宪稿的一个说明文稿。这里有个背景，自1980年邓小平提出修宪之后，最初就由胡乔木担任宪法修改委员会秘书长，负责修宪。

到1982年，胡乔木因为身体情况，邓小平才提议彭真挂帅。这样，修宪草案最早在胡乔木主持下提出来，然后才交付委员会多次讨论，最后还经由全国范围的公开讨论才最后定案。

胡乔木的这个说明，是在1982年4月12日下午向第三次全体会议提出的。讲到“总纲”的第7点，是土地所有权问题。胡乔木首先介绍，“有人提议城乡土地一律规定为国家所有，另有人则认为，农村土地国有，会引起很大震动，没有实际意义”。接着应该是他本人的看法，“如果规定农村土地一律国有，除了动荡，国家将得不到任何东西，即使宪法规定了国有，将来国家要征用土地时，也还要给农民报酬。由于目前还没有统一的法律规定，因此出现不好的现象，例如农民要价过高，提出种种苛刻的条件”（《中华人民共和国宪法史》第417页）。

这里有两个矛盾的考虑：其一是城乡土地一律法定国有，其二是农村土地国有可能引发震动。我们先来看第一方面的考虑，究竟从何而来。其实胡乔木已经点到，理由就是“农民要价过高，提出种种苛刻的条件”。关于这一点，不少委员有同感。例如许崇德著作提供的宪法修改委员会第二次会议讨论记录，就记下方毅大声疾呼“土地国有”，因为“国家企业、事业要发展，要用地，而土地有限，郊区和农村土地归集体所有，变成他们向国家敲竹杠、发洋财的手段。一亩地索要上万元，靠卖地生产队可以安排社员一辈子、三辈子都过好日子，不需要劳动了”，“矛盾发展到武斗，你盖他就拆。科学院盖房用地，付了三次钱，国家财政开支就成了无底洞。现在国家征地比登天还难。而农民自己盖房，却大量占用好地。郊区农民自盖旅馆的很多，有的大队不种地，单靠出租旅馆赚大钱。这样下去，富了农民，穷了全民，矛盾越来越尖锐。我国矿藏发现较少，发现了要开采就与农民发生矛盾，要花很大的代价，限制了国家的发展。因此，建议土地一律归国家所有，集体只有使用权”（第404页）。

三天后的4月15日，第三次全体会议对第10条的讨论，钱昌照、胡子婴、荣毅仁、刘澜涛等委员也都“赞成土地国有”。他们的根据，也是看到经济建设一旦牵涉土地，就会发生“扯皮”，包括国有厂矿“挖掉一棵树就要给农民1000元”，“还要求把他们全部老少都包养到老”，“给农民盖了房子，安了电灯，每年还闹个没完”，“你要用地，他一亩地要你30万，甚至100万”（第425~426页）。

但也有委员更多考虑事情的另外一面，即农村土地国有化可能引发社会震动。如杨秀峰认为，农村土地国有“没有意义！更会吃大锅饭。土地国有，如何管理？谁来使用？管理很复杂，还有干部的情况”，所以他不同意修改，“我看维持原文还较实在”（第426页）。还有杨尚昆也赞成维持原文，“土地即使国有，扯皮也解决不了。城市土地国有，天津街道拆迁时有3户硬不搬。北京广安门也有这种情况。宣布国有，震动太大，有征用这一款，就可以了。逐步过渡较好，先通过土地征用条例”（第426页）。

彭真在讨论中有篇较长的发言，读下来他是综合了以上两种考虑。“我赞成国有，但应采取渐进的方式。”“无论国家所有，还是集体所有，你用土地，他都得向你要钱。现在，先把城市定了，规定‘城市的土地属于国家所有’，郊区的土地按照法律规定，法律规定属于国有的，属于国有。农村、镇、城市郊区的土地属于集体所有，这样，震动小一些。”

这些记录稿表明，1982 年修宪提出“城市土地国有”的出发点，并不是从城市内在的情况、问题和要求出发的。出发点是国家工业化大规模展开与农民土地之间的“扯皮”，解决办法就是法律规定土地全部国有（方毅的建议），或“届时国有”（钱昌照的意见，即占到哪块就宣布哪块土地国有），或“原则上土地国有，例外的是集体”（荣毅仁的意见），但考虑到党领导农民分得土地、完成了集体化，一下子又国有，震动太大。权衡之下，“先把城市定了”，用渐进的办法实现土地国有。

在讨论中真正考虑到城市情况的，是江华。他提醒，“宅基地，大城市与中小城市有区别；房改了的与没有房改的，也有区别。一下子国有，这些区别全没了”（第 426 页）。不过这个熟知江浙城市实际情形的委员意见，似乎没有引起其他委员的重视。我的理解，此次土地条款修宪的原意，并不是在城市范围内发现了要解决的紧迫问题。当时委员们考虑的，是大规模国家工业化占地与农民之间的矛盾。既然全部土地一下子国有化的震动太大，那就先迈一步，从城市土地的国有化起步吧。

国家权力与国民财产的边界移动

上节破了一个多年未解之谜：为什么偏偏在“文革”“极左”结束之后的 1982 年，中国史无前例地确立了“城市土地国有”的宪法准则？谜底在于：国家大规模经济建设开展之际，如何分配土地资源，更准确地讲是如何配置某些位置上的土地资源，成为一个经济焦点。其中，基础设施、工业、城市项目要占地，而身为土地之主的农民及其集体要叫价，是一个绕不开的尖锐问题。于是，“土地全盘国有”的立法主张抬头，只是顾虑“震动太大”，立法决策者才退而求其次，先把“城市土地国有”作为第一步，迈出去再说。

从 1982 年至今，30 多年过去了。当年的顶层设计，即从城市土地国有化过渡到全盘土地国有化，至今并没有实现。但是，仅仅

“城市土地国有”这么一步，就根本地改变了我国城乡关系，也重塑了城市化的制度与政策环境。成败得失，尽在其中，值得梳理。

笔者之见，由于“城市的土地属于国家所有”，至少有三个方面的权利边界随之发生变动。这些权利边界变动，不能不影响国家行政权力运作的方向，也不能不影响资源配置、收入分配，以及经济社会的基本秩序。

首先变更的，是国家权力与国民财产的权利边界。事实很清楚，直到1982年，我国城市里还存在民间私有土地。对这些国民的私人财产，国家是不是可以用行政权力加以剥夺或实施国有化呢？过去对这个重大问题的回答，是经典社会主义改造理论：对剥削者的私人财产，可以剥夺，因为那是“剥夺剥夺者”；但是对劳动人民的私人财产，就绝无剥夺的道理。后者虽然也是“私”，但要区别处置。属于生产资料的，可以引向“合作经济”——以劳动者私产为基础的一种公产，但不能无端端地国有化。属于生活资料的，那就继续私有好了，因为把一切生活资料全部国有化，从来就不是科学社会主义的理论和纲领。

可是，“城市的土地属于国家所有”，却把原先城市里并不属于剥削阶级，而属于劳动者自用的那部分私有土地，也一股脑儿地国有化了。这里，生产资料与生活资料的划分消失了，剥削与非剥削的区分消失了，自用消费与出租经营的差别也消失了。自此，行政权力可以长驱直入，直接将国民私产国有化，其行为根据，也超越了过去的经典画下的杠杠。这当然是在社会主义改造之后，又一次变更了国家权力与国民财产之间的边界，影响极其深远。

其实，1982年宪法修正草案向全民公开征求意见时，对国家权力范围的此次变更，是有不同意见的。许崇德先生的《中华人民共和国宪法史》记录了当时的一些意见反馈。“不少群众对宪法修改草案关于宅基地所有权的规定提出不同意见”，如“北京王永泉等提出：‘宅基地是属于个人的，不应归国家或集体所有。尤其是土改以前属于贫农的宅基地，是祖祖辈辈传下来的，宪法应给予保护’”（第450页）。虽然这些意见被公开引用得不多（更详尽的应该在那次修宪的档案之中），但加上前文引用过的修宪委员如杨尚昆、杨秀峰、江华等人所持保留态度，至少说明国家权力在土地方面的扩张，并非风平浪静，毫无不同意见的。

当然，主流意见还是针对国家用地与农民的“扯皮”，同时兼顾全部土地国有化的社会震动，先把城市土地国有化了再说。历经讨论的宪法修正案也经全国人大高票通过，成为新时期根本大法。从此，“城市的土地属于国家所有”就成为统领其他相关法律和政策的宪法准则，也在未来展开的城市化中发挥着基础作用。

客观地看，城市土地的另外一个特点，才使得新土地法则的通过与实施不显得那样惊天动地。这就是城市土地之上，建有大量房产。这是城市的特点引起的。城市由密度来定义，大量人口和其他资源在空间上集聚，就形成城市。所以，1956年中央书记处二局报告所讲“一律收归国家”的，只是“一切私人占有的城市空地、街基地等地产”。按一般理解，这些地产不过是城市里的空地或可供公用的街基地，私人占有的数量本来不大。真正量大的，还是上盖私宅的私人土地。

等到“文革”风暴来临，没收归公的范围扩大，有文件重新定义“街基等地产应包括在城镇上建有房屋的私有宅基地”时，已经是天下大乱非常时期了。“文革”结束，落实干部、华侨、知识分子政策，开始的时候是连房带地，一并还给原业主。但是1982年宪法通过之后，“城市的土地属于国家所有”，落实房屋政策就“只还房、不还地”了。

这就带来一个对日后影响深远的变化——“房地分离”。本来在物理上，房、地天然一体，在土地上只要建了房，那房就离不开地，地也离不开房。把房子拆了只剩下土地不是不可以，但那只是一幅“净地”，再也不算房地产了。从此搞成了一个“房、地二元”格局，私人房屋还有法律地位，因为新中国成立后从共同纲领以降，所有宪法修订一以贯之地“保护公民合法的收入、储蓄、房屋和其他合法财产”。但城市居民私房底下的那幅土地，从1982年修宪后却“属于国家所有”。如此私人的房，国家的地，会不会有问题呢？

当时一般理解，房地总是不可分的，所以只要宪法保护居民的房屋私有，那么私房所占的那幅土地，在事实上也只能归房主使用；一旦发生房屋转让，那么“地随房走”，相应的土地使用权也转到下家。以这么个常识看问题，“城市土地国有”对于私宅不过是名义上的，实际的权利，还是服从房地一体的私人业主。

但是也可以有另外一种理解：既然土地是国家的，就要服从国家意志和需要来使用。在国有土地上的房屋，那就得与在私有土地上的房屋有所不同，国家不用时可以给私人用，但国家一旦需要，那私人就要服从。发生转让之际，不是“地随房走”，而是“房随地走”，地主意志要支配房主意愿。

哪个解释对并不重要。重要的是，财产关系不是学术问题，可以公说公有理、婆说婆有理，以百花齐放来促进科学繁荣。财产关系涉及当期行为与对未来预期，以权利边界清楚为上，否则何谈止纷定争？但是，中国式“房地分离”，却留下一个太大的权利模糊空间。正如日后的实践所显现的，利益巨大又权利边界模糊，势必引发角力式博弈：当行政权力膨胀时，“国有土地上的房屋拆迁”长驱直入、一日千里；但是等到民权意识张扬，同样的“国有土地”又落为一纸空文。原来，“房地分离”支持着各种诉求，端看参与争夺的各方力量对比的消长。这当然刺激纠纷、引发争抢，保不齐给文明的城市打上某种野蛮印记。

“城市土地国有化”引发最大的挑战，还是国家与农民的关系。新准则带来一个新逻辑：只要城市的边界扩大，土地国有化的规模也就得以扩张。这涉及另一个大题目，下节再谈吧。

城市设立程序与城市边界

“城市的土地属于国家所有”，讲的本是城市范畴里的事情。但是，该宪法准则的实践后果，却对国家与农民的关系产生了深远影响。本来为避免震动太大而暂缓推进的全盘土地国有化，事实上在我国城市化进程中，还是在很大范围内发生了。

究其根源，是我国城市边界的扩张因城市土地国有而获得了超强推动力。为了理解这一点，我们从设立城市的程序入手，先调查下列问题：城市是怎样设立的？城市的边界如何确立，又如何变更？

说起来是一个有趣话题。笔者自己生于城市，曾在很长时间里懵懵懂懂地以为，天下的孩子都和自己差不多，都是在楼道、弄堂和街道里淘气长大的。等到上山下乡一来，火车四个白天三个夜晚把我们拉到了北大荒，我才知道大城市原来是那样遥不可及。自此，有些问号开始挥之不去：哪些地方算城市，哪些地方算农村？这道改变人生命运的门槛，究竟是谁、根据什么、怎样划出来的？

深究进去，才知道不是一个简单问题。开门见山第一点，也是我认为最根本的一点，是我国的城市是一种行政建制，非经行政审批程序不能自发设立。比照一下，也许容易明白：今天的中国，可以独资、合股办公司，然后依法登记注册，即可获得从事民事活动的合法地位。商家也可以办市场，包括自发小集市和网上大卖场。但是公民或企业法人要自办城市，那就断然行不通。不要说你我不行，就是柳传志、王石、马云、马化腾、微软、苹果、巴菲特，也不成。概言之，公司可以注册设立，但城市却是一个非经行政审批不可成立的行政建制单位。

其次，批准设立城市的行政审批权，高度集中于中央政府。大到新增直辖市，小到“县改市”或“镇改市”，审批权一律集中于国务院。中国的一个省份常常比欧洲一个国家还大，但涉及批准城市之设立，省市政府从来无权审批。历史上北洋政府搞过的“市自治制”，分设“特别市”与“普通市”，后来国民党政府沿用这一套，城市分“院（行政院）辖市”和“省辖市”，不过后者也“由省政府呈请，国民政府批准”。我仅看到过一条资料，介绍说 1947 年国民政府的省辖市法例里，有“县辖市”这一档，且由“省政府核准、内务部备案、县政府领导”。但是到了中华人民共和国，城市设立一直是中央政府的事权。

中央政府根据什么批准或不批准城市的设立？请教过专家，找来相应读物，知道设市标准或审批依据，历史上有过多次变化。文本有清楚记载的，共五次，分别为1955年、1964年、1984年、1986年和1993年。变化的基本脉络，是早期设市立镇，主要顾及人口规模与所在地的行政机构级别，兼顾其他。越到后来，设市要顾及的指标越多。最新一版的设市标准，是1993年国务院批转民政部的通知，按不同的人口密度分出三个档次，再细分为十几个指标，达标者方可设县级市或地级市。2004年有报道说要出台新的设市标准，2005年也有地方政府网页提到“国务院公布最新撤县设市标准征求意见稿”，但这件工作头绪之繁多，各级政府意向之不同，专家意见之分歧，令人叹为观止。

这里要抓住的，是无论我国设市标准和审批政策有过多少次变化，有一点却高度稳定，那就是审批权力集中到中央的城市设立，迄今为止还无法可依。广东沿海一个镇积聚的人口不少已超过了百万，但设立城市要到北京来批。批还是不批，又没有一部人大通过的法律作为依据，全靠国务院下属部委自制的行政规章。国家倒是有一部《城市规划法》，但那是规范现有城市规划的，对城市如何设立，却没有实质的或程序的规定。城市化大潮涌起，各地要求县改市，中央政府批不胜批，干脆冻结、叫停，一拖十几年，也无法律程序可讲。

行政权当然也对城市化做出了某种反应。其中最为重大的，就是上文提及的“县改市”。为什么最为重大？因为中国自秦汉以来，“百代都行郡县制”，加上明清以降，因版图与人口扩张而新添的“十八行省制”，基本形成了以县为本位的管理农业大国的行政构架。

但工业化、城市化带动人口流动与积聚，人口经济密度发生急剧变化，超过一定临界值，“县”就永远为县，不能升格为“市”吗？

很合乎逻辑，当20世纪80年代农村改革释放了自由劳动力，流动、积聚效果初现之时，“县改市”问题就提上城市发展的决策日程。前面讲过，此前也设市，但用业内行家的话来说，那是“切块设市”，意思是从县的空间范围内，切出一块合乎设市条件的地方来设立城市，比如在城关镇或繁华中心镇或工矿区的基础上设市，而没有切出来的其他地方依然为县，还是农村加小城镇，划不到“市”的范畴里来。“切块设市”的城市很紧凑，在地理版图上还是一个点状的空间形态，有利于节约土地和基础设施投资，也利于提升经济人口的合理密度。但新问题也不少，诸如城乡划开的关系处理，市、县分设的行政成本，以及日后城市再扩张受到的束缚。最大的问题，我以为是我国城市化滞后情况下“还债式”的加速度发展，让人觉得“切块设市”的模式不过瘾。

据浦善新的研究，最早是浙江省于1979年开始探索我国设市的新模式。是年，浙江省人民政府报告国务院，要求把1978年新设市的湖州、嘉兴、绍兴、金华和衢州，分别完成县、市合并，也就是“整县改市”。这当然不是小事，我甚至想说这是自郡县制以来国家建制最重要的一个变化。当时国务院很谨慎，经反复论证于1981年批复同意，并指出，“五个县都改设市带有试验性质，希望你们注意总结经验”。

此后，“整县设市”风起云涌。根据浦善新的统计，1978—2003年间我国“整县设市”424座，占同期新设城市总数的 85.7%（见浦善新，“中国设市模式讨论”，《中国市长》2004 年第 5 期）。

新模式下的我国城市形态，不再是点状而是块状，甚至是一大片一大片的片状。这对城市规划、建设、投资与管理的影响，自有各路专家提供专业研究与评价。我们这里要追加的是，当 1979 年国务院批准浙江带有试验性的“整县改市”时，我国宪法还没有出现“城市的土地属于国家所有”，因此即便完成了“县改市”，原本县属范围内的农民集体土地，其所有权还不会马上变为国有。

三年后，新的宪法准则即“城市的土地属于国家所有”通过了。再此后，经由行政审批程序集中到中央来批准的“县改市”，就涉及土地财产关系的重大变化，因为在逻辑上，既然城市土地属于国家所有，那么改设、新设为城市的全部土地，在法律上也就属于国有。应该没有人料到，中国城市化就此打开了一个再也难以关上的潘多拉盒子。

国家进入居民私产的跳板

上节提到我国城市设立的几个特征。其一是设市标准和申报程序至今没有明确的法律；其二是城市设立的审批权高度集中于中央；其三是20世纪80年代新起的“整县改市”，导致很大一片国土范围内的城镇和农村，一股脑儿地在建制上划入城市。加起来，我国的城市设立由行政权主导，经济自发力量以及正规的立法与司法，对设市的影响比较弱。

这很合乎“大一统”国家治理的传统。其实自秦汉以降，中国只有单一维度的中央与地方关系，从来没有出现过可以在“点”上自治的城市。地方者，“块块”也，无论其中人口与经济积聚的程度在空间上有什么分别，叫村也罢，叫墟、叫市也罢，无非都是“块块”的组成部分，统统置于朝廷委任的一顶乌纱帽的官员管辖之下。无数“块块”拼合起来，就是由“中央”治理的天下国家。

没有错，中国之所以一直维系了国家统一，与上述架构大有关系。古代的郡县都是地方，即“块块”。后来的道、府、县、州，也都是“块块”。“十八行省”本来是中央的派出机构，弄来弄去，成为一个加诸县之上的“大块块”。普天之下，“块块”之间严丝合缝，没有任何制度上的空当。

城镇是早就有了的，其中的“镇”，原本还是军事单位。传统上，为了行政与防卫的需要，得到朝廷的批准，才可设城镇。历史上的城镇并不独立，不过是管治地方即“块块”的行政或军事机构驻地，为了防卫和安全，才在物理上围上一座城墙而已。这样看，城镇都是地方的组成部分，本身没有独立的建制地位。过去多少年，县就是一片地方，县城通常就是那个城关镇，本身也是县的一个组成部分，跑不出“块块”的范畴。

中文词汇“城市”里的那个“市”，倒是一种自发的社会经济组织。集市、市场或过去所说的“市井”，在人口积聚、交易活跃的地方大量自发形成。不过，如果没有一个具有行政含义的“城”罩在上面，再繁华的市场也没有“城市”的地位。讲过的，“城”在传统中国也不是独立行政建制。这样看，中文的“城市”向来隐身在“地方”之内。对照看，英文“city”“town”以及“urban”，都没有非要有一座“城”的含义。西方的“城堡（castle）”，常常是私人的，很多建在乡下。

城市的独立建制，对中国来说是很现代的现象。就我所查到的，第一个在“块块”的地方上设市的，是1921年的广州。这座有2200年历史的羊城，曾经是清朝最早对外开放的“一口通商”之地，并于1918年就宣布拆城墙、开马路。1921年2月，广州正式设为广州市，第一任市长是孙科。这应该是近代中国“西风东渐”在城市设立方面的第一个成果。此前此后，江苏、浙江等地分别提出过“市乡分划”、“市自治”等诉求，但遭袁世凯压制。到了帝制复辟失败，北洋政府才在1921年通过“市自治制”及《施行细则》，宣布京都（北京）、津沽（天津）、淞沪（上海）、青岛、哈尔滨为“特别市”，其余为“普通市”，并规定每市设市议会、市政公署和市参事会，并设市长一名为市的自治代表。在民选市长未产生前，市长职权由行政长官代行。不过，据袁继成先生的考证，直到北洋灭亡，这些城市也没有完成所谓的“自治”。

比照一下，英国、西欧的“城市自治”早就成为传统。追溯上去，就是希腊的城邦国家。顾准先生在1967年那种风雨如晦的日子里，为了彻底理解当代中国问题，从《资本论》《共产党宣言》一直追读到希腊城邦国家，才发现中国从来就没有自治城市这回事。顾准对我辈的影响，我以“1979读顾准”为文写过了，感兴趣的读者，可以在我的网站里找到这篇记忆文章（www.zhouqiren.org）。

近邻日本，在这一点上也与亚细亚传统有所不同。去过日本的读者也许注意到，那里到处有“町”的地名。什么是“町”呢？问过当地朋友，就是人口密集、工商繁荣之处，而人口稀疏、农业为主的就是“村”了。无论町、村，在日本早都是正式行政建制。明治政府于1878年7月制定的《郡区町村编制法》，把人口比町还密集的地方设为“区”。1888年，日本开始实施现代的市制，当时有首都东京等37个都市。战后1947年，日本通过《地方自治法》，规定“市”是次于都道府县的地方公共团体，属第二级行政区划，与町、村同级。原则上，人口在5万以上、从事工商业的人口占全部劳动人口的六成以上的，都可以依法申报设市、一律实行地方自治。研究小城镇问题的专家去了就知道，日本的市多如牛毛，以单位国土面积算，比中国多出好几十倍！

这样看，20世纪80年代以来我国的“整县改市”，从设市制度来分析，似新实旧，骨子里依然十分传统。首先还在中央与地方关系的框框里面，至于叫“县”还是叫“市”，都不过是“块块”而已，不是在广袤农业文明版图里冒出来的新“点点”。其次，由县改成的“市”（或由镇升成的“市”），无论县级市还是地级市，都由自上而下委派官员治理，没有“城市自治”这一说。大家知道，当下我国的宪法准则，承认少数民族地区自治，也承认“村民自治”或“居民自治”，但不承认“城镇自治”，没有为自发人口经济的集聚，提供自组织的制度空间。

如此的城市设立制度，对我国方兴未艾的城市化进程，究竟将产生什么样的影响，本文暂且不论。这里要聚焦的，是以上城市设立制度，一旦遇到“非常不传统的”土地国有化，将产生什么样的组合影响？

是的，自三皇五帝至今，民间私产国有化是一件很新的新鲜事物。虽然早有“普天之下，莫非王土”之说，但即便在六朝古都的北京城内，不属王土的民土也一直比比皆是。几年前放映的《建国大业》，里面有一解放军战士大声报告，“前面发现地主大院”；首长拿起望远镜，赫然一座紫禁城就在眼前。说皇帝是最大地主也不是不可以，但紫禁城大门之外，私家民宅就多到不可计数。这总是靠谱的证据吧？

土地物业的国有化起于1956年的社会主义改造，当然是悠久中华文明史上的新生事物。改造讲政策，官僚买办的没收，一般资本家的限期赎买，劳动者的推行合作。等到不分对象，宣布“城市的土地属于国家所有”，已经是1982年修宪时分。这当然是更新的变化。解读过了：随着工作重点转向经济，大批工业、基建、城市项目占地，与农民要求的占地赔偿之间，形成不小的矛盾。当时的立法者接受土地国有化的解决方案，仅仅顾忌社会震动太大，才把城市土地国有化作为迈向全部土地国有化的第一步。

城市设立的高度行政化加上城市土地国有化，组合出一柄前所未有的政策制度利器。当经过行政程序新设立的城市一批接一批地涌现在地理版图上的时候，国有土地的范围自然随城市的扩张而扩张。城市化大潮之下，行政权力由此获得了进军居民私产的一块新跳板。

第四部分

机制的分叉

政府主导城镇化呼之欲出

前面几篇文章，分别探究了“城市土地国有化”以及“城市设立模式”的来龙去脉。加上前面我们讨论过的“国有土地使用权的市场转让”，共同铺就了我国城市化道路的制度基石。本文综合此三项体制的整体特征，掂量其长远影响。

整体特征就是一句话，即“行政垄断的土地市场化”。拆开来有两个要点：其一，土地使用权可以合法地在市场里流转；其二，土地的市场化流转，被行政权高度垄断。让我们先分开来简要地点评一下。

与1988年以前不同，近20多年来我国的土地资源终于可以合法流转了。原来是不可以的，还不是一般的不可以，而是严格禁绝。土地租赁、买卖行为，甚至要入刑法治罪。背后的观念，是把土地买卖（流转）看成是几千年中国农民分化、贫困、造反、动乱的经济根源。那可是所有恶行中最大的恶行，所以一点口子也不能开。虽然50年代土改后的法令，承认农村的地权经过再分配之后，农民有出租、买卖的权利，但紧接而来的集体化，事实上再也没有给农民流转土地留下合法空间。国有土地呢？只有行政划拨、白占白用，从来没有讲个价钱流转这一说。

土地流转是改革开放逼出来的。先是农民转去务工、经商，承包的土地要转手，中央政策响应，“允许有偿转包”，其实就是土地的市场化流转。后来境内外个体、私营企业兴起，要占地发展工商业。因为都不是国有单位，没有划得国有土地的资格。于是在开放前沿的深圳市，率先引入香港土地批租制，开启了内地土地合法流转的新时代。

其实也没有完全与传统彻底决裂。第一，允许流转的只是土地使用权，不是“土地所有权”，后者依旧不得流转；第二，既然只转让使用权，就有期限规定，当时定下来的几种转让期限都不长久，更非永久；第三，转让到期之后如何处理房地关系，当时未作清楚交代，后来的《物权法》做了局部处理，但还是给“更聪明的后人”留下了尾巴。这也许可以让传统观念勉强接受，因为一旦土地使用权的流转出现问题，凭借不流转的所有权再把它收回来就是了。

如此有限的土地转让，对资源利用产生了积极影响。土地问题与很多资源利用问题一样，所有者或在位使用者，并不一定总是最有效率的。制度禁绝转让，土地资源的利用效率一定低下，对我们这个人多地少的国家当然不利。更重要的是，土地不断转向利用效率较高之手，会带来土地增值的预期，使土地融资成为现实。譬如现在每年高达万多亿的“土地出让金”，离开土地合法转让，根本无从想象。这也是在渐进改革的路上，土地流转制度终于站住脚的经济诱因。

但是迄今为止我国的土地流转市场，在合法的制度层面却以国有土地为既定前提——唯有国有土地，才能合法进入市场流转。我们探查过了，这件事情本来似乎并没有清楚的“顶层设计”，因为早年开放引入外资之际，深圳和珠三角一带转让给外资企业利用的土地厂房，不但有国有土地，也有大量农村集体土地。可是当实践经验上升为政策和法律时，“国有土地”与“集体土地”双轨流转的现实，却被净化为“唯有国有土地才可以流转”的单轨。

个中一波三折，我们也探查过的：1987 年 12 月 1 日，根据国务院的指导意见，由国家土地管理局和国务院法制办组织试点，在深圳拍出了土地流转的天下第一槌（拍卖的是国有土地）；是年 12 月 29 日，广东省人大常委会通过《深圳经济特区土地管理条例》，规定“特区国有土地实行有偿使用和有偿转让制度”（限定“特区国有土地”）；第二年全国人大通过了对《宪法》第 10 条的修正案：“任何组织或个人不得侵占、买卖或者以其他形式非法转让土地，土地的使用权可以依照法律的规定转让”[去掉了“特区国有”的限制，变成“（一切）土地的使用权”皆可“依法转让”]。可是再过两年，国务院于 1990 年颁布的《城镇国有土地使用权出让和转让暂行条例》，却仅仅为“城镇国有土地的转让”提供了法律根据。

以后还有没有一部“农村集体土地出让和转让条例”呢？省区一级地方法规有，但全国级别的立法，就再也没有了。

于是，尽管农村集体土地的转让，包括非农地的转让，实际上早就无日无之，但在合法框架之内，却唯有国有土地流转才合法。至于为什么实践的法律表达，很快从“土地的使用权可以依法转让”迅速收窄为唯有“国有土地的使用权”才可以转让，根据本书探查：土地融资的机会集中在城市，而根据1982年宪法，“城市土地”再不是公、私并立，也不存在国有和集体所有两种公有制，而是全部“属于国家所有”。

始于1987年的城市国有土地公开的市场化转让，很快显示出处于合适位置的土地资源，具有何等巨大的市场价值。当年深圳第一幅8800平方米土地的拍卖之价不过525万元，应该没有人料到20年后全国的国有土地出让金，每年居然以万亿人民币来计。

事实上，这也是唯国有土地才能合法流转的“垄断收益”。因此不难理解，非国有土地不但再也没有获得平等的市场准入的机会，反而屡遭行政禁令，彻底与公开的市场转让绝缘。可见，在超额土地利益面前，连“法律面前人人平等”的宪法精神也不能不退避三舍。

国有土地的市场化让政府与土地结下不解之缘。老计划体制下政企不分的特征还远未根除，大大小小的行政权力机构又被笼罩在“政地不分”的普遍色调之中。至此，土地何止是一般意义上的“财富之母”？它还是政府财力之母，是最有力的政府融资杠杆以及一切政府项目和政绩不可或缺的载体。反映到宏观上，中国甚至出现了与“银根调控”并列的“地根调控”（参见拙作《货币的教训》）。

“土地饥渴症”在体制内蔓延。动力机制十分简单：由于国有土地入市才造成土地市值急速上升，所以政府掌控更多国有土地，就意味着更多的融资机会和更强的财政实力。这也推动了城市扩张，因为“城市的土地属于国家所有”，只要增加城市数量和扩大城市规模，自然就有更多的土地被纳入国有范畴，成为可出让土地的庞大的储水池。至此，“整县改市”也有了新的经济含义，刺激点不再仅仅是行政级别、城市财政和官员编制方面的提升，更为决定性的，是可合法入市的国有土地的增加。反正我国“城市设立模式”也是高度行政化的，以“设市”为跳板，政府的行政权力大规模伸向土地财产。

这样看，“唯国有土地才可市场化”，赋予“城市土地国有制”与“高度行政化的设市模式”以新的生命冲动。三足鼎立，只等另一件利器即政府的征地权出手，“政府主导的中国城镇化”就呼之欲出。

征地权是行政主导的利器

征地权早就有。新中国刚成立的时候，百废待兴，铁路先行。1950 年 6 月政务院颁布的《铁路留用土地办法》，规定铁路建设用地，可“由路局通过地方政府收买或征购之”。这里的“征购”，也要付价，但带有“不卖不行”的强制性。“征购”完毕时，土地所有权转移到铁路局，也就是转为国有。

城市建设也有类似需要。也是 1950 年，政务院通过《城市郊区土地改革条例》，规定“国家为了市政建设需要及其他需要征用私人所有的农业土地时，须给予适当代价，或以相等之国有土地调换之。对于耕作该项土地的农民亦应给予适当的安置，并对其在该项土地上的生产投资（如凿井、植树等）及其他损失，应给予公平合理的补偿”。这里的“征用”，也带有国家强制的性质。

再过三年，经济建设大规模展开，涉及的土地不仅仅限于铁路和市政，于是 1953 年政务院通过《关于国家建设征用土地办法》。这是第一个征地的专项行政法规，明确实施征地的时候，“应该尽量用国有、公有土地调剂”，实在无法调剂的，“应该发给补偿费或者补助费”，并规定了补偿或补助标准。

到 1958 年，上述征地办法做了修订。其中最引人注目的部分，是对“征地必须给予补偿”的原则打了折扣：其一，“对于征用农业生产合作社的土地，如果社员大会或者社员代表大会认为对社员生活没有影响，不需要补偿，经县级政府同意，也可以不发给补偿费”；其二，“征用农业生产合作社使用的非社员的土地，如果土地所有人不从事农业生产，又不以土地收入维持生活，可以不发补助费，但必须经本人同意”。这是那年 1 月 6 日全国人大通过的。等“大跃进”风暴一来，这两大折扣究竟如何落实的，是不是为当年的“共产风”提供了法律支持，要请历史学家去追根究底了。

这套《办法》一直用到 1982 年。是年 5 月，全国人大常委会原则通过了《国家建设征用土地条例》，由国务院颁布实施。这部法例的总根据，是 1982 年《宪法》第 10 条的以下准则：“国家为了公共利益的需要，可以依照法律规定对土地实行征用。”据此，新《条例》规定了征地的适用范围，申报、审批与执行程序，补偿标准与安置办法等，为新时期的征地行为提供了一个法律框架。

现在看，这套征地框架反映的是当时的观念与现实，即农村和农民主要搞农业，而靠城镇国有机构来发展工商服务各业。因此，1982 年的《条例》在很大程度上表现出了“城镇国有偏向”：第一，除了规定国家有权征用农村集体土地，再没有给集体土地的其他转让方式留下合法空间，因为《条例》不但明令“任何组织或者个人不得侵占、买卖、出租或者以其他形式非法转让土地”，还规定“农村社队不得以土地入股的形式参与任何企业、事业的经营”。

第二，虽然给征地加上“为了公共利益的需要”的限制条件，但含义模糊，更由于征地已构成土地转用的唯一合法通道，所以也从根本上消除了“为商业利益”获得土地的合法通道，导致所有土地开发，都要挤入“征地”框架才能进行。

第三，重申征地的强制性，“被征地社队的干部和群众应当服从国家需要，不得妨碍和阻挠”；并强调“征用的土地，所有权属于国家”，也就是土地必须永久“变性”，完成国有化。其中，国有机构与农村社队联合投资建设的项目，凡使用农村集体土地的，也“视同国家建设征用土地”。甚至“城镇集体所有制单位进行建设或同农村社队联合投资建设的项目”，使用农村集体土地的，也可以“比照本条例的规定”办成国有土地。

第四，规定了征地的补偿标准。虽然堵上了老《办法》里那两个“不补偿、不补助”的口子，明确征地补偿包括土地补偿、青苗补偿、附着物补偿和人员安置补助，但补偿标准的立足点还是“维系农民生活”，而不是以“被征用财产的市值”为补偿的根据。特别是，规定了“土地补偿费和安置补助费的总和不得超过被征土地年产值的二十倍”，表明这是一道限定补偿上限但未定补偿下限的法令。

最后，也是这部征地条例的最大特点，在于规定了征地程序，即由用地单位先行提出选址申请、与被征地单位协商订约、经由行政审批、核定用地面积后，由政府向用地单位划拨土地。这在操作上，等于由用地单位到政府办了手续后，就可以实施征地。这就把商业利益和机构，引入了征地过程，成为征地的实施主体。

上述城镇国有偏向，集中反映在以下条款：“在征地过程中，煽动群众闹事，阻挠国家建设，贪污、盗窃国家和集体财物，行贿、受贿，敲诈勒索，以及其他违法犯罪行为，构成犯罪的，由司法机关依法追究刑事责任。”至于“公家人”滥用征地权、侵占农民集体土地权益的，除非贪污、受贿证据确凿，一般也就给个不太重的行政处罚了事。

这与1982年宪法推出“城市土地国有化”的背景是一致的，说明在当时的上层建筑里，对国家建设用地看得很重，但对征地过程中农民的土地权益，则看得比较轻。尤其对于土地利用的非征地通道或市场自由转让通道，在观念上还不可想象、不可接受，所以在法律上就完全没有留下空间。

1986年通过的《中华人民共和国土地管理法》，把过去的行政法规升格为国家法律。不过从内容看，以往征地法例的内容，基本全部装进了新的《土地管理法》。换言之，土地利用方面的“城镇国有偏向”，包括“为了公共利益的需要”的虚置、征地通道的唯一合法性、禁绝土地的市场化利用、对征地补偿实施上限管制，以及把商业利益和机构引入征地执行程序等等，差不多都被法律化了。

此时还可能构成约束力的，仅剩下经济实力。因为征地的主体是政府和国有机构，所以国家征用土地的数量，要受到补偿支付能力的硬制约。凡是付不出土地、青苗、附着物补偿费和人员安置补助费的，事实上就完不成征地。霸王硬上弓的事各地都有，但行政权的“霸力”讲到底也要靠经济力支撑，在总量上限制着土地国有化的进度。

突破这重制约的，正是从1987年开始、1988年合法的“国有土地市场化”。在经济上，“可预期的土地未来收益”支持了土地的资本化。在实务上，征地规模再也不受政府财力与用地机构预算的硬约束，市场里庞大的外资、内资，特别是充裕的银行资本，都可以为征地提供融资。中国城镇化从此有了完全不同于过去时代的经济基础。

为什么说征地权是其中的一把利器？答案是，离开了征地权，所谓“行政主导城镇化”的三大支柱，包括城市土地属于国家、城市设立的行政化机制以及城市国有土地的市场化交易，都缺乏“强制推进”的动力。在隐秘的制度层面，商业利益、金融力量、土地资源与政府的合法强制力终于结合在一起，注定要开启城市化进程中的一个新模式。

这又是哪一门“市场竞争”

探查表明，我国城镇化的制度基础，包括三大支柱（城市土地属于国家所有、经由行政审批设立城市，以及唯有国有土地才可合法出让）和一把利器（征地权），总的特征是高度的行政权主导或政府主导。难道不是吗？一个地方算城市还是算农村，由行政权决定；原本属于农民集体所有的土地，一旦被划入城市范畴，在法律上就成为国有土地；从农民的集体土地转为国有土地，唯一合法的通道就是带有行政强制性质的征用或征购；最后，究竟多少国有土地可向市场出让，也由行政权决定。

这套体制框架，决定了我国城市化进程中，土地资源配置基本上不受市场机制的协调。所谓“让市场机制在资源配置方面发挥基础性的作用”，对中国城市化中的土地资源而言，迄今为止还是一大例外。

读者可能问，我们不是已经有了一个高度市场化的土地拍卖制度吗？不是每年都有很刺激人耳目的天价“地王”诞生吗？论万亿人民币的土地出让金，难道不是一个非常醒目的市场经济符号吗？

可要当心了：并不是用钞票买东西就叫市场经济。几年前笔者评论医改中的一股歪论——“都是市场化惹的祸”——重心就是一点，不要把患者掏腰包买药看病就当作市场化。医疗服务的准入充分开放了吗？医院的设立、医师资格的取得和行医权，专业化而非行政化了吗？药品和医疗服务的价格，真由市场决定了吗？不问青红皂白，看到有人掏钱就大叫“市场化”，相差就不止十万八千里了。

当下我国的土地资源，何尝不是如此？土地（的使用权）可以买卖，说市场存在也无妨。但我们还要问：那可以买卖的土地，本身又从何来的？查证一下，那多半是征地征来的——强制、志在必得、单方面决定补偿并执行，与交易扯不上边。再查下去，什么土地可纳入被征范围？答案是划入城市范畴的，或仍在农村，但“为了公共利益的需要”，政府经行政程序决定要拿下的土地。那些被征土地，为什么就不能直接进入市场？

这么一套结合了行政强制与竞买竞卖的制度，究竟叫不叫“市场化”，其实无关紧要。关键是制度安排不同，经济行为的逻辑也不同。在市场化之下，如果需求集中于某物，价格被拉高，一般会传导到供给面，刺激供给的增加。这就是说，如果城市用地的价格提升，那么价格机制会刺激更多的土地向城市供应。

但是在行政主导的“土地市场”，唯有本地政府才是合法的供地者。简单地看，这个市场上的卖家只有一个，即所谓的“卖方垄断”。只一个卖家，当然谈不到卖家之间的竞争，所以价格的形成，仅由众多买家之间的竞争来决定。如果其他条件相同，卖家垄断情况下的价格一定偏高。举一个例子，香港地价高，不仅在于这个东方之珠积聚了极高的土地需求，而且还在于那里土地卖家只一个——那就是过去的港英政府和现在的特区政府。过去说香港的税负低，那是对的。但香港的地价高，而政府库房从卖地收入中的进项不少。加到一起算，综合税负并不低。

内地学香港土地制度，城市地价偏高是题中应有之义。但是，内地还是有内地自己的特色。第一，这里不是一个城市政府，而是中央、省市、地区、县、乡镇五级政府。加上自治的行政村，一共有六级。第二，财政上实行分灶吃饭体制，不是没有转移支付（近年在加大），但“吃饭”——政府开支——多少，还是以一个个政府的“灶”为本位。政府卖地所得的很大部分构成“本级库房”的重要进项，哪个政府卖地多，哪个政府的财力就充盈。合并起来，多个政府卖地，与香港一个政府卖地，局面还是不同。

多个政府卖地，彼此之间会互相影响。仔细观察，虽然我们这里也是政府垄断卖地，但每个省内有多个地级市，每个地级市有多个县，每个县有多个乡镇，每个乡镇还有多个行政村。谁家卖地出了彩，别家看在眼里，群起仿效，争相出售，土地供应量就增加了。从这个角度看，内地土地市场的政府主导，比香港“原创模式”有更多的竞争性。横竖甲地卖得好，乙地一定也要跟进，土地供应总量应该听地价之手的指挥。

但是这里有一个硬约束：在物理上，土地资源难以位移。譬如上海市卖出一块高价地，邻近的浙江或江苏，再羡慕也没有办法搬了一块地到上海去卖。安徽、江西，更不消说云贵川了，当然更加搬不过去。于是在这个市场上，一旦上海卖出一块高价地，浙江、江苏、安徽、江西乃至云贵川，赶紧争相出售自己管辖区里的土地。当然，自己的地，卖价一定比上海的低。但没有办法，因为各家只有权卖自己的地。这也是一种竞争，主要是把原先要去上海的人口和项目，争到自己管辖的地方来。

“自然的”市场竞争是什么样的呢？如果土地有多个普通的所有者，或者极端一如香港，只有一个所有者，那么当市场发现某一个位置的土地很值钱之后，最先刺激起来的供给，应当就是靠近最高价点位附近的土地，由近而远，直到随着拥挤带来的成本递增、净收益递减，土地边际价格降下来，其他位置的土地才顺序进入开发。

被行政切割的土地市场，不听这一套。乍看之下，哪里都在买卖土地使用权，哪里都有活跃的土地交易。但是权利约束不同，竞争的规则也就不同。多个政府争相卖地，基本准则并不是把土地配置给出价最高的利用者，而是各地政府争相把土地的需求方——工商用地户以及基础设施投资方——拉到自己的土地上来。凭什么争相拉人呢？——我的地价比别的地方低！

经济上的问题是，地价低并不等于净收益高。很多低地价的位置，缺乏积聚效应、人气不足、要素大量外流，非要把项目放进来，地价固然不高，但综合的净收益也很低。只不过在行政切割、行政管制的体系下，投资方真正相中的好位置往往没有土地供应，于是退而求其次，次优一下吧。再不行，再次优。等到看明白了，才发现有些代价要长远以后再付。这里不妨先说一句，中国不但面临城市化，还面临消化、重组、更新不当城市化的“再城市化”。地价便宜还有一个来源，那就是上文提到的政府动用征地利器。征地是不是低成本获得城市化土地的一条捷径呢？开始的时候，绝对是的。只是有些隐形的代价，要累积到一定时候才非付不可。利器从来有双刃，它割得了农民，也割得了作为利器挥舞利器的政府。

画地为牢的土地资源配置

上节提到的土地资源配置准则，不是小事情。背景已设定：香港政府独家向市场供地，内地这里则是多级、多个政府竞相向市场供地。政府间竞争又很特别：甲政府卖出一块高价地，乙政府欲与之竞争，就在自己的行政范围内多供一块地，争取把甲地需求拉到乙地来。

本来高价土地反映出的信息，是那个位置很不错。一般而言，紧靠好位置的土地，其位置也不错。所以市场里一旦冒出来一块高价地，通常总会刺激四周的地价上升，直到高地价带来的净收益递减，地价才沿着离开中心的距离而递减。

不妨看一个集市吧。最早也许有人发现在某个位置摆摊比较“招客”，生意好做；其他商贩凑热闹，到那个位置竞相摆摊，自发成就了一个集市。在理解上，卖家与卖家凑到一起，争的是买家客似云来；买家与买家挤到一起凑热闹，图的则是货比三家的便利。大家争来斗去，人气聚，生意旺，摊位租上升，地价也就上升了。

这样自发形成的市场、自发形成的中心，有一股自发的吸引力，把周遭的商贩、顾客，以及为商户、顾客服务的生意，不断拉过来，聚成更畅旺的市场和更有人气的集聚地。市镇就是这样起来的，城市和形形色色的中心，一般来说也是这样起来的。

商贩和顾客凑到一起的种种好处，要被成本抵消。传统时代，人们主要靠步行，赶集就不可能走得太远。施坚雅发现在川西传统农村，任何一个村子向不同的方向走上个把小时，总有一个集市存在。这说明集市网络的覆盖密度，受到步行距离的制约。既然那时的农民走不太远，所以集市规模也不可能太大。不像现在火车、高速公路和飞机都通达的大都市，聚几千万人都不在话下。

在这件事情上，普通人面临的权衡，无非是花多大代价才享受集聚的好处。在走不能走太远的传统时代，老乡们平常住在离农地不远的村庄里，隔三岔五赶赶集，有点交易和社交活动也就可以了。工业化以来，人口与经济集聚的净收益增加，农民进城和大规模城市化才逐渐成为普遍选项。至于在大都市里当宅男宅女，那只有后现代社会才可想象。

无论哪个时代，选位置的经济准则总有相通之处：人口与经济集聚的中心处地价最高，然后向外递降；在一个合适距离之外，又鼓起一个集聚中心，也是中心地价高、四周低；在一个较大的空间里，一个个集聚的中心可以用一个个地价等高线描述的圈圈来表达。这背后的行为逻辑很可靠，就是人们总是按追逐较高净收益的经济准则，择地而居。

从这点看，政府与个人、公司也没有什么原则上的不同。当然，政府追逐的净收益，比个人、公司有更多社会方面的内容，包括诸如合法性、公众拥护、民意等等，也是题中应有之义。问题是，政府作为一种行政组织，受到一些很特别的约束，势必限制政府追逐较高净收益时的选择空间。

比较显著的，是政府行政权力受到行政区划的范围限制。说得直白一点，政府只能画地为牢。上文讲过的，村里农民可以出村赶集，只要跑得动，可以到邻村、邻镇的市场去摆摊去购物。政府就不行。作为一个行政组织，它只能在自己的行政区划内行使权力。以土地利用为例，乙地政府有权做的，只是出让乙地之地，而断然无权出让甲地的土地。在这样一道硬约束下，对任何非本地范围内的市场机会，如集聚带来更有价值的位置资产，本地政府既不能扑过去投资，也不能增加外地高地价区的土地供应。它唯一可做的反应，是增加本地的土地供应，也增加向市场出让土地。

这就好比乙村农民要去甲镇赶集，但乙村政府说，肥水不流外人田，咱们这里也供块地办个市场不就结了！村民问，咱自己咋就能办个市场呢？乙村长答：咱村办集市的地价比甲镇便宜。这里提出一个经济问题：当甲镇的集市产生集聚效果时，进一步扩大集市面临哪些选择？具体讲，究竟在甲镇多供一块地来扩大集市，还是在乙村或在丙村、丁村等等，多拿出一块地来新办集市？那要比较净收益。如果扩张甲镇集市的净收益高于新办集市的净收益，多供甲镇的土地，让乙、丙、丁村的农民自由到甲镇赶集，最优；反过来，新办市场带来更高净收益，那就多办几个吧。

前提是存在一个打通了的土地市场，各家算各家的账，以便对市场机会做“理性的”反应。倘若画地为牢一下：乙村仅有权出让乙村之地，答案就变了。道理也简单，扩建甲镇集市的土地净收益再高，也只归甲镇而不归乙村，那对于只有权出让乙村之地的乙村政府来说，还不如另起炉灶，在乙村也办一个新集市最优！

有人说对乙村的农民不也如此吗？倘若土地私有，他们也只能卖乙村自己家的土地。甲镇扩建市场之利，对无权出让甲镇土地的乙村农民来说，难道不也是子虚乌有吗？此问有理。但是乙村农民不但可出让本村土地，还可以跑去甲镇经商、投资，所以他们还可以做以下权衡：究竟冒很大的风险在本地新建一个人气不足的集市，还是到甲镇分享扩建那里的集聚之利？反正经济史的结果很清楚，任何时代的集市都集聚在某些点位，从来没有村村设集这回事。

画地为牢的政府却没辙了。作为本地政府，其行政和经济权力差不多都是属地化的。对它们来讲的最优解，也只能是增加本地范围内的供地，兴建本地范围内的设施和其他项目，才能收取本地范围内的净收益。在本地范围内，如果建市场用地的净收益大过种玉米，建市场就是了。至于在本村新建市场还是到邻镇扩大既有市场，究竟何者更优，那个问题就不归本地政府考虑了。

本文涉及一个大话题，即“地方政府竞争”。近年流行的一种理论，认为中国高速增长的“密码”，是神奇的地方政府之间的竞争。顺便评论一句，“竞争促增长”的理念一般来说对，但阿尔钦早就讲过，真是世界处处有竞争，而经济学者的任务是调查实际竞争所受的制约条件，从而理解不同约束下的竞争，有不同的行为逻辑，也有不同的后果。画地为牢下的土地资源利用，与统一土地市场下的自然状态，有原则区别。政府争相供地，当然也是一种竞争，但从现象观察和逻辑推演两个层面看，此竞争并不能提升人口与经济资源在更大范围内的集聚。更优的办法有没有？有的，那就是让土地与画地为牢的行政权力脱钩，回归普通的、能够对更大范围市场机会做出反应的财产权利。

“还权赋能”意义不凡

在市场取向改革中，行政权力极度膨胀。这样一种乍看起来的悖论性现象——我们不妨称之为“转型悖论”——究竟是如何发生的？本系列文章涉及的城市化中的土地问题，其实是转型悖论的一个实例。解开个中之谜，也许有助于破译转型悖论。

更富有挑战意味的，是如何跳出转型悖论。难点在于，增长常常成为膨胀的行政权力手中的“人质”——由于行政主导构成中国高速经济增长的组成部分，因此当改革触及权力的时候，也可能连带影响增长速度。老话说投鼠忌器：膨胀的权力为“鼠”，高速经济增长为“器”，紧密挨在一起，很难办。

要解这个“扣”，机遇可遇而不可求。2007年春夏之际，京城“50人论坛”通知，将在成都举办一次研讨会。论坛秘书长徐钊女士专门打来电话，说我过去参加活动太少，这次讨论城乡关系，应该去。她还说，陈锡文——80 年代我工作过的研究机构的领导——也要去的。那就去呗。

那次研讨的缘起，是国家批准成渝城乡统筹综合改革试验区。记得会上是杨伟民宣读国家决定，然后就是成都方面介绍情况和改革试验的构想。发言人有两位，一位是李春城，时任中共成都市委书记；还有一位是成都市市长葛红林。印象中，这两位地方领导的表达能力一流，把现实情况和未来展开的轮廓，都交代得很清楚。不过，像很多刚接触这类信息的研究者一样，我听了以后并没有解开心中的疑虑：让农民更多分享城市化的收益，路径究竟何在？即便存在那么一条康庄大道，行政权力为什么会放手巨大的既得利益？

好在当地给了实地观察的机会。除了论坛组织的观光之外，我还自己去了邛崃市羊安镇仁和社区。那是一个由 4 个老村子组成的新农村社区，但见规划出来的新村中心，平地建起 200 多栋农民新居，全部白墙青瓦，是典型的川西民居了。这类新农村，各地多多少少总有几个。仁和有什么新鲜的吗？

交谈之后，才知道筹资有新意。开始，仁和社区抓住的就是一个土地占补平衡的政策机会。当时政策规定，城镇发展占用耕地，占一亩要找个地方新增一亩耕地补上。问题是，川西平原的农耕早就十分成熟，哪里还有可垦荒地？于是逼出一个“土地整治”，就是平整现有农地，把缓坡治平，重新合理安排地里的路、渠、沟、坎，以此增加实际可耕地面积。在财务上，这就是把城市化土地增值的一部分，拿出来投资农村土地整治，达成“占补平衡”。

我记下了当时的价：2005—2006年之际，通过整治每增加一亩实际可用耕地，验收合格，市国土部门给8000元人民币。给定当时人工和其他成本，此价有吸引力，参加整治的要竞标才能得到机会。对仁和本地来讲，整治后增加的耕地别人也搬不走，依然归农民所有，以后年年增加的农业收入也归农民所有，无非就是整治出力，还挣一笔收入，何乐而不为？

很快发现，可整治的土地不够多。因为通过整治实现的耕地面积增加，平均也就占全部整治面积的7%~10%。仁和更尴尬，第一期报可新增耕地面积，他们把数目报大了，实施后发现整不出来那么多。但项目已立，预付款也领了，验收不够数，如何是好？

出路是村庄整治。因为仁和人发现，老村落里还有不少建设用地，本来也不种庄稼，也没有好好利用，无非东家一块西家一块的，规划一下，整治整治，复垦成合格的农地，交付验收的指标就够了。由此也有了一个重要的新发现：村庄整治比农地整治耗费大，但新增耕地面积的比例也高很多。只要国土部门给价合理，村庄整治（后来当地叫“拆院并院”）的潜力更大。

当时介绍情况的是仁和社区的支部书记雍长清，我边听边打量这位壮实的村庄领导人。他给的名片也有特点，上书“三河农业有限公司法人代表、董事长”，翻过来是“经营项目：提供5000亩廉价土地，对外招商，建农业园区；提供乡村旅游策划包装项目，对外招商，建乡村旅游园区；提供廉价劳动力3000人，满足园区劳动力”。当然见怪不怪，反正到了基层，“三个牌牌一个门，说了算的就是那个人”，党政、政企都是一体化、一把抓。

雍支书谈完领我去看。他的最得意之作，是在仁和新社区里新盖的那个“民福院”。进去看，才知道是个养老院，有二三十户孤寡老人住在里面。也是簇新的川西民居院子，不过每户的开间小些，并有专门照顾老人的服务员。孤寡老人哪有钱盖新房呢？老雍说他们不用掏一分钱，都是老房子的宅基地还耕以后换得的资金，因为新房子占地少，腾出土地的指标相对多，加上县上给的民生项目，就搞成了。

这个地方确有新因素。最引人注意的，是城市资金进入了农村。想想啊，倘若没有“占补平衡”以及后来的“土地挂钩”（容我另向读者介绍），一个传统农区再下苦力整治，也不可能获得百万元量级的建设资本啊！也不是“无私反哺”，人家城市要占地，占了地发大财，拿出个零头来换占补平衡指标。不过对农村人来说，城市的零头就是本地的大头。否则，5000亩整治达标的耕地从何而来？仅第一期就建成200多栋新居的新村从何而来？“民福院”又从何而来？

很有意思，仁和并没有把实物形态的土地资产卖给城市。他们出售的，不过是一种很抽象的“权利”——原本在农地里占地过多的田埂和沟渠，以及村庄里闲置的建设用地，一旦经整治复垦为耕地，“可建设”的权利就被抽象出来并构成交易的标的。这一点让我着迷，因为恰恰在科斯经济学的意义上，交易的本质正是权利的换手，而不是具体的商品、劳务或资产在物理空间上的换位。

不过，局限在农村范围，隐含在土地里的抽象权利并不值钱。

道理简单，即便实际耕地面积扩大了，最大收益也不过就是新增耕地每年新增加的农产品净收益。它根本抵不过为新增耕地所耗费的土地整治成本。但是，城市的引入让事情有了变化：土地里抽象的建设权，移到城市就大大增值，以至于只拿出一个零头，仁和的土地整治就办得热火朝天了。

仁和之行有收获，看出城乡统筹确有名堂。接下来的问题是，这只是“点”上的个别样本，还是有“面”上意义的变革？更挥之不去的，是在仁和看到的抽象权利还非常之初级，差不多还是在整个行政垄断土地转让权的体系里，刚刚有些松动，刚刚容纳了一点让农民和农村做自主选择的空间——这个苗头，发展下去会是个什么样？还有哪些变化的形态？是否能够“和平长入”现存的土地制度？

好在成都方面还欢迎去看。正中下怀，于是从 2007 年起，一路断断续续看下来。也不是我一个，还有一批同事和同学，大家一起去看。我们到 2009 年才写出第一份研究报告，北京大学出版社公开出版的书名如下：《还权赋能——奠定长期增长的制度基础》。那最前面的四个字，其实是借来的。非借不可的理由，是我们怎样也想不出有更好的一个词，能够概括我们在当地调查的感受。

“还权赋能”的由来

先解一下词义吧。“还权”之“权”，指的是“财产权利”即产权；“赋能”之“能”，则是指财产权利的“权能”。产权好懂：为什么人们在自己的房子里想怎么折腾就怎么折腾，有较大的自由？答案是基于财产（房子），权利人得到了社会承认和保障的一套行为许可。财产权利的维度很多，如房子可以自己住，可以请客人到访，可以出借、出租、出售，也可以抵押、质押。这就是“权能”了——产权的功能是也。

最早把“还权赋能”作为政策建议提出来的，是成都市一位当过多年房管局局长的周鸿德。此君管理城市房产多年，熟门熟路。谁也没想到，“城乡统筹改革试验”一来，周局长建言，在成都农村地区实行“还权赋能”，即“归还财产权利，并赋予更完备的产权权能”。

后来有机会结识周鸿德，请教他的这套想法从何而来。老周一句话就交代明白了：启迪来自城乡差别。原来任城市房管局局长之前，周鸿德有过20多年在区县做农村工作的经验。由乡入城，两相比较，老周感触最深的，是城乡居民在财产权利方面的差别。这当然与他的房管经验有关：城市居民的房产可以抵押，也可以合法转让，由此可以分享房地产资产的种种好处。农民的土地和房屋呢？权利多受限制，产权功能极不齐全。

最直观地看，城市居民有房就拿得出房产证，凭证转手比较便利。农村居民的山林、耕地、园子地和农宅，数量上不少，但拿得出齐备的产权证明的，寥寥无几。比一下就清楚了：城里人很自然地拥有的权利，对农村居民来说，既不可望，也不可及。周的问题直截了当：缩小城乡差别不是一日之功，不过从“城乡平权”做起——城里人可办房产证，农村人也可办；城里人的房产可抵押，农村的房屋也可抵押——总不难办到吧？于是他建言，还权赋能！

交谈之下，知道这位官员颇有理论偏好和素养。公务之余，他还有学术著述。2009年有一次见面，老周带来他的一本大作送给我们。拿过来一看，书名赫然就是五个字——“产权的秘密”。不消说，作者也读过德·索托的著作。德·索托生于南美秘鲁的利马，早年在瑞士求学并创业，在比较了自己家乡与欧洲制度的巨大反差之后，他发现，发展中国家并不缺乏资产，只是由于得不到清楚的产权界定，尤其是穷人大量占用的资产得不到法律表达，所以不能经由灵便的资产转让不断产生更高价值。作者认为，这样的资产是“死资产”，无法为发展提供源源不断的“活资本”——所以德·索托于2000年出版的著作，书名便是“资本的秘密”。

周鸿德的经验基础是成都地区的城乡反差。其实他观察到的城市居民的房产权利，也是1998年中国“房改”之后才有了的。过去城里人的房产大都是公产，单位建造、单位分配，居者有使用权而绝无市场转让权。房改之后，城市居民获得合法转让房产的新权利，于是增添了新的“财产性收入”，也因此显著增加了城市居民家庭的“资本”。城市解开了产权的秘密，对农村和农民为什么就不可以呢？

经验观察加理论思考，让“还权赋能”带有强大的逻辑力量。不过，在成都这么个副省级的省会城市，像老周这样的官员，没有好几百也有好几十，形形色色的意见和建议从来就不会少。接下来的问题是，成都地方的为政者，对“还权赋能”这类非常态的政策建言，会听得入耳吗？即便听得入耳，又会不会当真作为真正要实行的政策？

让我先告诉读者结果：“还权赋能”四个字，被原封不动地写进了中共成都市委和成都市人民政府2008年“一号文件”。这份地方政策文件的中心内容，是“进一步改革完善农村土地和房屋产权制度”。文件要求，在全市范围内完成农村集体土地所有权、使用权和全部房屋所有权的确权、登记和颁证，并在全面确权的基础上，推动农地承包经营权、山林承包权、集体建设用地使用权以及房屋产权的规范流转，最终“建立健全归属清晰、权责明确、保护严格、流转顺畅的农村产权制度”。

实话实说，正是这套产改政策，让我对成都城乡统筹的改革试验刮目相看。也是从逻辑看问题：农民要求“还权赋能”好理解，因为权利和权能是收入的制度条件，增加了产权和权能，可以增加农民的收入，何乐而不为？但是地方政府提出“还权赋能”，承诺要归还给农民的合法转让权，原本恰恰掌控在政府自己手里，什么时候要，什么时候出手就得了。政府为什么要自己和自己过不去，主动提出给农民“还权赋能”呢？

这也是我们后来几年在成都调查研究的中心线索之一。上文介绍过的 2007 年到邛崃市羊安镇仁和社区看过的新农村建设个案，大范畴还属于“三个集中”，也就是“工业项目向园区集中、农民居住向中心村和小集镇集中，以及耕地向规模经营集中”。

这“三个集中”，是成都到江浙上海等地考察后学回来的。针对的问题，是在工业化、城镇化和农业现代化的进程中，如何更合理地配置空间资源。早期的改革，从放权让利启动，把原先高度集中的资源配置权力层层下放，然后发挥中央和地方的多个积极性，还有国家、集体、个人一起上，很快把经济搞了起来。代价也有，其中之一就是布局过“散”：办工业村村点火、到处冒烟；农业以家庭承包为基础，农地过小过碎；农村居民更是居住分散，改善生活和生产条件的难度太大，因为无法取得规模经济效果。江浙发展早，看到这个问题早，提出相对集中方针也早。成都后起，到东部取经，看明白可以少走弯路，于是从 2003 年开始，把“三个集中”作为经济工作的主攻方向。

很明白，“三个集中”的主体是政府。不是吗？无论工业、农民居住和耕地，究竟向哪里集中，怎样完成集中，每一步都离不开政府的规划、推动和落实。说“中国模式”的发动机就是政府，还真有相当厚实的微观基础。不过既然政府主导，那么工业项目包括民营工业、农民的住宅和耕地，就难免“被集中”，其中民办工业的自主权、农民选择居住地点的自主权、耕地流转或拒绝流转的经营权，如何得到保障？如何防止可能遭受的侵犯？

最麻烦的是，一旦政府主导的“三个集中”做出了成绩，一旦这些成绩转为官场竞争之“政绩”，以及遍地推进“三个集中”一旦带来可观的经济利益，“政府主导模式”可就欲罢不能！要转型、更新动力机制吗？观念不容，利益不容，竞争形势也不容。

这就是成都问题了。那里自2003年推行“三个集中”，成效彰显：全市100多个工业区集中为21个，建成了几十个农村新社区（包括我实地看过的仁和社区），外加一批现代农业化规模农业点。实践证明“三个集中”很有效，继续干下去不就结了？可是偏偏5年之后，成都市委市政府于2008年采纳了“还权赋能”的建言，提出农村确权产改，似乎偏要为如火如荼的“三个集中”制造那么一点执行的摩擦力。于是我们问，看起来如此不合逻辑的事情，究竟是怎样发生的？

从放权到还权

本节继续研究还权赋能的动力机制。讲过的，还权之权系指农村山林、土地和房屋的产权，没有还权之前，这些权利皆掌控于政府之手，譬如农民的建设用地不得向非农民转让，但政府一把征用过来，再到市场上出让就可以。把土地转让权还给农民以后，政府再征地的麻烦肯定增加。既然如此，为什么政府要还权？

回答这个问题，要在中国的经济制度变迁方面补一点课。我们不妨先问，无论还权与否，掌控在地方政府手里的财产转让权，本身又是从哪里来的？答案是，那本身就是改革的一个阶段性产物。具体说，是原本高度中央集权计划体制“放权改革”的成果。

是的，经典的计划经济体制根本就容不得资产的市场转让权。那套来自前苏联的制度，核心逻辑是全部生产资料归公，由政府下命令直接管理。由于资产全部归国家，因此就不需要有“转让”——更没有市场转让——的合法地位。要的只是“划拨”，就像一个人把自己的东西从左口袋装到右口袋那样简单、透明和直截了当。对这套制度而言，什么转让、市场交易、讨价还价、价格机制等等，太麻烦，太琐碎，太斤斤计较——太资本主义了。

土地向来根据需要由国家划拨。虽然“国家”很抽象，但政府、行政部门及官员却非常具体。像中国这样多级政府的大国，一般行政级别越高的，就越代表整个国家和全民。最有代表性的事件，我看过的报道是设蛇口工业区时，袁庚先生到中南海汇报，时任国务院副总理李先念手拿红铅笔，看着地图问，要多大？把南头半岛都划给你们够不够？袁庚急答：用不了那么大，这一小块（2.5 平方公里）就够——日后袁先生也许为此后悔多年。不值得大惊小怪的，反正土地国有，划给蛇口的再大，也还是国有。

从“划拨”转为“出让”，一词之差，体制的含义截然不同。出让之“让”，是“让渡”的意思，一定涉及资产在多个权利主体之间的转手。当年中国怎样借鉴香港土地批租制的经验，从国家土地划拨走向“土地使用权合法转让”之路，我们已经用了不少篇幅做过讨论。这里再补充一点：如果说划拨之权高度集中于中央，那么“转让土地使用权”，从一开始就放给地方政府。仍然以上例来说明，划多少地给蛇口，要中南海批准；但是后来的蛇口拿出多少土地向市场转让，归深圳市管，北京就不管了。

这就是说，“放权”是市场化改革的一个台阶。关于这一点，2008 年纪念改革开放 30 年的时候，大家有过很多讨论。是年 7 月，

98 岁高龄的科斯在芝加哥大学召集中国改革经验的研讨会，我在会上的发言“邓小平做对了什么？”问出了自己长久以来好奇的一个问题：“为什么邓小平也对‘看不见的手’情有独钟？这位曾经指挥过百万野战大军，担任过中共中央总书记和国务院副总理的大政治家，分明拥有一双‘看得见的手’！他难道不知道，扩大市场价格机制配置资源的范围，总要在某种程度上收缩‘看得见的手’发号施令的范围？大权在手，又坚决推进价格闯关，这究竟是为什么？”

当时得到的答案，无非是高度集权的计划体制逐步累积了奇高无比的运行成本，一旦达到不堪承受的程度，“放权改革”也许就是一条解脱之路。至于超级国家公司向来政企合一的“权力+权利”，一旦下放，就不完全由上面控制了。多种多样的意图、理念、利益主体外加大历史中的“偶发小事件”，一起影响着“放权”的实际路径和结果。

事后看，放权大体上“兵分三路”：一部分权放给了私人，如农村土地承包权到了农户，创办民营企业的权给了城乡企业家；一部分权放到了国企，依改制的程度或更像私、或更像公的庞大一族；还有一部分权，则放给了地方政府，形成了广受瞩目的“地方政府公司”。也不是什么权都放下去了，货币权、财税权以及这些年越用越频繁的调控权（实质是管制市场之权），基本还是掌控在中央政府及其所属部委的手中。

这里单说放到地方政府的土地转让权。真是意外的惊喜：谁也没料到平平常常的土地里面竟然隐藏着如此巨大的经济力量。背后应该是要素流动和集聚规律在起作用，但从土地里释放出来的巨大收益，终究要由现存的权力架构决定怎样分配。既然土地从自上而下的划拨体制演变成地方主导的市场转让制，工业化、城镇化带起的土地收益主要在地方政府“落袋”，也算顺理成章。回头看，倘若没有那一大块土地出让收入，这些年地方政府的日子怎么过？

由此也带出另一个效应：放到地方政府的权，再放下去绝不容易！道理只有一个，中央集权的放权是因为运行成本太高，得不偿失，所以放权。地方政府的尺寸小了好几十号，他们握权在手的净收益一般还挺高。如是，凭什么还要再放权？再从国际经验看，一度红火非常、深得世界银行表扬的“东亚经验”，不也由政府在经济增长中扮演着更为积极的角色吗？

问题是，日、韩、新加坡等国的尺寸比中国小了很多，要中国走东亚之路，差不多就是要大象如松鼠一样跳舞，勉为其难了。但是中国的地方政府，在规模尺寸上却与东亚不少国家很是“门当户对”。所以个人之见，这些年所谓“政府强势的中国模式”，主要就是地方政府主导经济事务的模式。“举国优势”的样板如北京办奥运、上海办世博，当然离不开中央政府的指挥和协调，但真正关键的，还是这两个城市的地方政府非常强势。背后的机制，就是经历了早期放权改革后，落到地方政府的那部分权力，没有继续下放的必要。

这也是2008年成都提出“还权赋能”格外引人注意的地方。我对自己说，放权、抓权，又来了一个“还权”，莫非中国制度演化又要再进一程了？也还是好奇驱动：多数地方政府正热火朝天地把放到自己手里的权用得个花样翻新、欲罢不能，成都市怎么就非要提出什么还权赋能？在经济上，“还权”越多，留给政府自己的越少，他们岂不是自废武功？在文化上，成都地方弥漫着安逸之风，为什么要标新立异，敢为天下之先？

其实，那年去芝加哥开会之前，我就知道了成都提出还权赋能这回事。自己也有一个推断：可能是那里如火如荼推进的“三个集中”，遭遇到某种“成本急升”的压力吧？顺便交代一句，在经验研究上，我向来把推断——猜测、假说，以至于所谓的“理论”——当作调查真实世界的向导。既然好歹有了一个向导——要是不够好，再换一个猜想就是了——接着要做的，就是踏踏实实去看看究竟是怎么一回事。于是，2008 年 7 月当着科斯他老人家的面讲完了邓公做对了什么，我就打道回府，着手准备成都调查，尝试理解中国的改革自向地方政府分权之后，究竟还有没有新的实质进展。

改革触发的深层风险

话说成都自2003年从江浙一带学回来“三个集中”后，抓住的不仅是由农转工的产业变革，而且是城乡人口经济资源的空间集聚。由此，“三个集中”就与农村土地流转脱不得干系，举凡农地经营的集中、农户居住的集中，以及工业项目向园区的集中，没有哪样事情不涉及农村土地的流转。

麻烦也由此而起。以相对集中居住为例：张家老宅子为祖上所传，今天核查人均占地350平方米；李家是人民公社时代新成家分得的宅基地，按政策人均占地35平方米；王家也是公家划给的宅基地，但超政策多占了，人均100平方米。现在搞集中居住，问各家老房子占地怎么算？新宅按什么标准配给？拆旧建新的利益补偿又如何厘定？

讲过了，“三个集中”自上而下由党政主导。党政者，手中握有强制执行力的权威政府也。经验说，以强制力为后盾的工作作风一般缺乏耐心。特别是在“反正为了老百姓长远利益”的场合，工作粗、急、猛，似乎很正常，也是几十年一贯制。基层的好事坏事，都是上面急急忙忙推下来的。这些年盛行“末位淘汰制”之类的官员考核法，但凡扯到“中心工作”，办得更加雷厉风行。

这套工作机制，在某些场合很受用。比如对付“非典”，太婆婆妈妈就不成。救灾也不成，打仗就更讲军令如山了。这些场合需要快刀斩乱麻，令行禁止是上选。但是，遇到千家万户细细碎碎的实际利益，遇到人们的认知很发散、难有一致共识的情况，非要指哪打哪，偏好整齐划一、剑及履及，后果一般好不了。所以，第一次听到“三个集中”，我的直接反应就是一个问号：这些事务，“集聚”可也，但“集中”就过于强硬了吧？

在《还权赋能：奠定长期增长的可靠基础》（北大出版社 2009 年版）中，我们曾列举在成都调查中接触到的若干现象，说明大规模推进“三个集中”，会无可避免地触发农村的利益纠葛。这些现象是：在土地整治和挂钩项目的执行中，经由“拆院并院”节余出来的农民宅基地，究竟按什么准则给予确认和补偿？作为改革试验，哪些村庄有幸被纳入？选择和决定的程序是否公开？可不可以允许不同村庄的农民公开竞争试验准入的机会？千家万户拆除老房，涉及原先占用宅基地的面积、位置、来源正当性等复杂而烦琐的细节，差不多要翻起整部村庄的历史，谁来甄别？怎样给予权威的确认？对于建造在集体土地上的农民建筑物，向来的政策是农民可以自用，但不准对外转让，改革与现行政策法规迎头相撞，风险谁担？还有，为了实现规模经济而新搭建的农村股份公司，如何有效防止公司之公权入侵其股东即农户家庭的私权？

这些细枝末节的麻烦与一项制度安排有关，这就是形成于国家工业化时代的农村集体土地所有制。要说明，此“集体”，早就不是以农民私产为基础的合作社，而是以消灭农民私产为特征的类似前苏联的集体农庄。不少人以为否定了农民私产的集体，天然就是一种“公”的经济，那是很大的误解。个人之见，集体制最主要的特征，是名义上公有权利极不清晰。

说一幅土地归集体所有，究竟是什么意思呢？第一个意思，就是这幅地属于一群人共有。问题是那一群人的组成，常常会发生变化。像任何人类社群一样，农村社区的人群，也是老的要死、小的要生，男大当娶、女大当嫁——组成集体的成员一直在变化：凡生出来的、娶进来的都是；凡死去的、嫁出去的就都不是。这套来自地广人稀的俄罗斯村社传统的做法，究竟是否适用于中国，我们日后再谈，这里先记下一点：土地公有的那个集体之“公”，覆盖的边界随人口变迁不断在变。

“集体”的第二个含义，是土地资源究竟如何实际使用，并没有一定之规。人民公社时代，以为公地非共耕不可，于是队长敲钟，集体出工，大伙儿一块儿混。无奈这解决不了吃饭问题，逼出了一个包产到户，才明白集体的土地也可以分户经营。用今天的话说，土地使用权与所有权可以分离。不过，使用权还是要受集体所有权的纠缠：人口变动了，分户的承包权要不要也变动？不变，集体不干；变，还有什么“家庭联产长期不变”！

转谈农村宅基地。一般的规则，集体成员只要满足成家的条件，即可向集体无偿取得一幅宅基地，有权永久使用，却无权转让、特别是无权转给城镇人口。这里的麻烦是，集体人口滋生无穷，但土地有穷，于是凭成员权无偿取得宅基地的做法，在很多地方也不得不打折扣：有的收窄面积，有的要排队等待，有的永无指望。

第三个含义是，集体与国家的边界不明。说土地是农民的集体所有，但过去种什么、卖给谁、什么价，多少年都是国家规定的。改革后，农产品的统购统销终结了，但土地的统购统销还在——政府有权征用集体土地，然后交付市场拍卖！问题是，征地权也模糊：宪法对此加上“为了公共利益”的限制条件，却并没有为“非公共利益”的土地转让留下法律空间。

概言之，集体土地制的权利边界先天模糊。在内部，农民与农民，以及农民与抽象的集体之间，行为边界不明；在外部，农村集体与城里人、政府与国家（全民利益的抽象代表）的行为边界也不清。在这个基础上，一动还真不如一静。因为一旦发生转让，“模糊的权利空间”一定引诱人们各出奇招，争夺包含其中的巨大潜在利益。由此，转让很容易打开侵权之门。不准农家宅基地流转，他们那块权益至少在物理上不容易被侵占；权利模糊条件下的“流转”，方方面面齐下手，很容易把农民那点儿家产折腾干净。

这让不少三农专家对“农村土地房屋转让权”总是疑虑重重、忧心忡忡。对此，我的立场是理解但不同意。权利模糊势必引发侵权活动的活跃，这点大家都知道。但以为改革可以止步于使用权、无须再发育转让权，却不过是脱离实际的空想而已。当下之中国农村，早被卷入工业化、城市化、全球化的大潮，各种要素的流动、转让和重组，不是谁想让其动就动、令其静就静得下来的。时势不可挡，差别只是在重新界定权利基础上的转让，还是在一场接一场的侵权混战里实现转让。

在这个意义上，我们把2003年以后成都推行的“三个集中”，看作是党政主导开启的农村要素流转。到了2008年，成都的城乡统筹改革试验处在十字路口上：继续推“三个集中”，由改革推进方式带来的风险可能继续积累；被改革触发的矛盾吓倒，从此偃旗息鼓，那么“先行先试”就沦为一句空洞口号。

成都的为政者比我们这些短期的外来观察者对改革风险有更深的感知。他们的应对之道，是于2008年1月16日下达了当地的“一号文件”，部署“进一步改革完善农村土地和房屋产权制度”，要求在全市范围内完成农村集体土地所有权、使用权和全部房屋所有权的确权、登记和颁证，并在全面确权的基础上，推动农地承包权、山林承包权、集体建设用地使用权以及农村房屋所有权的规范流转，以“建立健全归属清晰、权责明确、保护严格、流转顺畅的农村产权制度”。

我们对此解读：“要是不能有效地防侵权于未然，那么土地流转改革的面越广、推进的力度越强，改革替侵权背黑锅的风险可能就越大。因侵权行为及其引发的疑虑和反对，不但可能叫停改革，而且还有可能先扭曲改革，再为改革写下墓志铭。”

第五部分

确权之路

“确权”何难之有

看明白了，产改的风险源于名义上公有的资源，实际的权利边界从来不明。说全民所有也罢，集体所有也罢，无非只是画了一个大框框，无数生活在其中活生生的自然人，究竟哪些行为做得，哪些做不得，并没有清楚限定。国企改制给资产定价，谁说了算？全国人民吗？国资委吗？还是国企里的工人或厂长？集体的土地转让，究竟又以谁的意愿为依归？村支书？还是村民？倘若村民们的意见不一致，又以哪个的为准？

难怪传统公有制一概排斥转手与转让。反正肉都烂在锅里，大家占用、使用便罢，就是不要转手、议价、交易的种种麻烦。不过这样一来，也就得不到资源转手的巨大收益——同样的资源被不同的人利用，效果有天壤之别。前苏联那套体制到最后撑不下去，就经济讲经济，稀缺资源就无法做到不断向利用效率更高的人转手，是全部问题之所在。20 世纪全球经济体制比赛，输赢其实就在这一点。

问题是，多年排斥流转的体制，压根儿就没有为转手做好准备。资源转手总要有人喊价、有人还价、有人定约，然后大家一起在可执行的法律框架下履约吧？可是在全民公有、集体公有的情况下，这个“人”就是出不来！写过的，公有制下的人，全部都是“代理人”，倘若得不到“委托人”——那永远抽象的、没有具体行为能力的全民、国家或集体——的授权，形形色色的代理人占资源可以，用资源也可以，但转让资源就不成！

说来说去，“经济改革”话剧的核心戏码就是这么一出。市场化还是不市场化，前提的前提就是产权有没有得到清楚的界定。科斯 1959 年写下“清楚的产权界定是市场交易的前提”，是一般化的法律经济学道理，放之四海而皆准。但究竟怎样做到清楚的产权界定，那就不是科斯定理可以解决的。中国改革的经验后来吸引到科斯的注意，是因为中国自己探索着走市场之路。2012 年科斯和王宁的新著[①]面世，英文版以“how”（怎样）字打头阐释中国经验，点到了问题关键。

中国的经验是先划使用权，再划转让权。其实使用权的界定在改革前就有了，否则，所谓“单位所有制”就无从理解。改革无非推进了一步：把公有资源的使用权界定给了自然人。譬如包产到

---

① 科斯和王宁的《变革中国》中文版于 2013 年 1 月由中信出版社出版。——编者注

户，就是把已经明确为生产队的集体土地，经由一个承包合同，界定给农民家庭耕作、使用。这么一个变换，吃饭问题就解决了。再延伸一步，怎么种、种什么、卖什么、卖多少，都交付农户处理，使用权就发展成“经营权”。再进一步，允许农户把土地经营权转让——开始叫“转包”——公地的私权界定就基本完成了。

农地如此处理，其他资源大同小异，也循着“先定使用权，再定转让权”的路径，传统公有制的改革之路，岂不就走出来了？老实说，去成都调查之前，我自己大体上就是这样想的。回顾一下，“允许农地转包”早在20世纪80年代就上了当时中央“一号文件”，也载入2002年的《农地承包法》。后来的调查说实际发生的转包面积不大，我自己的解读是需求不旺——除了通胀高企时，时不时让粮价充当替罪羊——农产品之价一般比较相宜，难以刺激规模农业经营的发展。可是眼看中国成了“世界工厂”，上亿农民跑出来打工，为什么那过于细小的农业家庭经营，还那么顽固地存在着？ 2005年我到浙江衢州，看到几个1500~2000亩量级的种粮大户，土地全部转包而来，以为规模经营从此大有看头。然而几年过去了，星星之火，还是不曾燎原。

是成都的确权实践，教我懂得在制度供给这一侧，尚有没解决的麻烦。还以农地为例，家庭联产承包制30年了，中央的政策文告差不多年年说“长期不变”——2004年中国总理对外国记者说“长期不变就是永远不变”，2008年中共十七届三中全会的决议里出现了“长久不变”的新颖表述。不过当你真的沉下去观察的时候，还是不难看到，那宣布不变的土地承包权，事实上还是不断在变！追根究底，问题还在集体，因为构成那个集体的农民家庭，受生老病死、婚丧嫁娶规律的支配，人数不断在变，家庭数也不断在变。这是说，“集体的边界”在变，农户家庭的承包权怎么可以做到不变？

这段公案，城里读者怕不容易完全明白。我们不妨暂且搁置，容我另外介绍和阐释。避开农地不谈，先将少受集体边界变化影响的其他资源，比如农户私房及其宅基地，沿着“划清使用权，再划转让权”的路数明晰产权，是不是容易一些了呢？

答案也不尽然。为什么？因为所谓农民私房，“私”的来历多种多样。按时间划分，村子里总有一小部分农家住宅是真正的祖宅，也就是这些人家祖上留下的家产。虽然确凿的信息不详，一般也不见产权文书，但在村民的记忆之中，该房产是张三还是李四的，总很明确。就我亲见的实例，凡 20 世纪 50 年代急风暴雨的土改也未加触及的私宅，即便很大，也是清清楚楚合法民产。算上房前屋后，一户人家占地论亩甚至数亩之大的，不多见，但还是有的。

土改或后继政治运动再分配过的，是另一类农民私产。通常不会有祖宅那么大，但私产边界也清楚，毕竟超过半个世纪，好几代人了，受到“习惯法”的承认。现在有的专家喜欢拿一顶“主张私有化”的帽子套到别人头上，他们或有不知，历史上真正搞全盘私有化的，是毛主席、共产党领导的土改，结果是家家农民都有了一份私产，且得到《中华人民共和国土地改革法》的承认和保护。

再下来，我习惯以 1962 年画线。此前，农民房产是私产，所占宅基地也是私产。虽然合作化、人民公社化如火如荼，土改后受上引法律承认与保护的农地纷纷集体化，但“社会主义改造”讲究的是“生产资料公有化”，房屋和宅基地乃生活资料，谈不到必须公有。但是，1962 年以后就不同了。

这一年，中共中央通过了《人民公社 60 条》。毛泽东亲自挂帅搞的，文件主要起草人则是后来大红大紫再大黑的陈伯达。该文件不是法律——其实集体化、人民公社化根本就没有一套法律，只不过在当时，毛主席、中央文件比法律要大得多——却第一次明文规定：“生产队范围的土地，都归生产队所有。生产队所有的土地，包括社员的自留地、自留山、宅基地等等，一律不准出租和买卖”（第 21 条）。由此，原本私有的生活资料宅基地，就一下子被集体化了，且“一律不准出租和买卖”。这样一来，农民在 1962 年以后新得到的宅基地，以及在生产队范围内、原本作为私产的老宅基地，就一股脑儿属于“生产队所有”了。

但所谓“生产队所有”，也没有一套成形的稳定规范。其一，生产队就不稳定，像“文革”时期“农业学大寨”，不少地方“穷过渡”到大队核算制，生产队被打乱了。其二，上文提到过的，无论大队小队，“集体”的边界本身一直在变。其三，各地情况千差万别，农民究竟从生产队集体取得多大面积的宅基地，根本没有统一规范。最后也是最麻烦的，农村诸事，受“习惯法”支配，通常只有口头文学，没有文本记录！财产契书之类，差不多都是旧时代的象征，早就“纸船明烛照天烧”了。

所以即便 1962 年后，农民的住房和宅基地，也是占着便占着了。要论清楚的合法边界、来历与变更、契书凭证之类，还是谈不到，也用不着，反正“一律不准出租和买卖”，要那些劳什子有什么用？

大体要到很久以后，国家才以政策手段干预农村宅基地的分配。也许人多地少的约束太硬，农民建房占地的数量过多，所以国家终究深入到集体的这个财产部位，规定“禁止一户多宅”，以及农民盖房人均占地的数量杠杠。此杠杠一出，哪些房产属合规占地，哪些属违规多占，又是一笔不容易盘清楚的陈年老账。

最想不到的，农村土地房屋资源的权利划定，还受另外一重因素的制约。不好懂的，连我这个自认为对农村知道不少的，一时间也被搞得晕头转向。

“血战到底”的悬念

从经验看，改革从放权再跳跃到还权，实在是个小概率事件。道理很简单，“权力过于集中”的成本所驱动的放权，从中央放到地方市县政府，凡带来正收益的，谁也舍不得再放走。80年代就有发现，放权改革之后，“王熙凤管得比贾母还要紧”，因为地方财政利益更直接，市县政府干预企业和市场更起劲。这也是后来所谓“地方政府竞争”模式的起因，今天看是愈演愈烈了。

在此背景下，成都市2008年提出还权赋能，意义重大。随之而来的问题，是究竟能不能真搞得下去。这当然只能靠持续的观察。当地定下从确权入手，我们以为选了一个不错的突破口，因为从逻辑上推，得到清楚界定的农村山林土地房屋等产权，会因为交易成本大幅下降而容易进入市场。加之以政府的权威颁证，农民拿到手里总要用的，一来二去，等有了经验，还权就到位了。

没有人认为确权将一帆风顺。我们调查中注意到的一个受阻的事例，是有个地方宣布，农村可以确权，但划为城镇建成区的就不确定了。介绍过的，“建成区”是“城镇”范围内真正城市化的空间，按现行体制全部土地属于国家所有。因此，“划为建成区”的一个含义，就是那里农民的土地将要被政府悉数征收。因此在建成区搞确权，遭到不少官员的反对：今天确权颁证，明天又去征收，农民拿出你颁发的产权证来和你讲价钱，还不是自己给自己找麻烦?!

这点不难懂，因为合逻辑。比较不好懂的，是说那里的农民对确权也顾虑重重、裹足不前。农民怎么可能也反对确权呢？房子本来就是他们住着，山林田地本来就是他们承包经营着，现在加一个确权颁证，财产使用权的边界更明晰，防止因人口或其他变动因素的“入侵”，更因为有了权威的产权证而有助于流转。为什么他们要反对?

赶快到现场请教。果不其然，真有其事——划入建成区的农民不但对确权顾虑重重，而他们担忧的问题，还真不容易解决。最令人感到尴尬的，是当地人介绍此事原委，讲出来的理由我居然完全听不懂！不可能的吧：别说在语言生动好懂的成都，就是在藏区甘孜、在讲客家话的广西、在讲“比外语还外语”的温州，甚至在出了新德里的印度村子，也没有什么事情是完全听不懂的。在下一向有兴趣的，不过是布劳代尔所言“普通人的日常经济生活”而已，有什么事情会复杂到完全听不懂?!

读者你想试试吗？当我问为什么划入建成区的农民对确权有顾

虑时，当地一位做确权工作的村级干部答：“大家都在血战到底。”经验提醒我，这样的答案怕有什么“地方禁忌”吧？不可鲁莽从事，听不懂也由着他说下去，缓一缓再发问。又谈了一阵，实在因为那一个关键词没听懂，后面说明一概不甚了了。于是仿佛不经意地问了一句：什么叫血战到底？

这回轮到我的教官大惊失色：不知道血战到底？真不知道？声音里满是不应该不知道的意思。我只好说真的不知道。人家也许看在我算教授的份儿上，点出了问题的答案——“血战到底”系麻将术语，是成都麻将的一种打法。是啊，我们的成都，是一个戏说飞机凌空也听得见麻将声浪的地方。连麻将也不懂，怎么搞得了调查？

我的问题是基础知识太差。人家从头讲起，我还下来做了功课，查了网上信息，仍然似懂非懂。譬如说：“血战到底是四川成都地区一种特色麻将的玩法，一般去掉字牌、花牌，只留条、筒、万的 108 张牌；游戏人数为 4 人，每人抓 13 张牌，不能吃牌，可以碰牌或杠牌，手牌满足相关规定的牌型条件时和牌；每盘中一家和牌后牌局并不结束，而是直到和走三家或抓光牌城为止。”明白了吗？不明白，而且是那种“每个字都认得，但加到一起就不知道是什么意思”的不明白。突然想到，我们的经济学给不少人带去的，怕也是这样的感觉。报应啊！

没办法，还是直接请教建成区的土地问题。原来划入建成区后，政府征地早就开始。征地是把农民的土地经由征用环节，转为国有土地，然后政府就可以使用和出让了。这里涉及“变性”，即改变土地所有制的属性，从农民的集体所有，转为国家所有。既然是改所有权，那就是国家对集体的关系。作为 30 年改革之果的家庭联产承包，不过是集体内部关系的变革，说“长期不变”“长久不变”“永远不变”，都可以。但遇上征地，要改所有权，那就对不起了，再不变也要变，而且一道命令就要变。

国家征地要给补偿，数目多少、如何决定是一套问题，“还权赋能的由来”一文对此略有讨论。补给谁，是另外一套问题。征集体的土地，当然补偿给集体，这没有问题。问题是集体由很多农户组成，集体得到的补偿款，如何在各家分配，构成当下我国城镇化的一大分配问题。集体权利含含糊糊，代理人（干部）容易上下其手，分配不公引发冲突，早就不是个别的现象。

调查的这个城镇建成区，习惯做法并不是政府征用了谁家的土地（连同作物或上盖的建筑）就把补偿发给谁家，而是政府把补偿给集体，集体再在各家分配。但是政府征用的土地总是具体的，总是已划给某某家的宅基地或承包地。问题来了：张三李四家的地被征，补偿却由集体所有户分享，张三李四岂不亏了吗？办法就是补偿平分，损失也平分——集体各户都给张三李四家调出点土地来，等于国家把每户的土地都征用了相同的一份，然后给每户一份相同的补偿。

为什么搞得这么麻烦呢？征谁家的就补谁家的，不是简便很多吗？错了。因为——这也是当地人教我的——政府征地补偿政策一直与时俱进，不断在变化。大的节点，1999 年以前的《土地管理法》白纸黑字规定，征地补偿不得超过土地原用途前三年平均年产生的20倍（注意，是“不得超过”，也就是法定上限，但没有规定不得低于多少的下限）；后来改为30倍，以及到2013年国务院要求在此基础上进一步提高征地补偿。加上各地的规定和实际执行，征地补偿的水平变化更多。麻烦来了：张三家的土地早被征，按早期标准补偿；李四家的晚被征，按新标准补偿——公平何来？干脆不论何时、何种标准的补偿，凡征地一概各家均沾，那就在多变的政策面前家家平等了。

要注意了，以上这个家家均沾的游戏，谁也不得中途退出。原本每次家家均沾，就是因为以后也是家家均沾。中途变法，改为“征谁家补谁家”，原先的利益关系就摆不平了。至此我才明白，什么叫“血战到底”。原来那路麻将的玩法，要点是“每盘中一家和牌后牌局并不结束，而是直到和走三家或抓光牌城为止”！中途变戏，谁家和、谁家走，原先牌局里吃亏的占便宜的，都不会放过他。

这样看，村庄经济不仅往事如烟，外人难以理出个头绪来，更重要的是，那里面还存在种种微妙的债权债务链条，不是拿把快刀就斩得了乱麻的。确权的本意是划清权利、减少麻烦、促进流转，但鲁莽从事，却可能事与愿违、适得其反。

兰田村的重要一课

自上而下推行的事，立意再正确、意义再重大，倘若没有底层响应，还是免不了成为落不得地的空头文章。2008 年成都提出的确权，就面临这样的考验。前文向读者介绍过，“还权”与“确权”来之不易，但更为困难的，是怎样在村庄和农户层面真正完成确权。

兰田村给我们上了重要的一课。这个村子地处大邑县韩场镇，属于成都的“三圈城”，其实就是远郊农村。一般的经验，比起紧靠中心城区的近郊农村，远郊农地的价值较高，农民对土地也更加在意，确权时更可能斤斤计较。不过，兰田确权实际遇到的麻烦，还是超出当事人的预想。

那是 2009 年的春节之后，“产改”之风刮到兰田村。照例是思想动员先行，村干部到镇上开会，学习市里下达的政策。“确权”当然是新词，不过内容倒也不难懂，无非是登记每家每户的承包地、山林、宅基地和房屋的数量，由县人民政府颁发产权证书。听懂之后，村干部的第一反应是：有什么用?

成败在此一答。偌大一个中国，层层上层建筑差不多每天都要发出新目标、新指示、新提法、新精神。不过，“上面千条线，下面一根针”，真正穿得到村庄和农户的，首先要过村干部这一问。没什么用的——其实是在村民和村干部看来没什么好处的——说说就算说过了吧，即便大水漫天，地皮也不会湿。

成都的回答很到位：完成确权，才能公平合理发放粮食直补和“耕保基金”。大家知道，粮食直补是温家宝总理的德政，农民种粮不但免掉农业税，且依不同品种还可以领取直补。左算右算，兰田这个地方的粮食直补，约每亩每年 100 元之谱。耕保基金则是成都的地方政策，师出之名是鼓励农民保护耕地，由市县财政拿钱，每年每亩一般农田补 300 元，基本农田补 400 元。耕保基金不能拿来打酒喝，但存入个人账户，用于农民养老。

很简洁，粮食直补与耕保基金皆依土地而生，地权不清，该补的补不到，不该补的得了好处，不行吧? 所以，为公平发补贴，必须确权。倒过来：凡完不成确权的，领不到补贴。村干部一下子通了，因为他们晓得，回去给村民讲，也是一讲就通的。至于确权的其他好处，譬如有利于转让等等，很多村干部不甚了了，因为在经验上还没有发生的事情，要靠想象进入他们的利益核算，太早啦。

也够了。为领补贴，搞一搞确权就是了。接下来的问题是，究竟有多麻烦？这大概也符合舒尔兹指出的“理性农民”的逻辑：但凡搞一件事，有用、好处可衡量，那接着就要衡量代价。倘若麻烦太大、代价太高、得不偿失，赔本工作像赔本买卖一样，终究不会有人当真的。

好在最初的动员学习环节，县、镇、村干部一起讨论，共同的认知是确权的麻烦不大。想想看好了，地是农民种着，房是农民住着，土地房屋与人的关系似乎一目了然，无非填表格、发证书，虽然人多户多很细碎，但没有解决不了的麻烦。

兰田村第11组组长郑维东，是位能干的村干部，他当时也认为确权很好办。不料回去召集本组开会，大家七嘴八舌一番议论，才发现事情没有那么简单。这个第11组，当时总人口不过179人，总户数52家。不过涉及承包地确权，归纳起来的问题就有四个：其一，全组实际的承包地面积，比记到各家各户名下的承包地面积要大，也就是一旦实测，结果将与土地台账不一致；其二，自1998年开始的第二轮土地承包以来，全组共新增23人（包括新生婴儿和娶来的媳妇），都没有承包到土地；其三，有9户人家自第二轮承包后减少了人口（包括死亡和出嫁外组的），也未因此减少承包土地；其四，有11户外来移民共18人，实际上承包着本组农地，却不是本组村民。

四个问题，没有一个是容易解决的。先看第一个，实测面积与土地台账不一致。这个问题早就存在，起因是当初土地承包，准则是“交够国家的，留足集体的，剩下都是自己的”，但人民公社的土地有肥有瘦，如果分户包地只论面积，不论肥瘦，那承包瘦地的农户就亏了。解决办法除了户户肥瘦均沾——结果是本来小块的土地更为零碎——还实施所谓“产量亩”，就是肥地算面积时多一点，瘦地算小一点。后来国家取消农业税，承包地一概没了缴粮义务，但“土地承包不变”政策又不允许调整各户承包关系，于是造成农地的实测与台账的不符。

要是两数差得不大，还好办，含糊含糊就过去了。无奈大邑县的实测与台账之间的数目相去甚远。当地甚至创造了一个词，曰“测涨”，就是实测数大于台账数而“涨出来的土地面积”。根据县里给的数据，全县测涨总面积15万亩，比台账面积35万亩整整多出了42%！可能为了避免麻烦，县上原先定下的确权指导意见是，“完善二轮承包关系，不重新丈量、不打乱重来”，还议定先把测涨土地确权给集体，再由集体去分配。照此办理，确权后的农户实际承包的土地还是与账面数脱节。据此分配粮食直补和耕保基金，还是没有公平可言。至于未来的权利转让，名实不符，纠纷少不了。

接着的两个问题是一回事，即集体人口变动，土地承包关系要不要也跟着变动。80年代贵州省湄潭县做过试验，当地的结论是可以做到“增人不增地、减人不减地”。后来这一条被中央政策文件提倡，又在2002年正式写入《农地承包法》。但实际上，我国还有一些地方的农村，时不时按人口变动调整着号称不变的家庭承包地。

兰田第11组的实际情况是，1998年第二轮承包以来一直没有调地，但部分村民对调整承包地有着强烈预期。2008年中央“一号文件”提出农村土地承包“长久不变”，接着又是成都的产改确权，于是村民中出现新的要求——这一次确权后真的要长久不变了，那就把过去该变的变一变吧！

第四个问题也棘手。在种地有上缴义务的时候，很多本地人家把土地转包他人，务工经商去了。有的转包无人接手，干脆把承包地交还队里走人。这就是 18 个外来人进入兰田第 11 组的背景。他们在兰田居住、务农多年，但算不算兰田人，有没有合法确权的份儿？

这几个具体的难题，透出一个颇具挑战性的问号：确权确权，究竟“确实权”，还是“确虚权”？“确实权”，就要从实测入手，一块一块丈量土地，更要有理清旧账的气概，了清历史上积攒的债权债务关系，并在此基础上做到每家每户的财产都得到清楚的合法表达。“确虚权“呢？继续造个台账糊弄下去就是了，反正几十年都过来了，再糊弄几十年又何妨？

郑维东和他的第 11 组，选择了“确实权”。据村庄文档记录，该组为达成确权方案，先后召开 4 次全组成员大会、11 次户代表会议，终于决定从锁定成员身份和实测地块入手，完成确实权。2009 年 5 月 30 日，第 11 组讨论通过了《韩场镇兰田社区第十一农业合作社章程》、《农村集体经济组织成员确认办法》、《农村集体经济组织成员确认补充办法》，并依据各农户户口簿、身份证，由组委会和监事会逐户逐人确认，经公示确认全组成员 146 人。然后，讨论通过了《韩场镇兰田社区农村承包土地实测确权方案》，宣布完成本次实测确权后，将实行“增人不增地、减人不减地”的原则。

从 2009 年 9 月 18 日开始，郑维东和全组推选的 4 位农户代表，开始了为期 3 天、每天工作十数小时的实测，对全组 257 块承包地（最多的一户有 9 块地），拉皮尺实地丈量，测得总承包土地面积 102.7 亩。再根据全组合法成员人口，确立人均 0.7 亩承包地，并根据“多退少补”原则，调整全组各户的承包土地，经公示无异议，再由组长领相关农户和代表到地块落实调整结果，最后据此填表、上报、由县政府颁证。这样，从 2009 年 9 月 18 日开始启动，当年 11 月底就完成颁证到每个农户。

是年年底，我们第二次去兰田第 11 组调查时，请教大邑县国土局地籍科长李树明，按“兰田第 11 组法”得出的确权结果，从国土管理的专业角度看能不能接受。李科长回应：都好，我们县局唯一追加的要求，是把第 11 组实测时用的习惯亩换算成公制亩。原来，郑组长和他的村民丈量用的是当地习惯用的“古亩”（每亩 753 平方米）！按公制算，兰田第 11 组的承包地为 116 亩，而不只是 102.7 亩——多么难忘的一课。

数目字的城乡差别

上节记录兰田村的故事，触发了我们的思考。说农村确权难，应该不假。不过从兰田的经验看，一旦郑姓组长说动了村民确实权，也就是组长自己外加四位农户代表，不过三天工夫就把全组116亩、几百小块耕地统统丈量得一清二楚。中华人民共和国成立60多年了，怎么还找不出几天的时间把耕地量准确?

城里的读者很少遇到这类麻烦。虽说城镇房地产的测量也很具复杂性，遇到“建筑面积”与“使用面积”的区别，也是不小的学问。但只要论及面积，大家的口径还是一样的，没有这个地方用“产量亩”、那个地方用“测量亩”，还有一个地方用“古亩”这样的咄咄怪事。

这是城乡之间的文化程度，特别是测量专才方面的差距造成的吗？老实说，我自己刚一接触农村五花八门“亩”的信息时，第一反应就倾向于这样想。不是吗？都到21世纪了，还以“古亩”量地，真够落后的。我不免感慨一番：这还是在成都，可见城乡差别有多大！

细究下去，却又觉得不尽然。先看“产量亩”，其基本含义是“如两块地的粮食产量相若，则它们的面积就被看成一样大”。譬如一块300平方米的耕地常年平均产粮500斤，另一块400平方米耕地的常年平均产量也是500斤，那么这两块耕地的“产量亩”都被计为300平方米。就是说，此种计亩方法是用耕地的质——体现在产出数量上的土地肥力——来矫正它的面积。很明白，“产量亩”既要测产量，也要测面积，更要以产量的权重来调教面积，纯从测量技术来看并不简单！

再看“古亩”，其实那不过是过去时代流行的计亩标准而已。讲过的，兰田当地每古亩为753平方米，比全国现在通行的市亩面积大出了将近13%。但无论每亩753平方米，还是666.67平方米，作为测量的技术难度相当——能把古亩量准确，同样就能把市亩测明白。1995年我访问台湾中部地区的一个村庄，当地农民以“甲”计耕地面积，每甲9699平方米，略小于1公顷；到台湾城市，人们又习惯以“坪”论住宅面积。当地朋友介绍，“甲”起于荷兰殖民时期（荷语“akker”的意思是田园，台湾人读来为“阿甲”，再取其尾音），“坪”则为日制，都是历史留下的表达面积的习惯，与测算技术或文化水准没什么关系。

真正的问题是，为什么测算技术含量并不低的“产量亩”、“古亩”之类，迄今还在我国不少农村地方存在？我国的城市里一般不见如此不统一的现象，但农村所在多有，这是为什么？农村的量度不统一，似乎又集中于房屋田土宅基地，其他像粮食论斤、电力论度、柴油论升、电话费论通话时间，各地却高度一致，这又是为什么？

我想到的，解释的线索指向“交易、交易范围与频率”。大体的规律是，越是发生在大规模交易下的项目，量度就越趋于较大范围的统一。是不是呢？现在农村都向国家电力公司买电，因此计费的度量办法全国都一样，否则电力公司的生意做起来就麻烦透顶。但是在地方办小水电的场合，当地人明白和接受的，就是好办法，各地各行其是无所谓。粮食也类似，越自给自足的，计重单位和容器越五花八门；统一卖给全国市场的，那就一概论斤论公斤。我下乡时打过猎，不少小动物的毛皮都是小交易，一般以“张”成交，至于啥叫“皮子一张”，那可不是一时半会儿就弄得明白的。

兰田村这样的地方，之所以连量个土地面积都复杂无比，就是因为那里的土地资源在很长的历史时间里，并不是转让和交易的标的。少了交易，没有大范围内交易的需求，或交易频率过低，统一度量就没有经济意义。城市毕竟有市，房产交易范围广、频率高，测量单位非统一不可，才便于上家下家换手。就是在过去的计划时代，城里很多人家也是租屋而居，每月要向房管局交房租的，如何算面积，不能不是一项通用技术。

农村当然也有交易。即便在自然经济和计划时代，至少“皇粮”还是要交的。那其实是一道实物形态的土地税。至于纳税算不算人民与国家之间的交易，学术上有不同的看法。过去的广义契约论，把政府承担国防、治安、秩序等职责，看成是国家抽取老百姓纳税的对价。或有道理，但此“交易”带有单方面的强制性，也不容置疑。凡带强制性的抽税，多少会引发躲税、避税以及逃税倾向——因国家体制有效性而有所不同。

这样看，测量的统一与国家征税脱不了干系。说秦始皇统一度量衡便利了全国市场的流通，即便真有这回事，那也是一项制度的副产品。正品是什么？我以为统一度量衡首先是便利了朝廷抽取皇粮国税。

有意思的是，度、量、衡分别是对长度、容积和重量的测度，却不包括量土地的面积。始皇帝没有统一量地，以后历朝历代也没有完全做到。如古籍里有“一夫耕百亩”的记载，今人读来千万别以为春秋战国时一个劳力可耕 100 亩地——那也是一种古亩，不过比较小，约等于当今市亩的 30%。“一夫耕百亩”云云，不过是近代北方农民的理想：“30 亩地 1 头牛，老婆孩子热炕头。”

早就统一度量衡，但土地面积的测度却一直不统一，这说明国家抽税也讲究成本收益。度、量、衡都是量度产出的，反正农民有了产出，无论种出的粮食还是织出的绢布，你想卖钱，政府就抽个头。产品税、流转税为主的税收体系，其实就是这么来的。经济学家当然会说资源税更有效，因为没有打击生产和交换的意图。但是，资源税的困难是要统一度量资源。

中国的历史上也搞过土地税和人头税，前提当然是国家要量得准土地、数得清人头。不过很遗憾，我们这么个泱泱大国，量地和数人的工作却总也做不到位。以土地计税，时间长了逃税倾向就演变为土地面积减少——原因当然是各式各样的。等到可计税的土地面积少到太不像话的程度，朝廷因税基锐减而混不下去的当口，就要变法了，譬如改人头税。同样的逻辑平移，假以时日，结果是人头又数不出个准数来了。看来规律是：国家抽土地税，土地的数目字就偏少报；抽人头税，人口数偏少报。不抽税呢？轮到土地，土地的数目字会变多，轮到人口，人口数又可能变多。

难怪黄仁宇把“可以在数目字上实行管理”，列为中国现代化的一个重要标志。这位对明代财政下过功夫、本人又曾当过 20 世纪 40 年代国民党下级军官的历史学家，对中国这个超大一统国家的治理难题，当有过人的认知。受他启发，我们不难直面一个夸张的表征，我们这个绵延数千年的伟大文明，满大街的现代化新事物令人目不暇接，但到今天为止，却还常常搞不清最简单的事实：到底中国有多少耕地、多少人口？在京城的殿堂上听来的是一回事，到兰田村以及更兰田村的那些地方走走，是另外一回事。

既然文化和测度技术不是决定性的，那我们的探查就转向另外一个方向：什么在妨碍土地的流转和交易，从而妨碍清清楚楚地测度土地并对土地定价？

土地不准流转的由来

上节发现，强制性征收常常带来一个副产品，那就是征收对象的度量不容易搞准确。对比一下，市场交易一般没有上述效果，横竖买来卖去的，要是度量衡不一致，别人不上门，纯粹是给自己找麻烦。

反过来，凡数目字上搞不清楚的，交易的难度也大。这就构成一个循环往复：交易受阻、度量不准、确权困难，然后就是交易更困难。打破这根因果链条，关键在于发展自由交易。具体到土地，首要的问题是，交易受阻究竟因何而起？

远的不提，让我们从土改谈起。大家都知道，中国共产党打天下主要靠农民。为什么农民那么靠得住？因为共产党有土改纲领，且贯彻到底。土改完成后，新中国禁止农民买卖土地或以其他方式流转土地吗？答案是不禁止。不但不禁止，中华人民共和国成立后的第一部大法《土地改革法》，还给予明确的承认。翻开这部1950年通过的法律，第30条赫然在目："土地改革完成后，由人民政府发给土地所有证，并承认一切土地所有者自由经营、买卖及出租其土地的权利。"

很明白，新中国完成第一次土地确权后，承认土地的自由经营、买卖和出租的权利。本来地权当然包括了土地的使用权、经营权、买卖权和出租权。在此基础上发展农民的互助合作，意在促进农业生产。合作化开始的时候，土地还是农民私产，所以也没有特别禁止土地买卖与出租。1955年全国人大通过的《农业合作社示范章程》，规定农民可以带土地入社，规定入社的土地参与分红，也规定农民可以带着土地退社，继续享有自由经营、买卖及出租的权利。

不过，限制土地转让的倾向也已经出现。其一，虽明确入社土地有权参与分红，但又规定"土地报酬必须低于农业劳动报酬"，因为"农业生产合作社的收入是由社员的劳动创造出来的，不是由社员的土地所有权创造出来的"；其二，入社土地的分红方式，"一般应该由合作社议定固定的数量，不随着全社生产的发展而增加"；其三，规定合作社的土地"不许出租"，因为土地出租与"雇用长工"、"放债取利"一样，系"剥削"行为；其四，明确我国农业生产合作化的发展，将从初级社向高级社发展，到了高级社，"对于社员的土地逐步地取消报酬"，"转为全社公有，也就是全体社员集体所有"。

事实上，初级社在很短时间内就转成高级社。1956年通过的《高级农业生产合作社示范章程》规定："社员的土地必须转为合作社集体所有，取消土地报酬。"至此，个体农民事实上不能不入社；入社的农民土地不分红；合作社的土地不出租，除了小块自留地和零星土地的农民家庭使用权，合作化所完成的土地公有，最重要的经济含义就是消灭了土地经由转手而取得报酬的权利。

从此，大家只凭劳动吃饭。这也是那个时代人们对社会主义的定义与理想。所有今天叫作"要素所得"的，那时都被看成是"非劳动所得"，也就是"剥削"。农民入社也不是把自己的劳动力出售给别人，而是"为集合的自己"劳动。消灭了包括土地报酬在内的各种剥削，合作社的全部产出都归"劳动"分配，那农民的劳动积极性还能不高涨？还过不上好日子？还不是来到了天堂？"大家"的范围也变化了。原本带着土地和其他生产资料入社的，方得以成为社员，正如带资入股的方为股东一样。但是合作社从一开始也吸收纯劳力入社，包括本地年满16岁的劳力，以及外来的移民。初级社还承认土地分红，带土地的与纯劳力的社员，分配时有差别，土地权益还起作用。可高级社的土地完全归公，原来带土地入社社员的土地权益，无条件被不带土地入社的社员分享了。

到了人民公社，不但集体的范围更大、土地归公的程度更高，且实施"政社合一"体制，凡行政范围内的所有人口——包括将来要诞生的人口——天生都是人民公社的社员。"集体"作为农村土地公有制的主体，变成一个绵延不绝、开放的"人口川流"。

集体制因此彻底告别了合作制，再不是以农民私产为基础的公产，而变成了以消灭农民私产为基础的公产。反正，公社社员皆靠劳动为生，入社的土地再也不分配。集体的边界开放，后来者不论有无土地，来的都是公社之主人。明明《中华人民共和国土改法》还在，没有宣布废除，但“承认一切土地所有者自由经营、买卖及出租其土地的权利”，早就在实际生活中打了水漂。

突如其来的公社化，刮起一股“共产风”，造成混乱，招致“人祸”。人民公社体制被迫调整，确立生产队为基础，重划了自留地，开放某些“小自由”，局部地区还发生了包产到户。不过毛主席划下底线，“大”公社可以有所缩小，但集体之“公”绝不容动摇。调整后的“队为基础”，经济性质还是小集体，再也回不到合作社，仍然是无穷无尽的本地人口不断分享有限的耕地。

附带还有一段公案。本来农民的宅基地属于生活资料，没有也不应该纳入经典的社会主义改造范畴。所以，《高级社示范章程》宣布“社员原有的坟地和房屋地基不必入社”。但人民公社化很快冲击了这一点，例如河南《嵖岈山卫星人民公社试行简章》，干脆规定“在已经基本上实现了生产资料公有化的基础上，社员转入公社，应该交出全部自留地，并且将私有的房基、牲畜、林木等生产资料转为全社公有”。那时“大跃进”，有男女分开实行军事化居住模式的报道，应该也不是空穴来风。

为了纠正“共产风”的恶劣倾向，中共中央部署起草《人民公社条例》，规范农村关系，稳定农民人心。这份文件数易其稿，最后经 1962 年中共八届十中全会通过，号称“人民公社宪法”，也就是《人民公社 60 条》。可是，纠“左”也会出“左”——该条例第

21 条规定：“生产队范围的土地，都归生产队所有，包括社员的自留地、自留山、宅基地等等，一律不准出租和买卖。”

从农民的财产关系来看，这可算摊上大事儿了！不少宅基地系农民祖业，或来自土改的胜利果实，也从来没有入过社——从经典理论来说不需要入社，而前文引用的政策规定也是明明白白的“房屋地基不必入社”。事实上，没有任何一部法律和政策文件，宣布农民宅基地归公。那份《嵖岈山卫星人民公社试行简章》，刊发在《红旗》上，并没有政策、法律效力。可是，偏偏在“共产风”为祸匪浅、执政党决心纠偏之际，突然就来了一条“包括自留地、自留山、宅基地”在内的“生产队范围的土地，都归生产队所有”，“一律不准出租和买卖”。这只不过说明，经历多年折腾之后，土地财产关系早就成了想方就方、想圆就圆之儿戏。这里引发的问题我们另议，按下不表。

要害是，农村土地包括入社的耕地、自留地和宅基地，从此被纳入不准流转的制度框架。倒也很配套，农村人也不准自由流动。于是，不断增长的人口压在不怎么增加的土地上，奠定了那个时期农民不断趋于贫困的架构。

“土地转包”开了第一个口子

原来，自公元1950年中华人民共和国通过《土地改革法》以降，直到1982年宪法之前，我国并没有一部正规法律禁止农地买卖与农地出租。但是在事实上，自1956年开始的高级社运动，却从废除入社土地分红权开始，走向了全面禁止土地转让。其中，1962年的《人民公社60条》，还把禁止的范围扩大到包括自留地和宅基地在内的全部农村土地。

这里要注意，“事实上的”权利与“法律表达的”权利存在着不小差异。在此种情形下，我们更关注前者，因为约束人们行为的，总是事实上的许可或禁止。这么说吧，50年代中期后我国农地制度形成的传统，主流就是禁止流转。

上述传统一直持续到改革以后。回顾一下，包产到户或家庭联产承包，改的是集体土地使用权——过去非集体共同劳动不可，直到搞不下去，才从饿得不行的地方最先发轫，改为可由家庭承包使用。由于集体没变，其体制基因也就一直保留，其中最重要的，是集体土地不得买卖、不得出租。

我的记忆，不但1978年中共十一届三中全会、次年的四中全会关于农业问题的红头文件，一律重申严禁土地买卖和出租。就是1982年后头两个中央“一号文件”，在这一点上也一以贯之，未越雷池一步。背景很明了，人们对农民分户承包耕作土地依然还有疑虑，倘若再允许转让、买卖、出租，那么在一些人看来，“资本主义”可就真的来了。那个时代，以剥削定义资本主义——分户包地靠劳动得收成；转让土地，靠的又是什么呢？

只是实践不听摆布。1982年家庭联产制普遍合法之后，新问题随之产生。1983年秋冬之际我们到浙江调查，在丽水专区缙云县的新建区，看到养鸭业很兴旺，共有1500多户农民专业养鸭，户均养鸭七八百只。那里养鸭的方式很特别，是大群“游牧”——小鸭孵出来个把月后，就一群一群地“离乡背井”，利用沿途水塘、小河、收禾后的稻田为天然饲料库，也补以部分人工饲料，边走边养。更离奇的是牧鸭范围，居然可以北达上海江苏，南抵福建广东，西至武汉！反正哪里的市场需求大、出价高，哪里就是鸭子的最后归宿。

鸭子游牧当然要人看护，通常一群鸭子配两个全劳力、两个辅助劳力。“出游”的时间，少则几个月一年，多则两三年在外。牧鸭人的收益不错（记下的是“每只鸭子平均得净利5元”，那可是

1983 年），但很辛苦，风餐露宿以外，要与三教九流打交道，不容易。

家里也有麻烦，因为劳力悉数外出牧鸭，承包的农地谁来种？权衡利弊，就发生了土地转包。看 1983 年秋冬我的调查手记：东川公社笕川大队外出放鸭劳力 600 人，共有 81 户农家转包土地，其中 32 户的 81.9 亩转包给农技站，49 户的 150 亩转给本村其他农户。

转包的条件，一是转入土地的一方承担全部的征购提留（即“交够国家的，留下集体的”），二是向出让土地的农户提供一定数目的“平价口粮”。这差不多是最朴素的合约了，一切以实物、使用价值和村庄道德为基础。当时没有稳定可靠的粮食市场，外出牧鸭户不种地，当然要转入土地的农户提供口粮。至于供多少，开始一般以原生产队核定的社员口粮标准为依凭，但是转来转去，供求竞争发挥作用，“转包的对价”也从“平价口粮”简化为“每亩每年提供无偿稻米 300 斤”。挑战来了：这不就是有偿出让土地吗？

我当时在农村发展组工作，机构隶属社科院，但调查研究工作归杜润生领导。通常的情况下，我们观察、调查、思考，然后把难题、想法和建议带到杜润生那里去。“土地转包”发生了，“无偿稻米”的实质其实就是“土地的有偿转包”，政策上如何看？要不要允许和承认？

意见当然不同。一种观点，转包有助于专业分工，有助于更好地利用土地和劳力，有助于农民提高收入，而农民的自由转包，比较灵便，也较易为农民接受。不那么赞成的，则担心“非劳动所得”，主张农民真有其他机会，不妨把承包地交还给生产队，私人无权自行转包，赚取纯土地权益。

杜老的文件班子是处理这类题材的高手。斟酌来斟酌去，最后在1984年的中央“一号文件”里出现了以下表述：“鼓励土地逐步向种田能手集中。社员在承包期内，因无力耕种或转营他业而要求不包或少包土地的，可以将土地交给集体统一安排，也可以经集体同意，由社员自找对象协商转包，但不能擅自改变向集体承包合同的内容。转包条件可以根据当地情况，由双方商定。在目前实行粮食统购统销制度的条件下，可以允许由转入户为转出户提供一定数量的平价口粮。”

总的倾向很明确，要鼓励土地逐步向种田能手集中。这一点重要，因为被饥荒逼出来的包产到户不得不以人口平分土地，导致耕地利用的碎片化，最后总要走专业集中之路。但真的涉及“逐步集中”，途径就要讲弹性，讲多种选择：可以交给集体统一安排，也可以“自找对象协商转包”。在后一种情况下，“可以允许由转入户为转出户提供一定数量的平价口粮”。

为了不致引起误解，同一文件再次重申，“自留地、承包地均不准买卖，不准出租”。那么，由承包地的转入户向转出户提供一定数目的平价口粮——很容易转换为另外一个数量的无偿稻谷，像我们在浙江看到的那样——算不算土地出租呢？文件没说。反正，在中央政策层面，允许土地转包的口子总算是开了出来。

当时像我这样的，还不大懂得欣赏这类表达。允许“土地有偿转让”，还不就是允许土地出租，干吗弯弯绕绕？可是文件一下达，各种反应都出来了。现在讲到改革“牵一发、动全身”，好像一定是正向的连带作用。其实不一定。倘若应对不当，那先动的“一发”不但带不动全身，还可能被反弹回来的各种力量绑个结结实实。杜老本人当然知道，土地转包看似小事，实质兹事体大，所以不等各方反应全部上来，他就要求再调查、再阐释。

是年春天，我们到云南调查。原以为那里与浙江不同，应该没有土地转包。不料，云南冒出来的土地转包，形态更为多样。印象深的是靠近城镇之处，农民的工商业机会越多，土地转包的需求越旺。还有红河地区一些社队，占有的耕地资源极不平均，也萌生了队与队之间的土地转包。对比浙江、云南的调查结果，加上收集到福建、广东、贵州、山西、山东的土地转包资料，我们在 1984 年 5 月提出了文字报告。

顺便记下一句，当年和我一起写《土地转包的调查与初步分析》的，还有英淘、南生两位老友。他们两个的音容笑貌至今历历在目，却分别身患绝症分别于 2011 年、2012 年离我等而去，回想起来令人不胜唏嘘。

为进一步阐释土地转包政策，杜老那里于 1984 年 7 月发出了《中央书记处农村政策研究室解释有关土地承包的几个问题》。文件再次讲解，为什么“由社员个人协商转包，更具有灵活性和符合经济需要，将会作为一种重要的形式而发挥积极作用”。极为重要的是，该文件再没有重申“土地不得出租”。从制度演变的角度看，几十年禁止土地流转的体系，终于被打开了第一个口子。

厘不清使用权，何来转让权

土地转包政策出台之后，后续的反应并不热烈。社会反响平稳，无甚争论，甚至没有成为一个热门话题。这多少有点出乎意料。上文点到的，“允许土地有偿转让”承认了农户自由转让承包地的权利，也承认转让土地有权收取费用。以产权的概念衡量，从使用权到转让权是一个飞跃，为什么农户自主的土地转让权，那么平平稳稳就出世了？

比照一下，农民承包土地的收入是劳动所得，谁不出力、不流汗，谁就不得粮食。还都是靠劳动，只不过把劳动方式变了变，从集体制转向农民家庭制，那还批判了多少年、争论了多少年、“秘密”了多少年，久经磨难，才在政策、法律层面登堂入室。土地的有偿转包截然不同：出让户没出力、没流汗，转包所得分明来自他人劳动成果！再比照一下，同期冒出来的“雇工”现象，因为事关“非劳动所得”，所以反响极大，争论四起，波及顶层。政策方面只好一看再看，要等到1987年之后，才得到政策上和法律上的承认。

土地转包为什么在1984年就过了关？事后想，最重要的恐怕还是土地权益的外观不同于雇佣劳动，离“资本主义”比较远，不容易让我们的上层建筑为此激动。人们用常理来评判：既然允许土地承包，那承包人忙于其他的时候，为了不至于荒废土地，转包也可以吧。至于转包的有偿收益，起源于“保平价口粮”的现实需要，也没有多少反对的理由。这说明，若以常理评判事务，中国的很多问题本不难找到解决办法。

但是，平稳的土地转包政策出台以后，在很长时间里，土地转包发生的频率并不高，覆盖农户和土地的比例很有限。这似乎与推理的逻辑不合：给定我国家庭农业经营的细小规模，一旦有偿转包得到合法承认，“农地成规模地向种田能手集中”或可很快变成现实。问题出在什么地方？

在经济基础。1984年，乡镇企业异军突起才开始不久，还没有沿海国际大循环的新战略，更没有进入世贸后充当世界工厂的格局，所以整体而言，农民转工、转商的机会不像后来那样多。劳力转不出去，农地转让的需求自然没有那么旺，这是不难看到的原因。

还有更为隐蔽的根由。个人之见，那就是我们供奉了多少年的“农村集体”，其经济性质根本就阻碍土地的转让与再转让。要说明一下，“集体经济”者，早就不是土改后的那个以农民土地私产为基础的新民主义经济，也不是当年列宁以为“唯一可以把农民带入社会主义的”、以农民私产为基础、自愿缔约而成的合作经济。土改后的农民私产，权利边界很清楚，至少绝不会因为张家人口增加得快，就可以把李家的土地再划过来。合作社也一样，农民带土地入社如带资入股，绝不会因为别个社员家增人减人，自己入社的财产权益就相应变动。

但是进到了集体化，人口与土地的家庭边界就起了模糊。特别是人民公社实行政社合一，所有在当地已经出生的以及未来将要出生的人口，事实上都是集体之所有者，都有权分享集体土地。自此，农民和农民家庭之间的土地权利边界，就随着各家人口的变动而变动。这是集体制最重要的经济本质。它再也不是合作制，更不是农民的土地私产制。

包产到户之后，集体土地经由承包分户耕作、经营。农民种地的所得，与其付出的辛苦、努力与责任心紧紧挂钩。因此，在同等情况下，粮食和其他农作的产出大幅度增加，多年解决不了的温饱问题，总算大面积解决了。农民欢迎分户承包，也要求此项政策长期延续。那时的中央顺应底层要求，提出家庭联产责任制长期不变。此“长期”也是与时俱长的：开始说15年不变，后来加长到30年不变，再后来领导人在记者招待会上阐释说长期不变就是永远不变，最后是2008年的中共十七届三中全会的决议，正式声明“长久不变”。

可是，农民各家的人口总是不断在变。人口有自己的规律，反正生老病死、婚丧嫁娶的发生概率，摊到每家总是各不相同。问题来了：农民家庭人口的数目变了，承包的土地要不要相应增减？倘若人口变、承包地不变，“承包制的长期不变”倒是有了，但“集体经济”的准则却没了；倘若人口变、承包地亦变，那“集体”准则还在，但所谓“承包制长期不变”就泡了汤。这样看，真正可以做到长期不变的，要么是集体制，要么是家庭承包制。所谓“集体土地的家庭承包长期不变”，根本办不到。

底层早就知道这个麻烦。1981 年我参加农村发展组在安徽滁县地区的调查，就发现最早包地到户的社队，为了尽可能延长土地承包，又应付各家人口的变动，在开始承包的时候，就预留出一块“机动田”。过一段时间各家人口变动了，人减减地，人增增地，要是增减相抵的结果是总人口净增加，那就拿机动田来调剂。我们把这点经验写入调查，报告到杜老那里，也写入了当时的政策文件。

可是一旦土地承包真正长期化，预留的那点机动田总有不够的那一天。总人口还是净增长，又没了预留土地，怎么办？基层还有办法——有的地方发明了“动账不动地”。那时的农民种地，有缴纳国家征购粮的义务，也就是每块承包土地都有一笔应缴税负的“账”。一旦各家人口变化，社队就通过“调账”即改变各家土地的负担，来适应各家人口的变化。比如，调减人口增加户的应缴负担，增加人口减少户的账面负担，以实现集体制下的户户平等承包。

机动田也好，动账不动地也好，讲讲不复杂，但做起来还是怪麻烦的。不胜其烦的，干脆过几年就重新按人口变动调整一次土地。在此种情况下，“承包制长期不变”云云，不过成为挂在墙上的口号。年年重复一下，也就是安慰安慰农民怕好政策变坏的情绪。客观地看，集体制与承包制还做不到真正的长期共存。

这就奠定了土地转让权难以发展的基础。为什么呢？因为集体土地的使用权——承包制下的家庭耕作、经营诸权利——总也划不出一道清楚的边界。或者说，它附带着永远了不干净的债务。不是吗？只要你邻居家的人口比你家增加得快，你当下承包的农地中总有一块是欠着人家的，总会过一段时间、以某种方式来偿还。

这样债务未了的土地使用权或经营权，难道可以实现顺畅的转让吗？读者不妨设想一下自己购买一处带有未了债务的物业的情形吧。很明白，既然有未了债务，那么债权人一定登场，一定会告知相关实情，也一定严重关切物业转手时的债权保障。这当然也一定会影响到你的购买意愿和决策。相比之下，集体农地的未了债务要麻烦得多，它的债权人甚至永远不会穷尽，其中绝大部分即使今天还没有出生，也有权在未来向你索债！

理解了这一点，我们就不必对细碎化小块土地经营下的土地低转让率感到吃惊。人们可以说非农机会少是因，土地流转不旺是果；也可以说土地流转的摩擦太严重，以至于本来可能发生的流转根本无从发生，从而拖住了农民加入工业化、城市化大潮的后腿。在实践中，有没有哪个地方能找到一个突破口来打破以上看似无解的循环呢？我知道有一个，这个地方叫湄潭，我们下节介绍吧。

湄潭的贡献（上）

湄潭是贵州的一个县，地处历史名城遵义向东80公里处。遵义出名是因为1935年的遵义会议，红军万里长征自此出现新的转机。这些闹革命打仗之处，交通不便利，也绝对贫困。到了比赛经济的时代，遵义及其下属各县，难有机会再次名满天下。

但是，1987年湄潭首创“增人不增地”的地方经验，却注定让这片山清水秀的好地方青史留名。从变革集体土地制度的角度来衡量，湄潭经验抓铁有痕，不但从根本上改动了苏式农村集体经济，而且昭示了地方创新在中国制度演化中不可或缺的积极作用。个人之见，等实现了高度城市化之后，人们回头打量湄潭，对其贡献的评价应该比今日还要高。

贵州是中国最早完成包产到户的省份。1980年的“阳关道与独木桥”，典出时任贵州省委书记池必卿之口。那时各地对包产到户的态度不一，即使在省委书记这个层面，认识分歧也难以弥合。池必卿认定非走包产到户之路，据说开会时遇到另一位持反对意见的，怎么也谈不拢，最后池书记撂下一句狠话，“你走你的阳关道，我走我的独木桥”，两位地方大员闹得个不欢而散。吴象先生以此为题写下一篇大文章，登在《人民日报》上，一时洛阳纸贵。

中国的渐进改革，是解决了一个问题，接着就引出来一串。包产到户可解温饱，于是要求政策长期不变；可是一旦涉及承包长期不变，那年年月月都在变化的农家人口，哪里可以从“不变的承包制”里得到新的可供承包的土地呢？特别到了贵州这样的地方，被隔绝在工业化以外的农村人口数目巨大，农业以外的门路还不多，而大规模外出打工还根本没有苗头。不断增长的人口劳力不断要求细分、再细分有限耕地，哪里能有什么“长期不变”？

实际情形是包产到户几年之后，就要求重新调整耕地的承包。这说明，包产到户并没有根除“变”的内在要求。由于贵州独特的条件，这里比别的地方更早看明白由此带来的三个负面效果：（1）耕地经营不断细碎化；（2）减弱对农民改良耕地、投资耕地的激励；（3）新增人口有权增地，不但把人“黏”在狭小耕地上，而且还刺激各家增加人口，因为那是重新分地的筹码。至迟到1986年，贵州农口方面就认定农村土地承包制还需要进一步改革。

正好1987年中央农村改革文件下达，指明为深化农村改革，可以办改革试验区。这里要插一个背景，该文件本来也是按一号文准备的，不料上年年底风云突变，中央主要领导人发生变动，新年的前几号文件都轮不上谈农村问题，原来的“一号文件”延后编为五号。这样，1982—1986年每年关于农村改革发展的一号中央文件，统共也就只有五个，再也没有第六个。

办改革试验区的方法是上下互动。北京根据各地的调查，先提出可办试验区，也原则上提出需要进一步改革深化的若干题目。但是试验区究竟在哪里办、怎么办，则引而不发，鼓励各地提出，向中央申报。杜老那里呢，组织一点人马，帮助筛选、推敲各地报来的改革方案，搞得比较成熟的，才正式立项，最后报国务院发文，定为国家的农村改革试验区。

省里也有地方一级的上下互动。也是主管部门通过调研，提出本地要解决问题的单子，然后也是鼓励各地区、各市县积极申报。省上的政策机关则帮助各地完善方案，最后经省委研究批准，才向中央农研室提出申报立项。

那时我们那个挂在社科院的发展小组，已经一分为二。部分人员去了国家体改委直属的体制改革研究所，部分还留在农口，于1986年组建为直属中央农研室和国务院农村研究中心的发展研究所。杜老定下“一国两制”的规矩——发展所实行科研体制，不走行政机关的“官道”。不过，研究问题还是与他领导的机关打通的。那时为推进改革试验区的工作，在中央农研室设有试验区办公室，先是卢迈当主任，后来杜鹰接任。遇到各地报来的改革试验方案，试验办也招呼我们研究所的人员参与研究讨论。

最早接触到贵州报来的土地制度改革方案，似乎也没觉得有什么“戏”。后来当面听贵州主持其事的李菁讲，才发觉人家想得很深。最耀眼的亮点，也是乍听之下颇受到冲击的一个关节点，就是他们提出，为稳定土地承包关系，要试一试“增人不增地、减人不减地”。

记得大家围坐一起，七嘴八舌“攻”李菁。李菁是贵州省委农村工作部的副部长，代表贵州来说明这个改革方案的。这位省里的干部，长得精瘦精瘦，但能量大得与体型完全不符。但见兵来将挡、水来土掩，谁向他发问，李菁就把谁顶回去。本来杜老治下农口的氛围，就不大讲等级森严那一套。李菁的性格，直通通的又带点风趣，着实让我等后生喜欢。

“非要如此激进吗？”老李回应，非如此不可，否则贵州农耕土地的细碎化没个头，再怎么苦干最后还是一个穷。“老乡能接受吗？”能的，选了几个点认真摸底调查，赞成的农户超过 80%。“以后要增人的户也赞成？”不少也赞成，因为那里看到这样细分土地下去，完全没前途。“增人户不增地，不够吃的，不找政府吗？”会找的，但我们要帮他们开辟其他致富之路。

问不倒，我们就有兴趣去看。李菁欢迎，告知试验区定在遵义湄潭，大量前期调查都是在那个县完成的。他本人还有省农工部好几位干将在湄潭泡了很久，情况和人头都很熟，于是引得中央农研室好几拨人马几下湄潭。

我自己的兴趣，是 1981 年在安徽滁县调查时攒下的问号。农户人口变，承包地就跟着变，留块机动田，要不了几年也用完了。似乎是无解的难题，只好靠“大稳定、小调整”这类辩证法口号去对付。后来在江西、浙江、广西、云南调查，问号依旧，也一直没有好的答案。后来研究土地转包，让我懂得一条，上文给读者讲过的——使用权得不到厘清，转让权无从发育。可是要厘清户际的土地使用权、经营权，又谈何容易？

现在有了湄潭的这个机会，当然不会放过。此外调查研究也要讲机缘巧合，遇到像李菁这样对头的人，掌握真实情况的成本比较低，判断、观点的交流也比较顺畅。1987年按农研室试验办的部署，我们参与了贵州湄潭改革试验区的立项论证，也几度到湄潭实地调查。是年9月，国务院正式发文确立了湄潭为国家的土地制度改革试验区。1988年春夏时节，我与刘守英又一起对湄潭试验的来龙去脉做了系统调查，抱回北京一大堆资料宝贝，到1989年7月才完成《湄潭：一个传统农区的土地制度变迁》。

2012年9月，湄潭纪念试验区创办25周年，守英与我应邀旧地重游。就便回访当年调查过的农家，在抄乐乡欧阳兄弟的老屋，我们见到两兄弟都健在，都用上了手机。他们讲出来最开心的消息，是下一辈的年轻人中，落户县城、落户遵义和贵阳的，大有人在。只是李菁已去世，让我们再也见不到这位当年在第一线推进改革的农工部长。他的在天之灵应该可以得到宽慰，因为“增人不增地、减人不减地”，一直坚持到了今天。这场坚持了四分之一世纪的改革试验，终于可以让世人看到湄潭的贡献。

湄潭的贡献（下）

湄潭首创的“增人不增地、减人不减地”，是继包产到户之后，在农户利用集体土地方面又划下的一道产权边界。从制度改革或制度变迁的角度看，权利安排的变化影响深远，涉及几亿农民利用土地的权利，哪怕就算只多划了一道，也值得对来龙去脉加以探查。

包产到户改革，改的就是原人民公社集体经济的权利安排。公社体制根本不承认农户独立的耕作权、经营权，土地不但只能归集体所有，也只能由集体共同耕作、共同经营，也就是“队长敲钟下地、大呼隆干活、收成归公分配”那一套。几十年下来，优越性可以讲得震天响，无奈解决不了普遍的温饱问题，才逼出一个包产到户。“权利”——我的定义是“社会许可的行为空间”——变化了，农户有权包地耕作，干多干少再不一样，行为的结果才大不一样。

只是最初的承包权很短期，因为是权宜之计，今年包了来年还让不让包，谁也不知道。后来效果好，产量胜过方向，底层要继续不变，上层建筑在实事求是、思想解放的背景下，也承诺政策长期不变。可是等到真要执行长期不变，又发现底层还有新问题：各家农户总有生老病死、婚丧嫁娶，人口数目总随时间而变，增人户要增地，也要求减人户减地，年年都在变，何来长期不变呢？

这个问题早就提出了，各地也找到多种临时性的应对之道。唯有湄潭与众不同，一是这个地方把这件事看得很重，不认为靠那些“小调整”就可以解决问题；二是湄潭提出来要试验的办法也比较彻底，就是干脆断了土地调整之念，农户之间承包土地的权利边界完全切干净，“增人不增地、减人不减地”！

当年我们是到了湄潭，才比较理解当地为何选此“下策”。简单讲，不是那里的什么人要故作惊人之举，最主要原因，还是为当地的实际情况所迫。让我们复习一下，1988 年在湄潭调查时记下的情况：

> ——1987 年，这个农业大县户均耕地 5.78 亩，人均 1.34 亩，分别比 1979 年下降了 21.1%和 7.6%。
>
> ——农业人口、劳力和户数还在增加。1980—1987 年间，农业人口年均增长 0.73%，劳力年均增长 4.2%，农户年均增长 2.5%。
>
> ——给定当地的农业技术水平，全县 15.4 万农业劳力，闲置了 4 万个，剩余劳力率为 30%。

——本地多山丘，耕地本来就不平整，分包到户为了平分肥力不等的地块，各家承包的地块平均多达10块，很多田土面积被用于修建田坎，全县综合的田坎系数（即田埂面积占耕地总面积之比）高达13.3%。

从现状看趋势，未来结局很清楚：如果继续按农家人口的变动调整承包地，耕地更碎、人口压力更大、田坎系数更高。还有一点，湄潭与沿海发达地区的农村不同，本地的工副业机会少，据1986年对488个样本户的调查，年人均净收入399元，其中来自工、交、建、商的收入仅17.5元，占5.16%；平均用于非农劳动的工时仅占3.66%。

喜欢“陷阱”之说的，不难到这里找到用武之地。反正农户越来越多，耕地越来越少、越来越碎，工业和城市的拉力又不足，农民如何跳出贫困陷阱？当时唯一的希望，是农户不但出力种地，而且改善耕地肥力，对土地生产力投资。可是观察的结果也让人失望：承包农户普遍减少农家肥，对培养地力兴趣不大；农机投资达到满足户均7~8亩耕作的要求之后，一般不再增加；耕地的复耕指数高达160%以上，专家说掠夺式耕作，预后不良。

为什么种地的会不惜土地肥力？道理在于，几十年来我们的土地关系变动得实在太过频繁，弄得哪个农民也无从预期，将来增加的收成与今天好好爱惜土地肥力的努力之间究竟有什么关系。比起过去的越大越公，分户经营好很多，但不知道可以好多久。上面宣布政策不变，但从底层的实际看，各家承包的土地终究随人口变而变。

根子在此，那就在这里寻找出路吧。省、县、乡联合对三个村的 15 位乡干部和 510 个农户进行了调查，结果颇有意思：绝大多数（97.1%）农民赞成“稳定家庭联产承包制”，但还是有三分之一强的农民（34.5%）同时也赞同“按人口增减定期调整土地”。至少对这部分农民来说，“定期调地”与“稳定”似乎并行不悖，可以熊掌与鱼兼而得之。

所以李菁他们最早提出的试验方案，还是沿用“大稳定、小调整”的思路。只是讨论到“多长时间调整一次土地”时，农民中的正反方才发生了激烈的辩论。“人非草木，都要吃饭”，这是坚持调地派的主要论据。不赞成调地的，声音开始很弱，却讲得比较在理，因为 1984 年在当地已发生过调地实践，也让农民们看到了现实的代价：（1）由于户均土地少，即使少数户要调地，也一定牵动大多数；（2）调地不鼓励养地；（3）田坎增加，可耕面积继续减少；（4）谁家人口少了就吃亏，不利计划生育；（5）调地的执行难度大，干部劳神，群众闹意见。

辩来辩去，产生了“承包期内，增减人口不再调整土地”的新主张。试验区以此征求意见，结果 64.7% 的农民赞成。再加上几点配套，如允许家庭之间的土地转包、转让、租赁、互换、入股联营；鼓励人多地少户开发非耕地资源和发展家庭工副业，以及安排社队企业的就业机会等。这样，赞成的老乡就多了。当地判断，可以作为改革试验的立项申请，送到贵州省委讨论，“延长承包 20 年，其间增减人口不再调地”的试验方案一举通过。

再自上而下评审湄潭方案，当然是各取各的视角。我们去调研的第一个问题是："真有多少农户赞成试验？"复核结果，多数农户同意不假，但我们还是顾虑，"此多数并不可靠"——因为样本乡的农户家庭，将要添丁的户占少数，不再添丁的户占多数。何况，土地承包是产权问题，并不能用"少数服从多数"的准则解决问题。"难道哪天多数不赞成了，你们还要再次重分土地不成？"

李菁他们倒也同意产权归产权、投票归投票。"多数赞成只表明具备试验的条件"，但新的改革举措是不是站得住脚，关键还要看是否行得通。于是我们一起讨论，那些人丁增加、土地不变的农户，究竟怎样才能找到出路？反正人要吃饭的压力，要么压在耕地上，要么压到非耕地的其他活路上。两头都不着调，压力只好政治化——找干部、找政府。

所以关键还不是当下有多少农户赞成改革，而是经历了时间的磨砺之后，增人不增地的农户能不能找到现实的经济出路。给定湄潭这么个传统农区，缺矿少工又远离大城市，尚在增加的农村人口劳力，到底有没有一条在耕地以外创造收入的现实途径？找不到的话，老祖宗可是有话在先，管他耕地细分、再细分，毕竟不患寡、患不均啊。

其实，逻辑也可以反过来。先在耕地上画下一道不可再细分的警戒线，人们或可被逼着向非耕地资源找出路。本地资源不够？那就向外地、向远方找。横竖一鸡死、一鸡鸣，经济结构之变，缺了背水一战的动力，是永远搞不起来的。

这也是湄潭的方案最终有说服力的地方。既然多数农户赞成试验，那就划下一道增减人口不动地的界线，再向着耕地以外的机会找寻出口。我们也帮着一起找，发现路还是有的。原来湄潭这个地方，耕地不足68万亩，但宜林荒山倒有85万亩，还有74万亩牧地，利用率不过16.5%。我们在联合乡核桃村看到，当地荒山宜茶也宜果，每亩投200~400元，三年多就回收，还增加了可观的就业。“一路行三载变成有钱人，跟着做四年达到万元户”——那是1988年贴在这个村子里的对联。把新增劳力逼出耕地以外，不见得一定就是死路和穷路，搞得好，也可以是活路和富路。

最后的结果，试下去才知道。1994年我在加州大学洛杉矶分校念书，有位朋友回国做论文，我建议去看看湄潭的试验怎么样了。朋友带回消息，说“增人不增地”一直在坚持，并捎来李菁的一篇报告。翻开来读，李菁就像面对面说话一样对你细说：到1993年10月，全县开发荒山15.5万亩，带动就业2.4万人；多种经营的专业户1.5万家，占总农户16.8%，比1987年增加了11.5个百分点。此外，1.1万劳力在本地乡镇企业工作，1.2万人外出沿海地区打工，还有4500人进入本县第三产业。那位朋友自己收集了人口数据，说湄潭的自然人口生育率下降显著，比全省和全国的都低。不容易相信，但后来看到刘守英和邵夏珍每10年做一次的入户调查，湄潭的人口压力真的由高转低、由正转负。

湄潭人埋头试验新体制，他们或许不知道，包产到户再加上“增人不增地”，中国的农地制度就与当年搬回来的“老大哥”的集体经济模式，彻底划清了界限。

告别苏联特色的集体经济

合作经济与集体经济，听来似乎没有多大差别。“合作”是农民把各自的土地、耕牛和农具等放到一起共同使用。“集体”呢？就是农民的土地和其他生产资料一概归集体公有，再由集体成员共同使用。从私产共用到公产共用，反正都区别于私产私用的小农经济，不过公有程度有点不同，合作算初级，集体算高级，至于全民所有那就更高级——这就是当年的流行认识。

事后看，大错特错。关键是，一旦搞成了集体，权利主体的边界就起了模糊。主要是，集体成员不再限于入社社员，即使当年没把土地、耕牛和其他生产工具入社的非社员，也可以是集体成员，也享有与入社社员同等的权利。这里的非入社社员，可以是嫁给入社社员的外地农民；可以是入社社员在入社后新生的子女；还可以是合乎政策迁入本地的农民或非农民。总之，在集体架构下，入社社员的土地和其他生产资料将与非入社社员一起拥有。

没有研究湄潭经验之前，我自己对公社体制的认识，实在还肤浅。讲起来年头也不算短：下乡10年，虽在军队管理的国有农场劳动，但因为分配到山上狩猎，与公社的一个生产队靠得比较近，耳闻目睹，对集体大锅饭有点感性认识。后来回城上大学，机缘巧合到杜老门下工作，参加农村调查的次数不少。可是对公社体制，看到了一些浅病灶，却不知晓还有深病灶——农民之间的权利边界不清，不断地互相吃大锅饭。

湄潭首创“增人不增地”，把我对公社的认知推进了一步。集体制区别于合作制的，可不仅仅是组织规模过大，缺乏有效激励而发生“监管者偷懒”，进而难以衡量社员对集体劳动的个人贡献，结果多劳不多得、少劳不少得，大伙儿只好吃开了大锅饭。这套体制还有一个更大的麻烦：源源不断的新增人口天生就有权充当集体成员——即便他们从来没有带着土地和其他财产入社。这可是一个敞开口子的集体制大锅饭！

那时把从湄潭得来的调查资料，带回北京反复研读。边读边想，我问过自己一个问题：这么一套成员身份开放的制度，究竟从哪里来的？应该与中国传统无缘，因为我们的农耕文明，基础是家庭私产——农民的家庭内部有个小锅饭，同财共居，添丁增劳一起劳作、一起生活；儿子成家后要分家，分的也是家庭土地。出了家庭之门，土地、财产、人口的边界泾渭分明，没有张家增人，就去分李家土地这回事。

家庭私产也是私有制，搞社会主义当然要触及。不过经典理论的设想，丧钟将是在资本主义最发达的地方首先敲响。最发达的资本主义，应该早就粉碎了小私有制，把小私有者分化为无产者与资产者，所以到了闹社会主义革命的时候，农民作为小私产者早就作古了才对。布尔什维克成功之初搞“战时共产主义”，环境是一方面，主观上恐怕也是以为打烂了小私有者的坛坛罐罐，搞社会主义才更方便。

教训是吃不上饭。列宁转得快，提出“新经济政策”。农村方面，就是还要承认农民私产的一席之地。至于将来怎么办，列宁临去世前口授过一篇《论合作制》，大意是将来也不能剥夺农民这样的小私产者，只能引导他们走合作之路。这里的合作制，其实是农民私产基础上的一份自愿合约——土地、耕畜、农具之类按约入社，计价论权，共同使用，收益分红。入社社员的身份边界是明确的，这一点与入股股民相似，只有拿了财产“入”公司的，才有股民资格和相应权益。谁也不能当没入过股的股民，更不能说谁家添丁增人，就可以把其他股民的股权稀释一把。

列宁去世不久，新经济政策连同合作社一起寿终正寝。斯大林要另搞一套。农村方面，他的纲领是“全盘集体化”，主要政策是把已全部国有化的土地永久地交给集体农庄（最早叫“劳动组合”）使用；国家凭工业垄断的优势在农村遍设国有拖拉机站，以机耕服务交换集体农民的粮食和其他农产品；此种交换绝不等价，服从著名的“剪刀差”准则（国家工业品定价高，农产品定价低）；农民的耕畜、农具全部归集体，集体划出部分资源归农户“自留”，其余则靠集体劳动、领取集体分配的报酬。

斯大林不但要消灭农村私有制，而且“要从肉体上消灭富农”，以及其他反对全盘集体化的农民。结果是农村生产力的大破坏，然后就是天怒人怨的大饥荒。政策也被迫做出过局部调整，无非是坚持集体化的前提下，略为增加农民的自留经济。但是直到斯大林去世，苏联粮食产量始终没有超过沙皇时代。

不过后来批判斯大林的，似乎也在某种程度上继续神化着这位前苏联领导人。我的看法，斯大林再厉害，实际上也做不到仅凭一己之见，就把苏联偌大的农村全盘推入集体化。领袖意志、意识形态和国家强力固然有超强的影响力，但涉及底层老百姓的经济组织方式，却不能完全指望斯大林个人的能耐。

长期来看，千百万人来自传统的习俗，对任何经济组织与制度的形成，起着非常基础的作用。就我的阅读所知，苏联农村集体经济与俄国历史传统息息相关。这个传统，就是俄国的“村社”。我们或许可以说，至少斯大林是借助了俄国的村社传统，才做到在不太长的时间内就实现了全盘集体化。“俄国村社”说来话长。不过长话也可以短说，这套起自沙俄的农奴组织，基本支撑条件是俄国特有的地广人稀。那里辽阔的俄国土地统归沙皇，但皇家也管不过来，于是永久地把土地交给村社使用，村社则行份地制——每个村社的成员都有权领取一份土地耕作，对应的义务则是缴纳赋税。村社土地“定期重分”，以适应成员家庭人口变动的要求——增人增地、减人减地，满足村社成员平均利用土地的诉求。既然村社如此慷慨，俄国农民哪里舍得独立在外？这里不是独立农民基于土地私产的自由契约，而是对村社和沙皇一体化的人身依附。有一首沙俄民歌这样唱："哪里有村社的手，哪里就是我的头！"

事实上，即使在1905—1907年的斯托雷平改革以后，俄国也只有小部分农民完全摆脱了农奴状态，成为西欧意义上的小农。这样看，列宁的合作制虽然校正了战时共产主义的偏颇，但也难接俄国传统的地气。相比之下，斯大林的全盘集体化却容易接轨传统：国家把国有化土地交集体农庄使用，以换取工业化所需的粮食，以及国家资本积累。苏联农民也依附于集体——例如1936年的斯大林宪法，根本没有公民自由迁徙权这一说，苏联农民进城要查验身份护照，这些我们在《"老大哥"的坏榜样》一文里已经介绍过了。

从村社到全盘集体化，对苏俄的农业、国民经济乃至国家体制究竟有什么影响，感兴趣的读者怕要请教行家。这里要讲的是，无论"村社—集体制"对苏联的作用如何，中国却断然没有村社传统。我们的传统，向来以农民家庭私产为基础，家内有点小锅饭，家庭之间权利边界分明。这是中华农耕文明早就发达的一个基础。农业早发达，人丁兴旺，可养育的人口总规模也大，反过来以不断增长的人口无限细分耕地，这么一条发展道路就越走越窄。

给定中国之国情，搞社会主义应该更多考虑合作制，而不是全盘集体化。可惜那时候一边倒学苏联，初级社还不过瘾，非向高级社——集体制是也——过渡不可。还不过瘾，大办人民公社，在一个更大范围内以不断增加的人口细分土地。

湄潭提醒我们，以承认集体经济为前提的家庭联产制，尚不足以扭转上述逻辑。喊稳定也没有用，因为内生一个不稳定。改革还要加一条，农户之间增人不增地，减人不减地，才彻底告别与中国传统和中国国情脱节的苏联特色集体经济。

拖泥带水新体制

湄潭的制度改革试验非同小可。上文说了，真正稳定中国农业生产的家庭承包制，其实质就是与苏式集体经济彻底告别。画下这条基线之后，长期压在土地里的巨大农村劳动力，才可能向非农业、工商业和城镇经济释放。如此深刻的改革深化，当然不可能一帆风顺。

一方面是继续推进。譬如湄潭试验经国务院批准正式立项之后，贵州省又做了两点颇为重要的改进。其一，决定延长农民家庭的土地承包期，从当时的30年不变，改为50年不变。其二，承包期间农户人口数有变动，在坚持“增人不增地、减人不减地”的前提下，试行“自愿有偿流转承包地”，也就是人口变多的农户，可有偿向人口变少的农户转包土地。

说不上是惊人之举。但从制度变迁的视角看，这两点意义重大。因为湄潭提出的“增人不增地”还是有个前提，即“在承包期内”。到期后怎么办？当时之见，农户承包到期后，集体要把土地再次发包给农户。问题来了：再发包时，按什么准则进行？要不要考虑各家的人口、劳力？如考虑，按届时各家的人口包地，那增人户终究还是增了地，减人户终究还是减了地。

贵州的解决之道就是延长承包期。本来 1982 年全国普遍实行了家庭联产承包制之后，第一轮承包 15 年于 1997 年到期，是年中央下发文件，要求各地按承包期 30 年不变的规定，“做好延长土地承包期的工作”（中共中央办公厅、国务院办公厅《关于进一步稳定和完善农村土地承包关系的通知》，中办 1997 年 16 号文件）。贵州省为了贯彻落实，原来起草的文本也写了“全省从 1994 年起，耕地承包期再延长 30 年”，但省委常委讨论时，一致同意改 30 年为 50 年（见贵州省发，1997 年 24 号文件）。

这里产生了一个新的逻辑，即便仅仅是在承包期内增人不增地，但只要承包期足够长，也就将农户间人口变化带给承包关系稳定的压力，减小到尽可能低的程度。何况上引省级文件还特别强调，“第二轮土地延包不准将原来的承包地打乱按现有人口重新发包”。如此假以时日，随着承包期继续延长和稳定，增人不增地法则就可能长久甚至永久得到执行。

如此一来，那些人口增加较多的农户，就不能寄希望于过几年调一次土地，以便继续享受集体制“以有限土地无限吸纳人口的优越性”。承包关系长期不变加上增人不增地，彻底告别了集体的逻辑，农民家内的人口负荷要靠自己消化，要靠非耕地开发、非农业经营，甚至离乡背井谋生来应对，究竟转得过去还是转不过去，非经过试验，谁也没把握给予回答。

为降低改革试验的风险，贵州方面还加了一项制度安排，那就是改无偿承包为有偿承包——农户承包土地多多少少要付一个价，不再像过去那样，反正生于斯、长与斯的，但凡地缘所在，人口与劳动力就对集体土地拥有与生俱来的权利——公社时期参与集体劳动和分配的权利，以及承包制后定期承包土地的权利。有偿承包的含义是，集体成员要付一个对价，才拥有对土地的成员权。

我查到的有偿承包条款，最早出现在 1987 年 10 月的湄潭试验方案里，那是试验区领导小组对试验中一些问题的处理意见（共 18 条）。其中点明，土地有偿承包，承包户向集体经济组织缴纳土地承包使用费。同时，允许承包农户转包土地，鼓励有偿流转。据当时的调查记录，土地承包有偿标准为每亩水田每年收 3 元，每亩旱地每年收 2 元，自留地每亩每年收 1 元。2012 年重回湄潭，读到一位当年试验区办公室干部的回忆文章，说湄潭的高台区 55 个生产队，到 1988 年 8 月为止共收取土地承包费 11.54 万元，占应收额的 72%（郭永乐，2012）。

有偿承包最大的功用是推进有偿转包。道理简单，承包权都是有偿获得的，转包土地当然不可能无偿。这实际上开了一个口子，当长期实行增人不增地之后，家内人口压力大，又倾向于经营耕地的农户，可以经由有偿转包，获得较多的耕地，改善人地比例，减弱新政策的压力。在制度上，有偿转让表明农户的土地权利，即使对其他的集体成员，也一样具有排他性。

把家庭承包长期不变、承包期内增人不增地、承包到期不按人口重新发包，以及有偿承包和转让等元素加到一起，不难看到一个新的产权制度正在诞生。最重要的特征，是稳定了农民家庭的土地权利，告别苏式集体大锅饭，并启动按市场准则再分配土地资源的新机制。

新体制的合法化，也是分步解决的。从湄潭县到贵州省，局部的尝试升格为合法的地方政策，一路上并没有遇到特别的麻烦。原因也明了，恰恰是贵州这样的地方，对日益狭小的耕地承载无限增加人口，再也没有容纳的余地。老式集体走投无路，是不需要费很大劲就可以统一得出的认识。所以，湄潭试验本来就是在省级政治架构的支持下申办、立项、启动、推进的，试验一旦有了结果，也很容易完成省级的合法化。

再走一步，把增人不增地这一套变成中央认可的政策，难度就不免要大一点。虽然农户家庭在中国的历史传统悠久，而苏式集体经济引进来满打满算也不过只有几十年，但新中国成立后革命思维占了绝对的上风，总把小农经济看得很扁，反正是落后、贫穷、愚昧甚至动乱的根源；又把全盘集体化看得很高大，不仅代表新的生产力，而且是社会主义、共产主义的唯一载体。就算饿得没法改成了包产到户，其合法学名还是“家庭联产承包制”。谁向谁承包呢？还不是农户家庭向集体承包？集体还在，方方面面好安心。

但“增人不增地”进一步要改的，正是集体。还不是小改，而是要根本消除集体内跨农户的土地细分、再细分。想想看，不需要跨农户、跨时期的土地再分配，真正实现了农户承包经营的长期不变，让有偿、出价、合约机制来处理农村人口与土地的结合方式，还要集体那个劳什子作甚用?

所以贵州湄潭的经验要升为全国性的政策和体制，路途注定不平坦。据段应碧讲，到1994年——湄潭的改革试验已经发生了6年——才在一个中央农村政策文件中出现了“提倡‘增人不增地’”的字样。为什么只是“提倡”，而不是“实行”？主要原因当是上层建筑里的看法不一。还要再过8年，2002年全国人大通过的《中华人民共和国农村土地承包法》，才在第27条明确，“承包期间，发包方不得调整承包地”——含义是不得以农户人口变动为由，随便调整承包地。一般认为，湄潭的试验经验，至此终于被国家立法所吸收。

不过，该法规定的土地承包期是30年，而不是1997年贵州就通过了的50年。换言之，所谓“承包期内不得调整承包地”，也只以30年为限。过了30年承包期，发包方还是有权调整承包地。至于再发包时，要不要以当时各家的人口重新变动人地比例，这部全国性的法律也没有规定如同贵州当年规定过的那些限制性条款。

此外，该法第28条还给依人调地一个希望:“下列土地应当用于调整承包土地或者承包给新增人口:（一）集体经济组织依法预留的机动地;（二）通过依法开垦等方式增加的;（三）承包方依法、自愿交回的。”这类调整是不是要等承包期满之后才得以进行? 没有说，似乎是随时有地随时就可以调。

即便是法律明令的“承包期间，不得调整承包地”，也没有全部得到执行。很多地方还是“大稳定、小调整”，根本等不到承包期满，依人调地，照行不误。

第六部分

寻找突破口

“政社合一”的长尾巴

始于20世纪80年代贵州的土地制度改革试验，后来有机会上升为全国性的法律。不过其内容多少已打了折扣：所谓“承包期内不得调整承包土地”，不是贵州的50年不变，而只是30年不变。即便如此，该法也没有得到全面实行，很多地方在承包期内就调整承包地，调地的方法也多种多样，非常因地制宜。

算“有法不依”吗？似乎不算，因为村子里的事，还有另外一套法律准则在平行发挥作用。这就是“村民自治”，即“由村民依法办理自己的事情，发展农村基层民主，维护村民的合法权益，促进社会主义新农村建设”（见2010年修订的《中华人民共和国村民委员会组织法》）。“村民自治”也是改革的产物。人民公社的传统是“政社合一”，全国基本上一乡一社，人民公社既是基层政权，也是集体经济组织。家庭联产承包之后，人民公社解体，1982 年《宪法》提出重建乡、镇人民政府。1983 年中共中央、国务院下达通知，宣布实行政社分开，要求到 1984 年底完成乡（镇）人民政府的重建。

问题是一个乡平均也有几万农民，在乡级之下，还要不要设立更基层的政权组织？不设村庄机构，乡行政的跨度太大——考虑到当时的交通、通信状况，更是如此。可再设一层呢，无端加出几十万个村公所来，财政供养压力过大。这才是中国这样的中央集权大国的基本难题，不妨称之为“大国末梢定理”。来回权衡，最后的均衡点选在村民自治，也就是设立由村民选举产生的村民委员会，作为“基层群众性自治组织”。至于村民委员会与基层政权的相互关系，1982 年《宪法》先定下“由法律规定”的原则，然后由《村民委员会组织法》给予法定。

第一部《村民委员会组织法》是 1998 年由全国人大通过的。该法肯定了村民自治，也规定了乡、镇政府对村民委员会的工作要“给予指导、支持和帮助，但是不得干预依法属于村民自治范围内的事项”；又规定“村民委员会协助乡、民族乡、镇的人民政府开展工作”。反正怎么解读，村自治也是国家行政之末梢。在实际生活中，各地有了“行政村”的概念，区别于传统的自然村，大体上还是人民公社时代的“大队”。

本来“政社分开”应贯彻到村一级。村民自治是“政”，与土地及其他财产权利的行使（“社”）可以分开来处理。但是，如我们已探查过的，改革后集体土地所有制还在，所以村自治就包括了管理集体土地的职能。这是1998年的《村民委员会组织法》就明确了的:“涉及村民利益的下列事项，村民委员会必须提请村民会议讨论决定，方可办理”，其中包括“(六)村民的承包经营方案”，以及“(七)宅基地的使用方案”(见该法第19条)。到2010年修订，村委会经村民会议讨论决定后方可办理的事务，则包括“(四)土地承包经营方案,(五)村集体经济项目的立项、承包方案,(六)宅基地的使用方案,(七)征地补偿费的使用、分配方案”(见该法第24条)。

很明白，虽然加了限制条件(经村民会议讨论决定方可办理),但村委会还是有权“办理”包括承包地经营、宅基地使用以及征地补偿费分配在内的财产性事务。换言之，到了村庄一级，所谓的“政社分开”就不了了之，法定村委会还是有权“政社合一”。

在组织上，村委会要不要和集体经济组织分设，早在1983年中共中央、国务院的通知里就留有口子:“有些以自然村为单位建立了农业合作社等经济组织的地方，当地群众愿意实行两个机构一套班子，兼行经济组织和村民委员会的职能，也可同意试行。”(见该通知第七条)实际情况是，受“大国末梢定理”的支配，绝大多数村庄根本不可能专设多套管理机构，所以到处都是“三个牌牌一个门，说了算的还是那个人”。这也是日后“村官巨贪”现象的制度起源。

其实，“政社合一”并非中国传统。历史上，中央集权的正规国家政权也就设到了县。县太爷以下，其实是县官领导下的乡绅自治，包括那些在地方上尚未博得功名的，或做了官退休回家的，或较为富有、较有威望的，一起治理地方公共事务。一般模式也是受正规衙门的指导，并对官府行政给予协助。现代化没有完全变革这个构造，只是正规政权从县延伸到了乡镇。过去县以下的自治，现在演化为现在的乡以下的村民自治。

但过去政权无论到哪一级，均不直接管理民间财产。土地和其他产权为家庭私有，似乎商鞅变法后就一以贯之。家庭之上是家族，即便有族产，也是另外一个范畴里的私产。官家是不管民财的。至于“三年清知府，十万雪花银”，那是因权而贵的非法私产，靠政治纪律去解决，从来没有“政社合一”给予节制。人民公社照搬苏式集体经济，顺便也搬来“政社合一”。那倒是一个苏俄的传统，沙皇拥有全部土地，无偿交付村社使用，村社既管行政也管土地。所以追根寻源，底层农村的“政土合一”、“政社合一”都是从“老大哥”那里来的。

回到土地承包年限问题，究竟按什么法律来执行呢？可以是2002年的《中华人民共和国农地承包法》，也就是“在30年承包期内，不得调整承包地”；也可以遵循村民自治的《村民委员会组织法》，通过村民的民主讨论决定、由村委会办理的任何一种“土地承包经营方案”——包括承包年限，也包括调整不调整土地、按何种准则调地等。

因此，在观察上我们就可以看到数种模式的合法并存。有像贵州湄潭以及很多其他地方那样，坚持几十年不按变化的家庭人口调整承包地的，也有不断调整承包地的，其中不少是能不调就拖着不调，直到实在扛不过去的时候才调一把。四川省大邑县兰田村多年没调地，但“确实权、颁铁证”一来，老乡们觉得也许是最后一次机会了，于是彻底按人口重新调整了一回。在地理上，我在都江堰鹤鸣村看过两个村民小组紧挨着，却一个执行定期调地法，一个执行不调地法，并行不悖，“都由村民民主决定”。

这等于说，集体土地制度尚保留一个政治解决的机制。究竟保留多大一部分，也是由政治状态决定的。如果村民希望真正稳定土地承包关系，村庄民主讨论的结论是像湄潭那样“在不断延长的承包期内不得调整土地”，那么土地权利的边界就趋于得到清楚界定，农户家庭增长的人口压力除了提升农业生产率，只好向非耕地、工业、商业、城镇那个方向打主意，工业化、城市化过程中来自农村的推力就变强。

但是村民的民主讨论也可以有另外一个结果，大家或多数农户希望更多保留集体不断调地的功能，于是在制度上促成土地承包经营的短期化，农民继续守着日益狭小的耕地，陷于“血战到底”的游戏逻辑而难以自拔。[①]在这种情况下，过量农村人口要靠工业和城市的拉力才离开土地，且外流劳力不论数目多么巨大，他们的根还在农村，还被牢牢粘连在小块农地上。

这样看，包产到户后我国农村基层的实际状况，在土地产权方面留下一条集体大锅饭的尾巴，在村庄管理方面则留下一条“政社合一”的尾巴。这两条互有纠缠的小尾巴，对农村发展、城乡关系以及工业化、城市化的路径选择有很大影响。人们对此见仁见智，更有理论论证上述尾巴的合理性或不可或缺性。

---

① 见“‘血战到底’的悬念”一节的详解。

也谈“土地的社会保障功能”

屈指算来，农村改革30多年了，不知道将来的史家会选哪一个时点作为这段改革史的开始。就我所知，在实践层面改集体大锅饭的行为，早在1977年安徽的一些地方就秘密出现了。更早的责任制，甚至可以追溯到1956年的浙江温州永嘉县。至于普遍重建自留地——集体所有权、农户家庭永久的使用权——则是始于大饥荒后1962年的事件。从得到合法承认的时间算，中央文件说“可以”、“可以”、“也可以”，是1980年；把包产到户纳入“社会主义农业”，是1982年。怎么算，现在看都是30年以上，一代人的时间过去了。

不过正如上一篇评论所举证的，新的农村体制拖泥带水，还留有苏联式集体经济的长尾巴。一是按人口不断调地的逻辑尚未彻底终结，所以家庭联产承包制还没有做到真正长久不变。二是“政社分开”并没有贯彻到底，特别是到了村庄一级，“政社合一”依然挥之不去。这对中国农业和农村现代化、工业化、城市化的继续发展，对城乡政治、社会、观念的架构，当然有着基础性的影响。

制度层面的长尾巴，根源在观念。一些流行的概念、术语、推理和对现象背后的因果关系的理解和解说，常常支持着那些制度上的长尾巴。别无他因，盖制度变革是一系列的公共选择，凡想不通的或讲不明道理的深入改革师出无名，只好不了了之，或受某些见解的束缚，还没好好思索就根本不敢再想，当然也就不会有变革的行动。

个人之见，20 世纪 90 年代后流行起来的“农地承担社会保障功能”之说，怕要仔细辨析一下才比较妥当。讲起来很唬人：中国农地与众不同，除经济功能外，还承担着社会保障功能，倘若继续改，轻则工业化、城市化的波动无从消化（主要指农民工回乡无地可种），重则无地农民变成流民造反，天下大乱。念叨这套话语的名家不少，读者到网上一查便知，我这里就对言不对人了。

“土地具有社会保障功能”，开始是对人民公社制度的一种描述。公社体制“公”字打头，除了与“主义”挂钩，实际上打动农民的，就是任谁——包括劳力不强甚至丧失劳动能力的社员——都可以分得一份工分，再转成一份口粮、柴草等消费资料，好歹最低生活有个保障。此保障，依托的不是本人当期的劳动所得，而是其他社员的劳动成果在公社（或生产队）范围内的再分配。说“社会保障”也没错，因为这是一套社会性的制度安排，意在使劳力弱或根本无劳力的社员也得到一个最低限度的生存保障。

其实，任何社会保障都离不开经济基础——总得有人干活，才能保障不能干活者的生存和生活。经济基础强，保障水平就高；反之亦然。人民公社大锅饭开不下去，就是普遍来看，在该体制下能干的也不乐意多干，结果贡献于保障的劳力越来越少，吃保障的却越来越多。“食之者众，生之者寡”，年长日久大家一块儿穷，结果是吃不上饭的地方先改革，告别大锅饭、包产到户。

分户种地，新问题不少。其中一个是，村里的五保户、孤寡伤残户怎么办？他们倒也分得了一小块土地，可是家庭没劳力，或有劳力也太弱，种不上、收不下，就是包了地也满足不了最低生活需要。1981 年农村发展研究组在安徽省滁县地区（今滁州市）调查包产到户后的新问题，其中比较尖锐的就是新形势下的农村扶贫。我当时了解到的，就是当事的农民和干部并不像外来人想象的那样蠢——似乎非退回到公社大锅饭，才能实现社会保障。当地的办法聪明得多：一是把承包户上交的提留（包干制的前提是“交够集体的”），拿出一部分来扶贫扶困；二是缺劳困难户把自己不能好好种的地，交给多劳户种，然后分享部分所得。

从这里得到的启发是，农村的社会保障总要以更充分、更高效利用土地和劳力资源为前提。资源的利用效率提高了，再分配的基础厚实了，才谈得上实施社会保障。公平第一、打倒效率，最后只能是普遍贫穷。

到了湄潭，改革再进一步，问题又来了。增人不增地，那增人多的农户耕地相对就少，是不是不公平？增人少地到了一定程度，那些农户岂不是陷入绝对贫困，永远没有出头之日？再深入一层，对贫户和困难户，社会要不要管，要不要实施某种最低限度的社会保障？用当时当地人朴实的语言来说，“人非草木，都要吃饭”，现在搞增人不增地，一部分人家的地不够吃饭的，怎么搞得下去？

湄潭的解决方案没有回避这些问题。增人不增地，意在提升那个地方耕地的利用效率：减少碎片化、稳定耕作预期、增强对耕地投资的意愿。更要紧的，是把传统农区的人口压力引向开发非耕地资源，开拓农民的生存和发展空间。要明确，硬化农户家庭之间利用耕地资源的产权边界，并不意味着一定要减弱农户对村庄范围济贫的责任——当地提出的“有偿承包”，其实就是在农户增产基础上保证各家上交村庄的提留。提留不可以帮助贫户和困难户吗？

讲到底，是不是唯有低效利用土地资源——不断按人口平分越来越少的耕地——才能实现农村的社会保障？其实，在任何情况下，能保障人们生活的，并不是资源和资产（包括土地）本身，而是从资源和资产里产出的收入，即那些可以带来享受的经济物品。倘若土地没有产出，它拿什么承担社会保障功能？倘若土地产出很低，或越来越低，它能承担的社会保障水平也就很低，或越来越低。在逻辑上，土地的利用方式决定着它承担社会保障功能的水平和能力。

很有趣，声称按人口不断调地才符合中国国情的论调，其实不那么经得起历史的检验。那是苏俄的“村社”传统，从来就不是人多地少的中国传统。中国的农业制度安排，有家庭小锅饭，但搞不起村社大锅饭。说中国小农经济没出路，是说人口压在狭小的土地上，即使搞家庭小锅饭最后也无济于事，根本出路是要把非耕地、非农业、工业、商业和城市的大门打开，而绝不是将中国的小农经济改造成苏俄村社式集体经济。那才是绝路一条，被人民公社的失败所证明。现在的问题，是要不要与苏式集体经济的尾巴彻底告别。

即使土地得到很充分的利用，仅仅在土地收益基础上的农村社会保障，对全国多数地方来说也不会很高。还要把非农收益纳入，农村社保水准才有更可靠的基础。举一个例子，2013 年正月十五前后我到福建龙岩，当地介绍近年农业保险有很大发展，新开发的险种几乎囊括所有农业种植、养殖的品种和生产环节。办法是财政出一点种子钱，农民按赔付率分品种买保险，一旦摊上灾害，保险公司理赔。我自己是参加了医改辩论才明白，“社会保障”（social security）起源于“社会保险”（social insurance），基本机制是在大范围内发挥规模经济效应，来对付概率上可把握风险的事件。这是农民急需的，也是传统农业和村庄的社会保障模式不可能提供的。

湄潭真正触动人们神经的地方，也许是那里的改革探索把农民从狭小的耕地上引向耕地以外的广阔空间。由此，大规模的流动、重组、集聚不可避免，也因此搅动了“安稳的”乡村结构。对一些论者而言，似乎这就是大厦将倾、天塌地陷，于是乎，把所有人口待在不断重分耕地的游戏里，说成是农村唯一的社会保障，好像这样的保障没了，社会就完蛋了。问题是，真有这么一回事吗？就算真有，他们开出来的药方就能挽狂澜于既倒吗？

把离开土地的农民视为洪水猛兽，倒是中国上层建筑里的一个传统。君不见历代皇权，一概忙不迭地在那里固本抑末。这里的“本”，不消说是务农。“末”呢？就是经商、务工、搞服务。可惜这算不得好传统，因为实践检验的总结果，是这套经济思维与近现代的经济大势背道而驰，活活把中国带进越走越窄的死胡同。工业化、城市化大潮终究不可阻挡，而唯有建设现代工业、现代城市才能有现代农业的道理，也才开始彰显新的逻辑力量。

政产不分，遗祸无穷

在农民家庭之间，把土地的经营、收益、转让等权益的界限划清楚，真正长久不变，并不意味着土地的社会保障功能全盘作废。相反，唯有土地的经济利用效率得到提高，其承担的保障功能才有可靠基础，也才能选取更为多样、更为有效的形式。

这样看，把土地的社会保障功能说成只有一种模式——依农户家庭人口的变动不断重新分配土地——就值得重新推敲了。在常识上，之所以需要社会保障，当是因为个人和家庭在经济上保不了自己。出现这种情况的原因各式各样。从农村看，或家庭劳力过弱，特别是遇到贫病交加的情况，就是分同样的地也种不好；或人口偏多，家庭总产出尚可，但人均水平就低了；最普遍的，还是农民缺教育、缺训练、缺知识，传统农业的分工程度低、生产率低，就算人地资源都不少，收入总还是难以尽如人意。

农村扶贫要有针对性。我的观察是，把救急和救穷适当区分开来，效果较好。救急之道，家庭、亲戚、社区、政府都搭把手，反正恻隐之心，人皆有之，守望相助，能帮一把是一把。但救穷非一日之功，要讲对症下药。劳力太弱的户，再多分土地，他们也没能力好好种，根本谈不上土地保障；劳力多的户，要早向耕地以外的营生打主意，不要幻想守在狭小地块上平分邻居那点耕地，真的就有什么出路。更根本的农民脱贫之道，是增加知识、学习技能、向较高收入的行当转移。以上三种情况，按人分地都属劣招，南辕北辙，会渐行渐远的。

在村庄的小范围内不断重新分地，还带出一个派生物，那就是在村庄治理中留下了一条“政社合一”的尾巴。本来人民公社搞不下去了，中国有机会彻底告别从“老大哥”那里搬来的“政社合一”。可惜功亏一篑，在乡镇的政社分开之后，村庄一级要不要政社分开，认识模糊，行动犹豫，拖泥带水好多年，到今天还到处看得到“公权私权一锅烩”的现象。

本来，“村民自治”重基层民主。正规的提法，这是村民“自我管理、自我教育、自我服务的一项基本社会政治制度”，内容包括“民主选举、民主决策、民主管理、民主监督”。很明白，这套以“直接民主”为特征的制度安排，让几十万个村庄和数亿农民学而时习之，对我们这么一个缺乏民主传统的东方大国，意义很长远。村庄民主有了基础，向乡镇发展，再向县和县以上层级发展，或不失为一条民主政治发展的现实路径。

问题是，以直接民主来管理村庄里的众人之事，涉钱的成分不可偏重。大家伙儿要办的村庄公事，“油水”不大，真正偏好服务的村民就容易胜出。一旦经济利益过重，权力租金偏高，诱惑太大，初级的民主演练就容易走歪。抗战时期八路军根据地由老乡投豆子选村干部的故事，今天听来还很动人。想来想去，那时的村庄公务比较简明，责任重，好处少，易为也。

人民公社时代运动连绵，根源在于经济集权太多，没给农民的私人权利留下多少空间。当村庄里的一切都成为公务时，大权在握的干部想干净都难。花花名堂多了，哪里容得下什么民主？只好靠一波接一波自上而下的运动整肃社队干部。这至少说明，经济集权与民主发育难以相容。

包产到户，公社解体，农民家庭的土地经营权利终于有了一个合法空间。这从根本上减轻了村庄公共事务的含金量，也为基层民主演习创造了有利条件。政社分开后，农地作为最重要的谋生资料，以承包合约公开界定为各户的经营权利，村干部对村民再没有那么了不得的生杀予夺之权，基层民主才可能搞得起来。

可惜新体制尚不彻底。农户承包土地长久不变，但不少地方还是留下一条小尾巴：以各户人口变动定期不定期重新调整承包地。到了调地的关口，村庄事务的经济分量又上去了——调谁的不调谁的，怎么调，一动就影响好多年。后来，如何给日益密集的人口分配宅基地，又成为村庄公务的重头戏。再后来，政府征地规模扩大，涉及土地所有权易主，非以集体为对手——村干部职位的含金量陡然增加到不可以道里计！大体上 20 世纪 90 年代以降，村庄层次的“政社合一”卷土重来，以货币衡量的村庄权力租金之巨，为过去任何一个时代所不可想象。准确一点说，新类别已经不是“政社合一”，而是行政权与土地产权搅和到一起，“政（权）产（权）不分”。

或问，村庄一级的政产不分，何害之有？个人的看法，首当其冲的是基层直接民主。逻辑上，公权的经济含量低，基层民主容易上路，公开监督包括村务公开、质询、评议之类，试行成本不高，不难付诸实践。假以时日，基层民主养成习惯，再增加公务、公权的含金量，也容易驾驭。反过来就不成：民主章法还没有成形，公权的油水太大，很可能好习惯还没养成，各类坏名堂野蛮生长。这是说，把小老虎关进笼子或有可为，让它在笼子里慢慢长大，也没有那么可怕。活生生一只大老虎在野外，要把它捉进笼子就不是儿戏了。

在实践中，村庄民主的好案例有，但变味的也不少。远的不提，单看那些暴力征地、暴力拆迁恶案，发生在基层，好像也都有个民主选举的村委会，为什么就不管用？我的猜测，“政产合一”是重要原因。

再深入一层，即使基层民主没有受到家族势力、帮派、权力腐败、官本位等的扭曲，以民主的标准程序来处理财产权利的问题，恐怕也不是妥当的制度安排。民主讲公共事务服从多数人意愿，涉及众人的重大事项要靠票决。但财产权利一般就不适合以投票处理——多数人票决剥夺少数人之财产，一轮一轮搞下去，最后将剥夺所有人的财产。民主程序最难的地方，是决定哪些事务不是由民主投票决定的。这类权利要在《宪法》里先行定好，以后不可以再投票处理，倘若有谁人提议公决，则以“违宪”名义加以拒绝。

可是在我们改革了30多年的村庄，受法律保护长期不变的家庭承包经营权，在很多地方依然同时受到“村庄民主”的节制——如果多数赞成定期不定期按人口调整承包地，那就调整之。这是加不到一起的制度：农地的所有权在名义上归生产队（现在有的叫“组”，有的叫“自然村”或“社”）所有，经营权则长期归农户，但同时可以在超农户、超自然村的行政村一级，经由村民自治决定村民的承包经营方案，决定宅基地的使用方案，决定被征地之相关事宜。

从今天的情况看，“政产合一”“不断调地”这两条纠结在一起的小尾巴，最大的“效果”，还是对数目依然庞大的农村人口转向较高收益的行业、部门和空间位置，不断制造着体制性的摩擦。既然每个农户的土地权利中都欠有对社区内其他农民的永远没完没了的债务——未来变动的人口重新分地的要求权——当下农户要转让他们的土地权利，就既不可能充分，也不可能利落，更不可能完整。迄今为止，土地市场还是一个有待实现的梦想。

确权要到户

起于成都改革试验的“还权赋能”，究竟到达哪一个层次，才能为农业现代化、工业化和城市化的更大发展奠定可靠的制度基础？经验和逻辑说，农村土地确权要到户，长久不变，不再屈从农户之间因人口变化调整土地的短期压力，才能巩固使用权，发展转让权，适应更大规模重组农村要素的现实要求。

我们也回答了各种流行的疑虑。“会出现失地农民吗？”不会，因为农地已经一次性地分配给所有农户了，都在各家名下。新增人口分不到土地，但其所属的农户家庭总有地，可以家内再分配。“公平吗？”公平，因为超出家庭范围，还可以有其他方式来行必要的社会保障，不需要也不应该继续按人口增加无限细分土地。“对农民有什么好处？”长远的好处，就是一旦画下这道底线，农村的人口压力就从农地向非农地、非农业、工商业和城镇转移，与国民经济的结构变革更为相容，从而为农民创造更多的收入机会。

依然疑虑重重的朋友不妨看看湄潭。那里实施“增人不增地、减人不减地”近30年了，什么可怕的预言也没成真，观察到的倒是农村生产力的真正解放。如果说，当年划下永不调地的底线、转移耕地上的人口压力，还仅仅是被逼无奈而产生的一种愿景，那么长达四分之一个世纪的制度试验，验证了以下因果关联——只有边界清楚的土地使用权，才能有效推动土地流动、转让和资源重组。

这里最关键的制度之“扣”，在于根除耕地上无穷无尽的债务。不少读者可能觉得诧异：我国正规法律禁止耕地抵押，何来无穷无尽之债务呢？解释过了，此处所谓“债务”，就是每个农户拥有长久经营权的耕地，还负有“调出部分耕地给人口增加的邻居的未尽义务”。未尽义务将来总要履行，等于是欠人家的债。这样看，“集体土地”是永远不可分的所有权，虽然实行了分户经营，但各户之间永远欠着未了的债务——邻居家下一代、下下一代、再下下一代的人口增加了，还有权调整你家经营的土地！

在未尽债务没了干净之前，转让不免困难重重。是啊，拿城里人的经验来衡量，某物业欠下未了的债务，转让当然有麻烦——下家接不接这笔债务呢？如何在预估的物业市值里减去这笔债务呢？等等。在制度技术上，物业都配有房产证和土地证，如果业主有未清偿之债，房产证和土地证都押在债主手里，原业主想转手都不能。就是说，按照市场的一般准则，要了清债务才可自由转让。

但农村的集体资产，皆负有永远了不干净的债务。在没有落实湄潭原则（集体承包给农户的土地，承包期间不得重新调整）的情况下，每户经营的土地都面临社区邻里农户家庭人口变化的调地压力。这样的债务如何了得干净呢？了不干净，又如何方便转让呢？就算下家愿意连同资产一起接下债务，他也得不到一个清楚的债务估值——究竟欠有多少未了债务？他甚至找不到合适的对象讨价还价——不少潜在的“债主”还没有降生呢！

湄潭的办法，在本质上免除了承包农户永远还不干净的土地债务。今天我还记得那场改革最早的设计者李菁——时任贵州省农工部副部长——从传统智慧里借来的用语：“人丁滋生，永不调地”。是的，他的最初考虑，是永远免除债务。后来妥协来妥协去，成为“50年承包期（贵州省自定的土地承包年限）内不得调地”，也就是一次免掉50年内的土地债务。到了北京，2002年立法认下“30年承包期内一般不调整承包关系”，可是又受《村民委员会组织法》节制，由行政村的村委会决定承包方案。这个免除土地债务的行动，被大大打了个折扣。

债务粘连，转让的摩擦必大。这是经济规律，有其因必有其果，躲不开的。为什么耕地转包发展缓慢？不是不需要农业规模经营，而是土地转包带来的隐形债务尚无法破解。为什么农村金融步履艰难？真是因为“小农缺少抵押物”吗？可是农民明明有地、有房，为什么就不能抵押？过时的观念——诸如失地失房农民导致农村失稳——是一个成因，还有一个隐蔽的力量，就是农地农房粘连着无尽的债务，交易费用实在高得让交易无从发生。农村高利贷盛行，是因为那个利率水平包含了对无尽债务的估值。

其实城里的房地产，讲起来也是在居民拥有使用权的国有土地上的物业。国有是公有，集体也是公有，为什么城乡之间的物业转让仍然有天壤之别？区别在于一个细节：城市国有土地转为居民使用权，法律上有一个规定，那就是使用权年期为70年。年期之内，邻家添丁加口，可不可以来分你家的房子呢？绝不可以的。乡下的土地集体公有制，缺的就是这个细节，喊了多少年“长期不变”（现在叫“长久不变”），但承包期内究竟能不能重新调整承包地，至今还是一国多制、各行其是。所以我曾在一个场合说，搞改革，少用大词，因为那些大词含义模糊，怎么说都可以，反而容易把真正要解决的事情耽误了。

转让困难的资产，只留下“净身退出”一途。这也是当下的法规和习俗：农村集体经济成员一旦离开集体，要将承包土地退还给集体——抑或更硬性一点，集体有权收回这份资产。我的观察是，“净身出乡进城”的农民也有，不过总要另谋高就的收益很高、很稳定，他们才会选此“上策”，因为以那样的方式退出，要放弃一份身为农民的资产收益。对我国大多数农民来说，还没条件走这条路，还是脚踩多只船比较妥当。几千万农村留守家属，总有点什么是值得一“守”的吧。

根据2011年我国人口数据，流动人口（一年内离开户籍所在地6个月以上的）2.3亿。全部流动人口中，八成以上是农村户籍人口。按90%算，总数两亿农村人口常年离开他们的户籍所在地。再看户籍统计，农村户籍人口总数在9亿以上，减去这两亿流动出去的，农村至少还有7亿。是不是可以问一句，统共18亿亩耕地，真有经济需要，要让7亿人围着耕地转吗？

如果工业、商业、服务业和城镇没机会倒也罢了，可是这些年“招工难”遍及大江南北，产业界“人工成本上升过急”的呼声四起，又是什么情况？依笔者之见，想要得到一个大体上说得通的分析框架，怕要到农村改革留下的尾巴，特别是土地黏着农民不让利落流转的制度层面，去寻找更合理的解释。

本文的政策含义是，确权到户，长久不变——不得按人口变动调整土地——意在减免承包土地上无尽的债务，为更大规模的要素流动、转让、重组、再利用创造条件。这是包产到户改革的继续，也是比包产到户更为深刻的改革。拿不下此役，拖泥带水的土地制度必有拖泥带水的城镇化。

拖延改革，永无宁日

读到《21世纪经济报道》记者贺莉丹发自云南玉溪的报道《云南鲭鱼湾征地风波，奇怪的补偿标准引村庄风暴》(见21世纪网，2013年6月10日)，决定对我国农地制度延迟改革造成的困局再说上几句。

故事发生在云南省江川县路居镇的张营村。从地图上看，张营村地处抚仙湖的鲭鱼湾湖畔。作为我国最大的深水型淡水湖泊，抚仙湖海拔1700多米，面积216平方公里，平均深度95.2米，最深处158.9米，湖水容量206.2亿立方米，总蓄水量相当于12个滇池，或4.5个太湖。抚仙湖形如一个倒置的葫芦，北部宽而深，南部窄而浅，中呈喉扼形。《徐霞客游记》中写道："滇山惟多土，故多壅流成海，而流多浑浊，惟抚仙湖最清。"

更有网友引嘉靖年间杨升庵赞抚仙湖之佳句："只少楼台相掩映，天然图画胜西湖。"看来这位清朝才子真有点预见力，经济搞起来之后，果然少不了沿湖修建楼台之举。据记者报道，几年前江川县政府就引进了一个计划投资400多亿的高端旅游项目。张营村在抚仙湖那个葫芦腰的腰眼附近，位置资产优越无比，理所当然成为项目第一期的所在地。

本来土地资产增值是一桩好事，可是没有好的游戏规则，好事也难得好报。这不，如此美轮美奂的建设项目居然闹到"在2011年和2013年2月两次引发群体事件和暴力冲突"，"因种种冲突，近两年来，鲭鱼湾的仙湖锦绣工地一直处于停工状态"，连当地官员都感叹"现在每天回镇政府上班我都有点害怕"。

鲭鱼湾征地风波的起因，不是常见的村民对征地及补偿标准有意见，而是当事人因征地补偿怎样在村民之间分配闹起了纠纷。问题也不是常见的少数村庄权力人物，利用"代理人"的特殊地位侵犯多数村民的利益。那类问题，解决之道是公开信息，增加村民对村庄公共事务的参与和监督，制约村主任的权力。

问题是，即使把"村庄民主"搞得有点模样，也还会遇到力有不逮的情况。当时张营村的新闻就提供了这方面的一个实例。请看报道，把这个本来美轮美奂、将来有望更美轮美奂的地方搞得好几年谁也不得安生的直接起因，居然就是一个公之于众公开征地款的分配方案，让村民有权讨论、有权表达意见。

张营村闹将起来，起于2010年11月3日公布于玉溪市江川县路居镇政府官网的《"云南江川仙湖锦绣"项目征（租）地费分配指导意见》。据记者调查，引起村民意见分歧最大的，是该指导意见中的如下条款："涉及本组被征（租）土地的承包群众，根据实际情况按1987年土地承包台账（工分）进行分配。"

这一句，非细读不能懂。第一，云南直至1987年才分田到户。此前，人民公社按工分来算社员的工作量和劳动报酬，那时，10岁以下村民记6分，10岁以上的记10分。第二，所谓按工分制分配征地补偿的方案，就是把全部征地补偿款划为两部分：一部分是人头费，即按当地政策享有土地分配资质的人头数来分配，占总补偿款的30%；另一部分为土地费，以该村民小组的总工分数来分配，每户再按所持有工分数分配补偿款，占总补偿的70%。

准则有点抽象，加上例证也许容易明白。不过我要把记者写下的例证略为改一点，以下凡是引号内的都是报道里的原话，顺序有调整，而未加引号的则是我添加的"过门儿"：

若"被征地的一个村民小组""共获1200万元的土地补偿款"，再假定该村民小组"有100亩水田、700位具备领取土地补偿款资质的村民，其中350人拥有1987年土地承包时分到的共5000个工分"，那么就把这1200万元分为两部分："其一为人头费，为700位村民共享，不管有地无地，只要符合政策，均有人头费，这样每位村民领取的人头费占土地补偿总款项的30%，共计360万元"，即人均分配5143元；"其二为土地款，仅为有工分有土地的村民所有，这部分占土地补偿总款项的70%，共计840万元，除以村民小组工分总数，约合每个工分1680元，各户按持有工分数享有此部分所得"。

简单理解，这里有两套补偿准则：一是国家依照被征土地的数量，定下付给集体的征地补偿总数；二是集体得到的补偿款，如何在村民之间分配。例证里那1200万元的总补偿额，是国家依照被征土地定下的，也就是上引玉溪市规定，水田每亩补偿12万元，旱地（含果园）每亩6万元。但这1200万元到了集体内部，却不再按各家被征土地的数量、质量来分补偿，而是部分按人头，部分按1987年的工分数来分配。各家实际获得多少征地补偿款，由各家的人口数以及各家1987年持有的工分数决定。

就这么一条规定，激起了报道所说的两次村庄风暴。先是方案公布后，“带着种种疑虑和不满，村民们多次以上访形式向路居镇、江川县政府表达对按工分分配土地补偿款的反对意见，但无果”；“此后，矛盾趋于激化。2011年，因上述按工分折算征地补偿受到抵制，在鲭鱼湾被征用土地附近的农田里，一批身着迷彩服的人曾与当地农民发生肢体冲突”。“到了2013年2月，冲突再次爆发”，“最紧张时，在鲭鱼湾附近曾驻扎上千警力”。（一干部称“当时只出动了数百名警力”，并“亲眼看见有几位村民在镇政府殴打两名民警，把警察打得住了医院”。）

回到冲突的源头，即征地补偿的两步法。第一步按地补偿，要有纠纷也不难厘清症结所在，无非涉及被征土地的量、质、价，面积丈量可以复核，水田旱地不难区分，补偿标准是高是低，也总可以一议再议。但到集体内部的分配，搬出一个1987年人民公社的工分法，很多人听都不容易听懂，实行起来连猫腻何在也搞不清楚，为什么要绕这么大的一道弯？

我们还是不要急于拍案大骂当地的官员蠢，因为事出有因，还是细读为上："为什么采用工分制分配方案，而不是直接套用玉溪市按土地面积补偿的政策？"对此，当地镇政府的一位官员回应："这主要是考虑到张营村的特殊情况，因为在1987年8月20日之后出生的张营村村民与此时段后嫁入征地村落的女性，都没有工分也没有田地，而这部分人在张营村所占的比例很大——在张营村被征地的约2200名村民中占到了51.7%。"

不妨再听听他的担心："这种情况下，如果搞一刀切，直接套用市里按亩计算补偿的标准分配补偿款，就会造成严重的不公平，一方面过半数村民拿不到一分钱；另一方面有些违规乱开荒、乱开垦，占了不少地的人却能拿到几百万的补偿。所以我们按工分来分配是经过反复权衡的，是顾全大局，最大化地保障公平。"

这正是改得半半拉拉的集体土地制度留下的一条长尾巴。讲过的，承包到户的土地仍为集体土地，而集体经济的性质就是地缘化的公有制，权利主体不但包括已经生下来的成员，而且包括没完没了、将来还可能增加的人口。正是此种经济属性，让集体成员有相应的权利诉求——你们前面的成员把土地承包了，我来了，也是成员哪，怎么可以没有地？

张营村的情况比较夸张，全村一半以上人口是1987年以后新添的，没有参加1987年的土地承包，如果按谁家承包的土地被征就补偿谁家，如何摆得平？读者当记得，我写过成都人借用一种当地麻将叫"血战到底"的，来描述集体土地制下产权流转与补偿的困境吧？这里是云南张营村的"血战到底"，谁也不能从此类游戏中轻易抽身。

对任何游戏规则，都赞成好办，都反对也好办，就怕一部分赞成，另外一部分绝不接受。看来要张营村采用 1987 年工分法来分配征地补偿的方案，就收到这令人绝望之效。1987 年以来的变化，各家各户情况不同，增人多的户有一种利益核算，增人少的户有另外一种核算，张家之得补偿不了李家之失。各位不妨设想一下：要是镇政府宣布废除 1987 年的工分法，转回来按各家被征土地分配补偿，将会怎么样？我的猜测是，一部分村民满意了，换另一部分村民去上访。

报道提到了一位“三农”问题专家对此案的评价：“鉴于中国现存的农村‘分田单干制’遗留了很多历史问题，路居镇的做法是选择回到‘起点公平’模式，可以理解。”不过这位专家接着又表达了如下意思：“近 30 年前实行的工分制原则，反映不出劳动力和人口的变化，也并不能真正解决当地的冲突和矛盾。但玉溪按亩计算补偿的标准操作，又将使没有享受到 1987 年分田政策的人再次被补偿政策排除在外，也不公平。”

不知道记者的转述是不是准确，我只是质疑这个意见是不是把解决问题的方向整反了。要是把土地产权完全置换为人人享有的“人权”，那张营村征地补偿的办法似乎就应该是把总补偿款除以总人口，然后数清楚各家的人口，按人发放便是。那样一来，土地的所有权、长久不变的承包权以及正在发育的转让权就统统失效，相应的行为逻辑也失效，因为一旦转向数人头分福利的方向，相应的行为逻辑就会登场。

这样还是没有公平，因为还有将来增加的人口。无论未来新生的，还是嫁到张营村的人口，因为没参与此次财富分配，一定会引起未来村民家庭之间财富的不均等。那就等着吧，为了未来的起点公平，人们只好在永无宁日的冲突中，等待着诞生永恒公平的土地制度。

宅基地流转后来居上

农地承包留下的那条集体制尾巴，一时半会儿蜕不干净。这是农地转让拖泥带水、发展不足的一个体制原因。但另外一类农村土地——宅基地的流转，近年来却有后来居上之势。这是怎么发生的呢？

在"'还权赋能'，意义不凡"一节里，我向读者交代过自己开始接触农地转非农用途现象的经过。那是2007年春夏之际，我在成都看邛崃市羊安镇仁和社区时入的门。那里通过平整农地，把缓坡治平，重新安排地里的路、渠、沟、坎，增加实际可耕地面积，再把结余出来的土地指标卖给城市充当"占补平衡"，为建新农村筹得部分资金。在同一经济逻辑下，"农地整治"又扩展为"村庄整治"，农村宅基地由此列入可转让范畴。

对我来说，这是一个新现象。过去多年在杜老（杜润生）帐下从事农村调查，关注的焦点是农地，因为粮食、农产品以及农民的收入皆出于农地，所以政策与制度变迁的重点也在农地。当然我到农村去调查，也是见过宅基地的。更不要说，自己下乡十年，住在完达山自建的窝棚里，严格说也占过一幅宅基地。不过没有问题引领，理解不到的也就感觉不到，大体对宅基地很熟视无睹就是了。

在邛崃受到可观察现象的刺激，脑子开始转，也开始关心其他地方有无同类事情。是年 7 月，《南方周末》发表的两篇出色的报道让我如获至宝。一篇是记者肖华的作品，题目就有不可抗拒的吸引力——《农宅入市，为谁开闸？》。也许是编辑加上的提要，则更为传神："广东一脚踏入土地制度变革的最后一块禁区，这个省的农民有望能买卖、抵押他们建在宅基地上的房子。"

另外一篇是记者王小乔写下的北京故事。她的题目是《"小产权房"：生命中不能承受之便宜》——你看了就不可能放过不读的。该文的提要也过瘾："被高房价催生的'小产权房'同时迎来了发展高潮和清查风暴，被'小产权房'改变了的村庄和追逐着'小产权房'来到乡村的城里人该何去何从？"这似乎印证了我早就讲过的预言——这个时代出大记者的机会，比出大经济学家的机会大多了。

不约而同，一南一北的两大都市，在城乡接合部都发生了农宅流转，加上我自己在成都三圈城邛崃的观察，该不会事出偶然吧？没把握，于是决定从京郊着手探查。办法也现成，就是拜王小乔为师，请她到我们师生组成的研讨会上讲情况，提问题，理思路。大体有了一张“地图”后，就在京城四环到六环内外，一个一个跑带有农宅入市现象的村镇。我自己的记录是，前后跑了 7 个“小产权楼盘”（包括王小乔专题报道过的太玉园），还访问了刘守英写过的“建在集体土地上的城市”——郑各庄，并由前北京农工部领导老赵亲自当向导，几次三番到因“小产权”官司闻名京师的“画家村”宋庄问东问西。

这些实例有一个共同点，那就是涉及农民宅基地的转让。问题也来了：宅基地不就是农宅下面的那块土地吗？农民生活在农宅里，为转让宅基地，常常不惜拆了农宅易地再建——早期邛崃的村庄整治，干脆就被当地老乡叫成“拆院并院”——为什么要如此折腾？农宅拆旧建新，里外总要花上一笔投资，究竟谁来出钱？倘若拆了旧房又建不起新房，农民岂不是要流离失所，那又岂不是要在太平世界活活酿成民变？

要解答这一连串麻烦问题，怕只有从最初级的开始。刚刚讲过的，宅基地无非就是农宅下面的那块地。不过，这只是宅基地的自然属性。社会属性呢？免不了要问宅基地的权属，也就是它究竟归谁所有。答案是中国农村的宅基地归农村集体公有。再问：为什么宅基地也要归集体所有，以及它是怎样归集体所有的呢？

宅基地本来是生活资料，按标准的社会主义改造理论，必须实行公有制的应该限于生产资料。所以，20 世纪 50 年代农村的集体化高潮，从高级社到人民公社，归集体公有的是耕地、耕畜、生产设施和大型农具，一般并不包括农民家居的房屋连同其下的宅基地。那还是农民的私有财产，正如家具、锅灶、衣物等生活资料一样。公社化之后的“大跃进”，也确有地方把老百姓家含铁的物件统统缴来搞土法炼钢的，不过那与公有化纲领没有直接关系。拆农房的极端行为也是有的，不过拆了也就拆了，并没有宣布宅基地归公。

等到发现“大跃进”损害了生产力，中央开始纠正“左”的错误，开始调整农村政策，重新规范人民公社的生产关系，于是才有了1962年的《人民公社60条》，全称是《农村人民公社工作条例（草案）》。该文件是党的文件，不是法律，不过人民公社化从来也没有一部法律重新规范公社的管理，也不需要一部法律。

正是这份政策文件第一次明确规定：“生产队范围内的土地，都归生产队所有。生产队所有的土地，包括社员的自留地、自留山、宅基地等等，一律不准出租和买卖。”（第21条）所以严格地讲，宅基地归集体所有，是人民公社化三年之后才实行的。读者不要奇怪那不是一份“反‘左’”的文件吗？怎么反着反着，顺手把宅基地这土改以来一直明明白白归农民私有的财产，一句话就划归公有了呢？我的感受是，那个年代的左、右以及打引号之“左”，连同“反左”、“反右”或“反‘左’”，从来就是一笔糊涂账，根本就不是任何讲形式逻辑的人所驾驭得了的。

反正说不清左右，农村宅基地从此就“归生产队所有”，且“一律不准出租和买卖”了。从此，社员——其实农村所有居民天生都是社员——到了成家立业的当口，凡要宅基地盖房子的，一律有权找生产队解决，因为除了按“习惯法”可以继承上一代的农宅连同宅基地，谁也买不到、租不到宅基地，因此再没有制度通道能解决随人口增加的宅基地需求。从此，获取宅基地就成为集体成员一项与生俱来的权利。

比照一下，以前宅基地问题是每个农家的私人事务，他们可以从私有的农地里决定拿出多大一块来盖房，由此增加的宅基地，当然要以减少农地的其他收益为条件。他们也可以买得、租得宅基地，那又要受到家庭收入、开支的实际约束。但宅基地公有化之后，这却成为集体“成员权”的一个内容，反正生产队有义务为每个成员解决对宅基地不断增长的需求。虽然还受限制，不过那已经不是各家农户拥有的土地和收入，而是生产队拥有的土地总量，以及对内怎样分配宅基地的问题。

当生产队平等地为每个合乎一定条件的成员——如本队已成年、要成家、无第二处住宅的——都分配一定数量宅基地的时候，新制度的优越性是毋庸置疑的，至少贫困农户再也不至于因为穷而无立锥之地了。这也许是宅基地集体化建立得那么容易的原因。问题是，新制度的分配准则从此要受新逻辑的约束，特别要经受永无止境的“人丁滋生、土地减少”压力的考验。

分宅基地的游戏

把农村宅基地转为公有，又不准买卖和租赁，新的逻辑就要发生作用。想想看，什么是“成员权”？还不是集体成员一律平等——你是成员，有权成家就分得一幅宅基地，我也是集体成员，也有权成家就分得同样一幅宅基地？如此你一拍、我一拍地“玩”下去，究竟会有什么结果？

简单推理，结局就是宅基地占生产队土地的比例越来越高，总量也越来越大。凭常识想，宅基地占多了，可产粮食的农地就减少，集体的收入也因此减少。但是，一旦进入以上游戏，任何一个成员都不会轻易放弃——张三分得而李四不分，那李四岂不白白吃了亏？何况那是一种分实物的权利，不讲价钱。要是放弃分宅基地的成员权，又无处可获货币补偿，谁会放弃呢？

不但谁也不会放弃，而且凡是集体成员，分宅基地都争先恐后。不是成家才可分配宅基地吗？那么早成家就有了新动力——倘若谁家的年轻人比别家晚婚、晚分宅基地，那么一代一代加起来算，这家人从生产队分得的宅基地总量，怕要少很多就是了。因此之故，农村的晚婚政策很难落实，传统观念是一回事，集体成员谁成家就分宅基地的新规则，刺激人们早成家、早分宅基地。

宅基地占多大面积才算合理，也成为一个问题。不少朋友以为，农民家里要储存粮食、养鸡养猪、置放农具，所以农宅面积要大一点才对。这当然是对的。不过还有一个容易被看漏的道理，那就是集体的分配游戏决定了某一个成员占多了，其他成员非同样多占不可。宅基地不标价，但使用价值还是有的，多占多得，更何况别人多占自己少占，有损自家在集体中的地位。

老实说，20 世纪 80 年代初去安徽农村调查的时候，看到不少农舍家徒四壁、空空如也，我也曾暗自生疑：为什么农民不把房子盖得略小一点，哪怕多少搞得舒适一点呢？那其实是完全不懂集体行动的逻辑——谁也不能比别家少占，否则，在村子里丢不起那个人。这样看，家家占一块宅基地，别人占多你就绝不能占少，正是这盘游戏下的“最优策略”。

如果中国和苏联一样人少地多，这套集体游戏玩下去也无妨，顶多不过就是多费些土地。偏偏老天不长眼，亦步亦趋跟随“老大哥”模式的中国人口极多、土地极少，根本玩不起这套奢侈的游戏。家家多占土地盖农宅，一代一代搞下去，农民靠什么吃饭，又怎么给国家工业化交粮食？

于是，早在集体经济如日中天的时候，国家就对农村的宅基地分配不断实施劝说和行政干预。早在1963年，也就是宅基地归集体所有的政策刚刚公布的那一年，中共中央就专门为“社员宅基地问题”下过通知，明令“社员不能借口修建房屋，随便扩大院墙，扩大宅基地，来侵占集体耕地，已经扩大侵占的必须退出”。若问农民集体内部的事务，为什么有劳中央干预，我的看法是，这套搬来的宅基地分配游戏，脱离了中国土地紧俏的实际，光靠集体自己是玩不下去的。

到了20世纪80年代，问题更大了。原先农民太穷，虽然盖房子的地基可凭成员权免费得到，但建筑费用总还要家家自己筹。这也是一道约束。包产到户后大片农村解决了温饱，农民建房需求高涨，连带要求占用大量宅基地。1981年以后，中共中央、国务院、全国人大不断下文件、颁法律，强化农村宅基地管理，不但重申“一户一宅”原则，且规定农民分配宅基地，要由政府部门——而不是集体自己——实施审批和监管。

产权——或通常所谓“所有权”——本来是约束人们竞争利用稀缺资源的一种制度安排。土地真有主，“主人们”自己就会平衡自己的需求：多占地种粮食增加收入，还是多占宅基地住个大房子。究竟多占宅基地还是多留农地，在有效产权的约束下自会有经济的权衡。

集体制看似亦然，也是盖房多占地，就减少农产用地。但集体制多了一道麻烦：宅基地按成员权分配，种粮所得——在理论上——则按成员的劳动贡献分配。结果，社员就算愿意少占宅基地，也得不到来自更多土地用于种粮而增加的收入！这是说，虽然在整体上宅基地多了，农产收入也会减少，但成员之间的游戏却让大家对此毫不敏感。成员们敏感的是，其他成员分得多少宅基地，我也要分得同样多的宅基地。至于由此减少了农地总量以及连同减少了种粮总收入，那是谁也没办法的事，大家一起少了就好。

集体的产权制度，无从制止这套分配游戏奔向其逻辑的终点——随着村庄人口的不断增加，宅基地越占越多，直到所有土地都变成宅基地才算完。资源稀缺压力所在，凡产权不管用的地方，行政管制势必登场。于是我们看到，国家权力越来越深入农村基层，越管越多，也越管越细。“集体经济”早就名不副实，因为集体范围内的资源配置和权利分配，靠“集体”自己越来越摆不平，非国家自上而下干预不可。

问题是国家干预也难生效，因为政策不论好坏，最后要靠村干部实际执行。在“政社合一”的体制下，村干部首先是集体成员，他们也陷在“成员权游戏”里不能自拔。论资格分宅基地、需求不受经济代价的约束、分得的资源不再允许转手——这一套准则同样罩着村干部，支配着他们的行为。各地所见多有的，是不少村干部带头超标分宅基地。有样学样，自上而下的宅基地分配标准再严格，实际执行起来也多半从宽不从严。

这就是说，有三股力量推高了农村宅基地被占用的数量：实物分配不讲货币代价，成员之间不占白不占，以及一些村干部带头多占。三管齐下，宅基地需求的持续膨胀，就成为集体制下的一种常态。反制的力量在村庄一级很弱，因为一旦越过了温饱线，加上其他投资机会还不多，农民投资的热情就高度集中于建房，连带产生对宅基地的无尽需求。

城里人到乡下，看到很多村连着村，农宅挨着农宅，以及本来就难以连成片的农田被分割得日益零碎，不免以为那是自然现象。其实不是，自然界从没要求做如此安排。甚至人多地少的历史传统，也并不注定非是这样的空间布局不可。这是一种人为现象，受制于人群游戏规则的深刻影响，只不过年复一年、日复一日，让人误以为那就是自然禀赋或祖宗家法留给当代中国人的礼物而已。

花费农民多年积蓄建成的无数农宅，要是得到正常利用，倒也罢了。大体上，这是城镇之门尚未对农民打开之前的情况。那时访问过不少村子，看到每家农居多少总住着人，那宅基地的面积就算偏大，总还能给农家带来效用。

唯工业化、城市化大潮一来，人口流动开闸，几亿农民工到外埠打工，很多村庄成为留守老人与孩子的“保留地”，也冒出不少农村的“空户”和“空村”。于是，隐藏在集体宅基地游戏里的“魔鬼”，就以十分夸张的模样跑了出来。人们仿佛突然发现，每个农户都占有的那一幅宅基地，虽然尚未给其主人带来现金收入，却是一份价值不菲的资产。

“房地分离”是奇迹

宅基地本来就是用来盖房子的。在宅基地上盖成农宅之后，房与地不可分，构成一处完整的物业。人在消费房的同时也消费着（宅基）地，反过来也一样。转手之际，出让房产的同时也必定出让地产，这两样资产是不可以拆分开来独立处理的。

可是，起于1962年的《人民公社60条》，却生生把农村的宅基地与农宅在制度上做了分离。先说宅基地，那是我们已经引用过的，该条例第21条宣布：“生产队范围内的土地，都归生产队所有。生产队所有的土地，包括社员的自留地、自留山、宅基地等等，一律不准出租和买卖。”按照经典立场，这是把宅基地等同于农地，一并当作生产资料来处理，非公有不可，且不得自由转让。

同一条例的第45条也提到农宅。怎么说的呢？首先，“社员的房屋，永远归社员所有”——这就是说，农宅属于农民私有——并且，“社员有买卖或者租赁房屋的权利”。还特别指出，“社员出租或者买卖房屋，可以经过中间人评议公平合理的租金或者房价，由买卖或者租赁的双方订立契约”。再来，“任何单位、任何人，都不准强迫社员搬家。不经社员本人同意，不付给合理的租金或代价，任何机关、团体和单位，都不能占用社员的房屋”。

很明白，农宅是党和国家承认并给予保护的私产，也允许自由租赁和买卖。其实农村多少代的传统就是这样的，但在 1962 年党的政策文件里得到重申，却实在来之不易，因为自农村社会主义改造，特别是自“人民公社化”、“大跃进”的大潮以降，侵犯农宅的事情已有发生。我看到记录，一些地方刮“共产风”时，有把老百姓的房产也一并“共”了去的。《人民公社 60 条》对这些极“左”勾当加以纠偏，重申农宅私有权是对症下药之举。从经典立场看，农宅属生活资料，私有也并不违背社会主义。

问题是，这条政策与前述第 21 条加不起来，是一个旷世未有的难题：农宅私有、可自由转让，但农宅底下的那块宅基地却属集体公有，且不准租赁和买卖。试问，农民租赁或买卖农宅的时候，其下的宅基地要不要也跟着租赁和买卖呢？跟着一起吧，那就违反了第 21 条规定的宅基地不得租赁和买卖的政策。不跟着呢？物理上做不到，因为任谁也没本事把农宅悬空之后再转让！

真是搞不懂的学问。后来读毛泽东 1970 年在庐山写下的《我的一点意见》，其中提点：我跟陈伯达这位天才理论家之间，共事 30 多年，在一些重大问题上就从来没有配合过，更不去说很好地配合了。查《人民公社60条》系陈伯达主持起草，毛泽东修订、批准发布的。不知道这文件里互相打架的条文，是不是也是两位没有很好配合的结果。

到了老百姓的日常生活里，麻烦就大了。“房地分离”，两套准则，如何实际执行？倘若“地随房走”，那农宅之私也带来宅基地之私，农宅之可转让传导为宅基地也可转让。反过来，“房随地走”就是另外一个故事了。要是宅基地死守“不准租赁或买卖”，那加盖于其上的农宅，“可租赁或买卖”就是一句空话，除非当事人把房子拔走了处理。

妙就妙在到底谁跟谁走，政策与法律皆不明确。从我知道的实例来看，“地随房走”还是不少的。我的祖母是浙江省遂昌县的一位小学校长，她的几个儿子都外出做事，祖母老了和我们一起生活在上海。1966年前后，留在老家的二伯父去世，二伯母把老宅卖掉去了新疆投亲。老宅为什么可以卖？“地随房走”啊。那底下当然还是集体所有的宅基地，只不过原先是“分”给祖母的，一旦宅子出手，宅基地也转给下家就是了。

前几年有一次到大理开会，下了飞机打车去会场，闲聊中听司机讲得有意思，决定先去他家看看。那是距大理市40分钟车程的一个村子，司机老家院子的门框上方，并排钉着3块门牌。请教之下，主人说是买下两户邻居的宅子合并而成。进去后看到，司机的父母带着一个7岁的孙子，住在一个占地400平方米、建筑面积有700平方米的农家大院里。那一年，大理市内拍卖的土地，仅40年的使用权，每亩就是280万元人民币。

各地农宅转手的事情总之不少。当然拿到台面上来，人们买卖的只是农宅，而不包括其下的宅基地，转手所得也只是房价，而不含地价。这也没有什么难的，好比 100 元买一辆自行车，因为规定仅一只轱辘可卖，那就说买一只轱辘呗。多少钱呢？还是 100 元。

农宅出租的情况就更多了。特别是这些年在大都市的城乡接合部，大批农宅出租给外来农民工。还有那些火爆的开发区，打工者很多住在四周农村租来的农宅里。没有这一块“房产”的应市，好几亿外出流动人口到哪里落脚？毕竟住入城市商品房的，还很少很少。

但是在某种情况下——这些情况形形色色——农宅之下宅基地的“不准出租和买卖”，也可以坚硬到妨碍甚至制止农宅转手的地步。这时候，流行的准则就成了“房随地走”，由于宅基地不得租赁或买卖，所以加盖其上的农宅也不得出租或买卖。别的不提，这些年动不动就看到“‘小产权’不受国家法律保护”的警示，其源盖出自“宅基地不准出租或买卖”。此事我们还要细细讨论，暂且按下不表。

“房、地两制”还弥漫到了城镇。请在城里购房的读者清点一下手中的权利证书：“房产证”的全称是“房屋所有权证”，表明你对所标定的房屋拥有没有年限的所有权。“土地证”则是“国有土地使用权证”，表明你拥有房屋所占土地的有年限规定的使用权。“契税证”是购房完税的证明，表明你享有抽了税的政府应该提供的服务。在这些不同的权利之间，有年限的土地使用权与永久的房屋所有权构成潜在的紧张，因为住宅土地最长只能使用 70 年，一旦到期，那“永久的房屋所有权”，恐怕就只能悬空地存在。

行文至此，忍不住问一句，经济政策、经济制度究竟是干吗的？还不是方便人民生活的？要是经济政策、经济制度内生矛盾、冲突和紧张，那经济规律会说，人民用于生产的时间和精力必定减少，因为大家不得不花费时间、精力以及各出奇招的聪明才智，来对付政策、制度里的那些个麻烦。

从积极的方面看，农村宅基地的使用权没有年限规定，一旦分给某个农户，就长久归其使用。与农地还有一个很大的不同，宅基地使用权一般不受村庄人口增加的影响，无须屈从“邻家增人就要求重分宅基地”的压力。在“地随房走”习俗的支配下，宅基地也可以随私有农宅的自由转让而转让。在这种情况下，宅基地同样被定价，也同样受价格机制的支配。正是这几点，驱使农村宅基地在市场化转让方面后来居上。

超强的土地需要

前面我们概述农村宅基地的产权特征。那本是盖农宅非用不可的土地，在 1962 年被宣布归集体所有，从此也纳入按成员权分配的集体逻辑。不过它与农地尚有些许不同：一旦分给农户，基本长久使用，不因社区人口变动而调整；加盖其上的农宅是私有物业，允许租赁和买卖；在“地随房走”的情况下，宅基地在事实上可转让。

舞台铺设妥当，但等大戏开演。不过，还需要一个实际力量的推动，宅基地才领跑于农地转让，成为特定产权制度下工业化、城市化加速的一台重头戏。此推动力，不是来自任何论者和批评者的个人好恶，而是城乡不同土地资源的相对价格，在工业化、城市化大潮中悄悄发生的大变化。

让我引两组数据吧。先看流动人口，其统计定义是在非户籍所在地生活了6个月以上的人口。2011年我国流动人口总数达2.3亿，其中78.8%在东部地区，80%在大中城市，44%在省会城市、计划单列城市和直辖市。从2000年到2010年，北京总人口增长了41%，上海增长了37.5%，天津增长了29.3%。同期全国城镇人口增长了多少呢？平均只有5.8%。

再看经济增量。从1990年到2000年，我国按1990年不变价计算的国内生产总值增加了3.9万亿，其中87.5%来自二、三产业。从2000年到2010年，按2000年不变价计算的新增国内生产总值21.5万亿，其中94%来自二、三产业。从1990年到2010年一起算，总共新增国内生产总值30.4万亿，其中91.6%来自二、三产业。

把以上人的活动和经济活动投射到土地上，会有什么结果？结果就是不同用途、处于不同位置的土地，相对价格发生了急剧的变动。想想看啊，很多原本生于某地的人口要流向外地的某个空间位置，对该位置的土地需求是挡也挡不住地要旺起来的。横竖你要来，他也要来，大家都要来，于是争房争地，一位难求，房租、房价、地价当然在竞争中被抬升。

产业活动一样，也是要占土地的。二、三产业的增量占国内生产总值增量的90%以上，是什么概念？就是国民经济越来越靠二、三产业推动，结果就把二、三产业用地的需求大幅度拉了上来。农业当然也要占很多土地，无奈农业在经济增量中的份额走低，所以就算占地面积不少，但对农地的需求却不升反降。相对需求的变化，出现了不同土地相对稀缺性的变化：二、三产业占用的建设用地稀缺程度上升，农地的稀缺性相对下降。

如果有一个大体完备的土地市场，那么以上需求变化、相对稀缺性的变化，会直截了当地反映到不同用途、不同位置土地的市价上。有一点很重要，相对价格的变动既反映需求，又约束需求——由于大家都想要的土地价格上升，对土地需求的量就受到抑制。当然，还有一个效应，土地价格上升了，一般也会刺激土地供应量的增加。

问题是在我们这样一个转型经济里，并没有一个现成的城乡统一的土地市场——它还有待在深化改革中慢慢发育哩！实际情况是，1987 年在开放、外资进中国大潮的逼迫下，城市好歹还有一个“先国有化，再市场化”的制度空间，但凡土地明确为国有的，就可由城市政府拿出来公开拍卖或协议转让。在此范围内，土地的相对价格变化反映着需求的变化，同时也约束着对土地的需求。例如我们都见过，居民争购物业之处，房价拉着地价上涨。开发商再要多“拿地”，非付出高于昔日的代价不可。

但是属于农村集体的土地，却囿于“社员自用”和“不得自由转让”的法律和习俗，基本被隔绝在土地市场之外。于是，人口大规模流动、国民经济结构变化带来的对集体土地需求的变化，就无法通过相对价格的灵敏变动得到表达。

经验说，倘若价格“不管用”，经济变化的压力就可能寻找其他途径来“管用”。我的观察是，农村集体土地，特别是可转为非农业用途的土地数量，就构成一个替代性的突破口。这是说，当价格不管用的时候，数量就管用——横竖价升刺激土地供应，而多从农村获得土地的量，等于也是对某些用途、某种位置的土地之升价，做出的合乎市场机理的反应。

这中间当然有扭曲。关键的一点是，以价格反映需求变化，对商品数量的需求本身尚受价格的制约，倘若货币购买力不足，那么需要再强烈，也大不到哪里去。可是一旦价格不管用，人们对土地数量的需要就摆脱了以上限制，再也不受自己的收入、购买能力或融资能力的约束。简单推断，价格管用的需求量一般小于价格不管用的需要量。

于是我们观察到，大规模人口流动、显著的国民经济结构变化，不但刺激起对居住、建设用地的强烈需求，而且还在中国条件下不断放大着此种需求，使之趋向于不受、少受土地相对价格约束的需要！这里，“需求”和“需要”，虽然仅一字之差，但约束条件天差地别，作为经济行为的后果就失之千里。

要不，我们该如何解释似乎突然爆发出来的、像热病一样流行的“土地饥渴症”呢？君不见，一时间无论天南地北，“拿地”都是经济竞争的最强动员令，也是条条块块、企业和个人间竞争战无不胜的法宝。所有的成功，背后鲜少没有那么一块地；所有大案要案，也鲜少会缺少那么一块地。是的，狄更斯的《双城记》中“最光明的时代”和“最黑暗的时代”，到了中国都是因为有了那块地。

远远看去，那似乎永无穷尽的对土地的需要，并没有违背经济大势。以有限所见，人们的基本行为倾向，还是要改土地的低收益利用为高收益利用。新闻报道里的不少土地违规行为差不多无一例外，都由转为较高收益的居住用地、建设用地而起，还没有一个是为了把土地利用收益由高转低而“犯了事”的。当年被枪毙的江西省原副省长胡长清，为南昌一块土地改变用途私用公权，从经济效果看，那块地的利用价值也是增加了的，否则，“贿”从何出？

但是细加观察，受“土地饥渴症”驱动占下的大片土地，虽然意图也是增值，但究竟能不能实现增值，却没有机制保障。那些个“摊大饼”摊成人口密度低、生活极不便利的“新城”，那些个大而无当的工业开发区，那些个电线杆比人多的“鬼城”，以及那些个与高房价、高地价并行不悖的闲置土地，在生活中不也存在吗？那些土地，要论收益，怕是不如让老乡种庄稼。

要阐释以上的合理与不合理，我的出发点是改了30年只改成一个半拉子土地市场，价格机制对土地配置不是完全不管用，但只部分管用。所以人口流动、经济结构变局等等，也只有部分反映到土地资源的相对需求、相对价格的变动上来，并以此配置着土地资源。还有部分呢？对不起了，那就由不受价格约束的需要主导了。那是一部超强的经济发动机，其强力程度会不会达到自我毁灭的程度，要由权力的强度及其所受的限制来决定了。

第七部分

治标分歧路

土地用途管制的起源

农村宅基地从自用走向可转让，还与一项制度有关，那就是土地用途管制。这里所谓“土地用途管制”，指的是在土地的农业用途与非农业的建设用途之间，被划下了一道法律鸿沟——普天之下，凡农业用地要转为建设用地的，一律要经过严格的行政审批。

数年前访问过一个农机专业户，户主姓沈，拥有十多台大型农机具，为周遭的农户服务。一般是承包农户来预约，然后老沈上门提供耕、耙、插秧、收割等服务，论亩计价，听起来是一门不错的营生。不过老沈讲到的问题却把我难住了：他的农机具多，没处停放，占自家一小块承包地，打上水泥地面，搭个棚子，权做停放农机具的场所。就这么档事，有关部门查来查去说“违规”。

老沈是农机大户，也算是地方模范人物，沾上“违规”行为总不大好吧？可是他怎么也不明白，政府提倡发展农机专业户，购置农机可领财政补贴，县委书记来看时也是满口称赞。但买来的农机，总不能停在田里检修吧？他又没有占公家或别家的地，不过是用自家承包地修一块农机停放场，怎么就违了规？

在场的镇土地所的干部解释道：承包地只要打上水泥地面——“路面硬化”是也——就成为“建设用地”，也就从“农用”转为“非农用”，凡是未经审批的，就违犯了土地用途管制的法规。倘若问，农机不算农用吗？回答是，只要地面硬化，地表的土壤结构被破坏，搭棚也罢，盖楼也罢，反正再不能农用了。

此后遇到同类现象，见怪不怪。台湾某农业公司到内地包了几百亩地搞插花，要一块地方作整理插花之用，但涉及地面硬化，得不到批准，只好离地一尺搭个“空中平台”。有关部门来查，回应是土壤结构未遭破坏，“在下面好好的呢”！还有一年，猪价急升，影响宏观稳定，政策扶持养母猪，种种补贴之外，还加拨盖猪圈的用地指标——猪圈要打水泥地，也纳入“硬化就成建设用地”的管制范畴。

搞懂了。接着要问的是，该项制度从何而来？偌大一个中国，又处于急速的工业化、城市化浪潮之中，每一小块土地的硬化都要行政审批才合法，这一套管制究竟是怎么搞起来的？

查法律文本，第一次提出“土地用途管制”是在1998年。那是全国人大对1986年立下的《土地管理法》的第二次修订（第一次修订是1988年，主要是准许国有土地使用权可转让），其中第四条是全新的，标题赫然就是“国家实行土地用途管制制度”。内容简单，就是“国家编制土地利用总体规划，规定土地用途，将土地分为农用地、建设用地和未利用地。严格限制农用地转为建设用地，控制建设用地总量，对耕地实行特殊保护”，并规定“使用土地的单位和个人必须严格按照土地利用总体规划确定的用途使用土地”。

从财产权利的角度看，这可不是一个小变化，因为所谓“用途管制”，其实就是把土地产权的一部分从产权人那里拿走，转到了政府部门手里。在用途管制下，土地不论属于国家、属于集体，还是集体长久承包给农户经营，一旦涉及用途变化，产权人就再也无权自行决定，一律法定归政府处理。试问土地的产权人要 “产权”何用？还不是要用法律来保障自己使用、收益和转让土地的权利？现在加一道管制，产权人还算产权人，还有使用、收益、转让土地的诸项权益，但只要涉及土地用途的变化，这些权利就被大打折扣，倘若没得到政府的批准，就算土地是你的，你也不可自由利用。

具体的管制手段，当时只写入由国家来编制“土地利用规划”，而利用土地的单位和个人则“必须严格按照土地利用总体规划确定的用途使用土地”。后来颁布的《管理细则》规定，除了通常管15年的“土地利用规划”，还要“严格执行土地利用年度计划”，其中包括：（1）农用地转用计划指标；（2）耕地保有量计划指标；（3）土地开发整理计划指标。

这就齐了：又是总体规划，又是年度计划，又是批文指标。我国土地资源的利用体制，从此搞得比计划经济还计划经济——过去国家管国企，“打酱油的钱不能买醋”，但底下的变通还可以有不少；现在号称“社会主义市场经济”，但涉及土地资源利用，每幅土地由农用转非农用，全部要交付法定管制，谁越雷池一步就是违法违规!

怎么搞起来的呢？首先是“形势严峻”使然。记忆所及，大体从 2005 年起，“中国耕地 10 年减亿亩”的新闻就不断抓住全国读者的眼球。以下是信手拈来的几则：“国土资源部调查显示，近 10 年全国耕地减少 1 亿亩”（中国网，2005 年 6 月 20 日）；“国土资源部报告：中国 10 年耕地减少了 1.2 亿亩”（http://internal.dbw.cn，2006 年 3 月 16 日）；“中国耕地 10 年减少 1 亿亩”（京报网，www.bjd.com.cn，2009 年 12 月 24 日）；“中国耕地 11 年减少 1.25 亿亩，超河南全部耕地面积”（《第一财经》，2008 年 10 月 29 日）。

10 年减耕地上亿亩，问题当然严重。按当时的统计，1997 年全国总共只有 19.49 亿亩耕地。倘若每 10 年减 1 亿—1.2 亿亩耕地，那要不了多少年，作为拥有十来亿人口的泱泱大国，中国就没多少耕地了。那还了得?!

直观地看，这些年的中国活活就是一个超级大工地，到处不是在拆就是在建。原先城市周遭的农田一大片一大片地改为非农用，盖起了厂房、楼宇和各种设施。谁都可以告诉你，当年孩童记忆里的田园风光，多么快速地消失在水泥钢筋围成的城市之中。这就是说，耕地因工业化、城市化而锐减的事实，很容易从人们的经验中得到印证。

这里带来的一个代价，是某些重要的细节被忽略。我注意到两点：其一，10 年间所减的上亿亩耕地，大部分与工业化、城市化无关，而是农业生产结构调整，特别是实行政府“退耕还林”政策的结果；其二，农村自占耕地的现象也严重。关于前一项，有数据表明，1986—1995 年间农业用地结构变动导致的耕地减少，总数在 7000 万亩以上。关于第二项，同期仅农村宅基地超标占耕地就达 5100 万亩。至于城乡非农建设占用的耕地，共 2960 万亩，不足同期耕地减少总量的 20%。

但舆论还是把耕地大量减少，一股脑儿算到了工业化、城市化的账上。机制似乎也简单明了，既然建设用地的收益比农地高很多，那一旦容忍市场机制自由发挥作用，农地还不都要转成建设用地？在此背景下，1997 年中共中央、国务院发文要求“对农地和非农地实行严格的用途管制”。次年全国人大修订《土地管理法》，“土地用途管制”正式出台，成为国家体制。下药很猛，至于是不是对症，有待日后检验。

土地用途管制的后果

自 1998 年把“土地用途管制”写入法律，十几年时间过去了。实行这套新体制的效果究竟如何，怕还得不出一个各方评价相近的结论。不过，要说这套管制对实际经济生活没有任何影响，也不客观。后果已经显示出来了，讲几点个人的观察吧。

纯从经济的角度看，土地无非是一种生产要素，与人力、资本、技术等一起投入生产过程产出产品，以满足人的需要。打粮食用耕地，“食有鱼”占水面，“居有屋”要宅基地，哪样也要占点地。看过山西的悬空寺，其实那也是要占一方山体的，更不消说于今到处可见的工业项目和城市了。没错，飞机可以腾空飞行，但机场终究还是要占地。

土地有多样用途，说到底是因为人的需求多样。从来如此，只不过收入水准越高，需要越多样，于是土地的用途也越来越多样。新问题是多种用途彼此矛盾。横竖打上水泥修了跑道，再也种不成小麦就是了。“鱼与熊掌不可兼得”，其实是人类早就普遍面对的经济资源配置困局，土地并不例外。

既然土地有多种用途，互相争用就不可避免。我们讲过村庄里的故事，当温饱大体满足，“盖房子、娶媳妇”的需求抬头，多占宅基地的倾向就出现了。再后来，“农村工业化”席卷之处，办厂占用大片农业用地，就成为传统农村的一道风景线。土地当然不可能无限供给，于是多种用途中的哪样也觉得不足够，总要有个法子来了断用途相争的问题。

法定的土地用途管制，是靠全国立法来解决土地多用途之间的争用难题。这个法子，特点是在全国范围衡量土地用途，比由各个地方、各个村庄甚至各个家庭各行其是的微观评价与微观权衡，多了全局和长远的考虑。不过与此共存的，是全国性用途管制，终究要支付全国性的信息与执行成本，倘若付不出或付不足，管制不是有失僵硬，就是空子过多、名不副实。

实际上是两个方面的情况都有。首先是土地利用成为一件麻烦无比的事情。试想全国层层编土地利用规划，谈何容易？加之我们是一个对行政权力外部制衡不足，内部扯皮却无处不在的国度，土地规划之上还有城市规划和诸种其他规划，部门和部门叠床架屋，这笔代价着实不菲。就算搞出了一个法律上说管 15 年的土地利用规划，可进入操作层面，又不断要调整和修改。不改还真不行。一是领导换了，新领导来了有新决策，非改不可。二是高速经济增长日新月异，不改跟不上趟。京城里讲起“用途管制”振振有词，但拿得出来的，都是发达国家的管制经验——那些地方的城市化率差不多都在 70%以上，哪里会明白城市化率才 30%的中国（1998 年）如何搞管制？

执行的问题更大。中国毕竟幅员辽阔，加之黄仁宇所言“实行数目字上的管理”的基础薄弱，不要说搞清楚每幅土地的实际用途及其变动，就连“全国耕地总面积”这么一个指标，到今天也没有一个可以公告于天下的准确数！几年前听说耗资不少的第二次全国土地调查的结果要公布，翘首以待，可等来等去，还是付之阙如。

如此土地用途管制，权力高度集中了，但如何行权却有极大的裁量自由、变通自由以及无从让被管制者和公众知情的自由。结果“土地腐败”在公权力腐败里占了大头。这些年印象所及，称得上大案要案的，好像少有离得了一块土地的。承载中华文明数千年的黄土地，究竟卡在了哪里，才遭此诅咒?!

麻烦无比又害不少官员栽进贪腐的泥潭，新的用途管制是不是也收到了更好保护耕地之效呢？对此，人们可能会说，10 年减少 1 亿—1.25 亿亩耕地的势头，至少得到了有效遏制吧？

我的看法还是有保留。依据之一，就是当年流行的所谓“10 年减耕地 1 亿亩”，这颗“重磅炸弹”本身就有待分解，因为其中约 7000 万亩事出“退耕还林”政策，与工业化、城市化无关。到 2003 年国务院调整了政策，不再大手退耕还林，这部分耕地减少的因素就消失了。要考评土地用途管制之效，应该把这个因素抽掉才比较客观。

话说1998年长江遭遇特大洪水，引发国人对生态安全的高度关注。时任国务院总理朱镕基不失时机地提出退耕还林政策，大体划定在长江、黄河的水源地及我国西部地区，为鼓励坡耕地、水源地退耕还林，实行国家给予粮食和现金补贴的政策。当时定下的标准，黄河和海河流域每亩退耕地每年补粮200斤，长江和淮河流域每年补300斤，外加每亩每年补50元；补助的年限，还草补两年，经济林补5年，生态林补8年；补助的方法，是“谁退、谁种、谁护，就补谁”。

这项德政大受欢迎。原来多少年，我们的农民“被拿”的情况多，少有领国家补助的机会。现在退耕还林就可以每亩每年领粮领钱，何乐而不为？但从土地账本上看，退耕还林直接导致耕地面积的减少，但林地、草地面积增加。本来耕地、草地、林地都在“农地”大范畴之内，与后来成为市场热点和舆论焦点的“建设用地”没有什么关系，但一起算，“10年减耕地1亿亩”，立马画猫成虎。

至于7000万亩之数究竟实还是不实，个人之见，国家补什么，那个补贴出来的数就不容易实。你每年每亩补几百斤粮食加几十元钱，那人家多报一亩退耕还林，就多领一份钱粮补助。在此条件下，多报的动机不难理解。当然政策也说了，要以实际核查的面积为准。可偌大一个中国，总理定的政策，莫非也要总理去核查不成？还不是靠下面的地方官。对下面而言，新政策贯彻快才有政绩，所以也乐得多报。如此上下同欲，数目字容易上去。这也不是今天才有的新鲜事，我看过梁方仲老先生整理过的历代人口、耕地数，上下差得太多，后来有一个解释我以为说得通——朝廷抽人头税，人口数锐减；转过来抽土地税，田亩数就下去了。为什么老要搞税制改革？你抽什么，时间一长那个数目就没法管理了。

后来终结退耕还林，国家粮库不堪支持大概是基本因素。人们没料到的是，“10 年减少耕地 1 亿亩”从此成为舆论共识，土地用途管制正式出台，虽然其重点并不在农地名下耕、草、林用地的结构变化，而转向了对“农地”转为“建设用地”的限制。

撇开退耕还林，仅就建设用地论短长，人们并不能肯定，土地用途管制是不是真的减缓了工业化、城市化占地的步伐。不说别的，单单 2009—2010 年政府为大力救市而刺激经济，就拿出多少土地配套，才使那天量投资项目落了地？“管制”者，“官治”也，它扛不住潮流，但可以改变潮流的权力连同收益。

制度成本，兹事体大

理解真实世界发生的现象，一些重要概念不可或缺。比如科斯于1937年提出“交易费用”的概念之后，人们解释市场行为与组织的能力，才得到一次重大提升。中国学者张培刚在1940年独立提出的“纯商业成本”，是理解抗战时期沿海城市粮食供应变化的画龙点睛之笔。后来张五常为《新帕尔格雷夫经济学大辞典》撰写“交易费用”词条时，认为不如把“交易费用”改为“制度成本”，更为一般化也更为妥帖。

什么是制度成本？粗浅讲一句，就是制度之形成、运行与变更，本身皆有耗费。此概念简单，但用起来并不容易，也许因为“制度”本身就是抽象之词，看不见、摸不着，观察起来有难度。加上制度之形成、运行和变革通常历时久远，都是所谓的“慢变量”，于是在经验上就难以被列入可观察行为的约束条件。

算我辈之幸，赶上中国改革开放。前后左右都是制度和制度变迁现象，想要闭上眼睛也难。想想也是，经济学的著作汗牛充栋，各色概念所在多有，为什么偏偏“交易费用”、“制度成本”才在自己的脑子里挥之不去？碰上了，在比较中对思考和分析帮得上忙，选来选去就选它吧。

不妨以土地用途管制为例。一般讨论的切入点，是问：这套1998年才引入中国的新体制，有必要搞吗？应该不应该？好不好？围绕这几个常见的问号，人们表达意见分歧，阐释各自不同的观点。这些问题当然都值得辩论。不过要是受过“制度成本”的影响，我们或许会认为，仅围着这些问题探讨还不够。我们还要问：土地用途管制——不论你认为它好还是不好——运行的代价几何？其运行成本又怎样约束着当事人的选择和行为？

讲过了，土地用途管制的引入，背景是中国经济高速增长，掀起工业化、城镇化大潮，需求结构大变，带动不同用途土地的相对价格也大变。最简单的事实，是同样一幅土地，用于农业带来的收益，越来越敌不过用于工业和商业带来的收益。于是人们担心，倘若由着市场机制自发地配置土地，那农用地将越来越少，工业、商业、城市占地越来越多。如此下去，中国的粮食安全如何保障——“谁来养活中国”？也不是空穴来风，因为证据确凿：10年间中国减少耕地1亿亩！

对策就是管制。这套用途管制，简单概括，就是凡现有的农业用地，或经过规划用于农业的土地，再也不得自由转为非农业用地。要实现农地转用，第一要修规划，第二须有指标，第三要统统经过行政审批。从明文规定的法律条文看，1998 年以降，我国土地资源就从市场范畴里被拿了出来，划入高度行政管制的领域。

当然不好说是无的放矢。必要吗？有必要之理由——虽然我们也发现，说全国耕地锐减的数据未经较为仔细的辨析。至于用途管制好不好、该不该，我的回应是总有“好”的一面，因为新制度总带来一些新收益，也因此总提供了一部分“应该推行”的理由。只是我们还要问，新制度引入后，执行成本又如何了？

这里问到了一个关键。像任何体制一样，必要也罢，应该也罢，好与不好也罢，一概不可能免费运行。但由于这个概念远远没有普及，人们还不习惯于把制度实际耗费的代价，也一并纳入对该体制的思考与评价。提及制度成本，就是要增加一个思考的维度：好的东西，要是耗费的运行成本过大，甚至大过其带来的收益，那就再好也要收场，或者改戏——至少改到这套体制的净收益是正的为止。

土地用途管制一旦引入，相应的成本就随之发生。前文讲到该制度的三大要点，每点都有耗费。比如土地规划，那不是说说就有的。仅把现有土地丈量清楚，在我们这个有着悠久文明历史的大国就非常不容易。读者不信可以问一问，今天中国大陆一共多少耕地？怕是谁也说不出个准数来——也是交代过的，第二次全国土地资源调查的结果，迄今为止尚未发布。耕地数搞不准，土地规划云云，岂不是空中楼阁？落到地上来，总要一笔费用吧？

建设用地要以指标为凭，是第二笔费用。说来也容易，用地指标一律由主管部门分配，不就行了吗？可主管部门根据什么来分派指标？凭各地的国土面积？凭人口？凭经济总量——取哪一个指标度量？凭工业化、城市化的进度——又取什么指标度量？还是凭各地方的行政级别？分配总要有讲究，究竟凭什么？到主管部门去查问吗？读者不妨一试。我自己是试过的，问不出来。有很好的朋友也不行，因为他也不完全知道！

这是废除市场的代价。本来市价是个最简明的办法——有限的资源大家都想要，报个价，出价高者先得就摆平了。可非说土地特殊，特殊到“市场失灵”，价格机制只好靠边站。那怎么办呢？选别的标准定优先顺序吧。谁的需要更重要？那可是要花多少人力、物力、智力来编理由的——甲地吸引外资多，急等土地落地；乙地搞国家重点工程；丙地是老区、边区、少数民族地区，不能不优先；丁地领导不但是省市委书记，还是政治局委员，不看僧面看佛面。还有拿不到台面上来的，人情啊、世故啊、关系啊、好处啊，虚虚实实，搞来搞去，没有哪个可以说得清楚中国的土地指标究竟按什么准则分配。

审批的名堂就更大了。要感谢刘铁男案，让公众终于透过一个实例，看明白审批制带给审批者如此巨大的利益——对中国经济及其运行来说，那可就是巨大的成本。刘铁男不过是个管能源项目审批的官员，还管不了土地。能源项目当然也要落地，要占建设用地指标，那就还要到土地爷那里去磕头。也不是每个管土地的官员都贪腐，问题是即便要摸清楚谁不贪谁贪，谁偏好怎样贪，也是极为麻烦的。所有这些都有耗费，这些耗费都没有生产性，算不上生产成本，只能是制度成本。

最大的代价，是土地用途管制与各类土地相对价格的变化趋势脱了节，从而带来土地利用方面的巨大浪费。本来是资源的流动——劳力的流动、经济机会的流动、企业家与投资家的流动等——才带来工业化、城市化之大潮涌起，因此土地资源的配置，特别是建设用地的配置，要受变化的相对价格的指引，把好钢用到刀刃上去，从而产生更大的效益。但是把土地从市场拿到管制的官场，配置准则就不能不扭曲。否则我们如何解释，当一些地方土地的市价大幅上升的时候，另一些地方却闲置着大量土地，其效益甚至比当地农地的收益还要低?!

建设用地的可得成本，直接影响工业化、城市化进程。从这点出发，举一反三，我可不认为 2013 年以来的经济下行，仅仅是全球需求收缩引致的。国内日益升高的制度成本，对此也做出了重要“贡献”。稳增长要顾及这一点，就要找出重新降低制度成本的办法。具体到土地用途管制，它还可能收敛其越来越高的运行成本吗?

逼出来的“增减挂钩”

不论意图如何，实施土地用途管制的结果，是强有力地刺激了对建设用地的需求。讲过了，背景是经济自由增加，工业化、城市化提速，于是用来搞建设的土地，市场的相对价格急升。在此背景下，用行政权力对农地转用加上环环相扣的审批，好比筑坝挡水，蓄起了巨大的势能。

“水势”将向哪个方向寻求突破？2004年，一项新的土地政策经国务院转发出台，为各地争要那似乎永远也不够用的建设用地指标开出一道新口子。这项新政策内容也简单，无非就是一句话：“鼓励农村建设用地整理，城镇建设用地增加要与农村建设用地减少相挂钩。”

文字上没有任何费解的地方。“建设用地”者，可以加盖建筑或设施、地面完成了硬化（铺设了水泥之类）的土地也。城镇有这类用地，农村也有，诸如农家宅基地、场院、公共设施占地，以及砖瓦厂和各类乡镇企业用地，总之是硬化了路面、加盖了建筑、不能农用的土地。新政策的关节在“挂钩”——倘若一个地方减少了农村建设用地，就可以相应增加城镇建设用地。

问题是，都是建设用地，城乡之间一增一减挂钩互换，岂不是很像萝卜换萝卜、白菜换白菜，有什么好换的呢？这就问到了要害。在物理属性上，城乡建设用地定义一致，是同样的经济资源。但从经济属性看，农村的建设用地不同于城镇建设用地。这两者的差别，不在土壤成分或其他物理化学属性，而在于它们的空间位置不同。一般而言，城镇的人口经济集聚程度高，争用土地的竞争更为激烈，所以地价贵。农村呢？地广人稀，经济密度低，土地的价值也低。近年大量农民工进城，农村用地竞争的强度进一步趋缓，乡下建设用地的价值趋降。

但这也不是挂钩成立的理由。试想城乡土地各处一隅，即便相对价值也有天大的差别，地理位置互不搭界。土地又是所谓“不动产”，在空间上不能移动。像农产品那样的“动产”，老乡背一口袋粮食或水果进城叫卖，我们或不难理解。但怎么可以想象，让老乡背上一幅土地——尽管乡下的土地极其便宜——进城出让，居然还真有城里人与之成交了呢？

“奇迹”是管制逼出来的。这些年我们耳闻目睹，全球产业转移浪潮迭起，中国招商引资如火如荼，再加上城镇扩张，房地产市价不断“井喷”——所有这些热闹事，有哪样离得开建设用地？可是政府画下的耕地红线，又岂容突破?! 国家的土地管制从口号升为政策，再升为法律，更升为国策。越要地越要不到地，还不把方方面面的局中人憋得难受无比？重压之下，各出奇招，数来数去也不过两个字而已：拿地!

国土主管部门夹在中间，多头受压。地方、企业和市场埋怨供地不足，领导则认定远远达不到“实施最严格土地管理”之水准。憋来憋去，旁门左道的不论——感兴趣的读者可从大戏开锣般的反腐案中一窥究竟——也逼出若干制度化的解决办法。其中的佼佼者，当数“城乡建设用地增减挂钩”。

话说有国土官员到地方巡查，上下照例博弈斗法。地方（块块）当然抱怨供地太少，影响经济发展，要求网开一面，对本地的土地需求高抬贵手。部属官员则凭借专业信息优势（条条），反问现存的建设用地用得怎么样了。含义是，倘若存量没用好，再批增量，不合理吧？一来二去，大家居然在一些实例中找到妥协点，如果地方加紧扩大农村土地整理，特别是建设用地的整理，把其中一部分没有好好利用的农村建设用地复垦为耕地，那上峰考虑增加本地城镇建设用地的指标，是不是可以两全其美？

这就是类似笔者于2007年在成都邛崃市仁和社区看到的故事。在本书前文我向读者交代过，本来那是一个农地整理项目，就是将农地里的田埂、路、沟、渠重新整理一番，增加了的耕地面积可充作城镇建设用地的“占补平衡”。不巧搞来搞去搞大了，报上去的可增耕地面积大，但实际整理出来的小。于是开启“村庄整理”，把多年占而不用的村庄建设用地整出来一部分，也复垦为耕地，以冲抵平衡指标。

不过在那篇文章里，我还没来得及交代后话。村庄的整理成本很高，因为不只是平平田坎、沟渠之类，还要拆除老建筑以及一些已硬化了的路面，比农地整理费劲多了。同时，国土专家和村里人也发现，通过整理村庄腾出来的土地原本就是“建设用地”，如有一项政策可把这部分在农村减少了的建设用地用于稀缺程度颇高、各地饥渴非常的城镇建设用途，岂不是雪中送炭，更受欢迎?

我相信，增减挂钩政策就是在这些实例的启发下诞生的。当然，用政策语言来表述，一定是“条条”官员和专家的功劳。但经验基础或启发了政策构想的实例，却来自“块块”底部的实践，不一定是目标明确的改革设计，也可能是误打误撞，被某些局限逼入死角的绝地反弹，甚至可能是歪打正着。我的理解是，改革像很多事情一样，结果永远优于意图。

反正2004年在各种力量的凑合下，“城镇建设用地增加要与农村建设用地减少相挂钩”的政策出台了。读者或可以反过来问，为什么不是城镇建设用地的减少与农村建设用地的增加挂钩?那是挂不上的，因为城镇地价高，农村地价低。从经济逻辑看，只要两价之差大到罩得住为增减挂钩所支付的全部成本，这件事就干得成。这样看，政策总要顺经济规律才或有可为。

当然，增减挂钩仅是一个政策方向。国家允许挂钩是一回事，具体如何挂，谁来充当挂钩之主体，以及究竟怎样挂，还有待完善。好在中国很大，一切经由试点和试验，先在经验上做得通，再在政策、法律上写得通，最后在道理上说得通，也算一套成熟的打法。

我了解到的情况是，该文件发出两年，到2006年4月，国土部确认了山东、天津、江苏、湖北、四川五省市为城乡建设用地增减挂钩的第一批试点。再过两年，2008年6月，《城乡建设用地增减挂钩管理办法》颁布。此后，挂钩试点进一步扩大，全国共有24个省级地方试行此策。

更多地方的试验，也丰富了增减挂钩的内容。现在读者可以从网上查到，大体是以下经典表述："城镇建设用地增加和农村建设用地减少相挂钩（简称挂钩）是指依据土地利用总体规划，将若干拟整理复垦为耕地的农村建设用地地块（即拆旧地块）和拟用于城镇建设的地块（即建新地块）等面积共同组成建新拆旧项目区（简称项目区），通过建新拆旧和土地整理复垦等措施，在保证项目区内各类土地面积平衡的基础上，最终实现建设用地总量不增加，耕地面积不减少、质量不降低，城乡用地布局更合理的目标。也就是，将农村建设用地与城镇建设用地直接挂钩，若农村整理复垦建设用地增加了耕地，城镇可对应增加相应面积建设用地"（见百度百科"增减挂钩"条目）。

我想告诉读者，如果没有机会多看几个实例，上面这段文字怕也是天书般难懂，更无从知晓当事人实施挂钩中的种种酸甜苦辣。机缘巧合，我和我的同事同学看过一批案例，很愿意把记录下的点滴心得，从下节开始与各位分享。

挂钩主体是怎样产生的

单照字面意思来读，上文讨论的挂钩政策很费解。“城镇建设用地增加要与农村建设用地减少相挂钩”，到底行为的主体是谁，不清楚。既然叫“挂钩”，总是一个动作，总有行为的含义。但做这个动作的行为主体究竟是谁，即便语文水平很高的读者怕也难读明白——“城镇建设用地增加”，是谁的城镇用地增加了？是张三的还是李四的？或者就是一个地方的？那又是一个镇，一个市，还是一个省？“农村建设用地减少”呢，主家又是谁人？是自然人，是法人，还是干脆就是空间上的一块地方？主体不明，“挂钩”费解。莫非可以想象，一幅土地与另外一幅土地自己就可以挂到一起，像那神奇的阿拉伯飞毯一样？

早就见怪不怪。20 世纪 80 年代在杜老帐下，涉猎了政策文件的生产过程。开始看到频频出现的诸如“要抓紧粮食生产”“要关心群众生活”之类，对那一个接着一个的“要”，不免心中生疑：谁要谁啊？你要，为什么他也要？你要他要，他就会要吗？他要是不要，还不是空话？杜老知道年轻人少见多怪，不以为过，笑笑了事。也有前辈给予开导，“这是搞文件，不是写文章”，“这么大个国家，中央文件写得太细、太板，底下没法办”。后来懂了，中国文件不能不给底下留下选择的余地。文件层层下达后，读还是不读，可选；读哪句，不读哪句，也可选；读了怎么解，重点放到哪里，更可选。上面都写明白了，底下怎么办？

几十年过去了，无主语的“文件体”依然流行。要点是，文件里的主体不明，不等于在文件贯彻后就永远没有主体。永无主体的文件也有，那是空对空的玩意儿，在文山会海里也占有不少地盘。“说了算说了，什么也不会跟着发生”，无非是一派官僚习气，白白糟蹋公粮和纸张。

另外一类不同。发文时也是无主语、无主体的体裁，但只要文件传下去，行为主体、利益主体就会跑出来。更神奇的，是行为主体会变化，先登场一个，行为一番，刺激起其他主体也登场，慢慢热闹起来，甚至“你方唱罢我登场”，大戏精彩无比。

依笔者的观察，“城乡建设用地增减挂钩”政策，属于后一类。开始读这套文件，究竟是谁的土地挂谁的土地，一片模糊。读着读着，往地方和底层读下去，挂钩主体慢慢就跑出来了，还不止一个，此起彼落，互争高下，看到底才明白谁才是这挂钩主体的当家花旦。

经验说，挂钩主体是在文件下达中开始被“读”出来的。按规矩，中央政府的政策文件，在全国行政系统内顺级而下，由省部、地市、区县到达乡镇。政策文件逐级下达，有资格读到文件、知晓政策的范围也逐步扩大。先读到的，先做选择——当回事，还是不当回事？看出政策的“含金量”，非挖出来不罢休，还是麻木不仁、权当应付一档差事了事？这里大有讲究，而影响的因子无数——政策本身的设计水准、表达是否清晰，各地实际工作对此有没有实际需要、需要是否紧迫，以及读到政策文件的地方领导人对该政策是否敏感、有无“贯彻效果的想象力”等。所以，同样的政策传下去，“地方响应函数”各不相同。好在这么个大国，各式各样的政策文件天天往下发，只要有部分响应，就可以见到颜色。

挂钩政策不例外。谁会对此政策比较敏感呢？首先，当然是对城镇建设用地饥渴程度较高的那些地方政府。早觉得城镇建设用地不够用的，早就被土地供不应求憋得难受的，容易对上面从哪里“开口子”较为敏感。他们对新政策读得细——特别是在所在地专业程度较高，又急地方首长之所急的主管部门的帮助下——行动也快，迅速把本地政府的权威和动员能力加上去，当件事情“抓”起来。

配合条件也重要。想多得城镇建设用地的地方，这些年多了去了。不过，按照挂钩政策，此“增”要以彼“减”为条件——农村建设用地要有减下去的潜力。有城无乡的“纯城市”（百分之百土地划入城市，已完成土地国有化的），想减也没处可减，挂钩无望，就排除了。有城亦有乡的（这是多数），但固守“土地是当然的不动产，哪里搬得动”之成见的，对挂钩看不懂，也容易把自己排除在外。懂一点，对“不动产在某些条件下或可动起来”多少有点想象力，但所辖之地的城乡土地差价不够夸张的，积极性也不可能很大，因为那点甜头难以打动人，看看就算啦。

七去八除，从2004年钩挂政策一下达就奋起响应的，还真不多。东部沿海地带对城镇建设用地的需求当然旺盛，但那里的农村也早已发达得可以，尤其土地观念新潮——凡城市政府懂的土地资本化那一套，人家郊县、乡镇甚至村组也大体都明白了。结果就是，农村建设用地减不出来多少，减的成本又太高，挂钩的净收益偏低。至于太落后的地方，城市地价还没有起来，土地饥渴尚不严重，也难积极响应。

最容易对挂钩做出积极响应的，是夹在中间的那些地方。城市化、工业化已看到苗头，承接东部产业转移、招商引资如火如荼、方兴未艾。同时那里的农村土地广阔，减农村建设用地的余地极大、代价较小。特别遇到当地主政者看明白了“城乡土地可移动、动了可能升值”这套新招数，那就更愿意尝试。

这样分析，成都、重庆这两个原四川省的双子星座，对挂钩政策率先反应、率先尝试、率先落地，就不难理解了。首先这两个西部最大的都会城市，在2004年以后城市地价开始上升，虽比不上北京、广州、深圳和上海，但每亩土地百万元量级的地价，也是这些地方自三皇五帝到如今从来没见过的。周边农村呢？既广又大，相对落后。以地价看，中心城区走出不太远，地价下落不足1/10甚至1%的，所在多有。城市化、工业化势头好，但土地管制比早期的东部又不知严格了多少。凑到一起，城市有希望，农村仍贫穷，城乡土地流动管得很死板。憋得难受的当口，下来一道挂钩政策，此时不积极，更待何时？

是的，“明白人”重要。但是，为什么老是政府里的人先明白呢？我的解读是，因为那些主体未明的政策，先在政府体系里下达！城乡土地挂钩，到底谁挂谁的钩？没说明白。可是文件下达，是城市的市委市政府先看到。他们发现挂钩政策有含金量，行为主体又未加清楚界定，当然谁先做谁就是主体，没有什么好奇怪的。再加上按现行体制，城市土地本来就在政府手里，农村建设用地怎么减、怎么挂，谁也搞不懂，倘若城市政府不上手，谁也做不出来。“本政府当仁不让充当挂钩主体”，事情才开了头。

后来舆论批评挂钩政策“无非是地方政府闹农村的地”，说的也是事实。问题是，地方政府先读挂钩政策、先得主体地位，演进的逻辑是不是到此就为止了？挂钩的实践，还有没有机会让新的、非政府行为主体接着冒出来？

政府主导的增减挂钩

城乡建设用地增减挂钩政策出台之后，一些看明白其内涵的地方政府近水楼台先得月，率先积极推动政策落地，也启动了一波农村建设用地向城市流转的新潮流。

事情甚至不可能以别的方式开场，政府充当挂钩主体不但顺理成章，而且仿佛天造地设，再也没有什么比这个更合适的了。

道理简单：早在挂钩诞生之前很久，城乡之间的土地事务已被行政管制。城镇居民购买农民宅基地上的物业，被国务院发文禁止；乡镇创办企业占用集体土地的自由，在层层行政审批中不断收紧；全部农村建设用地——无论居民的还是村庄集体的——一概没有自行议价出让之权利；国家建设项目占用农村土地，一律经由政府征地完成；凡划入城市版图的“原农村土地”，由《宪法》规定

“属于国有土地”；更不要说城乡土地的用途，明文就是管制对象。这么说好了，举凡涉及城乡土地的事项，全部纳入管制范畴，成为行政部门的囊中之物。

到了挂钩开始的时候，事实上也就是给早已高度管制的城乡土地增加了一种变换机会而已。不妨问一句，增减挂钩之“增”——扩大城市建设用地规模——掌控在谁之手？当然在城市政府之手。城市土地全部属于国有，也一直交付给政府管理、由政府向市场出让，并获取“资本化了的”土地出让金。那么“减”呢——减少农村建设用地——涉及村庄多少户农家或集体存量建设用地的规划调整、拆旧、建新和复垦，离开地方政府，那是天王老子也玩儿不转的。既然增减皆离不开政府，挂钩主体不是政府还能是谁？

我和同事、同学们是一个环节一个环节细看了挂钩全流程，才得出以上结论。调查开始好一段时间了，我们的疑虑还是欲罢不能。急性子的同学问得直接：如此每一步靠政府，算哪门子改革？不好回答，只好权当我们是从另外一个星球来的，先看明白人家的故事再说吧。

政策解读、思想动员、细则设计，这本是地方党政的看家本领。过去多少年，不论好事坏事，凡改变了中国的，都是这么干出来的。新的是增减挂钩的内容——什么叫建新区？什么叫拆旧区？拆旧、建新之间能减少多少农村建设用地？这些土地如何复垦（从建设用地还为耕地或农用地）达标？以及最要害的一道计算，即农村减下的建设用地加给城镇利用，每亩可拿回多少钱，以补偿大动干戈、拆旧建新的成本？

这对任何一个村庄来说都是超经验的，那就多少要靠想象力。可农村的老少爷们儿偏偏就缺想象力。他们是天生的经验主义者，信奉眼见为实，不见兔子不撒鹰，没图像就没有概念，非有样才学样。问题是乍一开始的增减挂钩只不过是文件上的字，听得见、看不着，农民有样学样，最早的“样”从哪里来？

“第一推动”来自地方政府。也不是哪里都推得起来的，至少要有几个明白人，他们还能说服一班人，外加诸项配合条件的凑手——拿得出的财力、调得动的能员干吏、大体上积极响应的乡镇。至于环境适用性，前文交代过，要有城有乡，城市有崛起之势，城乡有相当的经济反差。其中，“一把手”很重要，因为中国体制下他管干部，他重视了，干部不在状况就不行，上呼下应，系统就可以发力了。

规划是前导。过去只有城市才搞规划——不少城市规划也是马马虎虎的水准，更莫谈乡下了——但增减挂钩涉及城乡，规划非延伸到农村不可。成都的办法是“城乡全域规划”，还破天荒招聘了一批“乡村规划师”，专门负责农村建新区的规划。否则，随意拆旧建新，留给世人不是可学之样，会成为笑柄。

财政垫资必不可少。照理说，老乡拆了旧宅、搬入新居、完成复垦，才可以凭减少了的建设用地，向需要增加用地的城镇换来货币补偿，整个增减挂钩才算完成。但在事实上，一个百把户规模的挂钩项目，从拆旧建新复垦到完成验收，总要三年时间才得以完成。其间，老乡拆旧房，一家老小要有个地方落脚。盖新居，土地不花钱，但砖瓦用工用料都要花钱，复垦土地也要花钱，总要先垫资吧。不然的话，等复垦合格后才拿得到货币补偿，老乡们好几年居无定所，那就没人愿意尝试增减挂钩了。

更为困难的是，拆旧建新要一户一户定方案。外人看农村的家家户户，似乎没有多大的区别，但实际上每家每户都各个不同。单是房屋、土地两项，其面积、质量、来历就各有各的特色。最受关切的核心利益，在于家家户户拆旧的老宅子及其下的宅基地，究竟能折合多少货币补偿。另一头，建新成本虽然容易算，但标准到底定到什么水平，家境不同的农户有不同的诉求，新居民点总要在全体建新户之间达成一致才搞得起来。这两笔账——拆旧补偿与建新成本——事关项目内农家的净收益，要算到一起不容易，是协调难度很大的村庄公共事务。

从家家签字画押同意的方案到完成增减挂钩，中间还会冒出无数新问题。对不少农民来说，写在合约里的文字、画出来的色彩斑斓的户型图和新村图，总与实际建造的新居不是一回事。对不少人来说，要看到实物之后才明白合适不合适，而一旦他们觉得不合适，就要求动手变更。也不是故意找麻烦，世世代代的农房就是这么边设计、边施工、边变更建造出来的。讲什么“规划的严肃性”，他们觉得你才不严肃。常常还不是一户、两户的问题，众口难调，重新协商的成本极高。

建新村的垫资是一笔不小的钱。以每户新居的平均建造成本10万元计（包括新村公共设施的投资），百户的项目就要垫付1000万元。垫资是代为支付，等挂钩完成后还是要还的。这里有财务风险：预期项目净减的建设用地，实施之后是不是还有那么大的面积？届时能从增用土地的一方手里换得多少货币补偿？如果多得了补偿，要监督落到谁人的口袋；倘若少了，原先的垫资出现窟窿，还不上了，又怎么办？

对于建造一个或一小批“挂钩样板”来说，所有这些麻烦，兜底的都是地方政府。横竖列入了政府项目，一旦领导下了决心，机器开动起来，财力、物力、人力、规划、动员、签约、实施、对付形形色色的意外，一律纳入行政动员体系，一级压一级，落实到具体部门和官员。如此上了道，除非发生高层政府强力干预、本地领导人事变更或者其他罕见的不可抗拒因素，一般还没有干不成的。

直到“挂钩样板”诞生，方方面面的经验主义者才有了一个可考察的具体对象。人们查验、核算、评议、称赞、说三道四、横挑鼻子竖挑眼，才搞得风生水起。当然是政府主导的增减挂钩，不过此处的“导”也可以当“导演”讲，因为增减挂钩的大戏，不过刚刚开场。

郫县的佐证

有样学样，这是土地制度变迁的一种动力机制。讲过了，率先出现的可学之“样”，通常是某个地方政府创出来的。也不大可能有别的路径，因为土地——不论法律上叫国有土地还是集体土地——早就被高度行政管制化了，改革的可学之样必须合法，政府不上手，别人想做也做不出来。至于“不可学之样”，那倒所在多有，法外天地广阔，提供了又一股制度变迁的力量，话分两头，我们要另外再叙。

凡政府主导之事，长远的发展方向就有多种可能性。往大里说，当年中国走上中央计划经济之路，是政府主导的结果。后来搞改革开放，走市场化路线，靠谁主导？还是政府。否则为什么一讲到中国改革，中外史家非提中共十一届三中全会不可？还不是因为任何别的机构就是开了会也不管用吗？

这个分岔点很重要。同样的政府主导，甚至同一届政府主导，一些改革导向了市场——容许民间获得主动、持久、合法参与经济事务的权利——另一些“改革”，则导向更高程度的权力集中。究竟什么力量决定分岔，这个问题实在令人着迷。

观察很多年，目标是否实际殊为重要。所谓目标实际，就是改革也罢，发展也罢，到底是冲着什么而去的。那个出发点上的努力目标，如果比较实际一点，比较形而下，可观察、可感知、可清楚描述，那样的改革不能不受到实际条件的约束，也会被逼着在现实的约束中寻找解决问题（达成目标）的办法。

脱离实际的目标，就是前面我讲过的用大词包装起来的那些个“伟大目标”，好听是好听——但凡选大词的时候，古今中外没有不好听的——但与现实脱节，根本无从下手，也无望实现，弄来弄去下不了台，只好滥用权力胡来。结果“词”很大，做出来的事却不堪回首，连那些大词也一并被糟蹋到无人再信才算拉倒。

谢天谢地，挂钩的初始目标非常实际。讲白了，这场后来看牵动范围深广的土地制度变革，开始就是地方政府要扩大城市建设用地。很有点提不上台面，是不是？是的。但非常实际，特别是反映了工业化、城市化加速所带来的某些位置上的建设用地之相对价格飞速上涨的实际。

目标实际，凡心驱动者众。反正 2003 年“非典”之后，我们小组到各地看经济，从东部到中部到西部，没有一个地方不向你诉说：“大把的投资项目等在门口，只缺土地！”向我等教书先生投诉，什么用也没有，可人家不管，喊一嗓子也舒服，可见需求之强烈。

倘若建设用地很容易获得，或者更简单，出个价就可以买到，那后面的文章就都没了。横竖谁喊缺地谁出价，得地者赶快去落实投资项目，该得利润得利润，该得税收得税收，该算政绩算政绩，也没人有功夫搞什么改革了。偏偏我们广袤国土上的任何一幅土地，早就被高管制土地制度五花大绑，市场的相对价格升得越急，土地可得的难度就越大。事不相干者或可以不知道，但当事人早就急成了热锅上的蚂蚁。

这当口也有路可选：管它三七二十一，先把地拿过来用上再说的，那叫“土地违规、违法”。尖峰时刻官方报道每年好几万起，督不胜督、查不胜查。风险也不是没有，想人家一个地方官当上镇长、县长、市长的，谈何容易，为块土地丢了乌纱帽，何苦来着？还是找找看有什么其他路径可走。

说来不容易相信，恰恰就在包罗万象的土地管制体系内部，留着一些路，也开下个别口子。不过这些政策资源，公众不知，市场不知，只有天天认真琢磨法令和政策的“业内行家”才知。这批“业内行家”，事后看对改革的贡献极大，但此时无非就是系统内“点道的”。说还是不说，有人听还是没人听，听了敢不敢试，一切还都是随机状态。

成都治下的郫县就这样发现了一个“路口”。这个故事我们在成都研究报告中写过，这里再拿来一用，也许对读者理解实际发生的改革路径有点帮助。那是2004年，郫县早把1996—2010年土地利用规划所规定的农用地转用计划指标全部用完。新一轮土地利用规划（2006—2020）至少要到2006年才会下达。于是，这个距成都不过30分钟车程的“金郫县”，地价猛升之下，本县却无地可用。

县领导立下了军令，要抓住机遇，又不能违规。这就有难度。不过有难度才显高手本色——县国土局专家连夜遍查政策文件，终于在四川省国土厅《贯彻〈国土资源部关于土地开发整理工作有关问题的通知〉的意见》（川国土资发［2000］30号）里，发现了一个“路口”。该文件是这样写的：

> 要积极促进农村居民点向中心村和集镇集中，乡镇企业向工业小区集中。在集中的过程中，……确需占用耕地的，经批准农用地转用的人民政府的土地行政主管部门调查核实、批准后，可以与腾出来的旧址整理后增加的耕地实行土地置换。……实行这种方式置换的，其建设用地可以不占年度建设占用耕地计划。

注意这份文件是2000年发出的，说明本书连续几篇文章讨论的挂钩政策，虽然正式提出是在2004年，但早有酝酿，而2000年四川省国土部门的这份文件也是贯彻国土部文件的意见，再次佐证了中国改革靠上下互动的特性。

郫县发现的关键，是“不占年度指标”。讲起来又是一条红线，因为我国1999年开始实施的《土地管理法实施条例》中有一条：“土地利用年度计划一经批准下达，必须严格执行。”郫县的问题，恰恰就是原规划到2010年才可以用完的占地指标在2004年就用完了。这又是从实际出发的好处，因为只要还有指标可用，再聪明的官员也不会从文件堆里单挑这份［2000］30号来细细解读。

一通百通。要获得不占指标的好处，你就要实施“集中”（农村居民点向中心村和集镇集中，乡镇企业向工业小区集中）。还不够，在集中过程中还必须做到“旧址整理后增加耕地面积”，并将这部分面积与新集中点占用的耕地面积完成置换。很麻烦，过去从来没听说过，也没干过。不过网开一面，要突破占地指标的硬约束，就留下这么一个口子：启动“三集中”并完成置换。

郫县由此成为成都也是四川省第一个实施增减挂钩的县。2004年，国土部门酝酿数年的置换办法升格为国务院出台的挂钩政策。当时的部署是先在天津、浙江、江苏、四川4个地方搞试点。四川选成都，成都又定了几个先行试点区县，郫县挤进第一批，且扎扎实实做成了第一个挂钩项目。

这个项目区的情况，在我们成都调查的第一期报告里也写了：项目的拆旧区选在郫县唐元镇长林村，共411户1434人，总占地面积2294.4亩，其中548.6亩为农村建设用地，人均建设用地255平方米；通过整理，在本村建新区占地112.26亩（人均为79.4平方米），新增的拆旧复垦耕地为263亩；然后把这263亩原来的建设用地指标落到紧靠县城的犀浦镇和友爱镇，在完成了对此地原业主的各项补偿后，将263亩具有挂钩资格的“净地”投放到土地出让市场。

经济账如下。263亩从长林村腾出来、可落于县城周遭的挂钩土地，在市场上每亩拍得420万元人民币，总价款11亿元。除去各项税费5.6亿元，余5.4亿元。其中，为长林村的村庄整理、建新、拆旧等共花费5500万元，等于每亩新增指标20万元，为在犀浦镇和友爱镇落下263亩建设用地，各项房、地、安置补偿8000多万元，合每亩40万元。县里策划、实施这第一个挂钩项目，“净落袋”约4亿元。

简言之，该项目在市场上增加了263亩建设用地，总对价11亿元，其中，一村两镇农民共得1.35亿元，郫县政府得4亿元，中央、省、市政府得5.65亿元。就这么一个故事一笔账，各位如何看？

土地收益分配与权利的制度安排

话说郫县第一个城乡土地挂钩项目，向靠近中心城区的土地市场增加供地263亩，共拍得地价款11亿元人民币，其中一村两镇的农民共得1.35亿元，各级政府加到一起得9.65亿元。农民与政府之间，以1 ∶ 7.15分账。

这笔收入分配到底算公道还是不公道，有的吵。说这样对农民不公，有理，因为本例中增加了的土地，原本世世代代都是农民的。一旦完成向市场供地，再也不归农民所有，也就是说农民以永远失去土地的代价，获得的补偿仅占总地价款之12.3%，岂不少得可怜？

农民又分两部分。腾出可用指标的长林村农民贡献的只是“建设用地指标”，至于那263亩实物土地，还好好地在他们自己村里，还归他们所有，只不过从过去盖房占用的建设用地，成为复垦后的农业用地。那里的代价是拆旧房、建新村，两项都发生不少花费，补偿所得是每亩 20 万元。另一部分农民是靠近城市的两镇农民，他们搬入城镇新居，拆除旧屋，腾出原先耕作的农地，那拿出来拍卖的 263 亩地原先就是他们的。补偿水平每亩 40 万元，除了补拆旧建新的房价，其余是补地价。

政府一侧加到一起，所得占到 87.7%，是不是太高了？毕竟土地是农民的呀，政府无非就是组织了挂钩政策的实施，一家伙得款 9.65 亿，其中一个县级政府这一笔落袋 4 个亿，难怪搞挂钩那么起劲！

反对的意见也振振有词：为什么靠近城市的土地卖得起价？还不是城里公共设施密集？那是谁人投资修的？政府。要是政府不投资，263 亩农地哪里卖得到 11 个亿？以当地农地平均的年度净收益 800 元计，就算平均利率低到 0.5%，PE（利润收益率）值 200 倍，一亩地也顶多卖个 16 万元而已。郫县政府第一个吃螃蟹，费多大劲才搞成这一单挂钩，何况人家拿走 4 个亿也是财政收入，还要投向民生和城市建设，又没装入县长书记、土地官员个人的口袋！

各说各有理，阁下怎么看？我的看法，收入分配这档子事，离开权利的制度安排来评判，怕永远也得不出可取的结论。道理是这样的，如费雪所言，收入不过是形形色色的资产——土地、劳力、厂房设备、知识等的产出，正像苹果不过是苹果树的产出一样。资产究竟可以提供多少收入，受一连串事件的影响，首先由权利的制度安排决定。人们有无权利栽苹果树，苹果树结出的苹果能不能自食、是否允许出卖、可以卖给谁、按什么准则定价等，皆属权利的制度安排。正是这些制度安排，决定了相关各方的收入多少。你费了力气种出的苹果不准卖吗？那你的收入就被划定了。不合理？那是权利安排（不准卖）的不合理。挂钩以前的土地政策，讲白了就是农民的集体土地，可以自用，但不准（向集体以外的非农民）转让。农地可以自种，建设用地可以自用，但就是一个使用权，不得转给集体以外的成员他用。人家出价行不行？不行。出价高行不行？更不行。法律、政策就是这么定的，权利的制度安排如此，土地收入的分配其实已经划定了。

集体土地不得自由转让，那工业、城市要用到农村的土地，怎么办？征用。这也是一项权利的制度安排。《宪法》和《土地管理法》就是这么定的。征地制的特征就是一个字——“征”——那就是非自愿、非交易、直接强制。为什么非“征”才能完成城乡之间的土地流转？说来话长，但也没有什么值得大惊小怪的地方。计划经济本来就是一种“按命令或指令配置资源的体制”，命令或指令者，没价钱好讲，令出法随，谁不办就办了谁。过去哪样重要的产品或资源不是靠命令或指令配置的？粮食和其他重要的农产品，多少年通行统购统销制度，放开让市场去搞，到现在只不过 20 多年。

征地制就是土地方面的统购统销。改革后有一点变化，就是“统销”改成了“城市土地市场”——允许拍卖、竞标，也由市场竞争定价。但只有拿在政府手里的国有土地才有入市资格。农村的土地呢？先征了再说，与当年粮食统购是一样的——政府决定拿多少量，也决定给什么价，还决定什么时候、经由什么程序完成。

征地权当然非同小可，所以《宪法》对征地加有严格的限制：

“国家为了公共利益的需要，可以依照法律规定对土地实行征收或征用并给予补偿。”这里的字面意思是，实施征地有个前置的条件，即“为了公共利益的需要”。问题是，工业化、城市化要利用的农村土地，究竟怎么才算“为了公共利益的需要”？修高速公路是不是为了公共利益的需要？一般算是。但以股份公司的架构来修高速公路，再加上公路公司到资本市场上市，公共利益里还夹带个别投资人的商业利益，那又怎么算？

更麻烦的是，现行法律并没有为“不是为了公共利益的”土地利用留下足够的空间。事实上，工业化和城市化中大量的土地利用是为了商业目的和商业利益，也是在亚当·斯密的意义上，因满足了商业利益才给社会带来公共利益。比如修建（民营企业的）厂房、研发机构、住宅、商店、购物中心、休闲场所、娱乐设施等都有商业目的，也有斤斤计较的商业利益。既然“不是为了公共利益”，那又从哪里获得这些必需的土地呢？也是华山一条路，用者只能向城市伸手：或得到划拨、出让，或在城市国有土地市场上竞标。那个市场的扩大也只有一个入口，就是政府向农村征地。

于是，千军万马挤向华山一条道——凡城市工业扩大用地，一律靠政府征地。早些年，政府忙不过来，还委托开发商等市场机构代为执行。市场机构有强烈的利润动机，却不受市场规则的约束，代行强征强拆之职，官不官、商不商的，什么手段都用上了，搞得公共事件频出、民怨沸腾，究其根源，土地一手靠征，一手可卖，是制度扭曲造成了系统的行为扭曲。

治标之策，是规范征地。于是，最严格的审批、最烦琐的手续、最频繁的监督检查，外加越来越热门的土地指标，左一道、右一道地加上来，使我国高速工业化、城市化的土地利用，成为转型中最肥沃的寻租乐土。

在“征地 + 政府出让”体制下，市场对土地的需求无法直接传导到农民的土地上。这也决定了土地转用的收入分配：在合法框架内，农村的土地唯有被政府征用才能获得征地补偿。至于被征土地再进入市场所带来的收益，那就再也与农民无关了。什么是征地补偿呢？就是在土地原用途平均年收益的基础上，乘以一个倍数——1999 年前法定“不超过 20 倍”，1999 年土地法改为 30 倍。

拿郫县的土地来说，要是实施征地，以每亩农地年收益 1000 元计，30 倍就是每亩 3 万元；以每亩收益 2000 元计，每亩 6 万元。外加青苗补偿、设施补偿、安置补偿等，在 2007 年的时候，征地每亩补偿 10 万元就是天花板数了。与上文介绍的挂钩项目比较，长林村腾出的土地指标每亩补 20 万元，两镇农民供出来的土地每亩补 40 万元，怎么看也是农民从挂钩项目的分配所得，远远高于土地被征之所得。

此差距从何而来？来自权利制度安排的变化。征地是合法的国家强制，只要划入“为了公共利益的需要”范畴，政府志在必得，不干也得干。挂钩呢？多少就有了一点选择的弹性，农民及其集体可以积极响应，也可以消极旁观，甚至有权宁死不从。就这么点选择的自由，在收入分配上就见到颜色了：征地补偿低，挂钩补偿高。更重要的是，挂钩撬开了征地制的大门，权利安排和收入分配上的进一步变化将欲罢而不能。

第八部分

“挂钩”三岔口

走出“半拉子”改革工程的第一步

自2007年在邛崃看农村土地整理项目，次年到郫县开始观察“增减挂钩”试点，断断续续也有几年时间了。我的结论是，“城乡建设用地增减挂钩”政策可取。所有对挂钩的批评意见，但凡看得到的，也都一并做了冷静衡量。不过，我的结论还是挂钩值得力挺。

讲讲我的理由。出发点是现存的征地制度非改不可。准确一点讲，是“征地+政府卖地”这套制度非改不可。这早已不是老的计划经济下的制度安排。它被改了一半：政府手中的国有土地可卖、可租、可转让；但政府要扩大手中的国有土地，却依然一律经由强制征收。政府如此一手征、一手卖，权力与市场畸形结合，在我看来实属一个改革的“半拉子”工程，搞不好一旦变成烂尾，害民误国，怕就难以收拾了。

困难在于畸形结合产生畸形的既得利益，顽固得很，要改也难。现在我们的政府都是任期政府，加上不少地方走马灯似的调动干部，官员实际任期比规定任期还要短。政府卖地呢？拜市场机制之福——其实仅仅是市场机制中的一种而已——一卖就可收回未来几十年的土地收益。如此的政治经济学，谁掌权谁不想多卖点地？城市土地归国有，政府卖之当然合法。还不够，那就扩大城市，反正1982年《宪法》规定的城市土地属于国有，应该也包括“扩大了的城市土地也一样属于国有”！再不够，政府可以动用征地权，那也是《宪法》给予的权力，虽然前面弱弱地加了一句“为了公共利益的需要”。你说什么不是公共利益？即便最商业化的项目，多少也会给社会带来一些好处。

“建设用地饥渴症”就是这样诞生的。它大大放大了工业化、城市化对建设用地的需求。君不见，这些年流动人口和投资项目大量流向的地方缺地，本地人口和实在招不到什么商的地方也缺地。到处是开发区和新城，与城市化是在空间上积聚密度更高的人口和经济活动的本意，越来越脱节了。

讲过了，政府是一种画地为牢的组织。每级政府、每个官员都有划定的行政范围，不能越雷池一步。但是工业化、城市化的资源配置，却不限于在指定的行政区划里流动。因此，由政府来主导工业化、城市化的资源配置，一定与人口、劳力、资本、技术在更大范围内流动与重组的内在要求相冲突。这些年我看到过的最错误的配置，就是组织上把一个非常能干的书记或市长，任命在一个环境或位置不宜、人口外流、投资不来的地方为官。这些能干的官员非要折腾出一番新天地，非要打造一个世界的什么中心，结果劳民伤财、得不偿失。

要害还是体制机制。政府一手征地、一手卖地的现行土地制度，还大大恶化了收入分配，激发社会冲突。要明白，稀缺的建设用地在市场上呈现出来的高价，是一种官民都在吸收的信号。政府懂了土地资本化，农民，首先是靠城市近的农民，也一样会懂的。按照中国的改革路径，顶多就是政府和官员先懂，民间、农民及其集体后懂。但是他们一旦明白了，征地的补偿机制就面临挑战，因为被征地的农民的要价，一定水涨船高。这也是“半拉子”改革的麻烦之处：过去土地征走政府就是“用”，农民要求的补偿标准无非就是与其土地未被征用前的状况比较，生活水准不比原来糟糕就行了。政府一旦把土地市场化，农民的参照系就变了——他们会看着土地市场化后的地价说事儿。城里的专家当然可以拿“土地涨价要归公”的道理来说服他们。但专家们自己有没有把这些年在城里买房的土地涨价部分，带头交公来给农民做个榜样呢？

利益冲突随市场地价的上涨而日趋严重。可以衡量的，是征地的货币补偿节节升高，那是可以拿精细的曲线图描出来看的。还有不少间接成本，包括动枪动棒、官府与民争利的负面形象以及对社会和谐的长远损伤。资源错误配置的后果已经随处可见，再加上收入分配状况的恶化，就为了那么一块地，真的很值吗？

可是要抽身也难。利益一旦“既得”，要打破就必须重建新的平衡。我的观察是，政府征地又卖地的体制已经显著改变了两张重要的财务报表：一张是地方政府的财政收支表，还有一张是地方政府的资产负债表。在前一张表上，卖地收入已构成地方政府可支配财力的重要内容；在后一张表上，地方政府的征地权、征地储备连同未来还可以征地的潜能，统统转为地方政府负债的基础。从整体看，说政府征地卖地制仅仅是“土地财政”远远不够了，这里还有“土地金融”，或更准确地说，是“土地负债”！

这就叫牵一发而动全身。政府征地卖地制之难改，就难在这个地方。贸然发动，地方财政怎么办？地方债务又怎么办？中国不是一个联邦制国家，地方政府也不是独立的公法人，举凡财政破产、债务破产，都可由各自负责。中国的中央政府对所有地方政府的财政和债务，实际上负有最后责任。这些年在土地问题上吵来吵去，说得做不得，相关改革写进决议也没行得通（如2008年中共十七届三中全会决议的“逐步减少征地规模”），我看到的原因，不是没有要改的理由，而是对付不了改了之后可能出现的后果。

生态系统或有一比。如草场有鹰有兔，某猎人一枪打下了老鹰，引起兔子大量繁殖，直到过量成灾，把草根也啃光，引发草场沙化。到此时，就算再放回老鹰，或直接杀光兔子，草场生态也不能恢复如初，因为兔子太多固然是草场消失的原因，但沙化一旦形成，再减少兔子也于事无补。这样看，单一因果联系仅说明了问题的由来，而真正要解决问题，只懂单一的因果联系还不够。

要把“半拉子”改革推向前进，非面对“后果的后果”不可。到了这个层面，不能光靠诉之以情、晓之以理，更不能只靠批判和一些简单推理。如果我们的目的是要恢复生态，那么单把老鹰请回来不够，直接减少兔子数量也不够，还必须解决原先的失衡带来的草场沙化问题。这里的关键是发现，究竟要创造什么条件可以让沙化的土地重新长出草来。

这也是经济调查的重心所在。看到问题、了解问题的成因很重要，但更重要的是，找到那些可能解决问题的条件。困难是经济学不容易搞一个可控实验，来有效检验任何设计、联想或猜想到的因果联系（规律）。退而求其次，到那些先行先试或偶然发生了意外的地方寻寻觅觅吧。功夫不负有心人，我们还真看到一些有助于解决问题、走出新路子的办法，其中一例，就是挂钩政策，特别是其在改革实践中的升级版。让我们下节再谈吧。

市场版的“挂钩”（上）

上文介绍过，“城乡建设用地增减挂钩政策”源于征地制的实施遇到了越来越大的困难。逻辑大体如下：地方政府一手征地、一手卖地，对建设用地的需求越来越旺盛，势必危及城市周遭通常很肥沃的农业用地，同时也造成农民对土地被征的日益不满、抵制，甚至对抗。中央政府既要严守农地红线，又要防止官逼民反，所以左一道令、右一道令，反复强调“严格保护耕地”“保护农民权益”。

国土部门夹在了中间。省、市头头要他们多批征地，中央领导则要他们严格把关调控。两头挤压，逼出了一项挂钩政策：哪个地方有本事减少农村建设用地，就给哪个地方增加城市建设用地。想想也很合理——几亿农民离土也离乡，除了过年，不在户籍地生活，白白占着那许多废弃的乡镇企业用地、村庄闲置公用土地，以及大量破旧不堪的农宅占用的宅基地，干吗不“减下来”，去换得日渐昂贵的城镇建设用地的增加呢？

问题是，增减挂钩是在征地制架构里诞生的，整个体制尚未变动。农村集体土地还是不得流转，农村物业还是不得向城镇居民或法人转让，所有农村土地转为城市所用，还是华山一条道——一律经由政府征地！在此前提下，所谓“农村集体用地的减少”和“城市建设用地的增加”，整个流程还是严格操控在政府之手。举凡农村拆旧建新、把农村腾出来的“建设用地权”到高地价位置去“落”，以及建设用地因位置移动而增加的土地收益之分配，哪个环节也离不开政府。

唯一的新因素，是农村和农民对增减挂钩项目可以参加，也可以不参加。这与征地不同，征地没什么价钱好讲，但凡被划入征地范畴，农民就没有自愿不自愿的选择空间。经验证明，这么一点点农民的选择权和自愿权，居然就在征地制上撬开了一条小小的缝隙。假以时日，小缝隙变成大裂口，以行政之手完成的挂钩就升级为市场版的挂钩，一个建设用地交易的新体制就破土而出了。

分几步来完成这个跳跃呢？第一步，政府要吸引农民参加挂钩项目，农民可以选择进入还是不进入，这样双向互动，就影响到挂钩项目的成本收益——政府要从增加的城镇土地收益中拿出多大一个比例，来补偿农村为减少建设用地所进行的拆旧建新？很明白，这件事当中农民的收益，就是政府的支出，此长彼消。如果政府不能吸引农民参与，农村减不下建设用地，政府也不能获得增加城市建设用地的好处。于是，政府先出价。

正如2007年我刚到成都去观察时看到的那样，在挂钩的试点阶段，政府总要出一个比较有吸引力的价格，来诱导农民参加挂钩试点。这是因为，村镇基层干部和农民还一概不懂挂钩为何物，谁也不知道究竟如何搞，到底能带来什么好处。积多年之经验教训，他们一般也不信任上面来的新花样。按照经济逻辑，一方不积极，另一方必须加大筹码才能促进成交。

这就是在挂钩试点阶段，政府这一侧加大投入的原因。当然不全是货币的。领导重视、不断派员宣传政策、为首批试点项目提供各种便利等，都是政府的投入，因为这些资源对政府都很稀缺，都存在着机会成本。货币投入也是关键，因为最终基层和农民要算账，才能决定是不是参与挂钩试点。

我开始想得简单，反正政府出价之总额——非货币的加上货币的——一定要高于农民自己完成拆旧建新的总成本，事情才干得起来。原则上没错，但真实世界更复杂一点。拆旧建新说说容易，问题是更集约用地的农村新社区（如此才能达成农村建设用地的减少），建出来之后对农民究竟有没有足够的吸引力。

成都对此下足了功夫。他们把城市规划师派下乡，也把城市建筑师派下乡，与当地一起规划、建设传统农村从来没见过的带公用配套设施的"建新区"。更重要的是，对眼见为实的农民来说，政府必须先垫付一笔可观的资本，建成新区之后，让农民搬迁进去，然后再拆旧复垦，实现"减少农村建设用地"，并拿节约下来的土地去套现——从城市增加的土地供应中拿出一笔对价来。整个流程完成，紧赶慢赶，两年时间总是要的。

货币的账怎么算？原则好懂，政府出价总要高于老百姓自己完成这么个建新社区的代价。譬如农民自己建新宅，或20户农民自建一个新村社区，总成本分别为8万元和160万元，那政府给予拆旧建新的补偿，总价要超过这两个数才有可能。问题是，超过多少为算？

试点开头难，多加价是上策。我们用过郫县第一个挂钩项目的数据：263亩新增的建设用地指标从长林村腾出，落到县城附近的高地价位置，政府为此给长林村每亩指标补偿20万元，给落地村民的各项房、地、安置补偿合起来是每亩40万元。实际上，那两个地方的农民要是自己完成拆旧建新，成本也不会高到那两个数的。就是说，参与首批试点的，会得到加价的甜头。何况还有公共配套的资金，从县里其他政策项目走，这也是不小的甜头。

从第一例到第一批，挂钩做开之后，农民和基层从实例中看到了这些甜头，参与的积极性大增。原来我推断，农民供给的积极性上来之后，他们互相之间有竞争，所以挂钩项目的政府给付可能下调，因为张村不干王村干，卖方竞争导致索价下降。顺便提一句，这也是我认定的，如果普遍允许农村集体建设用地合法入市，给定其他条件不变，那么地价一般会下降——正如农民普遍有卖农产品的权利之后，农产品市价一般上不来，要政府补贴才勉强维持成本，那是卖方竞争激烈的逻辑结果。

可是实际情况与我的推断相反。随着挂钩项目的增加和扩容，政府给予减少农村建设用地的补偿额逐步上升，从早期的均价每亩指标12万元，上升到15万元、18万元，再到30万元、40万元甚至更高，然后到 2010 年前后，大体稳定下来。后来一次去，每亩指标价一般在 30 万元之谱。

这又是为什么？原来政府那侧的竞争也在强化。还以郫县的挂钩第一单为例，整个挂钩流程土地收益总增加 11 亿元，除了缴纳税费和给付农民，郫县政府的财政落袋 4 个亿！此信号对其他区县政府是什么含义？对郫县自己又是什么含义？结论简单：地方政府参与挂钩的积极性比农民还要高。下一步，区县政府个个要上挂钩项目，而其时——现在更是——挂钩政策不过只是一个国土部的试验性政策，仅在几个省市试行，额度有指标，要报批，审核手续不简单，验收程序较烦琐。于是乎，积极性被刺激起来的区县政府竞相争取挂钩项目，争来争去，买家与买家相争，就把给付农民的补偿标准拉高了。

这真是难得一见的实例，清楚表明政府主导的事项仅需加入一点农民选择的自由，市场逻辑就会从里面生根。不过读者不要急，还有更大的跳跃在后头。

市场版的“挂钩”（下）

在政府掌控的征地制里，怎么容纳得了市场逻辑的生根和发芽，这本身是一个很迷人的问题。经验说，倘若政府一手征地、一手卖地的体制真的解决了城市化中土地资源配置问题的全部，那就万事皆休，什么改革也不会发生，因为根本就不需要发生。恰恰是现行体制破绽百出，才给市场关系提供了破土而出的机会。

政府一手征地、一手卖地的根本矛盾，是土地永远不够。从需求看，低价征地、高价卖，土地当然不可能够。加之此地卖的是未来几十年的使用权，在政府换届的情况下，多卖地者多得当下的土地出让收入，竞相多卖才是上策。但土地不是供给无限、不会永远卖永远有。稀缺定理照样横在所有政府面前，或农民顶牛，或中央政府限制，各种各样的约束接踵而来，麻烦就大了。

逼来逼去，逼出一个“城乡建设用地增减挂钩”。还没完，增减挂钩依然要受竞争原理的支配。第一个挂钩项目做下来，如我们在郫县观察到的，县政府勇于尝试，率先试验，收获颇丰——不但得到了 263 亩对当时来说极为稀缺的建设用地，为 400 多户农民建成了可圈可点的新农村，还为本级县财政直接贡献了 4 亿元人民币。这等好事，还不很快就传播开来，吸引跟随者无数?

后果就是更多的区县政府，争着抢着要挂钩。可是对不起，额度有限——这只是国土部的试验性政策，允许先行先试范围有限，能得到批准的额度也有限。多个地方政府争着要进入，挂钩价码当然向着一个方向变动，那就是调高给农民的挂钩补偿。以我们之所见，“比赛规则”是这样的：哪里农民更拥护挂钩项目，做得更快、效果更显著，政府就乐意给哪里更多的挂钩机会。竞争导向，挂钩补偿价格节节上升。记录表明，2007 年之后，成都农村减少的建设用地指标，每亩补偿价从 12 万元到 15 万元，再到 18 万元和 20 万元，然后升升降降，到 2012 年大体稳定在每亩 30 万元。

城里的读者要明白，这对农民来说还不是“卖地”所得，因为那结余出来的实物土地还在农村，还属于农民，并没有也不可能搬到城里来。那里减少的只是建设用地，即原本盖有建筑或至少地表被打上了水泥，已经硬化了的土地。现在去除硬化地面，搬迁建筑物到新村，经由复垦还农地的土壤本性，为此每亩指标得款十数万至 30 万元，与征地相比，对农民的吸引力当然大了好多。征地拿走的是实物土地，永远归国家所有，被征之价是农地原来平均年收入的 20 倍或 30 倍，一般而言仅几万元而已，加上附着物和青苗补偿，每亩10万元算到了头。现在转出的建设用地指标，等于农民放弃搞建筑物的权利，保有农地所有权，那当然极其不同。

利益驱动的能耐可是不小：到2012年底，成都全市累计完成600多个土地综合整理项目，总投入建设资金500多亿元，共有45万户约150万农民（占全市农民1/3）的生活居住条件得到显著改善。这500来亿元也不是来自城市的恩施，那是农民拿建设用地换来的。城乡两利，以此为证。

问题是利益驱动并未到此为止。挂钩挂多了，各种利益的算法也日益明朗化。总有一些机敏的村庄领袖发现，农民从挂钩中固然得益匪浅，但政府拿走的还是大头！不是吗？30万元的对价固然与征地相比史无前例，但由于城市土地市场的价格节节上扬，政府拿到的那亩指标，一旦在高地价区域落地，净所得还是远远不止农民得到的那个数。还有没有可能让农村和农民再多得一点呢？

细心琢磨之下，办法还是有的。最为现实的，就是农民不再满足于把整理出来的土地指标卖给政府，再由政府卖给市场，而是尝试直接向市场出售土地指标，如此打通农村建设用地进入土地市场的合法通道，实现由市场对土地（指标或实物土地使用权）定价。

我们观察到的首个实例，发生在都江堰市天马镇金陵村二组。背景是2008年汶川地震后，成都市出台了地方性政策规定，允许灾损严重的农户和农村社区以重建结余的土地指标，向政府的土地储备中心换取资金；也试行由农民将结余的土地指标，拿到农村产权交易所公开竞价拍卖。金陵二组组长阳通炳知道这个消息后，发起村民讨论，最后本组内外共180户村民决定用这个办法共建新村

“金陵花园”。他们在灾后重建中共结余了110亩建设用地，拿出其中76亩指标，以每亩15万元的价格流转给都江堰市国土中心，筹措到重建基金1140万元。另外34亩林盘地，则放到成都农村产权交易所公开挂牌拍卖，最后以每亩44.2万元的价格，将40年使用权出让给成都一家有意进军养老产业的公司，又筹得1300余万元。如此，金陵二组不但在一年时间内建成了美轮美奂的金陵花园，还余下330余万元的发展基金。

这里有个问号，政府退出土地交易，减少了原本可以获得的筹资机会，如何办得到？答案是，政府卷在挂钩之中，能筹资获利固然不假，但要为此垫付大量资本。像金陵花园这样的项目，不到200户人家就要2400万元重建资金，全县数万灾损严重的农户全靠县财政（包括预算外的土地财政）根本就垫付不起。既然民间可以走市场路线直接筹资，为什么不网开一面？至于政府该得的收益，等农村土地市场全面建立，调整相应税制，亦不难解决。

其实重建农村新社区，垫资的负担真的不轻。所以上述金陵花园的办法，实际也是一半对一半：将近半数的重建资本（1140万元），还是经由县政府的土地中心筹得的。真正市场化的挂钩，是在基本盖成了金陵花园之后，村民才有底气把余下的那34亩林盘地挂牌拍卖。阳通炳的算盘打得好，拍卖所得当然多些，但乡亲们的房子还没盖起之前，谁有心思等着市场出个好价啊？这说明，要搞市场化的挂钩，农民还必须在政府以外找到垫资之道。

这个难题在崇州市桤泉镇的群安村得到了突破。这个村的几十户农民以确权的集体建设用地折资入股成立土地合作社，再以合作社作为土地整理开发的实施主体，以拥有的集体建设用地作为抵押，向成都银行贷款3600万元，投入土地整理和新村重建。等到结余的建设用地（150亩）"生产"出来之后，社会资本依约以每亩30万元的价格收购，价款则先用于偿还贷款。在这个案例中，地方金融机构的积极介入起了决定性的作用，说明政府的垫资功能完全可以有更市场化的机制予以替代。

位于郫县古城镇的指路村在更新挂钩机制的探索中又迈出了一步。这个地处郫县西北大门口的村子，因本地村民收入较高，村的组织能力较强，就创出了一套"五自模式"，即完全以村民为主体，由村民自己出资、自己筹资、自己建设、自己整理、自己独立或者引进投资方发展产业，盈亏自负、风险共担的土地整治新模式。目前指路村已建成第一期1.35万平方米的农民新居，首批64户已入住，而惠及200户的第二期新居和社区公共服务中心也将动工。该挂钩项目完成后，可节约270亩集体建设用地指标，预计可实现收益1亿元。

这些村庄一级的探索，表明挂钩可以在改革中升级。政府不但可以收缩征地规模，也可以从行政主导的挂钩一步一步向后撤，更多利用市场机制、金融机制和多种多样市场性的契约机制，来推进农村建设用地的市场化。

“土地交易所”破土而出

上文提到一个实例，都江堰市天马镇金陵村二组的村民，曾在汶川地震的灾后重建中把土地整治中结余出来的一幅林盘地，放到成都农村产权交易所公开挂牌拍卖，最后以每亩44.2万元之价，将其40年的使用权出让给成都一家有意进军养老产业的公司，一笔筹得村庄重建资本1300万元。

石破天惊。这是行政主导的城乡建设用地增减挂钩，转向市场化配置农村建设用地的一个标志性事件。这里最为关键的一项制度安排，是成都农村产权交易所。这又是何方神圣，从哪里冒出来的呢?

公开资料说，“2008年10月13日，成都农村产权交易所在成都高新区孵化园赢创动力园区隆重成立并揭牌”；还说，这是“全国首个综合性农村产权交易市场。通过这个平台，农民的土地承包经营权、林权、集体建设用地使用权等可以通过市场原则实现有序流转”。细读该交易所的业务范围，不但包括“农村土地承包经营权、林权、农村房屋所有权、集体建设用地使用权、农村集体经济组织股权、农业类知识产权等农村产权的交易”，而且还包括“农村土地综合整治腾出的集体建设用地挂钩指标、占补平衡指标的交易”。

正因为有了这个交易平台，阳通炳和他的金陵二组才为他们结余出来的农村建设用地找到合适的交易对象和交易方式，发现对各方都公道的价格，才顺利成交，实现“以结余土地换取重建村庄资本”的愿望。

再查公开资料，同样被称为“全国首家农村土地交易市场”的重庆农村土地交易所，于 2008 年 12 月 4 日宣布挂牌成立。网上对此报道很多，读者不难查证。我是见怪不怪，当年沪深两家股票交易所，究竟谁是真正的首家和首创，自 1990 年以来似乎从无定论。日前在上海见到老友陆一，获赠他的新作《你不知道的中国股市那些事》，其中考证了沪深两个交易所获中国人民银行正式批复的时间，分别是 1990 年 11 月 14 日和 1991 年 4 月 16 日。不过陆著也记载了，深交所集中公开交易早在 1990 年 12 月 1 日。究竟谁是第一，怕还有的辩。

改革大潮下的中国，生孩子、取名字、被批准，不在一个时间完成，很正常。蓉渝两个土交所，成都挂牌于 2008 年 10 月 13 日，重庆挂牌于 2008 年 12 月 4 日，蓉先渝后；不过重庆土交所当天挂牌，当天就交易，以交易发生论英雄，渝先蓉后。后来看报道，天津、武汉也建有农村土地交易所，究竟孰先孰后，首创谁属，留给将来的史家去下结论吧。

对当下而言，谁先谁后不那么重要，重要的是农村建设用地有了公开合法交易的市场。能不能把土地资源的配置交给市场机制做决定，我相信如果只是坐在那里吵，那是吵一万年也不会有名堂的。设个市场试试看，还用邓公当年论股市的那几句话：有人说股票是资本主义的。我们在上海、深圳先试验了一下，结果证明是成功的。看来资本主义有些东西，社会主义制度也可以拿过来用。即使用错了也不要紧嘛！错了关闭就是，以后再开，哪有百分之百正确的事情。

这正是改革时代的可爱之处。举一例，现行《土地管理法》规定："农民集体所有的土地的使用权不得出让、转让或者出租用于非农业建设；但是，符合土地利用总体规划并依法取得建设用地的企业，因破产、兼并等情形致使土地使用权依法发生转移的除外。"（第63条）按此条前半截的意思，农村土地永远也走不进市场，因为农民集体土地压根儿就"不得出让、转让或者出租"，那还讲什么市场？幸亏立法者手下留情，加了个分号，接着又下了个"但书"，开下一个"除外"的口子。虽然那口子也开得模糊不清，主体非企业不可吗？非破产、兼并才发生土地使用权的转移吗？如此等等，不过好歹有个"除外"，总算把前文那几点断然否决的死规定，打出一个可大可小的折扣。

更可爱的地方，是中央通过的决定可以指明现行法律完善的方向。如2008年党的十七届三中全会决定："逐步建立城乡统一的建设用地市场，对依法取得的农村集体经营性建设用地，必须通过统一有形的土地市场、以公开规范的方式转让土地使用权，在符合规划的前提下与国有土地享有平等权益。抓紧完善相关法律法规和配套政策，规范推进农村土地管理制度改革。”[①]对照上引《土地管理法》，此处的土地不但可出让、转让或出租，且要建立“城乡统一的建设用地市场”。

甚至学界的书生之见，也对变革实践产生些微影响。交代过的，笔者是2007年6月到成都参加一个研讨会，才开始接触当地改革经验的。那次会议，恰逢国家宣布在蓉渝两市设立城乡统筹综合改革试验区。我在会上听了介绍，引起兴趣但又觉得不过瘾，会后要求实地调查，去邛崃市羊安镇看了第一个实例，从此连续5年和几位同事同学调查研究成都，一发不可收。

重庆方面，时任市委书记汪洋和市长王鸿举于2007年6月15日公开署名邀约，“向全球恳求建设重庆‘试验区’的金点子”。重庆媒体上大字登出书记市长的个人邮箱，告知可以直接发信提出意见和建议。报道的评论说，“行政高官通过互联网面向全球问计寻策，在我国政界首开先河”，还公布提交金点子的截止时间是7月底，并将于8月对金点子进行评选云云。

我至今保有《重庆商报》当年此项报道的电子文档。当时多少受到鼓舞，也很想一试真假，希望不是舆论炒作。于是就把在邛崃调查中的感受集中到一点，即“在试验区的框架内试办土地交易所”，写就一篇建议，照报上公布的那两位领导的个人邮箱

① 见http://www.360doc.com/content/14/1223/20/20561766-435249177.shtml，本书引用党的十七届三中全会《决定》的引文均参见该网址。

（wangyang@cq.gov.cn，hongju@cq.gov.cn），一按键就发了过去。考虑到成都也设立城乡统筹改革试验区，而我那点认识又是从成都调查所得来的，于是把建议也发给成都的书记市长。因为不知邮箱，是用老法子发的快递。

很快，重庆的回邮来了，意思是：对建议有兴趣，已转给常务副市长黄奇帆，他会约你来渝详谈。信是从wangyang@cq.gov.cn那个邮箱来的，署名仅“汪洋”两字。再过几日，奇帆市长果然请重庆国土局电话邀约，我当时正好要去重庆参加一个会议，顺便上门谈土地交易所，也算平生一件乐事。成都反应也积极，市里领导和主管部门对交易所兴趣满满，不由让人刮目相看。为了落子无悔，我把这份建议加上个题目——《试办“土地交易所”的构想》——投给《南方周末》公开发表，时间是2007年10月11日。

2008年两地农村土地交易所成立之后，我们时不时跟着到现场观察交易情况。有一次在重庆，看到介绍的背板上讲，薄熙来对交易所如何如何重视，似乎这位之前权倾一时的人物领导创办了重庆土交所。问当地朋友，应答是一句无奈：他现在是这里一把手啊。中国政治真深不可测，谁官大，“朱德的扁担”就是谁的吗？我想我还是知道一点当时的实际情况，重庆土交所与“唱红打黑”可是一点关系都没有。薄熙来接替汪洋当了重庆市委书记之后，对土交所倒也支持不假。薄熙来后来倒了台，重庆的土交所也要倒台吗？我看那也太不讲实事求是了。咱们还是就事论事，看看土地交易所发挥的功能究竟是不是为经济所必需吧。

土地的市场流转不可阻挡

蓉渝两地出现的农村土地交易所，最重要的含义是为农村土地交易提供了一个合法架构。讲过了，事实上存在的农地流转以及农房连带宅基地的转手向来就有，就连“割资本主义尾巴”最高潮的“文革”时期也没有完全杜绝过。但是，合法的、跨村跨镇甚至跨县的、公开竞价的农村土地交易，的确是在蓉渝首创。

偶然因素少不了。不过依我的观察，打通城乡、合法的土地交易终究不可阻挡。根本的动力机制有两个：其一，产品市场化终究要导向要素市场化，其中也包括土地要素的市场化；其二，政府有权买卖国有土地，终究会导向农民也有权买卖农村集体土地。这里“终究不可阻挡”的意思是，观念、法律、政策或可障碍一时，但到老还是“青山遮不住，毕竟东流去”——土地市场说来还是真的要来的。

先谈第一动力机制吧。农产品的市场化改革，始于20世纪80年代中叶。原先是全盘的国家指令计划，具体到重要的农产品，就是统购统销：政府制定收购价和收购量，强令执行；再定量定价供应给工业和城镇居民。那套体制驱逐了市场机制，以“剪刀差”的方式把农村和农民的剩余集中到政府之手，曾被认为是推进国家工业化的不二选择。

无奈农产的短缺和农民的贫困总也挥之不去。道理也不复杂，讲到底无非就是价格机制不可欺：要低价去拿农产品，农民不会好好给你种的；再左一道右一道以公社体制捆绑农民手脚，谁想好好种地也种不成。改革就这样提上日程。一旦划下承包权的清楚界限，人家的产品唯有按市价才能货畅其流。

问题是价格有传导性。想想看，水稻有市价，小麦有市价，萝卜白菜也有了市价，那么生产水稻、小麦、白菜萝卜的那些生产要素——劳力、土地、资金、技术等——能没有市价吗？就算一开始没有，只要生产活动持续进行，产品之价就挡也挡不住地要传导为要素之价。

不妨一试，让我们从种稻开始。种稻得稻，那是遗传学决定的。春种一粒，秋收万颗，那是自然生产率决定的。人心不足，再想多得一点，如何办？答案是扩大种植，多种多得。于是要素登场：要多种稻，总要加人力、扩土地或提升技术。自家有闲置资源，好办，增加投入就行了，横竖闲着也是闲着，但凡稻谷好歹有个正的收益，也比闲着资源强。问题是如果自家资源全部用上了，再没有闲着的了，如何扩大生产，就费思量。

一个办法是对现有种植结构做盘算，譬如能不能少种一点麦，腾出人工和土地多种一点稻？产品各有其价，这个账好算，无非少种麦减少多少收入，多种稻又增加多少收入，两相权衡，就知道减麦增稻值还是不值了。注意了，此刻产品之价已经传导到要素身上了，因为要获得增稻的收入，必以减少种麦为条件——你不放弃麦，就无法增加稻。这等于说，农地增稻的代价就是放弃继续种麦的那笔收入。代价也是价，只要稻麦有价，你自家的农地也有价。劳力同理，自家劳力多种稻少种麦，劳力之价终究显现。

至于想利用别家的土地扩大种稻，产品价格也不难传导给要素。条件简单，只要你扩大种稻增加的收入高于别家种稻所获的收入，他家土地转给你用的租金就在这个差额之内。他种稻一亩收入100元，你种一亩可得200元，转用他家一亩土地之价，定在100元以内。究竟是1元还是99元成交，取决于竞争和交易费用。

这是说，但凡不同的产出之间有差价，或存在不同主体生产同种产品的生产率有区别，产出品之价一定传导为投入品之价。古人说得好，物之不齐，物之情也。不同产出的差价来自人们的需求，不同主体的生产率之别来自供给，总是有的。因是之故，只要产品有价，要素终究亦有价。开产品市场而不开要素市场，是根本就做不到的。20世纪80年代以来农产品逐渐市场化，劳力、技术、农地的市场也接连登场，就是因为这第一动力机制不可抗拒。

非农业用途的土地，市价显示之路要慢好几拍。个中缘由，与以上揭示的道理倒是一致的。因为农村里非农业用的土地，最早的产出都是自用，不进入市场，没有市价，所以传导到这些土地本身，也没有市场化的可能。譬如集体建造的大队部、小队部之类，虽然也占地，但无非是盖了些公共空间供农民自用，不讲价钱，所以那些土地的市场化，路途不免遥远。这说明，凡产品自用的，其要素一般也自用。

农村非农土地资源最早走向市场的，是乡镇企业用地。本来乡镇办的农民企业，土地获得是为了自用，所以一般也免费。无奈乡镇企业的产出品是卖到市场的，所以“产品市场导向要素市场”的原则对它就适用。乡镇企业最盛之时，从业工人曾达到 1 亿之谱。后来城市开放，外资民企崛起，乡企板块改的改、停的停，农村闲下不少乡企占用过的土地，但凡有人要用，讲个价钱转手的所在多有。实在没人要的，等增减挂钩政策一来，往往也是首批挂钩的对象。在法律上，正如我们前文引用过的，最早给“不得出让、转让、出租”的集体建设用地开下口子的，也是破产、兼并了的乡镇企业用地。道理何在？产品市场化必导向要素市场化。

至于农民的宅基地，加盖其上的农宅向来自用，所以此要素自《人民公社 60 条》以降，法定就是不得买卖、租赁和转手。例外也是一直有，那就是农民之间因家庭、人口变动而发生的农居转让。据我所知，任何农房转手一旦发生，那幅宅基地其实也遵循“地随房走”的准则，一并转给下家。还是第一动力机制——产品转手了，要素也转手——虽然习俗是农宅转手合约里一般不提宅基地，仿佛家家都是“悬空寺”，房子底下根本就不占地！

近来农村宅基地转让有规模扩大之势，是另外一套动力机制起作用的结果。那就是城市土地市场化了，政府破了“国有土地不得买卖、租赁、转让”的老规矩，迈进了“国有土地使用权可市场化转让”的新时代。城市地价节节上升，是一所伟大的学校，渐渐把农民——首先是靠近城市的郊区农民唤醒了。有样学样，城市政府可以卖土地，乡镇政府和村组集体为什么就不能卖地呢？特别遇到了“地在脚下，钱在门口”的情况，把村子整理一下，结余出来的乡企用地、公共建设用地以及腾出来的宅基地，使用权也有偿转了呗。这可是新的动力机制，产品不一定市场化了，例如农宅还是自主自用，但城市政府卖地的故事也启发了部分乡镇和集体农民，与其等集体土地被征用之后由着城市政府去市场化，还不如自己直奔农村建设用地的市场化。

两大机制交互作用，如河水不断冲刷河岸，农村建设用地“不得买卖、租赁、转让”的制度壁垒终究要被冲垮。横竖堵不住，剩下的选择，无非是学蓉渝办农村土地交易所，干脆提供一个合法交易的平台，把反正挡不住的潮流纳入合法市场之通道。当然也可以学一把鸵鸟，把头埋入沙子，念叨几句“不受法律保护”之类的软话，算为自己免了责，却让法外世界越变越精彩。

从产权的角度看土地流转

在常识上，土地流转没有任何特别之处。只要农产品可以转手买卖，生产农产品的要素——包括土地——终究也可以转手买卖。从产品市场到要素市场，本来就没有什么不可逾越的界限。政府有权转让国有土地使用权，农民当然也有权转让集体土地使用权。无论在经验上还是在逻辑上，土地流转自然至极，本不值得大惊小怪。

可是一旦进入上层建筑，土地流转立马惊天动地，好像是多了不得的一件大事，很容易引发两极分化，特别是那些“无立锥之地的失地农民”，很容易揭竿而起，闹到天下大乱。走市场之路，别的似乎还好说，但土地一定是例外。总之，“大词”迭出，足以吓唬为政者不得越出雷池半步。

结果就是土地问题“两张皮”。一方面，伴随农产品和城市国有土地的市场化，农地市场化的趋势不可阻挡，多种多样的土地转让无日无之。另一方面，由于观念滞后、政策滞后、法律滞后，农地转让行为仅活跃在法外世界，迟迟得不到合法承认。成文法与现实脱节，官民冲突屡起，中央部门与地方政府离心离德，以土地问题为最。

正本清源，还是要从财产权利出发。过去多少年，以为社会主义建立了公有制之后就再也不会遇到产权问题了。经验证明，此认识大错特错。从社会主义改造到改革，无论城市建立的国有制，还是农村建立的集体制，都不过是初级阶段的初级选择，不但有待完善，尤其需要改革。公有制产权改革的实质，是确立财产使用、经营、收益、转让等各项实际权利，为市场经济奠定可靠的基础。

这里集中谈农村集体制。从法律归属看，农村的土地和其他生产性资源属于农民集体所有。但是在实际上，农民集体与国家的权利关系一直没有得到清楚的厘定。说土地、耕畜以及劳力都属于农民集体，但种什么、养什么、以什么价格把农产品卖给谁，过去长期受政府行政指令的统制。在集体内部，农民作为成员的权利究竟怎么界定？事实上，集体无权回答这个问题。1961 年的时候，安徽等地不少生产队把土地承包给农户耕作（也叫“借地耕作”），但在当时及以后多少年都不合法，否则农村改革早就开始了。

生产队要转让名义上归自己所有的资源，也得不到允许。人民公社时代，“平调”的事情有，“刮共产风”也有，把农民的财产一股脑儿归了大堆的更常常发生，且政治正确，在当时亦属“合法”。

至于讲个价钱转手集体土地、厂房和设备的，底下也有，但只能实际发生，搬不到台面上来。说“集体所有制”，到底集体之下的农民有什么实际的权利，长期以来是一笔糊涂账。

党的十一届三中全会以来的改革，触及农村集体制下的农民财产权利。问题既简单又直白：集体土地可不可以承包给农户耕作和经营？承包农户打下的粮食，给国家缴税和集体提留之余，可不可以拿到市场上自由出售？农户种地之外，可不可以务工经商？可不可以购买农机和其他生产资料，从事满足市场需求的经济活动？农民究竟“恒为农”，还是可以进城镇从事非农产业，进而转为“非农民”？

所有这些“可不可以”，都是权利问题。改革的实践让中国农民明白，仅仅宣布建立“农民集体所有制”，远远没有解决农村的全部财产权利问题。集体制至多不过是一个粗糙的体制外壳，尚不足以回答更多更实际的经济权利问题。真正要释放农村的经济潜力，还需把实际的财产权利——也就是农民运用一切资源的自由行动边界——一道一道地界分清楚。集体制下的农民产权再界定，就是中国农村改革的基本经验。

问题是，产权界定不可能一蹴而就，这是因为随着观念和技术的变化，资源和资产的内涵也在不断变化。过去算不上财产的，现在算了，财产权利怎么划，问题就来了。举一个我见过的实例。在网箱养鱼技术发明之前，大水面对农户而言并不是现实的资产。可以网箱养鱼之后，如何划定大水面的承包范围，就是一个现实的产权问题了。资源和财产的概念与时俱进，产权界定也要与时俱进。

这样看，产权界定非一日之功，要随着观念、技术和整体环境的变化而不断推进。再举一例。早年办乡镇企业的时候，哪有什么排放权的概念？后来才有的，有了就要及时界定，否则自由与秩序就找不到平衡点。

农地问题亦然。包产到户的时候，农民哪里可以进城务工经商？还不是8亿农民搞饭吃。所以当时非强调“承包制长期不变”不可，以此稳定农民的预期，也保护农户承包集体土地的权利。后来农民的自由扩大，可以经商务工，也可以进城或到远地寻找工作机会。这时还要不要“承包权长期不变”？还要。但重点需要变化——长期不变的农地承包权，要包含“在承包期内有权转让”的新内容。不讲可转让，只讲“长期不变”，一定要把农民束缚在农地上，那就没有道理。讲到底，产权——包括承包权——有什么用？还不是用来保障农民的经济自由，以谋求更好的生活！

随着改革与发展的推进，转让权对农民越来越重要。国民经济的结构变化了，农民的机会集合也发生了变化。无论如何，占人口50%以上的农民只分享不足10%的农业GDP，终究是富裕不起来的。讲中国转型，首要的还数农民转为城镇居民。大势不可挡，勉强去挡不但误大事，而且最后还是一个都挡不住。配合经济转型，最重要的制度安排就是农村各项资源的转让权。在今天的情况下，不讲允许转让、保护转让、便利转让，实在与农村的实际和农民的要求脱节。

农村建设用地的市场化转让，受两大动力的推进。其一，靠近城镇的农村建设用地，包括分给农民的宅基地，已被卷进城镇化、工业化的大潮，大量用于出租和其他形式的转让，不再是农民自用、自建的形态，早转为事实上的经营性建设用地。所谓两亿进城农民，真正住进城市商品房的还是凤毛麟角，大量是在城乡接合部和“城中村”的集体建设用地，包括村民宅基地上的物业落脚。因此，这块“地产”，在事实上早已进入市场经营的范畴。产出品市场化了，要素能不走向市场化吗？

其二，政府卖地如火如荼，每日每时地刺激、开导、训练着靠近城市的农村集体也加入卖地的行列。这是“州官与百姓”权利孰重孰轻的问题，不是经济学家完全解释得了的现象。只是趋势很明白，用大禹他父亲的办法去治水，就算是权宜之计，我看也是预后不良。

根本出路是顺应改革的内生逻辑，及时转变过时的观念，把确权的重点移向城乡一切资源和财产的转让权。在逻辑上，使用权清晰了，不等于转让权也一定清晰。但反过来就截然不同了：转让权清楚的，其使用权一定也清楚。否则，当事人把什么转让出来呢？

要明白，产权就是选择权。经验告诉我们，任何资源总有多种用途，保护产权其实不是保护资源本身——尤其不是按保护者的意愿去保护资源——而是保护产权的主体自由选择利用资源的权利。再上一个层面，选择不同的用途，也包括选自己用还是取一个合适的价格转给他人去用。这也是产权的一项权利，因为在很多情况下，自用资源还不如给他人利用效率更高，取一个合适之价转让使用权，对双方和社会更有利。这也是市场经济的基础。所以不能认为，保护产权就是资源永不换手、永不转让。那样只坚持资源的自给自用，妨害分工和交易的发展，事实上永远也做不到自足，更达不到富裕。这样看，保护产权包括保护选择转让的权利。

这些认知对实践有重要影响。本书不断强调，事实上的转让权是一回事，获得合法保障的转让权是另外一回事。现实的难点在于合法化严重滞后。这就需要观念更新、政策更新和法律更新。好在党的十八届三中全会的《决定》针对性很强地提出以下表述：“完善产权保护制度。产权是所有制的核心。健全归属清晰、权责明确、保护严格、流转顺畅的现代产权制度。”[①]这是下一阶段全面深化产权改革的行动纲领，也预示着要让市场在资源配置中发挥决定性作用，非要在确权方面完成一场奠基性的战役。

① 见http://politics.people.com.cn/n/2013/1115/c1001-23559207.html，本书引用党的十八届三中全会《决定》的引文均参见该网址。

国土部怎么成了“供地部”

本打算接着写土地市场，不料才开了个头，微信里跳出一条新闻，不得不停下来查证一番：“国土部官方微博‘国土之声’发文称，近日关于‘人口 500 万以上特大城市不再安排新增建设用地’的报道，属于媒体误读。”读到这条新闻的时候，是 2014 年 1 月 13 日下午。

怎么误读的？赶快找先前的报道来看。最早的“独家报道”来自“新华新媒体”，原文很简短：“国土资源部部长、国家土地总督察姜大明 10 日在全国国土资源工作会议上说，中央要求东部三大城市群发展要以盘活土地存量为主，今后将逐步调减东部地区新增建设用地供应，除生活用地外，原则上不再安排人口 500 万以上特大城市新增建设用地。”此新闻先出现在移动终端上，没有通栏大标题，只在文前用方括号括出20多字的一句提要：“我国不再安排人口500万以上特大城市新增建设用地。”

30分钟后，各网络媒体转此消息，通栏大标题就十分醒目。新浪网转财经网的是，《国土部：不再安排500万人口以上城市新增建设用地》。凤凰网房产频道的更养眼，《国土部住建部将修订“城市边界”，房价或将上涨》！消息来源都是上引国土部姜大明部长的讲话，其实内里也报了“今后将逐步调减”、“除生活用地外”等限制条件，不过加上了业内人士的个人推测：“在严控新增建设用地供应规模的背景下，短期来看，住宅地价或将上涨，以弥补增量减少带来的土地财政缺失。”

两天后，“国土之声”发文纠正：“供地政策不是‘一刀切’，‘人口500万以上特大城市不再供地’属媒体误读。”该官方微博强调，姜部长就此讲的是三句话：“这三句话，逻辑层层递进，不可割裂，而且每句话都有前提。‘盘活土地存量为主’、‘今后将’、‘逐步调减’、‘原则上不再安排’等限定字眼都表明了，今后对人口500万以上特大城市的供地政策，不是从现在就‘一刀切’。”

一番正读之后，读者得到的信息是，国土部长并没有宣布从现在起就对500万人口以上的特大城市立刻不增加供地。只是为了矫正特大城市过快扩张的趋势，供地政策将逐步调整，在特大城市将以盘活土地存量为主，除生活用地之外，原则上不再安排新增建设用地。事情清楚了，这波“误读”总算过去了。

不过，我的问题还在，写到了本文的题目上。要问的是，偌大一个中华人民共和国，960万平方公里土地，600多个城市和将近两万个镇，又处在较快的城镇化历史进程之中，全国城镇的供地——每年究竟增加多少城镇建设用地——都由中央政府一个行政部门来决定并审批，究竟是不是一个合适的体制？国土部充当全国城镇之“供地部”，究竟能不能担负得起为城镇化合理配置土地资源的重任？

以本次“误读”为例，我以为“供地部”很难干好这档子活儿。先说“500万人口以上特大城市”，这本身就是一个超模糊的概念。到底是城市市域范围的人口，还是居住在城市市区（建成区）里的人口呢？这可差大了。据2010年第六次人口普查结果，上海总人口2300万，城镇人口占87.5%；重庆总人口2884万人，城镇人口仅占55%。说一个城市多少人口，多了少了都无妨。但扯上供地，利害关系大了，不分清楚就不行。推而广之，“500万人口以上特大城市”实际的城镇化率各不相同，想“一刀切”也做不到，只有“一刀一刀”地切才行。

各城市的人口增长率也不相同。还是利用2010年第六次人口普查的资料，只需与第五次（2000年）的结果相比较，就知道不同的城市有大不相同的常住人口之增长率。未来怕也是同样的，有的城市很“招人”，有的城市则不那么有吸引力。不管人口的动态趋势，断然全国一个供地政策，那还有什么“以人为本的城镇化”？

现有城市的土地利用状况差别不小。端看城区人口密度，仅在省会城市、计划单列市以及直辖市之间，上下的幅度就很大。据我看到的资料，市域范围内每平方公里人口——不算三沙市那样不足1人的——几十人的有之，几千人的也有之，全部拿到北京城里由一个行政部门定夺，资源配置效果如何可想而知。

至于“逐步调减”、“今后将”云云，更是模糊得可以。套用2014年铁道部门关于春运期间能不能解决一票难求问题的公开回答，那也是“没有时间表”的。说分步调减、将实施供地新政，但又没有时间表，那调谁不调谁、什么时间调，各地方就好好“跑部”吧。这边厢，国务院一次次开会要求各部委减少行政审批；那边厢，实际的审批需求又在不断增加。不跑不批，谁知道那“逐步调减”、“今后将”又将落到哪个城市头上？

再来一个“除生活用地外，原则上不增加建设用地”。听起来很妥当，决策人早就料到减供政策可能影响对房价的预期，再次牵动舆论的神经，所以先埋下一笔，留下余地。殊不知在实际中，凡政府部门处理的事务，“原则上”就是最难掌握的原则。此言一出，批你增加供地可以，不批也可以，留给部门和官员自由裁量的空间太大了。

最要害的，是政府机构决定供地时——无论是立马增加（或减少）建设用地、逐步调减建设用地，还是“除生活用地外，原则上不增加建设用地”——究竟以什么为决策的依据？总人口？城镇人口？变化的城镇人口？人口密度或经济密度？想来想去，用哪个“根据”给土地资源配置带来的麻烦都不少。比较而言，倘若以含义清楚论高下，此次新闻“正读”好像还不如“误读”——管他三七二十一，凡500万人口以上特大城市从此一律不供地。就“一刀切”了，谁“跑部”也没用，横竖就是不再供地。这里有点经济含义：管制用语清楚，交易费用通常比较低就是了。

进一步要问，宪法和法律授权国土部决定全国所有城市的供地吗？这其实是一个改革转型期的悬案。1988年全国人大修订《宪法》有关土地条款的时候，在第10条原文“任何组织或者个人不得侵占、买卖或者以其他形式非法转让土地”之后，加了一句，“土地的使用权可以依照法律的规定转让”。从文本看，《宪法》说可转让的是“土地的使用权”，没有也不可能限定仅仅只有国有土地才有权转。但后来的立法进程只在1990年通过《城镇国有土地使用权出让和转让暂行条例》，却再也没有通过一个关于集体土地使用权出让和转让的法条。这是下位立法没跟得上《宪法》修订的历史欠账。不过，如果“法无禁止即可为”，我国也并无一部“禁止集体土地使用权出让和转让”的法规，集体土地使用权的出让和转让，也不好任谁说不合法就不合法吧。

所以这些年来，一直有农村集体土地入市的探索。国家级的改革试验区里有，地方改革试验区里也有，不少非试验区其实也在进行。外加地方立法（如2005年广东省人大通过的地方法规），以及中央红头文件（如党的十七届三中全会《决定》），一直在扩充农村集体经营性建设用地进入市场的合法空间。集体建设用地的入市，难道不也是向城镇化供地吗？这样看，国土部至少不是唯一“供地部”，发文件、宣示政策总要与部门的法律地位和实际地位相符合才对。

十八届三中全会《决定》，在经济改革方面确立了一条纲领，那就是“市场在资源配置中起决定性作用”。为此必须“加快完善市场体系”，其中包括“建立城乡统一的建设用地市场”。很明白，土地是经济资源，在利用中当然要由市场起决定性的作用。建起了城乡统一的建设用地市场，靠价格机制协调供求，当然再也不需要国土部门那么辛苦，年年、月月、日日在那里给全国城镇批地。那种模式根本不能有效配置土地资源，一不小心，还把不少官员活活批进了贪腐的深渊。

当然不可能一蹴而就。不过人们也真希望听到：主管部门究竟打算如何推进这场土地方面的实质性改革？一步走不到，又准备分几步走？可惜，这方面消息虽然也有，但好像很少。听来听去，"主旋律"还是这特殊、那不行，这里打个折扣，那里加块补丁，反正弄来弄去，土地还是被排除在"市场的决定性作用"之外，似乎唯有靠看得见的手来配置，中国城市化的土地利用才不至于天下大乱。

容在下问一句：真有那么一回事情吗？

行政之手不高明

以行政之手配置土地资源，为城镇化承担供地之重任，到底可取不可取？答案是，乍看挺好，似乎也行得通，但经不起时间的蹂躏，搞着搞着，就事与愿违，漏洞百出，不能持续。

我们差不多是看着土地配置权集中到北京来的。原来没这个问题，因为过去的法律根本禁止土地买卖、租赁和转让。国有土地在国有机构之间划拨，集体土地在农村自用。划拨权和农民自用土地的审批权都在基层，县人民政府就可以搞定，不需要更高级别的政府操心。在那个阶段，发展的瓶颈是资本，高级别政府要管控的是资本。横竖没有投资，谁占土地也没有用。

小变化是农村包产到户，农民温饱问题初步解决，盖房的需求急升。农村盖房要占地，而且多少年来凭集体的成员权，你占他也占，不占就吃亏，所以20世纪80年代开始，控制农村占地盖房成了一个问题。有问题就发文件，审批权向上集中，不过大体也是北京出政策，省级人民政府定标准，执行还靠县、乡（镇）、村。实际上，农村宅基地的配置权并没有收到中央。

大变化是开放。中国得天独厚，有个香港，另搞了一套资本主义制度，土地不但可买卖（批租），且因为有市价，能形成未来收入的预期，所以可融资。这就把土地与资本之间的财务通道打开了。内地引外资办厂要落地，土地不能划拨，于是急急改法，从明令禁止土地流转，转为“土地的使用权可以依法转让”。

开放来得急，等不到“依法转让”之法通过，珠三角大批外资工厂就落了地。国有土地转了，集体土地也转了。1990年全国人大通过的只是“国有土地转让”法规，没有集体土地的份儿，但实际上大量农村土地已经转为三资企业用地。怎么办？算“历史遗留问题”吧。好在还有一个办乡镇企业的合法空间，乡镇也可与外来人“合办或联办”，反正土地的非农利用算是开了闸。

真正的冲击，是城镇土地批租制的成形。不得了，原来土地就是资本！这是最激动人心的发现，开始懂得的地方少，无奈利益教人明白，慢慢从沿海到内地都懂了。从此“占地”需求直线上升，一发不可收。

这里还有一个关键的枝节。从20世纪80年代到90年代，财政分配体制有一个重大调整。80年代讲放权，层层包干即调动地方发展经济的积极性，但中央财力不足，引发担忧。可是重新集中财力，地方怎么平衡？读了朱镕基在上海的讲话，才知道当年要开发浦东，上海财力不足，特别向北京要来“土地出让收益留地方”的政策。[①]有样学样，“税收集中于中央，土地收益留地方”这样一种财政分配格局就形成了。

地方的“土地资本化”就此装上了强大的发动机。须知“政府”两个字虽然写下来是一样的，但香港特区政府、新加坡政府差不多就只是一个城市政府，到了中国内地，中央、省、市、县、乡（镇），可以叫政府的“单位”有几十万个之多。土地财政的口子一开，那么多政府单位，就算不大的一个比例成为“开发土地的积极分子”，那也不得了。

反映到土地账本上，就是耕地大量减少，工业化、城镇化的土地占用大幅度上升。中国这么个大国，倾向性的问题非闹得很严重才容易引起注意，有的时候，非要说得更严重才管用。20 世纪 90 年代后期到新世纪之交，一度流行的“10 年减少耕地 1 亿亩”就是一例。其实在那笔账里，大头是“退耕还林”之果，但是加到一起算，让决策者好下决心。果不其然，“耕地红线”从此就成为制定相关政策的一道不可逾越的界限。

当然，工业化、城镇化也对耕地的大幅减少做出了“贡献”。土地部门有行家介绍，20 世纪 90 年代后期，他们把主要城市不同年代的地图用透明纸描绘下来，然后按时间顺序叠放到一起，清晰地“秀”出一个个城市“摊大饼”式的发展轨迹。再加一个对照：

---

① “另外一个土地批租，要是还维持原来按比例上缴的政策，我说实话，谁也没法去搞土地批租，你那个钱也收不到。还不如让上海先试个点，就留给我们算了。”见《朱镕基上海讲话实录》，第 445 页。

香港特区以及不少发达国家的城市边界却几十年基本不变。据说那次演示的效果极好，领导人一下子看到问题的严重性。"实行世界上最严格的土地管理制度"——最严格的耕地保护，最严格的土地节约——就成为计划生育之后又一项国策。

土地管制的权力也因此集中到北京。中央上收了各地的用地审批权，引进了"用途管制"（这点我们以后还要再深入讨论），并强化了土地督察。国土部就这样成了"供地部"。法律依据很现成——合法流转的是国有土地，而国有土地的所有权由国务院来行使。国务院日理万机，当然交付主管部门打理。于是，全中国可流转的地权顺理成章地集中在国土部。

问题是动用行政之手配置土地，要解决的问题是不是真的就解决了？诸如工业区跑马占地、"摊大饼"式的城市扩张、过多占用耕地以及土地的非集约利用——所有这些强化土地行政管制的"师出之名"——是不是因为动用了行政之手就根本解决了，或至少减轻了症状？

数据显示，没有。前述"10 年减少耕地 1 亿亩"，除了退耕还林的部分，每年建设用地增加也就是 300 万~400 万亩之谱。土地管制高度集权之后，情况不但没有好转，占用的耕地却更多了。我看到的数，全国被征为国有土地的农村土地，2005—2008 年间平均每年 450 万亩，2008—2012 年更急升为每年 669 万亩。这还不算每年怎么查也查不过来的违规用地。读者当记得，2008 年党的十七届三中全会通过的决议，明明白白写有"逐步缩小征地范围"，可是 5 年过去后，全国征地规模比"实施最严格的土地管制制度"

之前，没有减少反而大幅度增加！

看来，行政之手不好使嘛。分析成因，首先是信息成本过高。试想到今天为止，全国范围的土地确权不过是一个尚待实现的政策目标，最基础的土地登记、测量、变更记录都不完善，“最严格的土地管理”从何谈起？其次是动力机制，讲白了不过是官场公事，有几个真拉下脸不惜为国有土地得罪同僚的？再次是激励不相容，经验是越管不住，才越有理由要更大的管制权。最后是缺乏客观评估，到底执行得怎么样，基本上是行政部门自弹自唱、自我评价，没有过不了的关。

此次误读事件，不过是又提供了一个新鲜实例。为什么特大城市要以盘活土地存量为主？还不是这些年增量过多，在一个天天高喊土地奇缺的国度里，走了一条“摊大饼”式的城市扩张路线。对策是什么呢？当然就是控制增量，原则上不再增加对特大城市的供地。但人们要问：十多年前不就是因为土地没有得到好好利用，才集中土地管制权，由国土部来控制供地的吗？实施了多年“最严格的土地管理”，结果南辕北辙，继续靠这套办法，管用吗？

即便管住了总量，如何把有限的可用土地配置给一个个城市是更大的难题，难就难在用什么准则来配置土地。看了多年发出来的信息，实在找不到所谓合理配置土地之“理”，究竟以何为依归。凭规划？那一边编、一边改的规划能成为合适的依据吗？看基数？那基数错了岂不一错再错？看各地方违规情况？问题是“规”错了谁来负责？还是从实际出发，讲白了还是由各地的谈判能力决定？或者干脆就是通行的官场准则——谁官大谁标准？

有一次看媒体报道，国土部副部长胡存智说哪里房价过快上涨，就增加哪里的供地。比较而言，这是最简明又正确的供地原则。市场就是这样工作的——商品供给量对价格变化做正向反应。这里的微观基础，是行为人在逐利动机的驱使下，通过增加供给量来应对上升的需求，利人也利己。国土部不是逐利机构，考虑供地要参考市价的变化，难能可贵。

即便如此，该准则仍然有失粗糙。假如北京、上海房价分别涨了 30% 和 20%，供地量是不是也对应增加 30% 和 20%？还是分别增加 15% 和 10%，或者 60% 和 40%？麻烦来了。市场处理这个问题，靠多个卖家之间的竞争，谁多供地谁增加总收入，但要受到利润可能减少的制约。政府在一个城市的范围内独家供地，竞争的影响大不一样。譬如增加对北京的供地，影响不了上海的房价。在操作上，就算部长亲自坐镇“窗口指导”，我猜他也不会单看房价就下单。这是说，还有其他准则也要起作用。

因此，问题不在于改变行政供地的技术枝节，要改变的，正是“用行政之手供地”本身。为什么要让行政之手退出土地配置？因为这只手太笨拙，即使在最好的情况下，也担当不起有效配置土地的大任。

土地配置，何难之有

土地资源之配置，究竟何难之有？回答这个问题，怕要从资源配置讲起。那是个外来词——resource allocation——自亚当·斯密以来，就成为经济学关注的两大主题之一（另一个是收入分配）。在古典时代，两大主题密切相关，资源是怎样配置的，收入也就怎样被分配了，前者从生产过程着眼，后者看产出的结果到哪里去了。

资源配置所以值得讲究，根本的一点，在于资源总有多种用途。既然资源的用途不止于一，选择很重要。以土地为例，可栽树、可种庄稼、可修路，也可盖房，人们究竟选哪样？定了大类，还要细分：种豆得豆，种瓜得瓜；栽树呢，苗木、乔木、果树，各不相同。进而还要选量，盖房子占地，占多少才算合适呢？

这就把“配置”提上了日程。对一个经济而言，分别拿多少土地来栽树、种庄稼、修路盖房，就是土地资源的配置问题。这里有人的行为的含义，不是纯粹的自然天成——像地球围着太阳转那样的现象，一般不说是配置之果。当然人们配置资源，也在大自然中发生。阿英的《盐乡杂信》里有一句描写：“沿着护城河一路看去，有山有水，有树有田，还有那古朴的农民，庞大的耕牛，有君子风的鹅鸭，以及不系的轻舟，很适合地配置在风景里面。”这里说的是人工的资源配置，总镶嵌在不受人配置的自然之中。

回到经济问题。资源配置有什么难以处理的麻烦呢？我的认识，像一切人的行为一样，作为主动选择的资源配置，虽大可天马行空，但归根到底要受多重制约。第一制约是自然。非要在干旱的山地种水稻，不是不可以，只是那“配置”劳民伤财就是了。至于毁林炼钢、围湖造田，大自然日后还会给以报复性惩罚。技术约束也很硬，横竖没有金刚钻，谁也揽不了瓷器活儿。由此衍生出一个道理：技术变化了，“资源”的定义也变化。早先英国的习惯法，划土地所有权很慷慨，说哪块地是你的，下达地心、上至天庭都是你的。可是石油技术诞生后，土地的地下部分就要另议。有了飞机之后，空中之权也要再议——原来不算资源的，现在变得炙手可热！

更现实的制约是成本。一幅田地在同一时节用来种豆，就不能种瓜。这是说，配置种豆，就要放弃种瓜，同时也放弃一切其他配置的收益。此放弃的收益，就是种豆的成本。不少书上说这是机会成本，没错。只是所有成本都是机会成本——有选择、有机会、有放弃，那就一定有成本。这样看，资源配置要受成本制约，任何一种配置都要放弃某些收益。成本太高，得不偿失，非经济配置也。

最大麻烦在于技术和成本都不断在变。想想沙子原来是多么不值钱，因为太多，更因为没什么效用。但是“硅”的技术发展起来之后，“硅谷”令人肃然起敬。身处技术进步加速的当下时代，究竟何是资源，何不是资源，瞬间多变。从QQ到微信，开始不过大家觉得好玩而已，岂料玩家多了，本身就是市场资源。2014年春节我在哥伦比亚大学访问，遥看国内抢红包爆棚，微信成了金融资源。资源的定义说变就变，配置能容易吗？

成本变化更难拿捏。决定种豆就得放弃种瓜，这原理简单。但问题是豆与瓜的相对价格会起变化，也就是我们配置土地的机会成本会起变化。做决定的时刻，根据的是过去的信息，顶多加上预期或预测，但期望种豆涨价、结果事与愿违的，在现实世界里可是多了去啦。配置一幅田地，很想遵循经济准则，也追求收益高、成本低，无奈相对价格变化莫测，种下了豆子发现错了，难道中途要把豆子苗都拔掉吗？

这些年城镇化发展急剧改变了土地相对价格，那是夸张的变动。1987年我国首次土地拍卖的资料，本书前文用过的，那是紧靠深圳水库的一幅住宅用地，总面积8588平方米，70年的使用权，成交价为525万元。折下来，每亩不过人民币40.7万元。现在那个位置的住宅用地每亩要多少钱？全国主要城市平均看，仅2000—2010年10年间，住宅用地的地价就涨了5.3倍。

就是说，全中国凡靠近城市的所有农业活动，包括种菜、种瓜、种粮、种树，机会成本平均来说一律急升！注意了，不是农药、化肥、人工这些直接的生产成本上升，而是土地配置给农业的机会成本上升，因为这些土地继续农用，就必须放弃“种”房子的高收益。这些年土地问题越闹越大，以经济分析看，其主要祸因不是别的，正是城市用地相对价格所呈现的夸张式上升。

成本约束发生了变化，人的行为和想法要不要跟着变呢？一个教训是顶着来、对着干，明明住宅用地的市价急升，偏偏严控住宅用地的供给，结果越调控房价越高，拉动地价也节节升高。后来顶不住了，才有胡存智副部长的放话——房价涨，就增加住宅用地的供应。这个大算盘打对了，需求涨，增加供给在逻辑上可平抑之。

问题是对一个拥有600多个城市的大国而言，房价究竟何指？是京城的、上海的、深圳的、广州的，还是所有城市平均的？那么多个城市，宏观上只好看平均值。这才是真正的麻烦所在。因为中国各城市的房价在不同时期的变化幅度差别甚大，有时甚至连变化的方向都不一致。在这种情况下，把调控供求的权力集中到北京，让主管部门看平均数决定政策，那只能搞得个满拧。

城市之间的房价变化为什么不一致？追下去，影响因素又是无数。这里只讲一条，人口流动和集聚的去向不同。现在城市级的常住人口变化很容易查。2000年是第五次人口普查,2010年是第六次。我看到亚洲开发银行委托加拿大一家咨询公司做的加总，那10年之间，全国共有913个“地方政府单位”（指省以下的省会城市、地级市、县级市和县）共减少了4526万人口；同期，又有1407个地方政府单位共增加了1.28亿人口（Edward Leman，2013）。

再粗略一点，那10年间中国全部增加的人口，有65%发生在百万以上人口的城市，有29%发生在500万以上人口的大城市，只有4%发生5万~25万人口的小城市。若看京津沪的人口增长，10年在37%~40%，而同期全国城镇人口平均只增加了5.8%。

画下的图形令人印象深刻。同样级别的城市，有的人口增加迅猛，有的平平，有的居然锐减。都说中国很讲行政级别，可是轮到人口流动与集聚，人们到哪里谋生，到哪里落脚，在哪里常住，反而不大买行政等级的账。可是行政权力的配置，连同政府掌控的资源配置权力，却还是照着级别来。结果人口大量涌去之地，承受能力遭遇挑战。同时，诸多人口流失的地方，行政级别固然还在，但街上看得到的需求就不行了。这两类城市的房价能是一回事吗？平均处理，那就把两头的状况都歪曲了。

说到底，“人往哪里去”和“人在哪里住”，都是深不可测的问题，事关资源配置，麻烦更大。最近几年，每到一地，我总把当地的规划找来看看。印象之中，能把城市人口规划做准的，好像一个也没有。上海的专业水平应该是全国靠前的，2005年报国务院的城市规划人口，到2020年为1600万。但实际上，2013年底上海的人口就过了2300万。要知道人口是城市规划的基础，通常先规划好人口，再按大城市每人占地100平方米的标准配城市土地。现在实际人口鼓出了一个超级大包，你让人家到哪里去找承载力？

相反的例子也遇到过。沪宁线上一个地级市，2000—2010年间总人口只增加7%，但城市规划雄心勃勃，几十个重大项目工地和新城计划同时开花。为什么不集中起来一块块地搞呢？更不要说贵州一个县城，城区面积要一下子扩10倍，可本地劳力差不多都跑了。那位县委书记很能干，我等从旁看来，倘若让他到浙江义乌为官，资源配置效率一定大大提高。

把上面提到的加起来，自然、技术、成本、相对价格、人口流动与集聚、静态和动态，还有无数来不及提到但也影响资源配置的因素都考虑进来，我们不难知道，资源配置究竟何难之有——难就难在要处理的信息无数。这样来研究资源配置，我以为合适的问题不是怎样正确配置资源——那几乎是怎样也做不好的——而是资源配置出了错怎么办。前提是注定要出错，随时会出错，所以体制上要解决的问题，不是确保配置决策不出错，而是一旦出错，如何让纠错代价比较小。

选这个角度，容易理解把全国土地配置的权力集中到北京的部委为什么从一开始就无胜算。不是说集中权力断然没有优点，有优点的，但要以做对事情为前提。资源配置包括土地配置，如此日常的、平凡的、涉及相关事项无数因此信息成本非常高昂的事务，集权不出错的可能性等于零。

对于容易出错的事务，分权才有优势。分权决定资源配置，出错的概率比较小，纠错比较容易。

分权、分责、分利

配置资源要处理信息，这是常识，也是现代经济学的老生常谈。出发点简单：资源皆有多种用途，可做多种选择，有不同组合之可能，产生的效果也各式各样，所以得收集大量信息梳理、消化一番，才能形成判断，做出决定。

但是，信息成本为正，在逻辑上还不一定就走得到市场体制去。总有这样的见解，认为在分权的市场里，个人、家庭、商贩、企业等，还不是照样有处理信息的困难，还不是照样常常出错？集权的体制呢，收集和处理信息的能力也强大，凭什么就不能主导经济决策？

是的，仅看信息成本，并不足以认清计划经济与市场体制的分野。信息有成本，决策易出错，集权如此，分权也如此，分不出个高下来。在思维上还要加上哪一道工序，才可以把经验上呈现的两套体制看得更清楚?

为这个问题想过不少时间。答案是，既然出错无可避免，那就要看出错之大小，还要看纠错能力之强弱。结合经验的观察，我以为洞若观火、高度集权的体制，但凡决策出错就是大错；一旦出错，纠错又极难。比较而言，分权决策出小错的概率高。更为可取的，是分权体制纠错快、纠错的能力强。

先说第一点。集权做决定，小事也变成整齐划一的大事，所以一旦出错，自然就是大错。我这一辈年少时期经历过的大炼钢铁、大食堂、大公社等，不但错，且都是大错。要是限在一个小范围里，或先做点试验，看看效果再决定是不是推广，或分权决定，允许可以这样也可以那样，那还比较好办。但一哄而起，全国一起闹，非碰大钉子不可。后来“文革”，叫“大革命”，结果也是大错特错。分权决策的体制，出不了如此高级别之错。

集权决策出大错，纠正不易。分三点：第一，很多人一起分摊出错成本，错再大，摊到每个人头上只有一点点；第二，发现大错的信息成本也高，如当年大办大食堂，底下早明白出错严重，就是传递不上去；第三，决策集中，没有替代，纠错时不免投鼠忌器，“顾全大局”是上策。

集权决策也不是一无是处。讲过了，前提是要做得对。一旦做对，集中做就是大对。中国历史上，修长城、凿大运河那样的事，应该都不是分权决定做得出来的，当然到底是对是错，后人还可见仁见智。近年几次看都江堰，我认为那不但是做对了，而且是大大的对。更现代的例证，我想也是有的。1972年毛主席邀尼克松访华，打开中美建交的大门，当然是集权决策。回到那个时代背景里去，如果不说是老人家的意思，真的每人举手定，我怕那时候像我这样的是不会赞成的。

问题是决策可能出错。分权体制，你选东、他选西，不容易一错全错。上帝造人很有趣，“龙生九子，各不相同”，至于不是一条龙所生，那就更加各个不同。人群的偏好总有别，总有人选别样的路走，选别样的事情做。市场常常显示需求的多样性，并对独到的决定给予特别奖励。聪明的农民就知道，当大家一窝蜂地跟风种大蒜时，你偏种辣椒，可能你就发了。

分权出错，纠正得会比较快。不是当局人从谏如流，而是他坚持错误的本钱太小。分权决策，权（“拍板”是也）的后边跟着利，也绑着害，横竖你决定你负责，出任何错，不及时改的代价极大，反正谁也不能集天下财力来为你的错误埋单。刚愎自用的老板在市场里所在多有，问题是分权游戏之下，由着他凶也凶不了多久，因为谁错谁赔，赔光了他就出局了。

这里点到一个关键，分权、分责、分利要一体化。权责利脱节，道德风险就来了。那是说一个主体的行为，收益归自己，代价却多多少少由别人代为承担。不少现在被称为“市场经济”的体制，内藏道德风险不小，这是市场经济也时不时要改的原因。不过整体而论，叫市场经济的，比高度权力集中的计划经济，权责利之间的结合还是紧密得多。按科斯定下来的传统，经济体制的实质区分要以权利界定为基础，权利划得不一样，市场也不一样。

权责利紧咬在一起的体制，不能保证决策不出错；退而求其次，追求的是在不断出错的条件下，出错小、纠错快。分权体制靠利害给人上课，靠竞争逼人聪明，在这样一个市场过程里，对付发散的信息流，让人们捕捉趋利避害的机会。

归拢起来，要处理"发散的信息"——这是阿尔钦定义产权时的用语，意思是不断发生的、更新的、多变化的、事先看怎么也不确定的信息——分权体制有明显的优越性。在一个发散的信息流里，神仙也会出错，因此实际上可以比赛的，是人们选什么样的体制才能不出大错，也不让错误长久纠缠人类。经验和逻辑都证明，分权、分责又分利的分权体制，比较的优点就是一不出大错，二用利害相逼的学习机制及时纠错。

拜改革开放的实践之福，以上的文字早已没有任何惊世骇俗的成分。今天的问题是，这一套是不是可以普遍起作用，还要不要留些例外，打点折扣？具体到本书关注的问题，就是在城市化进程里，目前我们这个"半拉子"的土地市场，还要不要、能不能向一个分权、分责又分利的完整意义上的土地市场迈进？

这是说，一般要向具体推进。个人之见，从资源配置的一般道理推向具体，土地现象值得一选。不是那么复杂，因为谁都见过土地不似衍生产品，从没见过的真要理解不容易。土地又不太简单，至少工业化、城市化下的土地早失去了传统农业时代的单纯。土地问题的挑战，在于观念的迷雾重重。那应该是另一种霾吧，有时候浓到让真实的土地都看不见了。

考虑到这些，决定在进一步讨论城市化下的土地制度与政策之前，写几篇对论不对人的辩书，把相关的道理认真地辩一辩。也是讲过的意见，改革要对付的既得利益，其实并没有说的那么可怕，只要改出了新的既得利益，就不难“对冲”原有的。但是，裹在“大词”里的、迷雾重重的既得利益，可以在很长的时间里让人们下不了改的决心。君子之风盛行，动口不动手，“半拉子”改革工程就被固化了。是为难，也是动手清理观念的时候了。

第九部分

思维的辨析

辨“土地供求无弹性”

把土地交由分权的市场来配置，人们顾虑重重。这是一种观念，无形却有力，像空气里的霾，颗粒超细，看不见、摸不到、逮不着，但只要积聚到一定浓度，弥漫开来，偌大一个京城——以及其他几十座中国知名城市——立马面目全非。

中国有悠久的农业文明，一般的观念都懂得农业重要、土地重要。离开土地，离开农业，养不活那许多人，中国凭什么在世界上立足？这听来没错。但是进一步，土地究竟具备了什么特征，才让大家觉得它重要无比？到了这个层次，观念之霾就围上来了。

一说“土地很特殊，供应无弹性”，这是把土地看作上天赐予的自然资源。地球就一个，中国就一个，想多也不可能。换成了很经济的术语，那就是“土地的供应没有弹性”——人口增加，土地不会增加；人们对土地产出的需要增加，土地也不会增加。

土地当然是自然所赐，但早就不是“纯自然”之物。土地“不纯自然”的原因，首推人的活动，诸如使用了人发明的工具，以及在利用土地中渗透进越来越多的人的想法。天地洪荒、混沌之初，土地是有了的，但“耕地”就未必。那至少要有人刨一刨、松一松吧？“刀耕火种”听来太原始，不过就算那样原始的农业活动，对象也不是纯自然之土。

后来被统称为“技术”的，打一开始就构成人类利用土地的一个要素，只不过在科学革命之前，技术进步很慢，在“自然”面前还不足为道。留在人们观念里的，似乎人类只是靠天吃饭，靠自然所赐生活。技术不够活跃，大自然也就不那么慷慨，尤其对人口繁衍较快的族群而言。

其实早该明白，人口能繁衍起来，本身就是土地（自然资源）供给极富弹性的一个证明。倘若耕作面积不扩大、单产得不到提高，靠什么支持人丁兴旺？修水利、凿运河、改良种子、完善农具以及积累并传播增产经验与知识——这一切都增加着土地供应的弹性。一部农业开发史，读来读去，其实满篇都是土地供应有弹性的明证。

马尔萨斯关注的情况也存在。那是在某个时期，人口增加快于农业技术进步，结果需要来一个以这位经济学家的名字命名的调整：经由疾病、灾荒甚至战乱来大规模去除人口，以适应自然（土地）生产率的要求。马氏理论似乎可以解释人间一切重大的不幸，但被这个假说刺激起来的更多的后续研究，却说明那仅仅是忽略了一些关键条件的结果。后来者问：人口增长仅仅是情欲和生理因素决定的吗？技术进步又因何受阻、因何加快？这就需要对更深层次的因果联系加以探查。

20 世纪 90 年代读到博瑟茹普（Esther Boserup）的大作，我受到很大启发。这位生于北欧、与芝加哥大学有过交集的女经济学家，帮我梳理了原先脑子里“人口—土地联结”的误差。她的研究发现，较高人口密度不但是土地较高生产率的结果，而且也推动人们从事更技术密集的农业活动，如增加复种指数、使用畜力、改善种子和肥料、采用更新的耕作技术以提升单位土地产出。这解释了北欧——作者的祖国——为什么被大片森林覆盖，而亚洲等地人口密集经济，却实现了土地一年多次高产出，还能依然维系土壤的高肥力。博氏看得明白，把技术选择引进来，土地供应向来很有弹性。

再把制度变量纳入，更不难明白技术进步的行为基础。这是诺斯的工作。这些逻辑读来毫无理解上的困难，我以为自己还是借了经验的光。1968 年下乡，北大荒的土地分大田和自留地两种。去了不久就观察到，人们在大田上劳作不那么起劲，虽然开动员会、念语录、斗私批修的仪式不少，但干活儿时你看我、我看他——“出工不出力”这句话就是那时记下的。到了自留地上呢？行为者判如两人，土地利用真叫那个讲究。那时接触不到“弹性”这么高雅的话题，只是心里生疑，干吗喊那么多口号、开那么多会，把大田改成自留地，产量不就可以增加了吗？

可是，相信“无弹性经济学”的人数之多，还是超出了想象。

施蒂格勒专写过一篇论文，列数种种论述这门经济学的高论，不少在学报上正式发表，作者不乏欧美的名流大家。中文世界里，好像还没有这么一篇概述。不过在流行的用语中，“刚性需求”——被简称为“刚需”——也早就占有一席之地。

举凡春节回家坐火车，丈母娘要女婿买房，还有生活必需品的消费，都被说成是“刚需”——无论商品的价格怎么涨，需求量不会变！这是“需求（量）对价格变动无弹性”了。很多人认定这是不言而喻的真理：哪个中国人可以春节不回家？哪个都市客可以不买房？叫“必需品”当然是生活离不开的，难道盐价涨你可以去吃糖？

这里涉及农业以外的土地，其实谬误更容易被看破。房屋当然要盖在土地上，正如庄稼长在地里一样，但非农土地利用的技术进步一般更快，也更显著。同样面积的一块土地，盖平房是一个供应量，盖楼房是另外一个供给量。盖高层住宅呢？一平方米土地就等于几十平方米，甚至上百平方米。就算那厢有“刚需”，这厢也有“刚供”，以刚对刚，弹性大得很嘛。房子越盖越高，当然有一连串别的问题要解决。不过人类就是在不断解决问题中前进——这也是任何资源的供给总有弹性的根本原因。

是割裂的管制，才让经济问题变“刚性”的。城市化大潮之下，一些城市——不是全部——要扩大盖房子用地。如果需求上升，供给也增加，“刚性”何来？但我们这里，管供地的国土部门只管“平面的”土地，只讲面积，不论上面能盖多高的房。后者的中心指标是容积率，归其他行政部门审批。住房需求上冲时，批地的只管控平面土地，批容积率热衷于限高，还不造出一个“刚需”

来？“刚”了这多年，可不可以试试别的办法？让土地有价，容积率也有价，可以买卖，试试看，行不行？

麻烦得很。要触动现成的审批权力，当然麻烦。但我以为更麻烦的，还是迷漫在流行观念里的霾，无非是土地资源特殊，双料无弹性。一方面是供给无弹性，因为大自然提供的土地用一块少一块，市价再涨，土地的供应量也不会增加。另一方面是需求无弹性，因为人类的吃和住——广义讲是衣食住行以及一切消费需求都有赖于土地——都是“刚需”，价格再涨，人也不能不吃饭、不住房。加到一起，供求两端皆无弹性，土地还不特殊？

无弹性就是“价格不管用”。讲市场能配置资源，无非靠价格机制——变化的价格引导供求行为的变化，价升刺激供给、平抑需求；价降鼓励需求，抑制供给。供求之间经由价格之手协调，才在起起落落中实现平衡。现在来一个“土地无弹性”，价格机制不起作用，市场配置资源就失灵！

价格机制不管用，那就要另找一个管用的来。至此，观念之霾开始生效——它要影响人们对经济体制和机制的选择了。差不多10年前，我看走在半道的“市场化改革”有被固化之势，曾讲过一篇《“价格不管用”的市场经济》。时过境迁，当时写下的命题现在还有修订的余地。其实不是“价格不管用”，而是不让价格管用。这件事情上，流行观念帮了大忙。反正土地特殊，供求皆无弹性，就是让价格机制配置也无效。思维的推理终结了另辟蹊径的可能，没有实践的机会，人们又凭什么检验真理？

突破以上闭路循环，思想实验无可避免。看来要辨识一下，土地资源究竟有哪些特征，究竟是不是真的特殊到供求皆无弹性，以至于让价格机制失灵？倒没有太大的指望，不过是想把罩在庞大既得利益外的“大词”之网，撕开那么一道口子，至少争取一个实验的机会，容许实施经验上的检验：价格变，土地的供求究竟变还是不变？

辨“给农民权利会损害农民利益”

比“土地无弹性”更甚的一种谬见，是主张“不能给农民更大的土地权利”。为什么？据说“给农民土地权利会损害农民的利益”。根据此论，土地市场无从立足，因为“不给土地权利”意味着抽掉了市场的前提。这可不是小事，值得认真一辨。讲过了，对论不对人，谁谁说的就不引了。

先看经验。容我从近的说起。20世纪80年代有一次邓小平讲中国状况，有这么一句：8亿人搞饭吃，饭还不够吃。当时是真不够吃，城镇居民靠票证分配，粮食有定量，副食也有定量，像东北地区炒菜油每人每月3两，所以主政者荣获“三两”美称。新鲜菜蔬不要定量的时候，靠排队。农村呢，两亿多人不足温饱，种地的人自己吃不饱还要给国家交粮食。有同学问起，那时没有房子问题吗？有的，比现在严重，但谁也顾不过来。吃不饱的时候，什么也顾不上。

为什么8亿人搞饭吃，还是不够吃？天气好坏、土地大小、肥料多少都有关系，也曾经用尽一切力气去改善。后来发现，决定性的因素是人肯不肯好好干。多开会、学大寨、阶级斗争？后来也发现，一时行，长久不行；少数人行，对多数人不灵。直到1984年，中国人搞的饭终于够吃了——全国范围第一次出现卖粮难——凭什么？官方表达叫家庭联产承包责任制。掰开了看，联产承包制里的那个“产”，不是产量，而是土地财产，是农家自主利用耕地的权利。当政策和法律承认农民家庭拥有承包、耕作、经营农地的权利时，农民种地的行为判若两人！

清清楚楚问一句，中国人吃饱饭，到底靠什么？究竟是靠了“给农民权利”，还是靠谬论主张的“不给权利”？那一波农村改革无非就是围绕这个要点做了一场社会实验。开始不少省份坚持“走阳光道，反独木桥”，结果先行包产到户的地方以“产量”检验了“方向”。我下乡的黑龙江省，“粮豆总产300亿斤”的宏伟目标年年喊，但没有一年做得到。改革来了，开始顶，后来顶不住了，也包产到户，结果当年粮豆就过了300亿斤。“给农民土地耕作和经营的权利”，究竟是损害还是增强了农民的利益，历史是做了明明白白的记录的。

农民能不能谋求农业以外的收入，也是一个权利问题。多少年都是不行的，后来开了一个口子，就是可办乡镇企业，叫作“离土不离乡，就地富起来”。集体的乡企之外，再多几条路行不行？离土又离乡，农民个人进城镇经商务工，到沿海打工，行不行？开始都不行，慢慢都行了，其实就是不断“给农民更多的权利”——附着在农民身上的劳动能力其实也是一种人力资产，农民自己有权用还是没权用？可不可以人往高处走，到一切可能带来更高收入的领域去试试运气？

这些都是“权利”，有点抽象，不似送农民一些慰问品，或发一笔国家补贴那么看得见、摸得着。“权利”者，制度安排所允许的行为范围也。承包集体土地、从事非农生产、办农民企业、到远方打工，还不都是行为范围？所谓权利大，就是行为的范围宽、可选择的自由多。经验证明，恰恰是这个抽象的行为范围如何划定，对经济发展有决定性影响。普通人的经济自由增加了，社会的物产就丰富，人们的生活水平就提升，这是屡试不爽的。有人觉得还没有试够，那就继续试吧。

经济自由即行为范围的扩大，在每个时期总有个边。这是因为，处在一个社会当中，一个（群）人的自由增加，的确有可能损害到他人的自由。因此，为了有秩序的自由，行为范围总有个边，不可能是无边的自由。

问题是，所谓对“他人自由的妨碍”，受既得利益、行为惯性与过时观念的影响，那行为边界可能划得不那么准确。回到包产到户，初期障碍重重，无非是人们担心冲击原来的公社体制。农户有权自由种地了，那原先敲钟管事的生产队长们的权力是不是被侵犯了？老实说，是被侵犯了。别看公社通常很穷，但集中到少数人手里的特权相对而言也真的不小。说改革是帕累托改善——只有人受益而无人受损——其实是一个非常粗糙的命题。

农民办乡镇企业是不是冲击了国家计划？那也是多少年吵得一塌糊涂的事情。新生的权利要站得住，不可能不经历磨难。乡镇企业在与老牌国营工厂的竞争中胜出，算不算损害了后者？历史需要一个过程才能得出新结论。1996 年我到上海调查国营纺织系统的下岗潮，恰逢农民工进城，究竟谁损害了谁，以及在政策上不让谁损害谁，一时间杀得难分难解。

这是说，扩大用权利保障的经济自由，在任何时代都有一个展开过程。利益、惯性加观念纠集到一起，让扩大经济自由、解放生产力并不总是一条直线。改改停停、进进退退，或许是题中应有之义。不过远看一个历史时段，我们还是不难得出结论：唯扩大农民的权利，才能增加农民的利益。把统计本本翻出来，2013 年全国农村居民家庭的人均纯收入为 7917 元。怎么调整，也比 10 年、20 年、30 年前有较大的增长。倘若把这些年给农民的权利——承包权、转让权、办乡镇企业和民办企业权、外出打工权以及领取农产品补贴权——一概取消，还有没有这么一个水准的收入？往未来看，要争取农民人均再增加、再倍增，究竟是继续给农民权利，还是不给农民权利？

回来说分歧最大的，也就是当下包括农民宅基地在内的农村建设用地，究竟要不要给农民更大的权利？这里所说“更大的权利”，无非就是成都提出来的“还权赋能”——城镇居民的房屋土地可转让、可入市、可抵押、可分享升值（也承担贬值），农村居民的房屋土地也可转让、可入市、可抵押、可分享升值与贬值。同地同权，一并纳入统一的城乡建设用地市场。

此举到底怎样损害农民利益？看来看去，论据就是三点。一曰允许农民卖房卖地，他们进城站不住脚要回来，再也没有立锥之地。二曰农民弱势，容易在短期利益诱使下贱卖物业，长远吃亏。三曰卖资产卖得大把银子，农民会拿去赌博，或中计上当被骗，是飞来横祸。

我的辨析只一句话：产权是选择权。不是吗？使用权是在资产的不同用途中做选择；转让权是在资产自用还是他用之间做选择；收益权呢，不过是在资产不同的收益方式之间做选择。农民有没有资格享有选择权呢？经验和逻辑的回答都是肯定的。要明白，在制度和政策层面讨论的“农民”，是整体上来说有行为能力的主体。农民不是未成年孩子，也不是智力体能有缺陷、非别人代管不可的被监护人。我一路看下来发现，种植自由、选经营方式的自由、办企业和打工的自由，中国农民把这些权利都用得好好的，不少神来之笔，还令城里人拜伏。

当然，一项新权利刚出现的时候，农民也要学习。不过，利益使人聪明，因为利益逼人学习。从出门讨饭要开介绍信，到大江南北自由行，当然会出状况，包括受气、吃亏、上当。不过，不能说行使权利可能遇挫，就干脆把人家的权利也剥夺干净。你把人家的权利拿了去，你就不出错啊？至于 1 个农民行权出错，就把 999 个甚至 9999 个农民的权利统统拿走，那能算你的政治算数及格吗？正确的办法，是对那 1 个农民施以援手，同时保障 999 或 9999 个农民行使本该属于他们的权利。

我国城镇 1997 年以后大规模房改，居民家庭凡有房的都可转手、都可出售。但是有权利卖，不等于必须卖；卖也不等于一定就贱卖；我们更没有看见谁因为卖了房就住到大马路上去的。为什么？因为产权是选择权，其主人会审慎处置的。农民有了更大的地权，为什么一定更不审慎？估计自己在城里站不住的，或站住也不幸福的，那就不卖乡下房舍，留着将来回来住。对当期出价不满意，可以挺着等行情。至于急用而售，那不好说就是贱卖。我现在的薪水比刚毕业时高很多，那当年是不是“贱卖”了自己？不是的。那时不上班，怕活不到今天领现在的高薪水。总之，鞋大鞋小脚知道，问题是让脚有知道的权利。

辨“土地涨价要归公”

反对农地入市最得力的一种论调，是认为一旦开放城乡统一土地市场，少数城郊农民获取土地暴利，但其他农民、市民和城市的利益却大受损伤。有点意思，上文所辨“不给农民权利”之高论，立论基点是“给了权利将损害农民的利益”。本文要辨析的，是倘若给了农民土地入市权，（部分）农民得益过多！

怎么有那么严重呢？其实就是一句话：靠近城市的农地市价大涨，与那些拥有土地的农民完全无关。他们不过是世世代代生于斯、长于斯，恰好拥有那些农地而已。近城土地价格大涨的原因，是政府投巨资建成城市的基础设施、引进了工业和其他产业。因此，那些土地涨价，与原地主即农民的贡献、努力、辛苦、汗水等，一概风马牛不相及，允许他们卖地获取暴利，天理难容！

这套逻辑，大有来历。有一个起源于美国空想社会主义者亨利·乔治（Henry George，1839—1897）的理论流传甚广。该理论说，土地从农业转为工业和城市用途而引起的市值上升是社会使然，与地主没有关系。因此，如果地主从地价增值中获利，是一种严重的社会不公。此君名著《进步与贫困》，当年在欧美一时洛阳纸贵。

中国民主革命的伟大先行者孙中山应该受到乔治学说很深的影响。作为中华民国之国父，孙中山不但以“平均地权”为革命纲领，且认定在土改之后还要一以贯之地限制土地自由买卖。他对乔治之说做了一个响亮的中国式概括——“土地涨价要归公”。从此，就算从没听说过乔治的中国人，也觉得一下子就掌握了这门学说之真谛。

孙中山先生逝世时，平均地权还没提上日程，更没有机会践行“土地涨价要归公”。像很多伟大的革命者一样，孙先生在革命中提出的纲领、政策和口号，一旦他执政之后还能不能实施，要经受另一番考验。具体到在土改之后怎样处理工业化、城市化进程中的土地问题，那是台湾国民党政府才有机会面对的执政难题。1986年我在厦门大学用那里台湾研究所的资料做研究，后来1995年和1998年两度有机会访台，最有吸引力的议题就是这一道。在此提点一句，振聋发聩的革命口号，到了实施时才发现知易行难。

这里要推敲的是“土地涨价要归公”的道理。实话实说，这句动员力极其强大的纲领性口号，其逻辑前提却是错的。让我们一起来推一推。说土地涨价要归公，理由是这类涨价与土地主人的努力无关，倘若涨价不归公，就鼓励了不劳而获，导致分配不公。问题来了：在市场形成的价格里，与某一商品或要素的供应者无关的因素实际上数之不尽，所有这些无关的涨价收益要不要归公?

是的，市场里导致商品或要素涨价的原因甚多。仔细观察，不难发现总有一些涨价，与该商品及其所有者为之付出的辛苦和努力无关，而纯粹是社会的原因使然。让我们先举一些实例吧。

2003年“非典”刚出现的时候，广州城里的醋价突然大涨。有位朋友说，不到一周之内，醋价翻升了70倍！醋还是那瓶醋，生产的工艺与成本没有任何变化，产醋工人的努力和辛苦也没有多少增加，仅仅因为市面传言，熏醋有利于防“非典”，而相信此说者一时甚众——都是社会因素吧——结果卖醋的就无端端发了大财。类似不少中草药如板蓝根之类，“非典”期间身价突然不凡。有什么道理吗？有，但与卖家的努力无关，也是社会因素使然。

“非典”不可测，导致相关商品的价格大涨是一次性的，过了这个村，一般就再也没有这个店。但还有不少商品，价格经常上涨，即便预期如斯，还是涨、涨、涨。譬如春运期间的火车票，年年如此。别看铁道部门不提官价，但回家的人们要得到车票的代价还是急速上升——通宵排队、网购秒杀、找关系托人或者私下对黄牛党加价——热门车票之价实际上还是涨了。

为什么春运期间火车票实际上要涨价呢？讲到底，是数之不尽的中国人一定要在春节赶回老家团圆——这不是社会因素，又是什么？类似的还有中秋月饼、年夜饭以及正月十五的元宵。就是一般周末假日，由于在家烹调的人口增多，时鲜菜蔬等市价也常略有上扬。在这些场合，涨价不但与卖家的努力无关，而且卖家越不努力、供应越少，涨价就越凶！

不少旅游名胜之地，观光游客的人数分布极不均匀。海南冬季尤其是春节前后，酒店加价，机票不打折，连土特产也升值。那应该是自然因素使然吧？但也不难发现社会因素——倘若人们对自然条件的变化不做反应，春夏秋冬又怎样影响得了商品价格的变动？

把道理讲透，凡可观察的商品或服务之市价上涨，我们都不可能找不到除卖家努力之外的社会因素。数年前撰写《农民收入是一连串问题》，我还举过白菜的例子。白菜涨价，单是因为菜农的辛苦与努力吗？错。买方的因素更有决定性，举凡收入和闲暇变动、消费潮流、人口和家庭以及其他相关商品的价格变动等，都可以推动菜价上涨。大白菜涨价里有没有政府代表社会投入的因素？有的。倘若下雪天扫雪不及时，进场菜量骤减，菜价能不涨吗？

不是抬杠，而是这些平常又夸张的实例有助于看清问题之所在。我们实在没办法说，世上究竟哪一种商品的涨价真的完全没有社会或政府代表社会投入的因素作祟。如果这些因素普遍存在，严词主张"土地涨价要归公"的朋友，为什么偏偏单拿土地说事儿？逻辑彻底的话，应该白菜涨价也要归公，或者说一切涨价都归公！

不要以为市场就处理不了"应该归公"的那些微妙因素。醋价猛然上升，醋的供应商突然中大奖，有没有后继反应呢？但凡有人预期以后的醋价还要涨——是那种与供应商的努力全然无关的价格上涨——他们行动还是不行动？逻辑上，他们会行动：原先就产醋的，会扩大产能；原先不产醋的，或转过来产醋。殊途同归，都是以追加的辛苦和努力，来争享与供应者的努力无关的涨价收益。这是说，放长了看，天上掉下来的馅饼，终究会被为此冒险、增加努力与辛苦的竞争者争抢得一干二净。他们之间的争抢越激烈，社会使然的好处就越归社会。当然，你争我抢之间，政府也很想占个先机。“涨价归公”云云，不过让政府意图垄断这类机会，听起来更加师出有名而已。

即便因为时间太短，一时无人愿意来争无端端涨价之收益，反映需求压力增加的涨价，对资源配置还是具有积极意义。假定在“非典”的情况不准醋价大涨——以公平或任何其他的名义——人们将怎样配置突发暴增的对醋的市场需求呢？无非是大打出手、通宵排队、长官批条子、开后门以及所有这些手段的某种组合。以我之见，这些替代市价准则的解决方案，怕还不如让醋涨价更和平、更公道呢。可惜，人类对这个题材从来见仁见智，公婆各说各有理，不容易有共识。这也是市场经济下社会争议总也不断的原因。

回头看乔治先生的原创主张。他看到土地涨价中隐含的社会不公，但并没有因此就主张土地不准涨价，更没有主张干脆来一个土地归公。他在自己的那部成名作《进步与贫困》里说，充公私有土地是不公正的，而收购私人土地是不必要的。乔治倡导的土地公有其实仅限于由政府抽土地税，以期把土地涨价中的社会因素抽干净。

当下流行的“土地涨价归公”论，要辩护的是政府超出公益需要的征地制度——土地充公与低价收购土地的一种特别组合。理由是，既然土地涨价应归公，那就根本不应该准许土地涨价，也不准土地市场运行，进而更应该把所有非政府的土地全部归公。真是青出于蓝而胜于蓝，无论是对市场价格机制的误解，还是政策主张的武断与鲁莽，此论皆超出了其前辈。莫非这空想社会主义真有从空想发展为更空想的能耐？呜呼哀哉。

辨“建筑不自由”

反对农地入市最新颖的一种论调，是“建筑不自由”。根据该论，在今天西方发达国家，土地的开发使用是公权力而不是私权利，因此可以肯定地说，现在西方国家土地资源的一级配置，是规划决定，而不是市场决定，以为市场经济和私有产权就是我的土地我做主，并以此来指导我们的土地改革制度设计，那就完全走错了方向。

限于篇幅，本文集中辨析此论的立论基础：在今天西方发达国家，究竟有没有“建筑不自由”这回事，究竟有没有“土地的开发使用是公权力而不是私权利”，以及是否存在“西方国家土地资源的一级配置，是规划决定，而不是市场决定”？至于西方国家之做法与当下中国改革的关联，留待日后再说。

先辨定义。“建筑不自由”论里的“自由”，似乎是想干吗就干吗，为满足行为主体的欲望就可以为所欲为。但这样的“自由”哪里也没有。法国人因崇尚自由而知名天下，但《人权宣言》说：“自由即有权做一切无害于他人的任何事情。”很明白，“自由”包含不损害他人的责任与义务。

这样看，在今天的西方发达国家，所谓“建筑不自由”，究竟是民间开发建筑的权利完全遭剥夺，还是法律对可能损害他人的行为设置了某些限制？倘若是后者，那到底是“建筑不自由”，还是“建筑受某些限制的自由”——也是真实世界里唯一可能存在的自由？我的看法，不把这点辨析清楚，怕很容易被那些鼓吹剥夺与奴役的怪论唬住。

以分区管制为例。先画一道大杠杠：分区管制不过是管制，不是土地充公或建筑权充公，而是对土地的开发建筑，实施某些经由法律程序规定的限制。为什么要限制产权主体的某些行为呢？师出有名的理由是，因为这些行为与他人也要行使的权利构成某种冲突，被认为可能损害他人的自由。

美国第一个实施分区管制的地方，是1885年的旧金山。那是西部开发的年代，不少华工在那里打工。有捷足先登的进城农民在旧金山市区开洗衣店，因为当时还没有下水道等市政设施，污水横流，引起街坊其他业主不满，纠纷、诉讼之余，地方立法分区管制，规定上好的商业街区不得开洗衣店。次年，加州分区管制限制开舞厅和屠宰场。出发点很一致，你有开洗衣店、舞厅和屠宰场的自由，但也有免于他人因此受损的责任。既然相邻的外部性挥之不去，干脆在空间上隔开算了。

作为人口密集的城市，哪里会没有外部性？你把房子盖高了，挡住阳光普照别人，负外部性是也。1904—1905年，波士顿以分区管制限高，首次以法例对城市建筑的高度做出上限规定。有样学样，1909年洛杉矶分区隔离住宅区与工业区同时管制土地使用密度、容积率和空置土地。到1916年，纽约曼哈顿岛上的摩天大楼一座接一座拔地而起，让周遭街区不见天日，于是纽约州议会通过分区管制法例——倒没有绝对限高，但要求纽约的高层楼宇在建筑的上部必须按比例"内缩"，即不准上下一般粗，好叫阳光多下泄一点到街道上来。主持纽约分区管制法例制定的巴塞特先生（Edward Murray Bassett），后来被尊为"美国分区管制之父"，还因此之功当上纽约州参议员。

不过在美国，城市事务包括密集人群易发生的外部性，闹得再厉害也不是联邦政府的事。因此，并没有一部全美范围的分区管制法。1924年，美国商务部发布《标准分区管制授权法案》（Standard State Zoning Act），不过授权州政府可实施分区管制而已。各州是否立法，以及实施的分区管制究竟包括哪些内容，由各州自行其是。像得克萨斯州的休斯敦，几次三番投票都通不过，一直就没搞成分区管制。科斯编辑《法律与经济学报》时，曾约一位学者研究其经验，比较有无分区管制的差别。从这一点看，把某个地方的事情说成"美国如何如何"，多少要加一点小心才是。

至于欧洲的分区管制，只知道普鲁士帝国是1891年通过史上第一部分区管制法，而德国则于1913年实施土地使用分区管制。

究竟因何起源，与美国的分区管制有什么异同，以及内容和实施后的效果，笔者没有什么发言权。

我只是对以下“中国式概括”存疑——“西方各国都通过立法形式将土地开发建筑的权利与土地所有权分离”。何谓“分离”？是不是在分区管制法之下，土地以及其他资源的产权真的就被全盘废除了？或者虽然产权的外观尚存，但内涵却已经面目全非？——土地主人对盖什么建筑、盖多高多宽以及可以在建筑内从事何种经营活动，统统无权过问，一概转成了政府手中的公权力？

没有这回事。证据就在“建筑不自由”论者高举高打的“欧几里得诉案”。那是1926年美国俄亥俄州克里夫兰市郊区一个叫欧几里得（Euclid）的村子，为防止城市工业向本村的蔓延而做出了分区管制。村内有一家私人企业叫“安伯乐地产”，拥有68英亩土地，被规划成三种不同的用途，相应的建筑及高度也受限。由于其时工业用地市价很高，限制搞工业，意味着降低了业主土地的价值，所以安伯乐起诉欧几里得村，要求判地方政府取消分区管制，或对管制造成的损失做出赔偿。该案在地方法院胜诉，但最后上诉到美国最高法院，被裁定包括对私人土地的规划维护了“公共利益并不违背保护私人财产”的宪法原则。同时，最高法院也否决了土地所有者提出的补偿要求。

这个判例到底说明了什么？首先，安伯乐可以诉欧几里得，其实正是前者拥有私人土地权利的体现。说“分权管制不等于土地充公”，就是根据这一点。要是分区管制真把土地私权变成了公权，还有安伯乐什么事？人家可以起诉且被层层法院受理，那个权就来自土地私权。你我就是想去搅和，也搅和不了的吧？因为你我皆不拥有那块土地的私权。

最高院判此案不违宪，安伯乐当然要服从。这是法治的表现。但它仍然拥有受限条件下的土地权利——在分区范围内选什么工业项目、选什么住宅项目、与谁合作、按什么条件筹资等等——在这个范围内，私权还是私权，并没有因此就转为公权力，由村主任、村委会、市长或法官来替他做决定并获得相应的收益。

最高法院判完之后，安伯乐还坚持自己的诉求。当然按美国体制，高院的判决为最后裁决，人家不改判，你坚持归坚持，行为上还得服从。不过，败诉权利人坚持自己的权利也有意义，因为最高法官们的审案准则可能与时俱进，发生变化。果不其然，“二战”中通用汽车公司在欧几里得扩建飞机制造厂，战后又转为汽车配件厂，包括安伯乐在内的原受限土地又全部成了工业用地。试问，那晚到的工业化土地的收益归谁？还是归安伯乐。为什么？私权还在，根本不曾因为分区管制就变成公权！

其实，以分权管制处理外部性，本身就够拖泥带水的。洗衣铺污染环境，危害他人健康，还分什么区呢，一律禁止不就结了？城市盖高楼，挡了他人阳光，法定全部盖平房，岂不更加干脆利落？分区管制不过略加限制，但远不彻底，因为有损他人的因素仅仅有所减轻，但并没有完全消除。

这里遇到一个正确理解公共利益的问题。禁止开洗衣铺，其他店家和行人的利益得到维护，但洗衣店主及他们顾客的利益就受到了损害。正如禁止盖楼宇，邻居和行人利益得到关照，但楼宇之主及其客户的利益岂不受损？这里要问的是，在排除了部分人的利益之后，我们究竟有多大的把握来定义“公共利益”？倘若可以把部分私人利益不断剔除，那所谓的“公共利益”，最后到底还剩下什么？

社会治理的实践与法治，其实是不断在寻找群体生活中人们互相损害的最小可能性。既然随处开洗衣铺会损害一部分人，禁开洗衣铺又损害另外一部分人，那真正摆得上台面的难题，是怎样做到互相造成损害的“净值”最小。1885 年的旧金山找到了一个解：把洗衣铺开到特定区划里去吧。1916 年的纽约找到另外一个解：把摩天大楼的顶部向里收缩一点，确保让更多——但不是全部——阳光普照街道。没什么高深莫测的内容——“两害相权取其轻”，还是蛮传统的中国智慧嘛。

难就难在当代人类社会变化极快，密集人群互相损害最小的可能性空间处在不断的变化中。经验证明，一时的互损最小，不等于长远最小，更不等于永远最优。与时俱进的办法到底有没有？

回头还说分权管制。无论 1916 年纽约的分区管制，还是 1926 年美国最高法院的欧几里得判例，都不是再也没有调整、改善余地的终极真理。大体上自 20 世纪 40 年代起，对分区管制的反思就在学术研究、政策研究以及法律实践中萌生。道理也简单，指责“市场失灵”很容易，但实施分区管制——功能分区和建筑管制——就一定不失灵吗？管制出错——包括开始对，后来却越来越错——怎么办？据我所知，1951 年纽约州法院在判例中首创“浮动分区”之后，传统的欧几里得分区管制已经被大量创新重新定义，一批新的司法概念与判例，如“弹性分区”、“合约式分区”、“激励性管制”、“准征收补偿”以及“开发权转让”，纷纷进入当代美国城市的生活。在这种情况下，只对20世纪20年代以前的美国判例引经据典，怕有误导当下我国读者之嫌。

2014春节前后我在哥伦比亚大学访问，住在大学安排的地处曼哈顿东65街的服务公寓内。但见前后街道上洗衣店不少，隔不了多远就有一家，与药店、便利店、快餐店、电子商品店等相邻为安。是啊，当洗衣店再不会向街道排污，城市当局就再没有理由非把它们安置到大老远去才罢休。这是说，城市治理的进步让土地更自由，建筑和经营也更自由。

总起来讲，“建筑不自由”是错误定义了自由之后的杜撰，因为从来就没有听任损害他人的“自由”。城市治理的难点，在于怎样减少密集相处人群难免的互相损害，为此特别需要采取探查的态度。至于那动不动宣布不同意见是“误区”的高论，也许是作者真的掌握了别人掌握不了的真理。但也存在另一种可能，那就是论者连同自己未加认真推敲过的高论，本身就落在误区当中。

辨“土地配置靠规划，不靠市场”

当“建筑不自由”论把市场逐出城市建筑的时候，也没有忘记顺带处理建筑之下的那幅土地。要是建筑上盖真不自由，其下承载建筑的土地又岂能自由？果不其然，另一项发达国家的制度安排被频频引证，那就是“城镇规划”或更为宽泛的“城乡规划”。

不用细查，读者也知道“规划”一词在当下中国被使用的频率颇高。数月之前，我在一次讨论中忍不住戏言，我们这个计划经济的转型，是不是已转到市场经济尚待考究，但转成一个“规划经济”却有迹可循。不是吗？现在哪里还有与“规划”扯不上关系的经济问题？可是在英文世界，“计划”、“规划”是同一个词（planning）。此“规划”与彼“计划”，究竟有什么不同吗？

作为一种体制，计划经济的全称是“中央命令计划经济”。其关键词虽落到了“计划”，但要害却是“自上而下的集权、命令与强制”。民间分散的、自愿的计划差不多古已有之，因为要把任何较为复杂的工作做得有条理，总要讲点“计划”的。小到各位家中怎样摆设、假期怎样安排、换季给孩子添何衣服，都离不开“家计”——家庭计划是也。至于要建造一座祁县的乔家大院，或龙岩的一座客家土楼，说没有“计划”或“规划”，怕是不成的。

不过，只要没有权力强制的元素在内，这些让工作变得更有条理的计划或规划，就与“计划经济”断然无缘。这么说吧，除非渗入了国家权力即合法强制力，“计划经济”不会在日常生活中露头。斯大林创下中央命令计划体制，“计划具有法律效力”，不执行国家计划被视同犯法，随时可以办了你的。

那么，近年日益流行的“规划”、“城镇规划”乃至“城乡规划”，究竟有什么特点？很遗憾，“规划”的含义多面且模糊。一方面，诸如土地的利用、开发和建设，涉及自然、社会和人文多种因素的空间布局，本来就是一件很复杂的事情，欲有条理地展开工作，非讲计划、讲规划不可。另一方面，当代“规划”特别是源于高密度人群集聚的城镇规划，日趋以法律或行政权威的形式来表达，具有权威的强制性。

其实，对于“规划”既复杂又具强制性的特点，有一个关键环节有助于我们理解和把握。这就是，当密集人群中的个体自由可能侵犯他人自由或公共利益的时候，强制力就要登场。反过来，再复杂的事务，如没有侵权或互相侵犯的麻烦，技术性的理性就可以对付，不需要社会范畴的强制力。

让我们从英国的城镇规划谈起。身为引领工业革命的国家，英国很早就开始城市化。1909 年，利物浦大学创办了世界上第一个城市规划系，表明那里已经积累起“有条理地处理复杂的城市事务”的知识。也在 1909 年，英国议会颁布了第一部含有“城镇规划”术语的法律即《住宅、城镇规划及其他事务法》(Housing, Town Planning, etc. Act, 1909)。经过 100 多年来不断的修订与完善，城乡规划在英国成为一套完备的体系。今天我们要引证城乡规划而避谈英国，怕有数典忘祖之嫌。

恰恰是 1909 年的英国《住宅、城镇规划及其他事务法》，表明了国家的合法强制力渗入城镇规划的理由。说来有趣，当年英国的城镇规划因公共卫生问题而起，背景是工业化带动大量人口向城镇集聚，高密度人群引发传染病流行，公共卫生状况空前恶化。伦敦、曼彻斯特等大城市的人口死亡率远比乡村和小镇为高。“负外部性”(指个人或企业的行为影响了其他人或企业，使之支付了额外的成本费用，但又无法获得相应补偿的现象) 如此严重，理所当然引来政府干预，以法律控制高密集人口集聚区街道的宽度、建筑物的高度、结构和布局，以保证通风。于是，公共卫生的规制就延伸到建筑、街道和城镇基础设施，以确保“达到良好的卫生条件，并符合便利、宜人的要求”。不过，1909 年法案仅限于为正在开发或将要开发的土地编制规划，加上第一次世界大战来临，该法案包含烦琐的程序，并没有得到很好的执行。

两次世界大战之间，英国几度修订《住宅、城镇规划及其他事务法》，不过执行的重点也不是城乡规划，而是当时迫切需要解决的工人阶级住宅问题。政府干预住宅市场，源于对另外一种“负外部性”的担忧——如果穷人住得太差而引发冲突和动荡，将威胁整个社会的基本秩序。不过政府要向工人提供住宅，财政基础还要靠城市的市场性开发，大体上由开发商开发城镇房地产，纳税支持政府供应社会保障房。

真正全面的城乡规划，在英国是第二次世界大战之后完成的。由于大战的胜利也是战时经济的胜利，而战时经济恰恰以政府深度干预甚至替代市场机能为特征。因此不难明白，为什么在战后的英国出现了一股强大的潮流，以不断扩张的政府权力来消除方方面面的市场失灵。英国 1947 年《城乡规划法》（Town and Country Planning Act, 1947）就是在这样的背景下出台的。

这部法案给英国城乡规划带来一系列重大变化：法定规划覆盖城乡全部；将具有强制力的规划权集中到中央政府和郡政府；规定城乡所有土地上从事建筑和建设都必须获得规划部门的许可证；对得到许可的开发活动，征收 100% 的开发增值税；对不予批准的开发，则由国库给予一次性的支付（但不是补偿）；政府还享有规划框架内对私人土地的强制购买权（即基于土地既有价值的征购）。正是这些严苛的规定，使这部法规被认为是英国终于完成“土地开发权的国有化”的标志。

作为一个老牌资本主义国家，英国工党政府执政时通过的以上这部《城乡规划法》，更被看作具有方向意义的城乡土地社会化。试想，全部城乡空间要拿到许可证才能开发建设，而土地开发增值收益要 100% 缴税，此外政府还有权基于土地物业的现值强制收购，三管齐下，哪里还有什么私权？而离开了私有的、分立的开发权、收益权，哪里还有什么市场？这岂不是为当下在中国流行的“土地配置靠规划、不靠市场”论，提供了来自西方发达国家最权威的依据？

且慢。1947 年英国《城乡规划法》固然已走得相当远，不过，终究还是没有走到苏联那么遥远的地方。第一，英国的规划虽然依据法律制定，但规划本身并不是法律的一部分，不像很多国家那样，规划以法律的形式编制、公布，并具有法律的刚性；第二,《城乡规划法》授权政府作为的法律空间，但民间的个人和企业并不因此就只能服从，如果两厢发生争执，后者可以“民告官”，要求专门的土地裁判所或普通法院受理裁决；第三，在普通法的传统里，握有很大自由裁量权的法官对形形色色案子的判决，才是法的真正体现。概括起来，单单引证英国的法条，并不能完全代表人们行为的实际边界，非得结合那个时期的判例才可能知道英国的《城乡规划法》实践到底是怎么样一回事。

事实上，1947 年英国《城乡规划法》的实施充斥着矛盾、纠纷和争执。特别是许可证的发放、开发计划被拒而领取的支付、100%的开发收益税以及基于既有价值的土地征购，广受诟病。这说明，城乡私人的土地物业产权并没有因为一纸规划法案而彻底消失。正如 1963 年初版、40 年来持续再版的《英国城乡规划》所言：“分歧和冲突的产生不是因为非理性，而是因为不同的利益主体都在各自理性地寻求其不同的目标。”（第 1 页，东南大学出版社中译本）

实践也为修法开辟道路。1951 年重新执政的保守党以“消除控制”为纲，先是把“地方政府和规划部”更名为“住房与地方政府部”，接着就在 1954 年修改后的《城乡规划法》中废除了开发许可证，也终止了由中央土地委员会抽取的开发增值税（后来几经波折，再也没有 100% 增值税那种事情了，无非景气时多抽比例税，不景气时少抽）。至于强制收购权，也在 1959 年《城乡规划法》中改为以公平的市价作为补偿准则，而不再是早期以土地既有用途的现值为征购补偿的依归。

20 世纪 50 年代以后，英国的《城乡规划法》扭转了战后明显受空想社会主义思潮影响的那些政策与制度。原先以为由政府彻底控制开发权、100% 抽取开发增值收益，以及政府按原用途现值征购私人的土地和物业，不但合乎道德，也易于操作。但 1947 年英国颁布《城乡规划法》后的实践，表明这套做法既不那么合理，更难以操作。

这里最关键的辨析，是要看到在人口高度密集的城市社会里，不但损害是互相的，收益也是互相的。当人们强调政府修建的公共设施提升了城镇土地，包括私人土地和物业的市场价值时，他们只不过正确地看到事情的一面。还有一面也重要，那就是在私人土地上的投资与建设，也提升着政府公共建设的市值。不是吗？倘若只有政府修地铁，但居民和城市经济活动的密度不足够，那地铁或其他公共设施——比如我们在当下中国不少城市看到的那样——还不是年年亏损，何来高价值之说？

难题是，上述双向的增值影响不容易被精确地区分开来。乔治和孙中山先生主张的“土地涨价归公”，其实只看到公共投资对地价上涨的影响，却忽略了私人经济活动对公共投资也具有的积极影响。此说一旦实施——1947 年的英国提供了一次机会——我们就看到因为开发增值全归公而压低私人之贡献，结果就是私人投资与建设的供给不足，如此开发权国有化，在战后人口增长加速，城镇化也加速的背景里，终究碰壁，以至于搞不了几年就不得不改弦更张。如何比较准确地识别城镇土地增值中公共投资与私人投资各自的贡献，依然是一个挑战性极强的难题。在理论上，先假设交易费用为零——像 1960 年科斯做过的那样——也许可以走出一条路来。但真实世界里哪有交易费用为零这回事!

在实践上，看来也只有坚持用市场机制来配置城乡的土地与空间资源。要市场起作用，就要清楚地界定各方分立的权利，包括政府为了公共利益征购土地物业的权利，以及恰当抽取税收的权利。但无论是征购还是抽税，发挥市场价格机制都应是基础和前提。

《英国城乡规划》的第一作者卡林沃斯（Barry Cullingworth）教授于 2005 年谢世。该书最新一版即第 14 版于 2006 年问世。这部凝结着一代学人心血的鸿篇巨制对规划的本质有如下结论：“规划是在一个‘市场理性的经济体系内运作，而市场理性可能与一些规划理论所推崇的理性不同乃至有所冲突。”（第 1 页）究竟谁拗得过谁呢？至少“英国战后最大的变化是从‘积极的规划’转向一个更有市场意识（有时是市场主导）的规划方法”（第 12 页）。如果聚焦于 1947 年到 50 年代英国规划的转变，我们甚至可以说：“规划由此成为市场的仆人（从某种意义上说，只有当市场运作时，规

划才开始发挥作用)。”(第30页)

对这些基于翔实研究的结论，不妨录以备考。以为城乡规划天生就是市场的对立物，或至少也是让市场发挥作用的前提的论点，是不是也应该重新思考：那握有法律强制力的城乡规划，本身又以什么为前提和基础?

规划出错催生市场

不论叫“计划”还是“规划”，一旦拥有合法强制力，就仿佛有如神助，再也不会出错。更厉害一点，就算出错也可以不认账，横竖有权削足适履，让现实改得符合计划或规划，不就又对了？久而久之，高高在上的“规划”可以完全不拿市场当回事。

真有这档子事吗？让我找点经验来查验一番。记得上中学的时候，有位同学因为家里换房到别处去上学，与大家伙儿拜拜了。那是1964—1965年的上海，三年困难时期的阴影已经看不见了，而“文革”还没有到来，应该是经济运行正常的年代。换房何来？就是家长们在工作单位附近发现可以互换的住宅，条件合适对换成功，就可以免去每天上下班长时间“轧电车”的劳顿。家里换了房，学生就近上学，只好与原来的同学道别。

在那个年龄段，相处不错的同学少年要分手，煞是难过。自然会问：早不换、晚不换，为什么偏偏同学几年之后才换房？现在当然懂了：无非是工作场所与住家这两个位置的配置问题——如果合理规划一下，人人就近工作，还要换房做甚？

在计划经济下，让每个人的工作地点靠近住宅，合理配置一下很容易吧？“换房”的记忆说，绝不容易。那时家长们的工作当然是国家分配的，也没有“跳槽”一说，职工分到哪里就像螺丝钉拧到机器上一样，稳定得很。即便如此，工作单位总还有些许变动：新厂子建得比较远——那时的“大上海”其实很小，闵行就是老远的郊区了——工业布局有调整。更大的问题是，虽然住宅全部国有化了，但各家住在哪里，很大程度上还是历史给定的。“棚户区”尚有几十万人之众，哪是想怎么配置就怎么配置的？结果，从城市这头到那头“轧电车”上下班的不是少数。

换房应运而生。记得电线杆上有些小广告，简单而朴素，远不似今天某些地段的“牛皮癣”那么密集和扎眼。不过功能是一样的：寻找合适的交换对象。说是“市场”，也许过于隆重其事，因为换房完全不以货币为媒介，一律的实物信息——多大面积、开间如何、是否向南（阳光）、在市区的位置与地段。至于更复杂的诸如产权更名之类，怕要面谈才搞得清楚。反正，物物交换殊为不易。换成的很侥幸，更多换不成的，继续“轧电车”就是了。

几年后上山下乡，“大批资本主义”震天响。自留地、集市、小买卖一概成了资本主义。老乡就是养只鸡、卖几个鸡蛋换点零花钱都不行。那年头批刘少奇是“走资派”，到了黑龙江乡下，农民家庭养鸡养猪就成了“养了个刘少奇”，要批斗！不过实际生活里，“自发的资本主义”年年批、年年斗，可还是年年有。为什么？“计划”满足不了吃鸡吃蛋的需求。1977年恢复高考，一位同事考上了，大家总要送行一下吧。黑灯瞎火骑自行车走了10里地，想到附近一个公社买只鸡。大冬天里的屯子一片黑，找来找去只有一家亮着灯，敲开门说明来意，不料人家是路线教育工作队正在开会，我们正撞到枪口上了。好在听明来意，工作队头头儿深明大义——你们到左起第四家买吧，他家的鸡肥！

后来才晓得，计划经济下换房、买小鸡都不过是小菜。换钢材、换煤炭、换粮食、换工业原材料等才是大头！为什么“计划分配”之余还要交换？答案是计划常出错。譬如配给上海的钢材多，配给河南的粮食多，那上海以钢换粮、河南以粮换钢，岂不皆大欢喜？比较麻烦的是，倘若上海不缺粮缺电，河南不缺钢缺设备，沪豫两家就谈不拢了。也有办法，多拉几家一起来玩，需求量大了，结构复杂了，“总有一款适合你”。再后来，各省市都安排一帮子能干的官员搞物资串换，还为专司其职的衙门起了好名字——“协作办”。打听一下，计划体制下哪里没有“协作办”？再追问一句：计划经济无所不能，为什么要那么多的“协作办”？“改革开放”，其实是很书面的语言。口头文学程度比较高的，叫“搞活经济”。那一个“活”字了得！过去苏联的政治经济学教科书说，“人是生产力里最活跃的因素”，大家背得滚瓜烂熟，但存在决定想象力，在讨饭也要开封介绍信的年代，“人的因素”究竟可以“活”成个什么样，真想不出来。一旦“搞活”，才明白，“活”就是自由——劳动自由，种植自由，发展副业工业乡镇企业自由，长途贩运自由，办民营公司也自由。本书引证过，对城乡中国最了不起的政策，是1983年中央“一号文件”“允许农民自带口粮进城镇务工经商”——中国终于打开了“人往高处走”的大门。

经济活了，特别是人活了，计划与规划的难度就大大增加了。我看过的城市规划，不论其他，单一个基础变量即“规划人口”，与实际发展脱节之远，就不可以道里计。信手举几例。2005年初，《北京城市总体规划（2004—2020）》提出“2020年北京市常住人口控制在1800万”，该规划是经国务院批准的。但根据第六次人口普查的结果，2010年北京市常住人口就达到1961.2万人，提前10年“完成”规划。上海市的规划也经过国务院批准，到2020年常住人口控制在1600万，但2013年上海人口就达2500万。广州规划到2020年控制人口在1500万，但2012年就达1600万。深圳得到批准的规划人口，2020年为1100万；2013年我们在当地调查，问业内行家现在多少人了，一说1500万，一说1800万。

这也非为中国所独有。《英国城乡规划》一书中赫然记录，“1960年预测的20世纪末的英国人口为6400万，而到1965年预测数就增加到了7500万”（第27页）——不过区区5年时间，一个国家人口的预测数增加了17%。相比之下，1811年纽约市的第一个规划反倒高明不少，当时该市人口仅3.2万人，规划到1850年增加到50万人（40年增加十几倍！），但实际上，到时纽约人口为60多万！再加一例，新加坡的政府控制力举世知名，原规划2020年总人口400万，但实际上现在就超过了500万。我问他们市区重建局的官员：你们有国界海关，控制人口移入的成本低，何以如此失控？回答是全球金融危机，让新加坡赶上了吸纳全球高端人才的天赐良机！

这么说也许妥当：凡发展强劲的城市，人口预测数总是远低于实际人口数！这或许称得上是一条“好城市定理”。与其对称的，当然还有一个“不好城市定理”——凡发展不怎么样的城镇，实际人口大大低于当局预测或希望达到的人口数。不用再问为什么了吧？反正与上文点到的经济搞活、人也搞活有关。老话没错，“人挪活”，但人究竟向哪里挪，又到哪里定居，上帝说了也不算。

问题来了。规划人口远离实际，接下来的一连串难题是怎样解决的？须知规划人口是城市规划的基础：先预测多少人，按人均100平方米安排占地，再安排交通、住宅、供水供电、学校、医院、绿地、文化设施等。现在实际人口比规划人口多出来的缺口动不动以千万计，这些冒出来的活人如何在城镇生活？

答案就是本文的标题——规划出错催生市场。“市场”固然没有“规划”那么具有权威性、强制力以及知识上的高度自负，可是，自愿、自由并自发的市场更富有弹性。当更多人口相互竞争因规划出错未能及时提供的土地、空间以及其他稀缺资源时，有关资源的相对价格就上升，同时刺激供给并抑制需求。无论在哪里，在画得漂漂亮亮的规划里找不到位置的人，总可以在熙熙攘攘、嘈杂、混乱、无序的市场里求得一席之地。天晓得，那漠视市场的“规划”，常常要靠市场纠错才维系住自己的脸面。

管制不当激活黑市

在现代经济里，“管制”挥之不去。这恐怕与城市脱不得干系，因为城市的人口经济密度高，磕磕碰碰的事情比传统乡村社会多很多，非有完备的规则、规章、管理不可。所以也有学者主张，该词中译“规制”胜“管制”，能更准确地表达原意。本文延用“管制”，一来习惯了，二来在我们这个地方，行政管控一切的成色甚重，但凡讲规则、规章、治理等事关公共秩序的事务，似乎都是“治人者”官家之责任，也天然都是官家“管人”的权力。

管制的出发点，拿得出来公开讲的，总是不允许部分人的自由损害其他人的自由，或制止部分人以侵犯他人利益获益。不过，事与愿违的事情向来不少，某些情况下，甚至搞到南辕北辙！不论起因，一旦发生管制不当，什么都会跟着发生。上文我们点到规划出错催生市场，说的是无论预测有误、判断有误或执行有误，一旦规划脱离了实际，总会造出一些市场机会，让“看不见之手”有机会帮忙纠错。本文进一步补充，那些自发纠错活动出现之初，一般总在现存的规章、法律之外，所以常常是“黑的”，即法外的，甚至被视作违法的交易。

以“黑车”为例。在城市生活，时不时看到有关当局“打击黑车”的声明与行动。的确“黑”——一批出租车无照、无证、不纳税，也不缴“份子钱”，比合法经营的“白车”，负担少了一大块。倘若当局对“黑车”眼开眼闭，谁还开“白车”呢？一个现代城市，出租车服务沦为“黑车”之天下，不行的吧！

问题是“黑车”何来？自己最早的体验，是在20世纪90年代中期的海南。刚刚留学归国，从海口机场出来“打的”，要狠狠“砍价”，惊诧之余不免觉得这地方也太落后了吧。问下来，明白要负责任的还是管制不当。那时的海南，旅游与公务需求总量很小，但涨落极大。当地配置正规出租车服务，以固定价格、高门槛准入为特征，难以满足市场需求。一来二去，“黑车”应运而生。后来到转型阵痛中的莫斯科开会，知道当地习俗，对街上任何小车做一个手势，若对方停下来问价，双方谈拢了上车便走。这也验证了“非成熟市场需非正规服务”，否则就显得不般配。

后来在北大的燕园居然也发现“黑车”。首善之地、百年大学，总不是非成熟市场吧？可是新千年前后，北大留学生公寓前面常常趴着一溜小车，高峰时有二三十辆之多。知情的师生与司机说上一两句，就可以出发了。我试过几回，价钱公道（与正规打车比），服务上佳——他们不能以顶灯为广告，要靠口碑。一来二去，我还成了回头客，用车时打个电话就来接，方便至极。原来大学门禁很严，空的出租车难得进来，于是有心人——不少是北大员工的家属——便开发出这么个“市场”。有关部门也打击，风声紧时，校内黑车就临时转行做导游，在东门内招徕到北大观光的游客，转圈介绍“一塔湖图”（博雅塔、未名湖、图书馆），收费50大元。

什么地方“黑车”多？首推“白车”顾不过来之处，譬如末班地铁到站，而末班公交早早结束营运的地点，譬如公交车站离小区偏远之地，还譬如让腿脚不便、携物过重的乘客望山跑死马的换乘不接头的地点。为什么“白出租车”不做这等生意？路途太短，不够份子钱。

有把握说，“黑车”都是应运而生的。此“运”者，有需求而无正规供给也。有一次在杭州长途汽车站要去上海，冷不丁冒出一人，问要不要打的回沪，50块钱。跟过去一看，原来是三位乘客拼车而行。沪杭高速150公里，三人车资加起来也不够啊。司机释疑：上海的出租车到了杭州，不准载客回沪（反过来也一样），收你们150块钱，顶了过路费和汽油成本，总比空驶回家强。大家赞他，司机一声叹息：“不合法的，查到要倒霉。”

再看街上摆摊的。城镇街道皆公共资产，天经地义要服务于公共利益。小商小贩堵在街上做生意，妨碍通行、妨碍卫生、妨碍观瞻，地球上哪里也是要管一管的。不过经验比较一下，管制还是有高下之分。纽约摊贩的故事，网上早有报道。论人口密度，曼哈顿每平方公里夜间人口2.7万，白天还有数倍于此的上班、购物、观光人群进入，街道的人口密度排地球前列毋庸置疑。华尔街、时代广场一带，高峰时段人挨人、人推人。很佩服那里还有小贩摆摊做生意，更佩服纽约市政当局容忍小贩们当街摆摊。没有管制吗？有的。每个摊位都领牌照，卫生、安全、商品品质（特别是食物）、摊位的区段和时段，都有讲究。违章罚款也不含糊，经营牌照要挂在脖子上，掖在口袋里的，罚1000美元。后来据说摊贩到市府集体陈情，修订了法例，减罚一半。但人家就是不取缔摊贩，道理何在？妨碍行路、观瞻等当然有违一部分人的利益，但禁止小贩摆摊也损害另外一部分人的利益，所以，适当的管制是争取“总的净损害”最小。

可是，在“管”就是“禁”的情况下，“公共利益”常常漠视了一部分本来可以也应该兼顾的公众利益。快速通行为人所欲，方便买个烧饼充饥亦为人所欲，凭什么仅仅把前者定义为公共利益呢？但论通行，高峰时在要道路口摆摊当然妨碍交通，但高峰过去了，可不可以摆摊？那些从来没高峰的地段，可不可以摆摊？

是那些不当管制，只顾一头不顾另一头，让未得到兼顾的利益形成需求，直到激活“法外供给”来给以满足。要知道，城镇生活是高密度人口高频率互动的生活，互相矛盾、互相妨碍几乎无处不在，光亮出一把“外部性”之剑砍杀一通，无济于事，只会给城市生活与管理者自己添乱。

转谈“分区管制”。本书在回应“建筑不自由”怪论的那篇辩文里，提到源于1885年旧金山的“分区管制”，不过是在当时条件下找到的一种处理“不良商业”——排放污水的洗衣行——对他人损害的平衡之道。不是再也不准开洗衣行，而是准许开在特定的区内，以此兼顾洗衣行与其他“高尚生意”之间的利益，达成互损最小。由于适应了当时的技术与环境，分区管制就发展起来，成为城里处理互相妨害行为的一种流行办法。鼎盛时期，城市的空间依法分区，居住区、商业区、工业区、办公区、文化教育区等，俨然成为现代城市空间布局的不二法门，也似乎为诸如“建筑不自由”这样离谱的论点，提供了一个难以撼动的脚注。

问题是分区规模过大之后，互损的计算发生变化。巨量人口睡在一个分区，起床后运到另一个分区上班，下班再去一个分区休闲娱乐购物，那交通拥堵就成为不治之症。这时，分区带来的收益敌不过分区带来的麻烦。挑战来了：现存的法律、观念和习惯，能不能较快启动分区管制的调整与改革？美国的经验是，在三权分立架构以及习惯法的传统下，大体可以经由依法诉讼、法官自由裁定权，先增加分区管制的弹性，再推进修法。以今日纽约为例，“城市综合体”即办公、商务、居住混搭的空间布局，日新月异、方兴未艾，更不要问哪个街区不可以开洗衣铺啦。

倘若把分区管制当作“建筑不自由”的神明，只会顶礼膜拜，却不懂得顺势因变，那就只能眼看着城市变成一个每天把天量的“白天人口”与“晚上人口”倒来倒去的搬运场。管制滞后造就的新需求无限，激活法外生意一片，专家真的可以视而不见吗？

法外行为一分为三

法外世界很精彩。从上层建筑着眼，文本法律越来越完备，部门管制越来越细致，法治国家也越来越有模样。可走进底部的真实世界，还是不难看到法外活动层出不穷。规划出错催生的灰色交易花样翻新，不当管制刺激出来的黑市既顽强又旺盛。眼见者心烦：走市场之路，自发秩序难道就是这样的吗？

在思维上，凡复杂到想不明白的现象，试试分开处理的招数吧。这些年在城乡之间行来走去，对法外现象也算见多识广，分析上屡遇驾驭不了的难题。骂一句当然容易，不过骂后还是有一个怎样认识、怎样分析的难题。一来二去，自己觉得中用的法门，是一分为三。

一类法外活动，对他人及公众利益基本没什么损害。像前文提到计划时代的换房，同城相距甚远的两个家庭愿意以房换房，双方都可以离上班场所近一点，自愿互利、愿打愿挨，换就换了吧。虽然在那个时代，自发的交换活动看在很多人眼里多少有点“那个”，法律、舆论都不支持，但自发换房不损害他人利益，对公益还有点好处——减少城市拥堵——有关部门眼开眼闭算了。那时候乡下的农民用自留地产品搞点体制外收入，利人又自利，对其他人没有损害，非要隔三岔五“割尾巴”，实在没道理，不得人心。

转向市场经济之路，大量过去容不得的自发交易纷纷登堂入室，但无损他人及公益的行为还是可能遭到禁止。譬如，上海出租车到杭州不得载客回沪，反过来杭州出租车到上海也不得载客回杭。想破脑袋，也不知道如果允许的话，究竟谁的利益会受损。也许损害了“收益的对等性”？那就学学国家间的航空协定，美国航空公司飞中国几个航班，对等允许中国航空公司飞美国几个航班。否则，岂不是在干“对等损害”的傻事？

当然，什么才是“无损他人与公益”，在不少情况下并非一目了然。举一个例子，普天下交通管制一般都重罚酒后驾车，或可问道理何在？饮酒固然导致驾车人反应迟钝，容易导致伤及无辜的车祸，但饮酒并不必然出车祸，行为人喝了酒，尚未车祸伤人，凭什么限制其驾车自由？答案是“预防性限制”：由于饮酒特别是过一定量后驾车导致祸及他人较高的概率，所以为了有效预防，饮酒驾车就被视为“很可能严重损害他人及公益”的行为，非令行禁止不可。

推而广之，“饱驾”——吃撑了之后驾车——要不要罚？“疲劳驾驶”要不要管？似乎都应该管，但实施成本不菲。前者难以定义什么才算“吃饱了撑的”，也没有经验可以证明“饱驾”与车祸高度相关，非要管，又没有类似查验酒气浓度那样简明有效的手段，还是别“事先预防”了吧，谁出事，事后罚谁算了。后者也一样，测度“疲劳”殊非易事，规劝比较合适，出了事故再事后处理。

大体可确定，凡容易判定“无损他人及公众利益”的行为，如果被列入法律禁止或成为法外活动，那就应该修法改法，因为禁止无损他人及公众利益之 “法”，本身恰恰损害着他人及公众利益。把这些法条去除，人们的自由增加了，但并不会损害他人及公众利益。如果一时修法改法有难度，重新有一个司法解释，把法律的含义讲准确也是一个办法。再退而求其次，法律归法律，执行归执行。毕竟，对无损他人及公众利益的行为网开一面，无伤大雅。

第二类行为，明显损害他人及公众利益。譬如随地吐痰，污秽公共场所，对他人及公众健康构成威胁。这个类别好办，立法禁止就是，姑息不得，因为这个类别下行为者的自由明显损害他人及公众利益，非动用合法强制力加以制止不可，否则基本秩序都维系不了，国将不国，麻烦就大了。

认定这类行为，常识一般足以胜任，不会有太大的困难。难处在于，很多人都如此行为，法不责众，怎么办？20 世纪 80 年代刚到北京的时候，王府井大街上随地吐痰的大有人在，管不胜管、罚不胜罚，很头痛。没什么好办法，坚持管、坚持罚，再加持之以恒的教育说服，熬到更多人养成新习惯，慢慢就好了。治本之策是自幼教育，从小养成好习惯。问过同学一道题：出什么价，才可能让一位从小不随地吐痰的人士当众吐出一口痰来？

最富挑战性的，是第三类现象。不少行为对他人有损害，但如果不让他损害他人，他的利益就受到损害。很像胡搅蛮缠吧？其实不是。取生活中的一个实例，我们会觉得不难懂。一家诊所安安静静的，突然隔壁开了一家打铁铺，叮叮当当煞是热闹。很明显，打铁的损害了诊所的安宁。但我们细想，倘若不准铁匠铺打铁，后者利益是不是被损害？

不是我能想出来的逻辑。科斯1960年发表的《社会成本的问题》，全篇立论就是只有他的思维才想得出来的“损害的相互性”。难怪鼎鼎大名的芝加哥大学学报审稿人开始的时候无一人接受这种怪论。可是约了科斯到芝大当面辩论，说着说着，在场所有教授都明白唯有科斯先生才是对的。标个价格好算账：由诊所安静看病日收800文，由铁匠放手打铁日收200文。若判打铁铺子有权让诊所出局，诊所受损800文，社会净损失600文；若判诊所可以让打铁铺子出局，铁匠受损200文，社会净收益600文。开商业谈判吧：诊所出价400文补偿打铁铺子搬走，后者到其他地方日收200文，诊所恢复平静，从此继续日收800文。

这个弯子绕大了，其实就是把“辨道理”转为“讲价钱”。严格地说，所有损害在某种程度上都有相互性——不让甲损害乙，乙就被损害。认识到这点不容易，但一旦认了，就不妨对各种可能的损害标个价，损甲800，损乙200，可不可以由甲出价400，买下自己不受损、让乙受损的权利？科斯可没有说一定行。他的答案是，只要交易费用足够低，互损问题也可能自发谈判解决。传统福利经济学说凡有外部性，非请政府出场不可。科斯说不一定，在不同的费用约束下，社会问题或有多种解决的方案。

半个多世纪以来，经验说科斯的发现何其了得！放眼看去，哪里没有损害的相互性，哪里不需要以新的经济学思维来分析社会现象？特别是中国这样的大国，庞大人口一旦允许自由流动，转向鼓励人们追求经济利益的市场体制，人们互动的频率陡然上升，互相损害的问题也日益突出。在这样一个新局面下，与其继续挥舞“靠政府对付一切外部性”的陈旧旗帜，不如尝试运用科斯的新思维，在实践的基础上探查逐步收敛法外行为的现实路径。

“非法”帽子满天飞

上文分析的重点，是区别处理庞大的法外活动。建议一分为三：对他人以及公益无甚损害的，不妨听之任之、眼开眼闭；对明显又严重损害他人以及公益的，立法禁止、违法必究；对损害有相互性的，选个程序来两害相权取其轻。

建议归建议，现实是现实。当下可观察到的法制，似乎是“非法”帽子满天飞，但又极少落地，活活造就一片选择性执法的沃土，轮到谁谁倒霉，反正总能找出一款合适的帽子。此类法制，在城乡接合部很多见。几乎少有例外，凡城乡间涉房涉地的领域，“非法”帽子飞舞的密度很高，留下的麻烦问题也不少。一个实例是华侨大学校长华生先生对“小产权”问题开腔，宣布“小产权”一律非法违规，并严词批判允许“小产权”合法化的主张［见华生，《土地制度改革的焦点分歧（上）》]。

认识华生很多年了，从来不知道他研究过乡下人的土地房屋问题。不过我不知道不等于人家一定就没有研究，没研究也不一定就不能发表正确意见。譬如对华生的定义——“‘小产权房’现在一般指农民在集体土地上建造的用于出租和出售的住宅”——我就没什么太不同的意见。我的不同意见在两点，其一是华生宣布“小产权房”“都是违章建筑，从而都是不合法的”；其二是他假设“如果农民建的所谓‘小产权房’可以合法化”，天下终将大乱的那个推论。我们先谈第一点吧。

为什么“小产权房”都是非法的呢？华生的论据分两步：第一，“农民这么做从一开始就不可能得到‘规划许可’。因为农民的绝大部分土地是农地，是规划用于农业耕种生产的，肯定不能用来建房，更谈不上出售”；第二，既然未得到规划许可而建房，当然就属于“农民在集体土地上违规自建的住宅”，所以“从法治的角度看……都是违章建筑，从而都是不合法的”。

这里可错大发了。容我这么问吧：中国的农民、农地、农民自盖的住宅、可出租可出售的农房，以及集体土地、在集体土地上由农民自盖可出租可出售的房，打什么时候开始就有的？华生特别中意的“规划许可”，又是打什么时候才开始有的？如果前者在先，后者在后，按所谓“真正的法治”，可以高举正月十五之法，宣判正月初一的行为都非法吗？

农地农房，由来已久。也没办法，谁让华夏文明源远流长？古代的事情，不说也罢，反正那老多房契摆在那里，就是今天有的市井之地，还可以淘换得到。远在国人根本不知规划许可为何物的年代，可出租可出售的房地就有了。朝廷也提供服务，否则怎么会有“白契”（未加盖官府大印的契书）与“红契”（明清之前称“赤契”，盖官府大印之契书）之别？法律也加规范，像宋朝开国之际，民间买卖房屋，立契之前，设“遍问亲邻”环节：“凡典卖、倚当物业，先问房亲，房亲不买，次问四邻，四邻不要，他人并得交易。”除此之外，购地、建房、买卖租赁抵押典当，一概自由，也不划城乡界限，至于是不是由此弄得天下大乱，怕要等华生先生考证了之后告诉我们。

革命以降，中华人民共和国成立，第一部重要法律就是《土地改革法》。都知道中国共产党得天下靠农民，而动员农民靠土地改革。读一读这部当时由全国政协通过的法律（还没有全国人大，尊政协通过的共同纲领为临时宪法），大部分是如何分田分地的规定，但第 30 条写得明白：“土地改革完成后，由人民政府发给土地所有证，并承认一切土地所有者自由经营、买卖及出租其土地的权利。”那时候，没有农地、建设用地的分别，更没有城乡壁垒来对买卖、交易的对象划下三六九等。

这部中华人民共和国的法律，也从来没有明令宣布废除。后来的农业合作化、集体化、人民公社化，运动规模极大，席卷全部农村地区，却没有一部法律予以承认与规范。合作化时期，有一个《农业合作社示范章程》，1955 年 11 月 9 日由全国人大常委会颁布，算不算法律，要问法学专家。就算是法律，里面提到的原则也只是“逐步地把这些生产资料（土地、耕畜、农具等）公有化”，并特别规定了社员有“退社的自由”，明确“社员退社的时候，可以带走还是他私人所有的生产资料，可以抽回他所交纳的股份基金和他的投资”。这是说，退出来的土地等还是农民私产，是不是还可以“自由经营、买卖和出租”，《章程》没说可以，但也没有说禁止。

次年，全国人大常委会又颁布《高级农业生产合作社示范章程》。高级者，社员入社的生产资料不再分红，大家全靠劳动吃饭。其他与初级社差别不大，也规定社员有退社的自由，退出去的土地等生产资料，法律地位仍然是农民私产，也同样未禁止私人买卖土地。

遍读上述两份示范章程，没有一款提到农民住宅以及宅基地。也很自然，农家住宅连同宅基地，是“生活资料”而不是“生产资料”，本来就不属于“社会主义改造”的范畴。土改分得住宅的是土改成果，但连房带地都属于农民私人所有。至于土改未加触动的农宅，更是私产，一般从“习惯法”，在本家、亲属、近邻优先的准则下，买卖租赁都自由。

人民公社搞更大规模的集体化，且开天辟地实行“政社合一”体制，当算革命，但没有一部法律，连人大常委会颁布的示范章程也没有。1958 年公社覆盖全国，靠的是典型引路、伟大领袖首肯。后来刮“共产风”、引发饥荒，再后来纠偏和政策调整也靠政策文件指导，无涉法律体系。这也是 20 世纪 80 年代农村改革，5 个“一号文件”就能解决农村问题的由来。倘若人民公社也立下一部法，改起来怕就没有那么容易了。

与农房农地有关的，是 1962 年的《人民公社 60 条》。开始似乎是工作方法问题，讲人民公社内部管理的。但政策调整势必涉及财产制度，于是就第一次出现了以下表述："生产队范围内的土地，都归生产队所有。"接着又说："生产队所有的土地，包括社员的自留地、自留山、宅基地等等，一律不准出租和买卖。"本来是"纠左"文件，防止更高级别的集体侵犯生产队的利益，不料顺手就把向来是农民私有的宅基地，也带入"生产资料公有制"的框框，且"一律不准出租和买卖"。但是同一个文件，却又规定"社员的房屋，永远归社员所有"，且"社员有买卖或者租赁房屋的权利"，"社员出租或者买卖房屋，可以经过中间人评议公平合理的租金或者房价，由买卖或者租赁的双方订立契约。"

本书前面已经讨论过如此制度安排的奥秘（见"'房地分离'是奇迹"）。不过从20世纪60年代以来，我国农房转让始终没有停止过。老乡们也智慧，买卖农房一般签份"房契"了事，大家自觉不提房底下的那块宅基地，仿佛彼此换手的都是"悬空寺"，与下面那幅"属于生产队且一律不准出租和买卖的宅基地"根本就没有任何关系。我见过的这类房契，只标房价不提地价，其实是房、地合并定价。至于农房出租和买卖的对象，《人民公社60条》就没有做过限定，乡下人、城里人、外国人、外星人，出价合理都可以！

法律限制、禁止农房买卖，是非常晚近的事情。2007年《物权法》规定："宅基地使用权的取得、行使和转让，适用土地管理法和国家有关规定。"本来财产法很根本，结果涉及农民宅基地，转过头去"适用"部门法和行政法规——这里那里提及"禁止城镇居民在农村购买宅基地"，"严禁为城镇居民在农村购买和违法建造的住宅发放土地使用证”。注意，这些行政法规禁止的是城镇居民“购置”宅基地上的农房，至于非购置行为，譬如租赁50年、70年、100年的，也禁止吗？没有说，也没看到司法解释。这也是闹得沸沸扬扬的“小产权”问题剪不断、理还乱的一个由来。

至于“规划许可”，那是2008年1月1日才开始生效的《中华人民共和国城乡规划法》里的规定。是的，该法说：“在乡、村庄规划区内未依法取得乡村建设规划许可证或者未按照乡村建设规划许可证的规定进行建设的，由乡、镇人民政府责令停止建设、限期改正；逾期不改正的，可以拆除。”问题是，全国究竟有多少个乡、村已经完成了按法律程序通过的“规划区”？如果“规划区”尚未划出来，是不是全中国所有乡、村就不得搞建设，否则也要一律责令停止、限期改正，否则统统拆除呢？还有，该法条针对的是“在建房屋”，至于“早已经建成的”，是不是要补办规划许可才可合法存在，也没有说。

当华生义正词严地宣布“小产权”一律非法的时候，不知道他心目中有没有一个大概的估计，究竟我们这个国家有多少“非法的农地农房”是在他以为可据之法出台之前早就存在了的？那些他以为足以判人非法的法律，到底所禁为何物？来龙去脉如何？与传统和现实的关系又如何？不管三七二十一，东一榔头西一棒子地美国、英国、中国香港（读后令人满篇生疑，我已略做辨析），完了就“非法”帽子满天飞，算哪门子“真正的法治”呢？

同地同权的宪法依据

“真正的法治”究竟是什么模样，可能还要努力很多年才看得见。不过无论说多少条，由宪法为全部法律定调总是其中一条。宪法也是法，但因为是根本大法，方方面面的小法小规就不得与宪法准则相抵触。宪法条款不合适的，经法定程序加以修正。

从这点出发，我们发现，农村集体土地的转让，原来是有宪法依据的。那就是《中华人民共和国宪法修正案》(1988)，是年4月12日由全国人大通过。此《宪法修正案》通过之后即构成我国宪法的组成部分，迄今也没被更新的修正案覆盖。

1988年的《宪法修正案》一共两条。第一条事关私营经济，明确“国家允许私营经济在法律规定的范围内存在和发展”。第二条涉及城乡土地，把原来宪法的第十条第四款修改为“任何组织或个人不得侵占、买卖或者以其他形式非法转让土地，土地的使用权可以依照法律的规定转让”。

很明白，修正案明确了“土地的使用权可以依照法律的规定转让”。这里对可转让的土地未做限定，正常解读，就是中华人民共和国内的所有土地，其使用权都可以依法转让。而中国的土地以所有权来分，不过国有、集体两种而已。无须绕弯子，《宪法修正案》从来没有说“唯国有土地才可以转让”。

宪法还规定，“一切法律、行政法规和地方性法规都不得同宪法相抵触”。这当然是对的，否则国家根本大法云云，岂不成了一纸空文？那些与包括《宪法修正案》在内的宪法准则相抵触的法律、行政法规和地方性法规，本身违宪，必须废止或修订得与宪法相一致。更重要的是，凡违犯与宪法相抵触的法律、行政法规以及地方性法规，是不可以被戴上“非法”帽子的，因为违宪之“法”，本身违法。

如此当真，我们就有必要把与1988年《宪法修正案》相抵触的那些法规、法条与政策一一指出来，以便对满天飞舞的“非法”帽子做出一番甄别，看看哪些是真的非法行为，哪些“非”的不过是本身违宪的“法律法规”。

先从1988年以前的开始。最直截了当的，是此前《土地管理法》《村镇建房用地管理条例》等明文禁止土地买卖、出租或其他形式转让土地的有关条款。老天爷，可真有凶的——“买卖、出租或者以其他形式非法转让土地的，没收非法所得，限期拆除或者没收在买卖、出租或者以其他形式非法转让的土地上新建的建筑物和其他设施，并可以对当事人处以罚款；对主管人员由其所在单位或者上级机关给予行政处分”（1986 年《土地管理法》第 47 条）。如此一概绝禁，当然容不下“土地使用权可转让”。在新的《宪法修正案》面前，那老办法是非废止不可的。

向上追溯，我以为《人民公社 60 条》的那一款，即“生产队所有的土地，包括社员的自留地、自留山、宅基地等等，一律不准出租和买卖”，也不再有效。讲过的，宅基地向来是农民私产，土改后局部重新分配，但并没有改变宅基地的私产性质，业主还是有完整的私权（包括转让权），也构不成经典社会主义改造“生产资料归公”的范畴。谁也没料到，本意“纠左”的《人民公社 60 条》，突然加入这么一条——“宅基地归集体，且一律不得出租和买卖”！现在有了 1988 年《宪法修正案》，此禁令当可寿终正寝。实在舍不得废，怕也要补上一句，“宅基地的使用权可以依法转让”。

再向上追，农业合作社和高级社示范章程等等，并没有正面相抵触之内容，或可与 1988 年《宪法修正案》相安无事。顺便提一句，农村集体改到什么程度算合适，区区在下以为合作制是上选，当然要去除强迫命令、霸王硬上弓那一套，回到当年邓子恢、杜润生主张的“办好合作社，让农民来敲门（入社）”。农村事务，改集体、兴合作或大有可为。

追到头，1988 年《宪法修正案》与 1950 年的《中华人民共和国土地改革法》倒是衔接得上。区别也是有的，土改法明确的是“承认一切土地所有者自由经营、买卖及出租其土地的权利”，而修正案承认的是“土地的使用权可以依法转让”。38 年弹指一挥间，土地所有权买卖演化为土地使用权转让，土地财产权里最重要的一项权能——转让，在经历了禁绝、中断之后，终究顽强地在合法制度空间里重新占得一席之地。

1988 年的《宪法修正案》之后，情况又如何？按照宪法是根本大法的原则，凡与宪法相抵触的法律、法规、政策，存废修订皆要服从宪法。从这点看，要讨论的问题还真不少。首先是当年年底全国人大常委会通过《土地管理法》的修订，明确“国有土地和集体所有的土地的使用权可以依法转让”。这符合《宪法修正案》吗？符合。现在我们说国有土地与集体土地同地同权，根据正是 1988 年的《宪法修正案》与当年修订了的《土地管理法》。

不过，紧随其后，还出现这么一句：“土地使用权转让的具体办法，由国务院另行规定。”这有点费思量：由国务院另行规定土地使用权的具体办法，究竟是不是“依法转让”的前置条件呢？如果是，那具体办法一日拿不出来，“依法转让”就一日无从实行。或另有解释：政府受人大之托另行规定具体办法，是政府的责任，非完成不足以让人大通过的法律实施。

实际的结果，是 1990 年国务院以 55 号令发布了“城镇国有土地使用权出让和转让暂行条例”。这就是说，城镇国有土地的出让和转让，从此有了国务院另行规定的具体办法，能够实施转让和出让了。但是，农村集体土地的出让和转让，虽然《宪法修正案》和修订的《土地管理法》都明确“可以依法转让”，但直到今天，国务院再也没有出台有关允许集体土地转让的具体办法。这样，宪法关于“土地使用权可以依法转让”，仅在原则上是“可以”，但由于

“依法转让”之法至今未出，农村集体土地使用权的转让就一直没获得实际的合法空间。

这里留下一条教训：集体土地使用权的转让，明明已经获得了宪法地位，但仅仅因为加了一条没有清楚时限、也缺乏明确行政责任的“由政府另行规定具体办法”，至今悬之高阁，还落不了地。今天对集体土地的转让行为，“非法帽子”满天飞舞，究其实质，说到底是人大对政府的委托未落实。真那么难办吗？为什么城镇国有土地转让的办法两年内就公之于世，但集体土地使用权的转让办法，24年过去，还迟迟不见踪影？同地同权，障碍到底在哪里？

地方倒有建树。2005年，广东省人民政府发布《广东省集体建设用地使用权流转管理办法》，是这方面第一个地方行政法规。此后，河北省（2008年）、成都市（2010年）、昆明市（2010年）、湖北省（2012年）和长沙市（2012年）等省市都发布过类似的行政法规。但是，这么多地方立法的经验也没有推得动全国性规定的出台。问题是，仅有地方政府的积极作为，没有“国务院另行规定的具体办法”，宪法和《土地管理法》给予的“集体土地使用权转让”，算不算满足了“依法转让”的必要条件呢？

允许集体土地使用权转让的全国性规定出不来，但限制、禁止的政策却一出来就在全国范围生效。例如，1999年《国务院办公厅关于加强土地转让管理严禁炒卖土地的通知》规定：农民的住宅不得向城市居民出售，也不得批准城市居民占用农民集体土地建住宅；2004年《国务院关于深化改革严格土地管理的决定》规定：禁止城镇居民在农村购买宅基地；2007年12月30日《国务院办公厅关于严格执行有关农村集体建设用地法律和政策的通知》更明确规定："农村住宅用地只能分配给本村村民，城镇居民不得到农村购买宅基地、农村住宅或者'小产权房'。"

这些政策表明政府正在应对新情况。问题是，这样是否合乎法制的程序性合理？本来1988年《宪法修正案》及其后修订的《土地管理法》，要求国务院另行规定土地使用权转让的具体办法，为"依法转让"提供可依之法。但几十年时间过去了，不但仅见城镇国有土地转让办法，不见全国性的农村集体土地使用权转让办法，更出台了限制农村土地使用权转让的全国性政策！作者之见，可以禁止农村土地任何形式的流转，但考虑到法制的程序性合理——更遑论"真正的法治"——总要先修正1988年的《宪法修正案》，再改上位法即《土地管理法》，把"集体土地使用权可以依法转让"全盘拿下，再发政策文告也不迟。在目前情况下，同地不同权，国有土地可转让，集体土地不可转让，本身是违宪的非法现象。

农地农房入市，会天下大乱吗

回头梳理，自20世纪80年代后期，我国的土地资源配置开始与市场机制沾边。是开放逼出来的改革，因为境外资本来大陆办厂，不能划拨一幅土地去应付。于是，过时法律被调整，1988年的宪法修正案定下了“土地的使用权可以依法转让”的新准则，同年修订的《土地管理法》也明确：“国有土地和集体所有的土地的使用权可以依法转让。”

但问题就发生在“依法转让”四个字上。原来，《宪法修正案》本身还不算“土地使用权转让”的合法依据！真要实现转让，还要“由国务院另行规定”的“具体办法”。两年后，城镇国有土地使用权的转让条例颁布，但集体土地使用权转让，却怎么也等不来一个办法。广东等省人大通过的关于集体建设用地流转的地方性法规，好像也构不成“依法流转”之法。

1998年《土地管理法》再度修订，干脆明令“农民集体所有的土地的使用权不得出让、转让或者出租用于非农业建设”（第63条）！仅留下一个“除外”，那就是“符合土地利用总体规划并依法取得建设用地的企业，因破产、兼并等情形致使土地使用权依法发生转移的”。此法条，难道符合1988年《宪法修正案》吗？由于我国没有违宪审查机制，这样问，本身似乎就不合时宜。

实际情况是，土地配置机制在城乡之间分了岔。城市的国有土地终于有了合法转让的地位，可以运用市场机制。农村集体土地呢？始终得不到相同待遇。“同地不同权”凝固成型。似乎比改革前还糟糕，那时城乡土地一律不得买卖、租赁和转让，僵硬归僵硬，但城乡权利总算还是平等的。改革动城不动乡，农村集体土地除了自用，不准合法交易。要参与工业化、城市化，只剩华山一条道，那就是被政府征用。至此，政府独家“一手征、一手卖”的土地制度正式登堂入室。

是令人回味的历史分岔。其长远影响与后果，相信后人不会放过。我们这里要关注的，是支撑这么个明显背离法治准则——法律面前人人平等——的制度分岔，究竟有什么“理由”。本书已经辨析过若干作者以为的谬论，本节再辨一题：允许农地农房入市，难道真的会天下大乱吗？

读者当然知道我持否定的观点。道理呢，容我分两个层面来述说。第一层面，城地城房入市多年，天下没有大乱，为什么农地农房入市，天就会塌下来呢？是的，我国土地的市场化配置在城乡之间分岔而行，等于做了一个对照实验。城市土地也是地，城市房屋也是房，过去也被禁绝于市场之外，不过等到城地城房双双入市，天下大乱了吗？

譬如说，我们就没有看到过，城镇居民有了连房带地的合法转让权，就因贪恋钱财卖房卖地，然后自己流落街头，成为无家可归分子。个别家庭遇到不期之灾，卖房之事是有的。不过即便出现那种情况，我们还是要称赞土地房屋可以公开转让的市场制度，因为它提供了一条变现途径，帮业主应了急。但乡下人有地有房，仅限占有自用权，就是闲置也不准变现，有急需也不能变现，更不能在市价好时增值一把，比较一下城乡居民家庭财产性收入的差别，把权衡利弊的权利交还给老百姓，不是更好吗？

城镇房地产流转，也没有妨碍城镇基础设施的投资和建设。恰恰相反，正因为市场化配置土地，才发现了土地资本化的现实途径，为城镇和工业投资找到了过去无从想象的筹资来源。农村难道就不要建设和投资吗？“建设新农村”就没有“钱从哪里来”的实际问题吗？农村土地的区位差，一般不像城镇土地那么值钱，但农村（包括小集镇）的土地一样存在级差收益，一样有某些资本化的潜力，且农村建设的投资额一般也比城镇小，为什么不在同地同权的框架内由市场发现相对价格，再由相对价格引导城乡配置投资资源？

再加一条，城镇家庭从房地转让所获的收益，可以帮助其家庭成员去异地、异城甚至异国他乡学习、创业，找寻新机会，农村居民的房屋土地转让，也一样可以帮助农民进城，租房子、付学费甚至购置物业，改变自己与下一代之命运。说农村房地不值钱，解决不了啥问题，但比闲置在那里强，总比一点都没有强吧？

很重要的一点，是房地物业唯有可流转才能支持抵押，从而获得金融服务。城镇居民的房产可抵押，帮了城里人多少忙，论者究竟知道不知道？农民有房有地的，就是被剥夺抵押的权能，闹得不少地方的正规金融只好从农村大面积撤出，这到底是帮了农民，还是苦了农民？

当然我也同意，城镇房地产市场至今还属初级阶段，尚未理顺的地方多多，一个房价调控让方方面面深受创伤，未免使人对土地房屋市场化心生戚戚。驾驭城镇房地产市场尚力有不逮，再来一个农村土地房屋市场，岂不更无招架的能力？不过看到病根，当下我国房地产市场种种痼疾，最脱不得干系的，恐怕还是过强的政府垄断和不当行政管制。沿着“上帝的归上帝、恺撒的归恺撒”的路径深化改革，房地产市场终究可以慢慢上道。退一万步说，把所有毛病都算上，即使一个“半拉子”的土地房屋市场，也比禁绝土地房屋流转的制度要强！城镇如此，乡下也一样。

小结一下，城镇土地房屋入市，不过20多年时间，已积累了可观察、可体验的经验。基本结论，土地房屋既不神秘，也不特殊，完全可以放在市场配置资源的框架之内。基础不牢靠，秩序不理想，调控不如意，继续沿着让市场化配置资源的路向走下去，总可以改善。没有谁会赞成城镇土地房屋“出市”，重回计划指令体制之巢穴。既然城镇向市场的分岔证明走对了路子，农村这个一直被摁在非市场分岔里的土地房屋，也就完全有理由急起直追，争取同地同权。

第二层面的道理，我以为更有力——在一些农地农房已经入市的地方，也没有天下大乱，更没有天塌地陷。对农地农房入市，像古时那位杞国人一样，忧天地崩坠，废寝废食，有必要吗？

其实，农地农房入市，在我国早就不是罕见现象。读者中总有光顾过农家乐的朋友吧？何谓“农家乐”？还不就是郊区老乡开在农房里的生意。20 世纪 80 年代到成都出差，看到墙上涂有“点杀”广告，不解其意，请教当地人，才明白就是农家养鸡养鸭养鹅养鱼，招呼城里人去消费，“点哪样、杀哪样”，吃喝之余围起一桌打麻将，是成都人的最爱。也有出租农房给其他人经营农家乐的，当然也不是“悬空寺”，连宅基地也一并租了去的。讲到底，那些都是入市的农地农房，也是非农业用途。真有什么问题吗？活跃城乡市场、繁荣内需，乡镇抽点税和管理费，皆大欢喜，凭什么大惊小怪？

再问：几亿外出打工的农民工，多半住在哪里？除了工棚，还不是城乡接合部当地老乡的家里。20 世纪 90 年代我访问过北京大红门外“浙江村”，十数万人的量级，那叫一个壮观！记得一户本地业主，农宅里每间小房都住满了打工的人，白天卷起铺盖裁缝衣服——出口俄罗斯的哩——晚上就在大桌面上挨排睡觉。无一不是租房关系，否则房东凭什么自己一家老小挤在那间小偏房里？这里的农地农房早已入市，没什么可稀罕的。

从市场关系看，从租赁到买卖不过一步之遥。日租、月租、年租都是租，但签个较长的租期，10 年、20 年、50 年，还不就是在向“买卖”的方向走？城地入市，最长的批租期也不过70年，房屋所有权虽永远归买房的人，但土地到期，就只剩把“上盖”拆走的权利。租赁、买卖、典当、出让、转让等等，用语不同，其实不过是交易合约的条款有别。共同的一点，都非业主自用，而是入市为他人所用，自己获取转用的收益。全中国看，农地农房已入市的，绝不在少数。高喊“打击非法”的，打不利落大家可以追责，好不好啊？

说回来，法律文本宣布不合法行为，要大面积、成批量、长时间看得到，那也要讲运气。

农房入市早就发生了

2014 年 4 月初，《南方周末》记者王小乔给我电邮，介绍浙江省乐清市在农房入市方面实施地方性改革实验，有望成为日后深化农房农地入市改革的试验区。听来事体重大，我请王小乔先发些公开报道来看看，有点背景知识再论其他。

报道说，2013 年 8 月底，温州市出台了《农村产权交易管理暂行办法》，规定包括农村土地承包经营权、林地使用权、农村房屋所有权、农村集体经营性建设用地使用权等 12 类农村产权，可在县域范围内公开交易。其中，最为民众所关注的，是农房入市交易。

其实，在温州市这个《办法》出台前，乐清市早在 2009 年就实行农房入市，可在市（县）域范围内实现“农对农”买卖，凡乐清本市农业户口的，购买本市农民合法拥有的农房，一律给过户。有意思了，温州“先行先试”里，还套着一个乐清“先行先试”，一个县级市的范围，持续了5个年头，不去看看，以后怕要后悔的吧。

可当时忙着调查大都市，日程上只挤得出清明节那两日。好在王小乔在当地做深度新闻调查，搭个便车，看一点算一点也好。4月4日早班机降落温州，在机场租了辆车，直奔乐清市农房交易最活跃的柳市镇。上次访柳市是6年前的事了，自驾让我觉得温州的高速交通大为改善，只是清明时节扫墓者众多，到了镇里再去村子多有拥堵。

先到柳市镇外的红星花园。这里的看点是“一园两制”：园内两幢一模一样的小高层居民楼，一幢是商品房，建于国有土地之上，任何人都可购买，也可换手、更名、过户；另外一幢则为农房，建于集体土地之上，买房人可以不是本村人，但必须有乐清农业户口，在县域范围内，“农对农”可交易、可办证、可更名过户。外观上，两幢房子完全看不出区别。管物业的说，是同一家房地产公司建起来的，当然一模一样。

看到中介的广告，是设在镇上的“柳市经济有限公司”。用导航仪找到，中午时分，我们一行就坐在人家的店堂里。老板叫郑巨敏，干本行十来年了。问：红星花园 “农对农”那幢，非要乐清农业户口才能买吗？答：是的。再问：我是外地户口，很想买上一套，有没有办法？答：找有当地农业户口的帮忙，不过户名只能是他，不能是你。“那找你帮忙行不行？”郑先生笑了，“你不怕我卖掉你的房子跑啊！”看来严守当地规定，没有空子可钻。没辙了，要求郑经理派人带去现场看房。

再到红星花园，上商品房楼和“农对农”楼各看了一两套。内里差不多，开间、建筑品质都一样的。问到价钱，“全流通”的商品房比限“农对农”交易的，每平方米要贵出千把块人民币。几年前在京郊看“太玉园”——一处知名的“小产权”楼盘——与位置相邻的“大产权”商品楼盘每平方米差价两三千元。看着、问着、想着，阿尔钦所云“产权有硬度之别”的提点就浮了出来，明摆着乐清的“农对农”比京郊的“小产权”，产权硬度要强不少。此硬度，在真实世界里还真可以看得见！“农对农”的政策根据，就是乐清市委（2009）4号文件。里面有一条：“对持有集体土地使用权证和房产证的农村房产，允许在全市金融机构抵押，允许在市域范围内农业户籍人口间转让。”查报道，从2009年3月1日起，乐清全市成交农房4397套，总面积779303平方米，其中县内跨村交易约占一半。

看来市场的房屋中介那里有效信息还不少。离开柳市转到虹桥镇，故伎重演，直找房屋中介，明言要买农房。虹桥镇也是个市场发达的地方，以电子元器件制造闻名长三角。外出投资的民企不少，外来打工经商的人口更多，双向对流活跃，对农房交易就有了需求。找到一家门面很小的房屋中介，把问过郑经理的问题再拿来问他：外地城镇户口的，能不能买到本地农房？

老板打量我一眼，见怪不怪地答道：怎么买不到？不过没有房产证，也不到政府办过户！我忙问以什么为凭。老板从抽屉里拿出一张文书，乍看好似一幅书法——原来是用毛笔直书之“卖契”。

开首云："立卖契人某某某，因另有发展，征得共有人同意，自愿将坐落在乐清市虹桥镇某某路某号混合结构三层一间，情愿折价卖给某某某为实业，日后任凭买方自行过户及管业享用。卖方应提供日后过户时一切有效证件及复印件，并协同买方办理过户手续。"

接着，"卖契"描述所售物业的组成，特别标明"地基一概在内"，且无其他权利纠葛。再下来，是双方议定的成交价格，加注"价款随契收讫无存"，"以后不找不赎，双方情愿，永不反悔。恐后口说无凭，特立此契，永为存照"。最后签字前，是小字抄录的卖方房产证的信息，包括产权证号、建筑面积以及四至。落款签字画押的，包括卖房人和共有人，以及"见中人"——坐我对面的房产中介老板是也。

手捧这份纸质甚软的契书，我不免问，"就凭这个"？中介答，就这个。管用吗？管用好几百年啦！买家付款拿得此契，下次卖出时再签下一份"卖契"，就过户到下一家。闹过纠纷吗？非常少；一旦闹，由卖家自行料理，与买家无涉。当地习俗如此。限制买家必须是本地农家吗？不限。中介取费多少？答：买卖两造各付成交房价的 1%。不少哇，提供啥服务？发现、撮合、帮助议定，也管"售后服务"——日后再转手过户时，可以再到此处过户。还要各收 1%？老板在商言商：少一点吧。好一个中国式习惯法！

比较意外的是，这位中介说凭"卖契"的交易量大，而"农对农"的交易量小。他的理由听来也合逻辑：本市有农业户口的，有多少要买本地人的农房啊？外来人待久了的，才要买。请教两者大致的比例，他的估计是，"卖契"成交的要比"农对农"多好几倍！

麻烦了，验证这个命题，两天时间是不够的，留着等王小乔的报道吧。

不过，次日访问当地一位农村信用社的行家，却多少验证了一个事实——早在2009年乐清市出台“农对农”房的政策之前，当地农村金融实践就已经接受农房作为贷款的抵押物了。原来温州本地民营企业崛起之后，就有了到外地投资、扩大产能与市场的发展冲动。民企要出外投资离不开金融助力，可是农村人凭信用获得的贷款当时规定不过5万元而已。额度太少，一些企业主就拿出自己的农房，押给信用社借贷款。都是本地企业家，知根知底的，还有房产押过来，基层信用社就吃开了这道螃蟹。

那是什么时候？少说1998年就发生了。当时也没有禁止性法规，只限集体土地不可转让，但我们接受抵押的是农房，那总是农民的私人财产吧？实践效果也好——农房抵押贷款，连拍卖房子的事都罕见，更不要说坏账率了。地方的法院提出了一些解释，给予直接间接的支持。到2008年前后，乐清农信社范围就有这样的信贷40亿，全县大约有80亿。

但就在那一年，住建部颁布了《房屋登记办法》，其中规定：“申请农村村民住房所有权转移登记，受让人不属于房屋所在地农村集体经济组织成员的，除法律、法规另有规定外，房屋登记机构应当不予办理。”传到乐清，对农信社差不多就是一场“小地震”。想想啊，抵押农房可以售卖才能保护债权人利益。现在农房不准办过户给非本村人，那已发出去的40亿或80亿信贷，不就分分秒秒处在高风险之中吗？兹事体大，乐清紧急应变，亏得有敢担当的官员，以“政府纪要”形式，坚持乐清农房可以继续过户，才算对付了过去。

行家讲这一段的时候，有一个细节重要。农信社接受农房抵押时，也是选择过了的，一般接受盖在集镇好地段的农房，市场价值在三四百万人民币，年租金也有十几万的。这给我一个启示，当信用社接受农房作为抵押物时，农房入市已是既成事实，有成交行为，也发现了市价，更重要的是一旦有需要，该农房可以在市场上转手，以此保证信贷的安全。这样看，农房入市早在2009年之前——至少10年前的1998年——在乐清就已经成为现实。

这样看，温州先行里的乐清先行，还套着更深一层的“先行先试”，那就是乐清民间和底层先行，然后才有2009年乐清市委“农对农”的政策设计。比较一下，以“卖契”代表的民间先行，可没有以农划界，规定只有本县农民才有权利购买本县农房的。这是说，政策设计的先行先试，越行越窄了。

收权容易还权难

经济现象如有机会深入进去，可以看见本来很抽象的权利，正经历着又一次历史性变化。以农地农房为例，撇开主张之争，权利演化的轨迹清晰可见：农地农房从原本农民“有权入市”的状态，转向“不得入市”，再经由当下某些地方的“先行先试”，正转向可以“再次入市”。不过，重新确立权利之路并不平坦，总是起起伏伏，弯弯曲曲。

我是从乐清故事里体会到，在对待农民基本财产权利的问题上，至今还存在着收权与还权的不对称。证据很明了：过去收回农地农房入市权的时候，既未先行，也未先试，更谈不上审慎，说不行就不行，禁令写到纸上，全国立马生效！但是轮到农地农房重新入市之际，那可就相当隆重了，不但几经设计与审批的行试路放得很窄，且“试而不决”、“试而不行”，总丢不下那无穷的担心和忧虑。

记下了：乐清自发的农房入市，至少从1998年就开始了。那里发生的农房入市，形式包括农房买卖、租赁和抵押，交易范围打通城乡，也不限乐清本地户籍人口。特别是农房买卖，全凭卖房契成交、过户，由民间中介办理，无涉官府。持续十来年时间，覆盖一个50多万人口的县级市，怎么看，这也是一场够规模的经济体制实验。

本来求规律，就是求对因果关系的认知。自然科学搞得精密，主要法门是可控实验——对看不清楚的因果关系设计一个封闭实验，锁定其他条件不变，端看猜想的某因引发某果，若可重复进行，也重复出现，人们就拥有准确推测之本领。人类能有今天的生活水平，科学贡献功莫大焉。可惜，社会科学难有“可控实验”这回事。人类生活绵延不绝，所谓“设定某些条件不变，专看某因与某果之关联”，就经济现象来看没有严格意义上可控实验，主要靠人的抽象能力。经济学试图照搬自然科学的“精密”，搬来搬去，连搬者自己也不知道搬来的是什么。换个角度，把真实世界本身看作一个实验室，运用观察力和抽象力，或可得出一些虽不精密却也大体可靠、八九不离十的知识。

这样看，乐清持续了十来年的农房买卖，本身就是一个可遇而不可求的实验室。各家各派，大可各带自家之假说——无非是认定的、假设的因果联系——到此地来查验一番。以为农房买卖必定天下大乱的，可以来查找一下，预言里那些乱象究竟有没有个影子？

认定农房入市利国利民的，也可以到此地验证一番，是不是真的利民也利国。中性一点的，以农房入市为投入，顺藤摸瓜观察产出，分别查看对产业发展、外来人口、本地农民、市场供求、市价、财产性收益、政府影响，有利说利，有弊说弊，再议趋利避害之道，不也很好吗？

可惜没有。原因也简单，我们这个地方，即便老百姓日常生活的民事诸事，也常常是“做得说不得”。为什么明明存在，且存在了很多年，却行得说不得呢？答曰：存在之行为可能有悖法律、有违政策，甚至仅仅不符合某精神、某种从来也没人清清楚楚问出个所以然来的禁忌。既然说不得，偌大一个中国，不少地方上蛮有意义的存在，仿佛就根本没有那回事，多少颇有价值的“社会实验室”，存而不用，学者只好转头去做看似精密的文章。

由于缺乏对因果联系的扎实探讨，不少指示、政策和法规实在根本就没有多少道理可讲。还是乐清故事告诉我们的，突然哪天就刮下来一股风，说农房买卖但凡出了本村人的小圈圈，一概不予承认、不办登记。事实上在人家那里，出村、出县、出省的农房转让，早就发生了多少年。“习惯法”在前，在社会实验室里试了多少年，究竟有何不良后果，查验查验啊！根本没有求证，非动用行政权力横加禁止和限制，究竟道理何在？对不起，从来没见过哪怕符合最低规格的“论证”。说禁便禁了，正如过去常见的官家告示——“接上级通知，自即日起如何如何”——把老百姓并不损害他人与公众利益也行之有日的财产权利，一下子就转为“法定义务”：服从禁令，接受查禁，或拿许可、拿证明、拿审批批件来！

问题是那些贸然下达的禁令，本身并不是社会实验室里的合格出品。不是说，“一切经过试点和试验”吗？那些禁止农地转让之禁令，在哪里试验过？那些限制农房向外村人转让的禁令，又在哪里试验过？不允许农地农房抵押，试验了吗？到底有哪些可靠的、经过实际检验后才得出的证据，能说明不禁绝农地农房入市，一定天下大乱呢？没有，真的没有啊。

本书梳理过，论农民房屋，从来就是农民私产，没有入过初级社、高级社和人民公社，因此也从来就不是集体财产。20 世纪 60 年代初中共中央颁布的《人民公社 60 条》曾字斟句酌地写道：“社员有买卖或者租赁房屋的权利。社员出租或者出卖房屋，可以经过中间人评议公平合理的租金或者房价，由买卖或者租赁的双方订立契约。”那里面，可没有说农房买卖仅限本村人，更没有出村入市就非法、就不予承认、就不提供登记服务的含义。

当然，若后来发生了新情况，需要对农房租赁买卖加以限制，也是可以的。但总要师出有名，总要有理有据，总要试点一番，并对新政策、新限制可能带来的多方面影响有所理解、有所顾忌吧？事关数亿农民基本财产权利的法定限制，公共政策辩论辩他个七七四十九天，到人大三读四读才成法，不算为过吧？可是事实上，快得很，一位部长签字的行政性规定，就可以把普天下农民本来有权从事的农房买卖一家伙打入“法外”。如此不合法治之“法”，真有助于建立经济社会的良序吗？

符合“习惯法”的，不试也罢。为什么？行之有年，受到过实际生活的检验，本来已经被证明行得通。反过来的，就要当心了。

仍以上文提及的《人民公社 60 条》为例，在承认农房是农民私产、买卖租赁皆不设限的同时，却突然宣布，“生产队所有的土地，包括社员的自留地、自留山、宅基地等等，一律不准买卖和出租”。这一条，超越了常识与经验，因为房地天然合一，允许房屋买卖租赁，却不准宅基地买卖出租，在物理上就行不通。对这样反“习惯法”的规定，本该试验试验，观察有无行得通之可能。但我看过的文档却没有试点的记录，定了即禁，也开了日后“集体土地不准入市”之先河。好在生活很顽强，1961 年以后我国农村新的“习惯法”，是民间买卖农房，对宅基地一律视而不见，仿佛家家都是悬空寺，农房转手了，宅基地在事实上也跟着转了，至于政策法律认还是不认，听便好了。乐清以一纸卖房契导引农房买卖，其实来自这个“新传统”。

类似的，还有 1998 年的《土地管理法》关于禁止集体土地转让的规定。本来 1988 年《宪法修正案》已明确，“土地的使用权可以依法转让”。再烦读者一回，该修正案并没有说唯有国有土地的使用权才可依法转让，但一部下位法就是与宪法唱了对台戏。对此究竟有什么经验可以支持，在哪里试过点，一概往事如烟。

等到城市化推进，日益暴露出禁限农地农房入市的弊端，“法外”交易活动日益频繁，各地要“拱开”农地农房入市禁令的冲动此起彼伏，“先行先试”才羞羞答答地登上若干“改革试验区”的台面。笔者也算在这个题目上做了几年观察，越看越不以为然：当年收权一不试、二不点，到了还权时刻，“先行先试”就成为一道屏障。不少地方已经试了好几年了，行不行倒是给句话呀。要是

“先行先试”没完没了，深化改革之大计，怕要再次落空。

蓦然回首，发现所有禁限农房农地入市之规定，其实一条也没有试过。换个方式推改革，以 1961 年“农房可买卖租赁”，以及 1988 年《宪法修正案》“土地的使用权可以依法转让”为支点，全面实行农房农地入市。反对的、担心的、怀疑的、否定的推理、政策、规章和法律，一律“先行先试”，试得出名堂再说其他，可以不可以呢？

改革要改也要革

要继续推进改革，复习一下早期经验也许有帮助。1977 年小岗村开始包干到户的时候，也是一个“不合法”状态。农民所以要签“秘密协定”，承诺绝不对外人讲，就是他们认定可以打粮食、避饥荒的办法在我们的“上层建筑”里不合法。当时还没有“法制”这一说，但“红头文件”明确说不准的事情，底下的老乡非要干就很麻烦。

是的，中共十一届三中全会讨论过一个有关农业问题的决定，明文写有“不许包产到户，不许分田单干”。据亲历者回忆，讨论中有不同意见，所以正式下达的是“试行”的“草案”。一年后的中共十一届四中全会通过该文件时，还留有“也不要包产到户”的字样。那已经是 1979 年，小岗村实行包干到户两年有余，情形如老乡所说，娃娃生下了，却不让上户口！

“上层建筑”继续转弯。先是1979年的七省三县农村工作座谈会开一个小口子：“深山、偏僻地区的孤门独户，实行包产到户，也应当许可”；然后是1980年的一个纪要：“可以”、“可以”、“也可以”；再后来是1982年第一个“一号文件”：“现在实行的各种责任制，都是社会主义集体经济的生产责任制”；最后是1983年第二个“一号文件”一锤定音：家庭联产承包责任制“是在党的领导下我国农民的伟大创造”。至此，来自农村底层的制度创新实现了合法化。

最重要的，是改革要改也要革。“改”是变化，集体还在，但不再非吃大锅饭不可，可以搞家庭承包经营。“革”是去除，首当其冲的，就是去除“不许包产到户”。只改不革，包产到户难有合法地位，顶多像60年代出现过的一样，一旦对付了饥荒，还是拉回老路，再充当一回权宜之计。

为什么不革除，就改不动呢？因为“不许包产到户”是一种毫无例外的全盘否定，此禁不除，改革根本无从谈起。在人民公社的框架里搞点管理改善，不是没试过，多少年了来回尝试，因为不灵，农民才要求包产到户的。这是说，不革除“不许包产到户”，改革休想有戏。

革除已有禁令，并不意味着下达另一道死命令——“一律包产到户”。事实上，不愿意包产到户的农村集体，改革以来的安徽有、四川有，发达地区的农村更所在多有。改革后的农村体制，并没有取消农民的“消极自由”——不想改的、不愿意改的，从来都是

“可以”、“可以”、“也可以”。本来“农民的财产权利”，就是在自愿基础上达成各种契约，其中也包括达成不分户承包经营的权利，只要不是“被契约”就好。

这条欲改必先革的经验，在后来也一以贯之。试想，不革除“长途贩运即投机倒把”，农村商品经济怎么发展得起来？不革除“雇工 8 人即搞资本主义”，数亿农村剩余劳动力到哪里创业和就业？不革除“城乡隔绝的制度壁垒”，城镇化又从何起步？逻辑很一致，当过去的体制以全盘禁绝的形式来束缚生产力时，要改革，就非革除这些禁令，才有可能改变体制现状。

但是，不知从什么时候开始，改革似乎就陷入“只改不革”之境地。城镇化加速条件下的土地制度改革，当称得上是一个典型。问题早就提上了日程，改革方略也早就越过民间议论、建议的阶段，在中央改革决定中占有一席之地。远的不说，2008 年秋季中共十七届三中全会通过的《决定》，就明确“改革征地制度”，“收缩征地规模”，“逐步建立城乡统一的建设用地市场，对依法取得的农村集体经营性建设用地，必须通过统一有形的土地市场、以公开规范的方式转让土地使用权，在符合规划的前提下与国有土地享有平等权益”，并要求“抓紧完善相关法律法规和配套政策，规范推进农村土地管理制度改革”。记得那个《决定》尚未发表，国内外舆论欢呼一片，以为又一波大改在即。可是，6 年过去了，征地规模不减反增，“城乡统一土地市场”迄今不见踪影。期待中的“农地改革”，但闻楼梯响，不见人下来。到底是怎么了？

成因不少。新问题是，虽然“主义之争”现在一般淡化了，但某些写入法律法规的法条，却构成改革的实质障碍。没错，法制是时代潮流、人心所向，中国再也不能重蹈“无法无天”的覆辙。问题是，什么是“法制”，什么又是“法治”，还来不及形成一个好传统。流行的口号，法制似乎就是“有法必依、违法必究”，至于“法”本身要讲哪些规格，常常就顾不到了。包括中共十八届三中全会《决定》点到要防止的那个要害——“地方保护和部门利益法制化”——一般也被当作“法制”要求执行。似乎谁碰了这些法条，谁就是“破坏法制”！

在此约束之下，不革除某些法条，改革是推不动的。至于哪些法条有必要先行拿下，见仁见智，分歧意见总会不少。我的看法是，那些妨碍改革最甚，又有悖于《宪法》之规定，就要率先经修法程序予以革除——拿下、修订、重新解释或宣布暂停执行。此步不行，“先行先试”怕难逃官样文章的命运，喊口号可以，真的行将起来，动则犯法。

譬如前文举过的《土地管理法》第63条，明令“农民集体所有的土地的使用权不得出让、转让或者出租用于非农业建设”。这样的规定，不痛加革除，不会有改革。理由很充分，开门见山第一点，此法条有违宪法准则——“土地的使用权可以依照法律的规定转让”。那是1988年的《宪法修正案》定下的准则，从来没有特指唯国有土地才可转让，至今还是我国《宪法》的组成部分。1988年底全国人大常委会通过《土地管理法》的修订，也明确“国有土地和集体所有的土地的使用权可以依法转让”。那时附加了一句，是“土地使用权转让的具体办法，由国务院另行规定”。不料拖了10

年，实施集体土地转让的办法没有规定出来，限制性禁令却赫然进入《土地管理法》。

须知农民集体所有的土地包括很多品类，有的本身早已用于非农建设。现在规定“不得出让、转让或者出租用于非农业建设”，岂不等于宣布绝了这些土地转让的合法通道，除非有人愿意把这些土地改过来用于农业建设?!如是,《宪法》规定的“土地的使用权可以依照法律的规定转让”，还不是兜了几年圈子，最后还是被活活架空？试问城镇国有土地使用权的转让，有过类似“不得用于非农业建设”的限制吗？没有。那“法律面前一律平等”的法治准则，岂不是一起也被违背？

至于禁止农房入市的法条，若以程序合理性来衡量，也乏善可陈。承认农房是农民私人财产，可以买卖、租赁、继承的，是中国共产党中央委员会当年通过的《人民公社60条》。后来要废、要改、要限，也让党中央出个文件吧？没有。国务院办公厅1999年发了个文，就宣布“农民住宅不得向城市居民出售”；2007年国务院办公厅又发文，规定“农村住宅用地只能分配给本村村民，城镇居民不得到农村购买宅基地、农村住宅或者‘小产权房’”。谁能说得明白，国务院办公厅的文件算不算“法规”，为什么一纸行政文书，就能把农房入市的权利陡然收窄了这许多？要是不准农房出售给出价较高的买者，农民的财产性收入不就眼睁睁减少了吗？倘若为了“保护农民”，规定农民种的粮食、蔬菜、瓜果等等，一概不得出售给城里人，农民真会领情吗？

最莫名其妙的，是在乐清看到的城乡住建部的《房屋登记办法》，其中说如果农房转让的“受让人不属于房屋所在地农村集体经济组织成员的……房屋登记机构应当不予办理”。签发了这道所谓“法令”的部长先生，也许从来不知道有过《人民公社60条》，更不知道民间一直存在连公社化都未能加以摧毁的“习惯法”。不革除如此“不予办理”等做法，那么“改革农村宅基地制度”、“探索增加农民财产性收入渠道”云云，恐怕就要统统落空了。

房转地转，帮衬人转

化繁为简，为建立城乡统一土地市场，待革除的法律障碍只有一条，那就是1998年写入《土地管理法》的“农民集体所有的土地的使用权不得出让、转让或者出租用于非农业建设”。改写也可，把“不得”改为“可以”，全盘皆活。理由讲过了：有违《宪法》准则（“土地的使用权可以依照法律的规定转让”），有违法治精神（“法律面前一律平等”），又没有可靠经验的支持。迄今为止无论哪个地方的先行先试，都没显示“集体土地依法转让”会导致天下大乱。

也讲清楚了，“农地农房可以入市”，不等于“非入市不可”。既然法定为农民的财产权利，转不转、让不让、以什么形式转让，都要在权利人自愿的前提下由交易各方在市场上决定。不少朋友担心，农民进城失败，回家无房无地怎么办？我的回应，农民自己不担心吗？凡担心的，没把握的，有权不转就是。但是反过来，有把握在城镇站住脚的农民，也一律禁止他们的房地入市，则是剥夺了他们的正当权利。

写下诸多辩驳之论，与反对意见的差别，其实就这么一点点。我不赞成普遍禁绝农房农地入市，要求网开一面，凡权利人愿意转，也有条件转的，法律与政策就不应设障碍。这也是“转让权”的本意——在资源自用与他用之间选择的权利——由当事人做权衡，他们可坚持资源自用，也可转让以获得收益。以权利来保障的自由，“消极自由”与“积极自由”缺一不可。

本书在这一点上寸步不让，是因为实在没有可让的余地。中国这一波城镇化，起于农民在包产到户改革中获得的自由，他们终于有权“人向高处走”，终于可以尝试转业到工商业获取较高的收入，也终于可以移居到机会较多的城镇。个人之见，这波城镇化实在来得太晚，而根本不是太早了。以中国的自然禀赋，工业化、城镇化早该在经济中唱主角。20世纪80年代我辈耳熟能详的“10亿人口8亿农民”，压根儿不是一种“自然”现象。除开其他成因，体制与机制选择上的偏差要负很大责任。

事实上，惯性是如此巨大，以至于改革以来急速的农民大搬迁，对矫正历史偏差依然显得力有不逮。跟踪观察这些年城乡关系的变化，一个基本发现是，在农村人口占总人口之比降低的同时，农业产出占总产出之比也在大幅度降低。加到一起算，城乡居民的收入差别依然居高不下。

2013年我国农村户籍人口占总人口之比依然高达65%，可是当年农业占国内生产总值的份额不过只有10.1%。要是65%的人口只有10%的产出，那农民还是穷得叮当响。幸亏今天很多农村的户籍人口已经常住城镇，以工商为业。这部分转出来的农村人口约占总人口的17%，绝对数当在2亿以上。减去这部分，今天常住农村人口还有6.24亿，占全国总人口的48%。要是这48%的人只分享10%的总产出，城乡失衡也非常严重。所幸很多人虽常住农村，但从事的也是非农业活动，包括不少通勤人口住在农村，但每天到城镇工作。这部分没有精确的统计，或可估计为占总人口的15%~20%。这样，最后还是约30%的总人口分享着10%的总产出。整体看，我国城乡居民的人均收入依然有3倍之差。

靠什么继续缩小城乡居民之间依然悬殊的收入差别？一条路径是“财政转移支付”，就是把从工商业、城镇抽来的税转用于补贴“三农”。这些年如免除农业税，实行农产品的价格补贴，以及对农村民生给予各种关照，就是具体表现。在政治上，这些都是德政，毕竟多年国家工业化把农民挖得够苦的。现在有条件以工补农、以城补乡，行善一点是一点，总是好的。

但国家财力终究有限。城镇经济的生产率再高，以35%的城镇户籍人口来补贴65%的农村户籍人口，怎么看都困难。这些年全国财政补农的总量听起来数目不小，但摊到每家每户农民头上，常常还是聊胜于无。更要紧的是，财政转移会诱发行为歪曲，寻租现象防不胜防。最后，城镇工商诸业税负偏高，吸纳农民创业、就业的空间又不免要受影响。这是说，靠财政能力收窄城乡居民的收入差，心有余、力不足。

比较现实而又可靠的，是让农民对市场机会做出反应。现在尚存的城乡收入差别，说它不公正、说是历史欠账、说本来不该在我们这个历来把“缩小城乡差别”为己任的社会主义国家里发生，我都同意。但是说一千道一万,三倍以上的城乡居民收入差，本身也是现实的市场机会。经验表明，农民一旦跻身城镇工商诸业，无论多么备受歧视、含辛茹苦，一般总比靠家里那一小块土地强。正是这个经验事实，动员了一批又一批农民投入城镇化潮流。我们的舆论、政策、法律和制度，少设置障碍就算是帮了大忙。更慷慨一点，予以支持、肯定和赞许，那是锦上添花、功德无量。

允许农房农地入市，正是城镇化链条上的一个环节。说大没那么大，说小也绝不那么小。在逻辑上，农民单凭一身力气——外加学习得到的人力资本之增加——当然也可以进城，也有望在城镇站住脚。但如果在其他方面多少得点帮衬，农民进城之路走得略为顺畅一点，不是更好吗?

农房农地可入市，别无伟大意义，无非就是给进城农民多一点帮衬。我是 1993 年第一次访问北京大红门外“浙江村”时感悟到这一点的。当时十数万温州及多地的农民迁徙到此，做出口俄罗斯的服装生意。无一例外，他们居住、工作的场所，都是京郊农民的农地农房。事后才知道，“农民集体土地不得买卖、出租、转让用于非农建设”的法条，当时就已经写在了上层建筑的墙上，幸亏底层社会——那可是天子脚下，距天安门直线距离不过 4 公里——不听那一套。那分明已经改成工业作坊的农房，当然不是外来农民自己从老家背到首都来的。本地农民把多余空间让给外来农民，也不是无偿的义举，而是收了房租地租，属于市场转让行为。至于生产出口服装，明显不是农业，而是非农产业。只是，北京农民把农房连同其下的农地一起租给外来农民搞非农生产，算不算违背1998年《土地管理法》“不得”之禁令，我当时的访问手记里无人提及。上天保佑，说说就算了的法条还真没有妨碍生产力。很明白，离开农房农地转让的帮衬，大红门外的故事只好另写了。

撇开短租、长租及买卖的形式差别，农房农地入市早就在我国城镇化的现实世界里比比皆是。迄今为止，几亿常住城镇的农民，绝大多数并没住进城镇国有土地上的商品房（俗称“大产权”）。住不起商品房的农民打工仔背不来老家的房子，只好退而求其次，在城镇入市的农房农地里先找一块落脚之地，挣到了收入再谋其他。现在有人主张禁止城市范围内农地农房的转让，知不知道有多少进城农民将因此流离失所？扬言农房农地入市将天下大乱的英雄豪杰，找个地方认真试验一把，看看究竟哪种政策选项真会搞得天下大乱，好不好呢？

2007年以后，在成都、重庆、天津、长沙、嘉善、温州、深圳等地的调查访问让我在知识上大开眼界。原来农房农地入市，不但让地处大都市圈内的农民有机会先富起来，帮外来农民工得到一块落脚之地，而且可以直接帮衬向外迁移的农民，让他们在自带劳力进城之余，也在老家入市农地农房的财产性收入中多少分得一杯羹。房转地转，帮衬农民向城镇转。这等好事，挡是挡不住的，还是顺势而为，把城乡之间的市场大门打开吧。

第十部分

形势比人强

打开城乡间的市场之门

城乡之间一旦筑起制度壁垒，要打开就不容易。千难万难，中国改革重头戏之一，是打开城乡间的市场之门。基本经验是：底层因势而“拱”，上层顺势而开。结合起来，开城乡之门的活剧精彩绝伦，值得回味，好给当下尚在继续推进的城乡变革平添一份力量。

要说开启的第一道大门，是农副产品的市场之门。回想国家工业化时期，农副产品源源不断供应城市，走的不是市场路线，而是靠“统购统销”——政府横在城乡之间，在农村以指令统购农业产品，又在城镇按计划统销口粮副食。几亿人口的大国，单这么一件工作，就沉重得把国家的经济机器压得喘不过气来。

出发点是推进国家工业化。近代以降的经验，轻工业可民办，投资少、见效快，一面生产，一面积累。重工业比较难，一次性投资大，回收周期长，本钱不厚干不了。军工更难，需要重工业再加市场上也得不到的关键技术。中国当时抉择，国际上“一边倒”，资本、技术皆靠苏联。无奈“老大哥”给予的支持有限，总数不过几亿美元之谱，还都是债务，将来要还的。中国工业化的资本积累，主要还是靠自己。整体看，苏联对中国工业化之最大支援，是体制方面“苏联模式”之输出。

工农、城乡关系方面，斯大林的一项发明是“剪刀差”。简单讲，就是国家压价收购农产品，又加价把工业品卖给农民。这一压一加，“剪”出一笔差价，为农业国工业化积累资本。毛主席曾批评苏联把农民挖得很苦，但实际上中国“统购统销”基本上还是苏联模式。搞“剪刀差”的关键，是把农副产品在城乡之间的市场之门关上，国家把住流通关口，统一以计划价格收购农副产品，又统一在城市分配农副产品，同时还管分配工业品下乡。

这里可看到“计划经济”的要害特征，并不是算算账、凭预测做经济计划。“计划经济”是一套权利设置，比如统购统销制下，农民无权自由卖农产品，工厂无权自由卖工业品，城镇居民也无权自由买农副产品。这些自由行事之权，一概收归国家，由政府决定购量、购价、销量、销价。定下了权利制度，也就定下了经济的运行机制。从苏联到“统购统销”时期的中国，农业一直短腿，农民一直穷，病灶就是以指令代市场。结果可想而知，资源集中于城市与工业，但占人口绝大多数农民太穷，工业品卖给谁去?

教训是价格机制不可欺。要低价拿农副产品，农民生产意愿就不可能高。“组织起来”压农民的价，计划指令的信息成本又不可能低。城乡之间靠指令计划把门，地不能尽其力，人不能尽其才，货不能畅其流。1977 年邓小平讲当时的中国经济，有一句“8 亿人搞饭吃，结果饭还不够吃”——那绝不是一种自然现象。

把这道大门拱开的，首先是底层那些“不认命分子”。城乡都有的，在那个年代还要被戴上一顶顶帽子，无非“小自由”、“倒买倒卖”、“投机倒把”、“自发资本主义势力”之类。其实就是在计划统购之外，多产些农副产品，在时不时冒出来的“黑市”里卖给城镇居民。供需双方愿打愿挨，又无害他人与社会，非“割尾巴”才算罢休，那年头是没地方讲理去的。

到了上层也觉得需要变法图治之时，那就进入改革时代了。“搞活”是非常中国式的话语，别无他意，就是要拱开那关得死死的城乡大门。但也不好让城门突然洞开，因为计划维系的国民经济运行，特别是低价农产品与国有工业低工资相配套，后者未除、放开前者，行不通的。1988 年邓公决心“价格闯关”，终究没有闯得过去，除开货币因素之外，解不开计划农产与计划工资的死扣，当是一个原因。

管用法门是一点一点地拱。先从计划外农副产品开始，芝麻花生之类，价贵少吃，无伤大雅，而一旦价贵刺激了生产，供给增加，就是胜利。计划内的，选价格弹性大的品种先试，比如蔬菜里的“细菜”，放开价高，少吃一把也过得去，对多数家庭影响不大，不妨率先市场化。“大路菜”晚一点放，等先放的细菜供应量上来，再一款一款放。粮食当然留待最后，“民以食为天”，不是闹着玩儿的。也不是一把将粮食供求全放给市场，计划征粮之量，年年收缩一点总可行吧？同时，经由市场的粮食购销逐步增加。一波三折，此消彼长，农副产品的市场之门最后终于还是打开了。

一步一步拱门，重在逐步奠定人们认识市场法则的经验基础。是的，体制变革要触犯既得利益，会引起摩擦和抗拒。但是，人们把什么视为利益，或把什么视为损害，又受到观念的影响。问题是，更新观念需要经验基础。当年讲“小农的自发资本主义”最后会如何如何，很唬人的，但预言的效果从来没有被检验过。让人家买卖花生、芝麻、细菜、大路菜、粮食，一步一步走下来，实在看不出什么危险，才越走越胆大，新观念才有机会说服更多的人，利害得失才有新的衡量办法。当然，过去搞“统购统销”的那些官办机构，只此一家、别无分店，走市场之路要重新找饭吃，说不难受是假的。好在市场在夺走行政垄断饭碗的同时，也开辟出更多新机会。假以时日，“市场经济”连同其观念，终成气候。

城乡之间打开的第二道大门，是农民进城务工经商之门。回头看才知道不得了，几亿农民常住城镇，从那里挣得对农民家庭来说最大一块现金收入。过去可没这种事，城门关得紧紧的，差不多就是“农人恒为农”那么一种状态。

要问此门是如何打开的？也是一步步拱开的。计划时代就有农民外出，还得了个不雅的称号，被叫作“盲流”（盲目流动人口）。天灾人祸，逃荒总要出来些个人。耕地太少，温饱不足，也会逼一些农民到城镇觅食。更有极少数“不安心分子”，居然在城镇经济的缝隙里发现机会——如温州人到处弹棉花、补鞋。真正的拐点是包产到户改革，农田里再也不需要那么多人“磨洋工”，于是农村剩余劳力铺天盖地。老体制在本能上不接受，开始的妥协，只允许在当地办乡镇企业。口号很动人，叫“离土不离乡，就地富起来”。不过最活跃的生产力继续向外拱，发现还是“异地富起来”更为可取。1983 年中央“一号文件”开闸，允许农民自带口粮进城务工经商，加之后来中国加入世贸，与全球市场打通，浩浩荡荡的农民工大潮再也不可阻挡。

经济上就一个问题：要不要允许农民到收益较高的地方去劳作？各位读者，再“无产阶级”，农民身上也自带唯他本人才可支配的劳力资产！凡资产，第一位是权利问题，也就是资产之主能不能对资产的利用做主？农村劳力可在家乡务农，可在本地进乡镇企业，如果有更高的收入机会，为什么不可以到城镇打工？这个今天早不再是问题的问题，当年可是大问题！ 1996 年我自己“洋插队”归来的时候，发现叫人家“盲流”不大好意思了，但“有序流动”还是响当当口号，含义是非计划的自发流动还是属于“无序”。我在珠三角看过以下案例：内地省份主管部门派员“跟踪服务”，农民工说他们是“跟踪收费”——原来劳力输出地政府那时有权跟到当地来向雇用农民工的企业收取“服务费”。我倒以为那是很大的进步，收点小费就把城乡间打工之门打开啦。

本书不厌其烦讨论的，是城乡之间第三道大门即土地市场之门。看天下大势，农民收入无非三大来源：出售农副产品、打工、分享城镇化驱动的土地增值收益。当改革先后打开了城乡之间的前两扇大门后，千军万马向城乡间的土地之门集聚，顺理成章。

以城带乡“新土改”

土地流转是城乡间的第三道市场之门。比较而言，前两道门——农副产品与农村劳力市场——都是率先从农村突破，“天下围城”，然后才由乡入城，形成城市的农产与外来打工市场。唯土地市场之门是反向打开的，先出现城市土地交易，再由近而远向外辐射，慢慢合成一个城乡相通的土地市场。

“路线图”不同，有什么讲究吗？想来想去，意义重大。原来不知不觉之间，中国从10亿人口、8亿农民转入了快速工业化，又因为更多发挥市场机制的缘故，开启了快速城市化。新背景之下，城市土地与空间的相对市值急速上升，引发一连串事件，给经济发展与制度变迁双双装上了功力强大的新引擎。

其实，农副产品非要进城不可，早已显示出城镇的主导地位。

要不是城镇在经济上十分重要，为什么8亿农民生产的农副产品，非卖给2亿城镇居民才构成农民致富的第一桶金？同样道理，农民为农民打工，市场太小，收入不高，非千辛万苦进城打工，才在农户收入的账本上记下一个越来越有意义的数目。这是说，农村虽然人口众多，但从经济实力着眼，城镇早早就是经济发动机了。

问题是城乡隔绝体制，压制城市的引擎功用。过去很多年，不但不能以城带乡，反而以城抑乡，导致农民人口过多、温饱不足，供给农产的积极性很低，农民自己的收入也增加不了，无从支撑国家工业化的高歌猛进。早期改革，率先农村突围，沿着释放农副产品和农村劳力供给潜力的路线展开，放宽管制，打开城门，发展城乡间市场关系，国民经济终于活了起来。

一旦放开要素流动，集聚之势难以阻挡。这也是本书开篇后的第一个题目。为什么有城市？为什么城市化？盖因“密度”而起——城市由密度定义，集聚起来的经济密度刺激人口密度上升，而人口密度又因集合的需求而不断提升分工、效率与收入，交互作用之下，国民经济的空间分布呈聚合状态，多少年似乎不存在的“城市引擎”终于日显其形。城市不但驱动经济增长，更是精神、文化、科学、创新与时尚的发源地。

经济上最重要的变化，是城市土地——其实是空间位置——相对价格的急速上涨。这些年房价成为社会第一关注议题，很多人惊呼看不懂。其实砖瓦外加建筑安装都没有什么看不懂的，真正难懂的是地价。说货币、说炒作、说泡沫，或各有其理，但个人之见，决定性的因素还是既聚人气又聚财气的空间位置供不应求。

偌大一个中国，东南西北到处看，“招人”又“招事”、招了事更招人的地方，还真就没有那么多。物以稀为贵，这些地方（城市特别是大都市）的土地之价，挡也挡不住地要上涨。

1988年的《宪法修正案》，开启了城市土地市场化的合法通道。交代过的，当时并没有谁刻意只许城市土地市场化，因为《宪法》文本的表述是“土地的使用权可以依法流转”，并没有限定唯有城市国有土地才可流转。只不过《宪法》讲了要依法流转，而1990年颁布的是“城镇国有土地使用权流转”的规定，农村集体土地可不可以流转被束之高阁（再过10年入了“负面清单”），才形成城市土地率先合法进入市场的格局。

平心而论，真正卖得起价钱的，还就是城市土地。弄懂这一点，对理解城乡之间大开土地市场之门的实践极为重要。道理也不深奥，我们不妨从“资产”概念开始——凡可以源源不断带来未来收入之资源，皆为资产。土地可不断产出农副产品，也可“种楼”源源不断让人使用，当然也是资产。资产如何定价呢？费雪定下的准则是“未来收入的贴现”。如果一幅土地未来每年可收入100元，假定利率为10%，那这幅土地就值1000元——含义是这幅土地好比一笔存入银行的现金，既然每年可得利息百元，那这笔现金的资产价值就是千元。

当然，资产收入是未来时，靠预期决定，而人的预期又总会出点偏差。这也是资产定价麻烦的地方。不过经验又说，再麻烦——严重的就是金融危机——也远胜不让资产价格发挥资源配置功能的体制。今天讲“市场在资源配置中的决定性作用”，很重要的一点，就是让资产定价机制发挥作用。

土地可种植农产品，也可承载建筑，都为人类改善生活所不可或缺。问题是资源配置——留多少土地种农产，又用多少土地“种楼”？计划主义者——今天戴上了比较时髦的“规划”或“用途管制”新面具——声称他们才懂得最优配置，但经验证明，其实人们对此所知甚少。说市场配置要靠价格机制，讲到底就是靠相对价格变动来提醒、诱导行为主体“配置”资源。

简略划分，有种植农产的土地，在农村盖房的土地，以及在城市“种楼”的土地。哪一类土地的市价升得更快？答案是城市承载建筑之土地。为什么呢？农产需求受恩格尔定律的影响，增加总也有限。同时，技术进步和进口又容易提供替代。农村盖房的需求，早期非常旺，但农民可以外出打工之后，此种需求就平稳下来了。但是城市——尤其是非常吸引人去的好城市的“种楼”需求长兴不衰，又面临供给约束。加到一起，说城市土地比农地和农村土地的相对价格涨得更快，应该靠谱。背后的秘密，还是“集聚”与“密度”，讲到底还是客观变化见之于主观预期。

预期也离不开经验支持。自己的经验无可替代，别人的经验也帮得上忙。这方面，开放功不可没。如内地城市土地使用权可转让的制度——俗称“土地批租”——基本上就学自香港。为什么学香港？靠得近有地利之便，参观考察成本比较低廉。最重要的是可以“看到”效果，人家实施土地批租，开出一条为城市基础设施筹资之路，内地为什么不可以也走一走？

港人见识过城市地价随经济而“起飞”，预期自然不同凡响。

数年前成都土地拍卖，有一个“地王”的案例。但见内地房企代表举牌举到胳膊发抖，要同事帮忙摁住才能继续出价！可九龙仓的代表脸不变色、手不抖，你举他就举，志在必得的架势直到胜出为止。那场竞拍的地价，记得是每亩8800万元人民币。为什么香港来者有大将之风？资本雄厚是一面，更重要的是人家在香港历练过，大巫见小巫而已。

别家经验加上自己的，一起支持预期，算回来定现值，就是城市土地的现价。因为相信未来收益将会大升，所以愿意出现金向土地出让方购买未来收益机会。这笔投资拿过来，修街道、建设施、挖地铁，就有钱了。把资本砸到城市的土地里，承载经济集聚与人口集聚的能力大增，“密度”产生更高收入的预想成真，城市发动机轰隆作响，“城市化驱动的经济增长”隆重登场。

原来，城市地价与土壤肥力无涉，仅与位置相关。简单而静态地看，城市密度最高处，未来收益的预期最高，大家抢着要来，竞争也会把地价推到最高。随密度降低，地价也降低。如此城市地价的分布，决定了土地的市场化之路，不是“农村包围城市”，而是从城市中心向外辐射、向外扩散。如果说农副产品和农村劳力都是先在农村自由踏入市场，然后拱开城门，直到出现城市市场，那么土地的市场化，一般却是从大都市开始，由里向外扩展。

由此，我们也看到改革推进动力的变化。始于20世纪80年代的农村改革，得风气之先，一时竟有带城市改一把的豪情。但到了大批农民工进城，农改就再也没什么大戏，实际上久无实质进展。非到城市重新崛起，由大都会、中心城市以及一切相对地价较高的地方，从里向外，一点点开启土地市场之门。此中隐含的道理，值当我等细细领会吧。

缘起上海的“三个集中”

回头看，以城带乡是农村改革新阶段。不过，新变局悄然而至，人们不免一下子理不出头绪。我自己观察过的经验，先在成都，然后重庆，其间对照天津和长沙，又去了浙江的长兴、嘉兴和乐清，最后调查深圳，访问上海郊区。转了一圈下来，才发现此轮“土地改革”无一例外竟都是围绕城市——特别是大城市展开的。倒回去梳理，分明是土地相对市价惹的“祸”。在下实在愚钝，要来来回回看 7 年，才对此略有领悟。

成都故事，本书已经讲过不少。不久前访上海嘉定外冈镇，当地介绍是当年“上海市 11 个宅基地置换试点单位之一”，让我一下子觉得觅到了宝。原来在成都方面屡屡提起的“三个集中”，缘起上海。地处上海西北门户的外冈镇，是首批试“吃螃蟹”之地。

问清楚了，试点立项是2005年，但政策思路的形成还要略早几年。背景是浦东开发提上日程，大上海再发力，外资内资看好此地者无数，一个个项目要落地，建设用地成为上海发展的瓶颈。话说当时郊区占上海总面积的90%，以土地形态论，无非就是农田、乡镇企业占地和农家宅基地。农田不让动，农村建设用地或许可谋？结果逼出一套地方战略：农民向城镇集中，产业向园区集中，农业向规模化集中——简称“三个集中”。

外冈镇总面积50多平方公里，本地户籍9000户人家。作为首批试点单位，此地从2005年到2010年5年间，“共置换了1128户人家的宅基地，腾出宅基地977亩，建造集中农民居住基地34万平方米（其中商业配套3万平方米），建成住宅2862套，占地514亩，节余耕地485亩。2006年，分两次向市场转让出472亩，成交价分别为每亩70万元和90万元”。

因为在成都做了几年功课，这些都不难懂。首先实施置换的出发点就是那977亩宅基地，这包括了1128户农民在集体化前从祖上传下来的，外加从集体经济各时期分配得到的宅基地之总和。倘若这些宅基地由农民自建、自住、自用，那就什么戏也没的唱了。“宅基地置换”是一套当地政策，允许农民“以宅基地换商品房”，并规定每1平方米老宅子可置换1平方米新住宅。按此政策，原先盖在977亩宅基地上的农民老宅，可置换到仅占地514亩土地上的34万平方米新住宅（含3万平方米商用配套）。

如此1∶1置换，有什么好处？第一，老宅换新宅，建筑质量提升，住宅的配套设施也更齐全。第二，原来的农民住宅只能自用，顶多可以卖给本村人，但不能合法入市，而置换后的新宅，入住后办了产权证，可以入市，有望升值。问题是，这等好事，谁出资来办？答案是土地：平了老住宅之后，节余下来的485亩土地复垦为农地，就可以选择规划好的地方，在节余土地的限度内向市场公开出让（共472亩）。这就是说，老宅置换新宅所节余出来的土地，公开入市，就筹得建新居的全部资本——包括拆旧费用、复垦费用、建新投资。

对农家而言，要是老宅子比较大，置换的新宅就可以是好几套。我问到的一户，自住一套，出让一套，出租一套。当然，他家老宅子面积不小。平均看，参加首批试点的1128户共换得新住宅2862套，户均2.54套。公寓楼的房子可能不如农民老宅子接地气，也没有那么宽敞、自在。好在凡享受有个价，凡放弃也有个价，让当事人自主权衡，“值”就参加，“不值”就不参加，不是很好吗？

走马观花，把外冈镇第一期试点的新住宅区，以及2010年开始的第二轮新建住宅区（共2839户农家参加，集中建新居74万平方米）都转到看了看。比较而言，新一轮住宅区更“城市化”，18~22层的高层住宅所在多有，是大城市商品楼盘的概念。经济上算账，居民越集居，土地越集约，新建居所的投资也越大。平衡之策还在地价：2013年当地招牌挂的地价，每亩已达300万元之谱。水涨船高，建新投资的手笔也可以加大一码了。

从这里可以看出，宅基地置换的经济支撑点，不是别的，正是城市地价。“三个集中”皆如此，因为无论产业还是民居的“集中”，都要先投资花钱。钱从哪里来？从节余的土地里来。问题是并不是任何地点的土地都值钱。讲过的，工业化、城市化背景下的土地价格，与土壤肥力无关，仅与位置有关。外冈镇腾出来的建设用地，2006年挂牌卖单价不到100万，2013年挂牌卖到300万，离开这个条件，“宅基地置换”不成，“三个集中”更集中不成。

这样分析，“三个集中”缘起上海，顺理成章。客观原因是1992年以后上海再出发，向国际化大都会的方向挺进，世纪难遇的机会集中于沪上，人才、资本、信息高度汇聚，再辐射开来，中心城区对郊区利用不充分的土地不但有需求，而且能提供重新配置的支撑条件。主观方面，我看到新华社最早的有关报道是2003年5月15日发出的，网上还可以查到。《关于切实推进“三个集中”加快上海郊区发展的规划纲要》是2004年上海市人民政府颁发的，网上也可以查到，是上海地方从自己的实际出发选下的方略。那时，还没有深改这一说，但细数内容，要突破城乡土地市场之体制障碍，改的层次可不浅。

当然是“看得见之手”所为。复习一下，自1998年修订的《土地管理法》明令“农民集体所有的土地的使用权不得出让、转让或者出租用于非农业建设”之后，农地农房入市的合法通道一律被关闭。底层如温州等地还可以凭习惯法写一纸“卖契”就过户，多数地方，哪怕农民宅基地闲置再多，也无计可施。要打通合法的城市土地市场，没门儿就是了。“市场之手”以市场的存在为前提，皮之不存，毛将焉附？到了这个当口，“看得见之手”或可助一臂之力。当然，这只政府之手要向着“开放市场”的方向使劲才成。

成都的“三个集中”，是从上海学回去的。那里有条件学，因为是西南的特大城市，开放势头好，中心城区地价贵，有本钱拉农村一把。向读者报告过的，成都开始搞“土地整治”、“拆院并院”，后来行“大挂钩”、“小挂钩”、“联建”，支撑点与上海如出一辙，也就是城市地价。农村腾地，置换给城市，城乡两利，搞得如火如荼。从2008年开始，成都加入农村产改的新内容，举“还权赋能”为纲，实施普遍的农房农地确权，在确权的基础上推进“流转”，实质是探索城乡一体的土地房产市场，大有后来居上之势。如果说“三个集中”还非假政府之手不可，那么到了升级版的土地交易所，农民自己就可以把村庄节余的土地拿到市场上来交易了。

在外冈也听说，2005年之后各地不少人马来参观考察。这也是中国特色，一个地方有点创新和突破，再闷着“只做不说”，外地也能闻到味道前来观摩。说地方竞争推动中国进步快，当然有道理。但各地互相学习、竞相仿效与跟进，也是地方竞争的一项重要内容。也不是哪个地方来看了就都学到手了的，客观条件方面，城市地价相对郊区和农村的差别不够大，要农民自愿参与的经济条件就不具备。背离以农民自愿为前提，那麻烦就大了。讲到底，“权力租金”还是替代不了土地租金。霸王硬上弓，农民“被上楼”，那是以改革之名搞剥夺，老乡们是不会买账的。

原创“三个集中”的上海于2005年的试点之后似乎并没有推开，原因不详，坊间只有一些非正式猜测。从逻辑上讲，地方性改革试点当然与地方领导人脱不得干系，要是哪一位地方领导日后站不住，他治下的改革探索多少总受些影响。这是现实政治。不过沉淀下来的历史还是会将界限划分清楚，更何况适合时势要求的改革之举，一时沉寂，终究也挡不住来日再起。上海如此，其他地方也一样吧。

“地票”是一个了不起的创造

改现行的土地制度，以城带乡究竟能走多远？这个问号，各方关注，而我自己也没有想得明白的现成答案。唯有等机会，看看有无来自社会实验室的实验报告。是可遇不可求的机会，因为有城又有乡的城市在我国虽然为数不少，但幅员足够“辽阔”，让城市的级差地租可以惠泽远地农村的，却所在不多。上海、天津、北京和成都等地，郊区本来就比一般农村发达不少，再搞城乡统筹，等于锦上添花。远在更为贫穷的乡下，也有机会分享中心城区节节上升的土地收益吗？

老天不负有心人，终于出现了一个大尺度的实验室。2007 年以降，作为中国第四个直辖市，重庆首创的“地票”改革实验正式开张。其背景情况，本书曾向读者做过介绍（见“土地交易所破土而出”)。背景后面还有背景，那就是重庆自设立直辖市以来，虽然城市化的表现不俗，但人口流动与土地配置很不搭调。数据说，1997—2009年，重庆的农村常住人口减少了31%，但同期农村人均占用的建设用地，却由183平方米上升到262平方米，增长43%。奇了怪也：城市人增地增，农村人减地也增，城乡建设用地齐增，两头一起挤占耕地，如此的城镇化如何持续？

北京国土部门拿出来的办法是“城乡建设用地增减挂钩”。讲过的，那也是逼出来的应急措施，其实，“原型”在“三个集中”里已经显现。据国务院批准重庆市2013—2020年的土地利用总体规划，要求农村减少建设用地277平方公里，新增城区建设用地655平方公里。这一减一增之间，重庆城乡可净增加378平方公里建设用地。

拿到中央政府下达的“挂钩指标”，重庆大可依托行政之手，收缩农村版图，扩张城镇面积。不过，这个在我国所有直辖市里农村、农民占比最大的西南中心城市，还有心在城镇化中尝试体制与制度创新，更多利用市场之手，在城乡土地配置机制方面有所突破。2007年，时任重庆市委书记汪洋离渝赴粤之前，把设计重庆城乡土地流转机制的任务批给了时任常务副市长黄奇帆。自此，地球上从来没有过的“地票”制，开始了它的今生前世。

黄奇帆久居长江之尾的上海，2001年调入重庆主管经济。在沪工作期间，他管过企业，参与浦东开发，也是当年开资本市场的一位得力干将。话说朱镕基1990年要办上交所，派了一干人马去观摩纽交所，其中就有黄奇帆。随着一纸调令奇帆入渝，城市转型、要素市场、精打算盘等海上元素，也一并被带到长江之头的重庆市，在当地生根开花。

有机会处理以城带乡的土地市场改革，黄奇帆出手不凡。在他主持下定下来的重庆城乡土地流转方案，出于“挂钩”又远胜“挂钩”。最重要的变化，是农村建设用地的减少与城市建设用地的增加，皆与市场挂钩，要由一个公开市场所发现的相对价格来激励土地的节约与集约利用，配置土地用途，并在城乡各相关主体之间妥当分配上涨的土地收益。

这套新设计的制度，叫“地票”。阐释一句，地票之“票”，是可交易资产的凭证。此定义当然不算独创，但黄奇帆的贡献是“联想”——既然可上市交易企业资产的凭证叫“股票”，那么可交易的土地资产之凭证，为什么不可以叫“地票”？“股票”“地票”皆市场交易的权利凭证，联到一起，懂其一就懂其二，念起来又上口，师出有名可算达标。

地票的设计思路如下：“以耕地保护和实现农民土地财产价值为目标，建立市场化复垦激励机制，引导农民自愿将闲置、废弃的农村建设用地复垦为耕地，形成的指标在保障农村自身发展后，节余部分以地票方式在市场公开交易，可在全市城乡规划建设范围内使用。”

具体实施，有四个环节：

（1）复垦。前提是农民住有所居，并自愿申请将闲置、废弃或利用不充分的农居房屋，复垦为耕地。至于单户申请还是联户申请，是复垦后在本地另建新居或新村，还是到城镇购房，皆遵从申请人的意愿。市、区政府仅对复垦申请的批准和结果验收，负行政责任。验收时，以权证为建设用地的合法依据，以第二次国土调查的图斑控制复垦范围，以实测结果确认有效建设用地的面积，并严守复垦达标的技术标准（土壤层厚40厘米，坡度小于15度）。

（2）交易。复垦一旦经验收合格，就生成地票，即可以公开交易的土地资产之凭证。权利人——农户或农村集体——可持票进场，到重庆农村土地交易所挂牌出售。根据土交所章程，城乡法人、具有独立民事能力的自然人及其他组织，均可入场平等竞购地票。地票的成交价由市场决定，信息一律公开。

（3）落地。重庆市建立计划指标、地票、增减挂钩指标分类保障用地需求的制度。明确规定，主城区和区县城新增的经营性用地必须使用地票。同时，也限定不得在城市规划建设范围之外使用地票，保证地票的落地纳入城市建设规划。另外，地票落地时仍遵守现行土地征收、转用、出让的有关规定。

（4）分配。地票的成交价款扣除复垦成本之后，全部收益归农民和农村集体所有。其中，宅基地收益由农户与集体按85∶15分成，其中属于农户的，由土交所直接打入农户的银行账户；属于集体使用的建设用地，复垦交易后的地票收益归集体。重庆市还设立最低交易保护价，保障农户的地票收益不低于每亩12万元，集体的收益不低于每亩2.1万元。复垦形成的耕地，所有权归集体，原则上由原农户承包经营和管护。

公开竞购地票的胜出者，无论法人还是自然人，皆有权在城市建设规划范围内按照地票的面积，选择合适位置落地开发。开发的净收益归这些地票持有人，须依法缴纳的税费则归政府。由是，当农村的建设用地被“移动”到城区时所带来的土地增值收益，就在农民、集体、开发主体与政府之间，按地票制度界定的权利各得其所。

不难理解，重庆地票制度脱胎于“城乡建设用地增减挂钩”，实现的经济功能也类似，就是把农村闲置、废弃、低效占用的建设用地，经由在农村复垦、在城区落地，“移动”到地价较高的位置来使用，从而释放土地升值的潜力。但是，地票再也不是用行政之手来实现以上目标，而是经由一个公开的土地市场，通过供求竞争的市场机制来完成。这个打通城乡壁垒的土地市场，基础就是制度化了的各相关方的财产权利。

以我之见，这套制度设计在逻辑上无懈可击。这里那里的小瑕疵，不能说一点没有，但整体看，说得通也做得通。科斯点到过，市场的前提是清楚界定的财产权利。重庆地票的基础是农户可转让复垦土地的建设开发权，再搭建一个公开交易的市场，以市价引致转手。怎么看，逻辑清晰，脉络清楚。

问题是设计归设计，执行归执行。特别是重庆这么个后起的直辖市，面积8.2万平方公里（比欧洲好几个国家都大），人口近3000万，城区不小，农村更大。再伟大的顶层设计，贯彻起来究竟成什么模样，是逻辑推理无能为力的。要回答这个问题，经验主义的办法唯有看、看、看。还不是个案看一时，而是横看侧看，假以时日，看看到底发生了什么。

机缘巧合，2008年12月4日重庆地票首场拍卖会后，我和两位同学就追到当地访问。胜出者是家民营企业，重庆玉豪龙实业公司，董事长刘树声，他举牌出价2560万元，比起拍价整整高出了1280万元，一举拿下这300亩地票。我们在南岸区刘董办公室谈及此事，他那激昂的情绪还不能平复。对平均每亩8.5万元之价，我问："地票不等于地，值不值呢？"老刘答："如果顺利落地，一定值。"

半年后又到重庆，我再去刘树声处问地票有否落地。答复还没有，而老刘的焦虑明显替代了原先的激昂。不难理解，2560万元的利息天天压在公司账上，万一本金还有什么闪失，对这家民营公司可关系到身家性命。老刘的团队在城市规划区里寻寻觅觅，中意的地块不是没有，只是"地票落地"是新事物，手续麻烦，非预期所料。再后来，我们隔段时间打电话问进展，终于在2010年2月得知，重庆市最早4宗拍出来的地票，落地获得批复，总计达817亩，包括玉豪龙公司的300亩。屈指算来，离竞拍得手已经一年又两个月过去了。

地票供给就比较简单。2008年重庆市首批宅基地复垦，江津区3000多农户参加，产生地票3600亩，其中包括老刘拍得的那300亩。该区李市镇的孔目村曾被誉为"地票第一村"，我们到现场拜访。嫌跑马看花不过瘾，我等几位从北大来的师生，还直接去江津区一个村子小住两天。当时的访谈记录俱在，我印象深的外出打工的家长们，回到老家最上心的事情，就是到底选哪里置业，才是对下一代最好的选择。记下了当时的感受："财产性收入"云云，在我们的文章不过是一组词汇而已，但对农民而言，却是改变他们自己和下一代经济命运的一个台阶！

顺便记一笔，孔目村的首批复垦，其实从2006—2007年实施“增减挂钩”就开始了，政策与后来的地票有所不同。这也反映“地票”起于“挂钩”，只不过后者以行政之手为中心，凡农民拆旧、建新、复垦之对价，皆由政府划一规定。后来的“地票”以市场定价，对农民来说“补偿”就不固定。从挂钩到地票的衔接，农户有反应，舆论有批评，皆事出有因。适应后就好了——市价有高有低，不是“不平等”，恰恰是“在波动的市价面前大家平等”。还有农户宅基地划定85%的分配比例，直接拨款到农户个人账户，开始也是没有的，后来为防层层上下其手，干脆开通从市场到农户的直达车。

2011年重庆方面宣布，要让几百万进城农民工融入城市。黄奇帆提出“三、三、五”构想，即花三年时间，让进城农民脱下三件乡下人的衣服（宅基地、林权和承包农地），换上五件城里人的衣服（养老、医疗、教育、住房和就业）。这事可大了。我们忙不迭组成由重庆籍同学和四川籍老师领衔的研究组，不料调查工作刚刚展开，“三、三、五”受到质疑——“为什么要农民先脱三件才穿上五件？”——舆论倒向“三加五”（让农民穿着三件再加五件！）。我们则遇到经验研究的困境：事实在经验上还没有立住，研究什么去呢？

再过一年，重庆闹开了“唱红打黑”。深不可测，哪里是经济学专业看得懂的？幸亏成都的还权赋能、确权、联建和土地流转还有的看，于是我们多跑都江堰、郫县和大邑。重庆这边，地票拍卖还是跟着看，几次三番到拍卖现场观摩。用的是老办法，力求遍访每一个环节的各方当事人，像拼图一般东一块、西一块地凑，希望在思维上对整个图像尽可能有一个完整的理解。

2014 年 6 月又去重庆。风风雨雨，那里实行地票制已满 5 年。根据土交所的记录，此时重庆全市共复垦耕地 15 万亩，交易地票 13.74 万亩，农民和集体共得价款 279 亿元，受惠农户 17.2 万户。此外，在城镇已落地的地票共计 8.6 万亩。由于地票是有价凭证，具有抵押融资功能，也为复垦提供了前期资金。至此，重庆市各银行对地票类复垦项目授信 190 亿元，实际放贷 105 亿元。

此行访问了两个镇。一是涪陵的马武镇，距中心城区 23 公里，自 2010 年以来完成 30 个复垦项目，涉及 18 个村子的 3329 户农民，共复垦土地 1795.4 亩，农户和集体共分得 3 亿人民币，亩均 16.7 万元，户均（按 85% 计）7.66 万元，平均每个村集体分得 250 万元。二是巴南区木洞镇，属重庆主城区范围，计划实施 4 批复垦项目，已完成第一批 4 个复垦项目，复垦土地 81.4 亩，涉及 119 个农户，于 2013 年 6 月通过市级验收。两相对照，似乎远离中心城区的农村更欢迎地票。马武镇完成复垦的农户占总农户的 28%，还有很多农民排队等候进入复垦，甚至有人为要求参加复垦而上访！巴南区复垦户的比例就低，进度也慢。全市数据也印证了这一点：迄今为止，72% 的地票来自远离中心城市的渝东南、渝东北“两翼”地区，而 97% 的落地地票集中落于“一圈”内城，揭示了愈远程地票功效愈彰显的特征。

前后断断续续观察了 5 年，其间写有研究报告，但一个字也不曾公开发表。本文算是第一篇可拿出来给读者看的，结论写入了标题——“地票是一个了不起的创造”。笔者以为最了不起之处，是地票把“挂钩”无可挽回地推进了市场。本来“征地指标”之外又冒出“挂钩指标”，或容易变成行政权力手中永不嫌多的新玩物。地票一来，复垦指标要入市公开交易，就像当年的外汇指标一样，市场机能一旦发作，覆水难收，回头路就没的走啦。

效果是如此明显，以至于无须任何深奥的道理，人们在常识水平上就可以得出清楚的判断。那么多农民进城另谋高就，他们老家中闲置、废弃的房屋宅基地又如此之多，选些来复垦，耕地增加，城市建设用地也增加，老乡得到一笔地票价款，政府又没掏财政的腰包，就是开一个公开交易市场，究竟何害之有？了不起之上的了不起，是重庆地票与现行体制诸多方面的冲突最小。论耕地保护，那里的耕地不减反增；论用途管制，讲起来还构成地票交易的逻辑前提；讲城市建设总规模的规划控制，那是地票落地不可逾越的铁定边界。地票唯一冲击的，是“集体建设用地不得转让用于非农建设”的禁令，此禁不除，讲“市场配置（土地）资源”，恐怕就永远是一句束之高阁的空话。

地票可是合法的。本来，直辖市就在我国城市政府系列中居最高行政级别。更难能可贵的是，重庆试验地票制还得到中央政府批准。2008 年，作为重庆市政府向国家提出的 12 项重大事项之一，地票得到了中央有关部委的支持。《国务院关于推进重庆市统筹城乡改革和发展的若干意见》（国发［2009］3 号）明确，“设立重庆农村土地交易所，开展土地实物交易和指标（即地票）交易试验”。从制度变迁的角度看，合法市场能更好地稳定各方预期，减少交易行为的扭曲或歪曲。兹事体大，再次印证了地票是一个了不起的创造。

凤凰社区飞凤凰

2013 年 12 月 20 日，深圳市拍卖了一幅土地。不少媒体报道，“深圳打开利益死结”，“新土改破冰，首宗农地入市”，“小产权落地”，标题醒目又养眼，令人目不暇接。很正常，倘若没有新鲜刺激的内容，早在 1987 年就拍下第一锤的深圳，土地拍卖怕是上不了新闻头条的。

当天，我和两位同学就在现场。我们是专程前往观摩这场颇有标志意义的土地交易的。不过，要准确刻画这场土地拍卖的特别之处，并不容易。该拍卖土地 1.46 万平方米，成交价 1.16 亿人民币，地价款“70%归深圳市政府”，“30%外加建成后物业的 20%，归深圳保安区街道的凤凰社区”。问一句吧：如果所拍之地是国有土地，收益何容凤凰社区分享？如果不是国有土地，又何以堂堂皇皇合法地公开拍卖？

不怕见笑，能把问题问到这个水准，是我们二十来位北大国发院的老师同学在深圳土地问题上调查了一年之久的成果！话说2012年初，深圳方面召开过一个土地制度改革的研讨会，请来专家很少，但主办方介绍情况详尽，又不公开报道，摆明要认真探查解决实际问题之道。会后东道主问我有没有兴趣做深入调研，其时我们的成都研究已近尾声，遂回应回去问问各位同好。

怎么可能没兴趣？深圳首开国有土地市场公开交易之先河，名满天下。更重要的是，这个城市率先——迄今为止也是全国唯一——完成全部土地国有化，后续究竟如何，不来此深入一下总有缺憾。过去对深圳的调查，企业、产业和创新的题目碰过不少，偏偏土地方面的还一个都没有。现有机会上门，积极响应者众，大家一拍即合，2012年的寒假和暑假就全都泡在深圳了。上课时回校区，做的则是案头工作。一年多的时间，访谈记录外加收集到的文档、照片，收获之丰，远超预期。东道主后来有没有觉得“请神容易送神难”，我辈当不知道（一笑）。我们自己收获满满，怕要消化多年，方知养怡之福。调研成果，来来回回改出一份综合报告发表（“城市更新的市场之门——深圳经验”，刊《国际经济评论》2014年第3期），有心的读者或可找来作为参考。

感受深的，是城市土地全盘国有化引发的麻烦无穷。对那段《宪法》公案，前文做过梳理（见“城市土地国有化之谜”，以及“城市土地国有是全盘土地国有第一步”）。不过再次细读1982年《宪法》，在“城市土地属于国家所有”的表述之后，还有一句，

“农村和城市郊区的土地，除由法律规定属于国家所有的以外，属于集体所有”。也许可以这样解读：属于国家所有的，仅“城市的城区土地”而已，因为《宪法》还很明确规定，“城市郊区的土地”——除由法律规定属于国家所有的以外——属集体所有。“城市”涵盖城区与郊区，既然后者土地法定为集体所有，那么全部城市范围内之土地，在逻辑上不可能都属于国家所有。

事实上，1982年《宪法》颁布后，并没有任何一个城市，包括直辖市、省会城市、地级市或县级市真的实施了全部城市土地归国家所有。理由有二：一是现在的城市，市域范围一般都划得很大，既有城区也有郊区和农村——以至于出现了一个老外不易听懂的术语（“某某市的城镇化率”）——没必要把全部农村土地划归国家所有。二是“城市土地属于国家所有”虽有了《宪法》根据，但把世世代代农民的土地划入国有，要履行征地手续，要支付补偿，还要安置原来土地的主人，不是说国有就国有那么简单。

深圳却是唯一的例外。作为毗邻香港的特区城市，深圳增长迅猛。尤其邓小平南方视察之后，中国的市场化开放度急速上升，深圳的城建呈现出比近代上海更猛烈的扩张势头。这个新兴城市平均每年新增建成区的面积，相当于东部沿海地带一个中等县级市的市区面积。原来不过广东省一个县的面积，即使全部建成城区也难满足需要。深圳大量新增城市建设用地的要求，不能不受到土地管制政策逐年收紧的掣肘。

1992年，深圳市出台《关于深圳经济特区农村城市化的暂行规定》，对原特区关内的农村土地实行“统征”，即把那里的全部农村土地转为城市国有土地。2004 年，深圳市又在特区关外实施“统转”，即把全部关外农民转为城镇居民，以此实现全域土地的国有化。

从细节上打量，2004 年的“统转”沿用了 1992 年“统征”时的土地补偿标准。问题是 12 年来深圳地价早已翻番。结果，“统转”广受抵制，出现了关外地区“违建”和“抢建”高潮。据 2010 年深圳完成的农村城市化历史遗留问题违法建筑信息普查资料，全市违法建筑 35.7 万栋，建筑面积 3.92 亿平方米，用地面积 131 平方公里。①如此规模的“法外土地”与“违建”，颇为罕见。

更为严峻的现实，是生活在“违法建筑”里的外来人口，差不多占到深圳总人口一半。与一个“正规深圳”并列的，还有一个由原村民、“原农村集体经济组织继受单位”（“统转”之后，理论上不再存在集体经济组织），以及生活在“违建”里的庞大外来人口组成的“非正规深圳”。这里，名义上城乡已完成一元化，但又隐隐生成了一个“法内”与“法外”交织的新二元世界。

焦点在“违建”。以“正规深圳”的眼光看，只要土地不合法，上盖建筑当然就不可能合法。但恰恰是数万栋深圳建筑物之下的土地，历史遗留的权属纷争一直紧紧地纠缠着当下的活人。访谈多了，我们发现那叫“一块土地，各自表述”：“正规深圳”认为“应转未转”，“非正规深圳”则认为“应补未补”！闹来闹去，政府宣示“全部关外土地属于国有”，原村民及其“集体经济继受单位”

① 数据来源：http://news.dichan.sina.com.cn/sz/2010/08/17/200398_all.html。

却争分夺秒起楼、建房。我们课题组的张惠强给这类行为命名，曰“种房保地”！从旁观察，还是老乡实际，要土地干吗，还不是加盖了物业才能有收益？你说是你的地，那我盖我的房，横竖建了楼、收到租，土地国有化不国有化的，有什么关系？

政府当然拆违。不过当我们拜访了深圳拆违大队之后，才明白那可是一件知易行难的工作。别的不提，执行成本之高昂就令人望而生畏——反正有过花费200万元拆除一栋建造费1200万元建筑的纪录，还没算“保持高压态势”的常备行政经费。本国国情，“条条”执法向来离不开“块块”配合，而深圳关外最基层的“块块”，恰恰就是“集体经济继存单位”！几次集中拆违之后，违建高峰总算被遏制，但行家估计，“违建”的存量与增量，还是与“正建”的存量与增量旗鼓相当。

困局难破，我们的思考也渐入迷茫。过去也有类似的经验：对一个问题完全无知时，调查进展快，想法与招数来得更快。可是等到对问题有个七七八八的认知后，却发现研究再难推进，因为真正的难题常常一时无解。几番研讨，我们横下一条心，反正就是不抖机灵。无解就无解，也别冒充我们能比当地人还高明。80年代早期第一次会杨小凯就在深圳，他当时的话语我现在还记得清：“来闯深圳的，没有等闲之辈，所以这里人的平均素质远比内地城市的为高。”连深圳人都没辙的难题，我们才来看了几天就有解了？当如此“经济的”经济学者，没什么意思吧。

沉下去，发现解就在难题里。本来啊，难题让人难受，当事人总要寻求减轻之道。外来人灵机一动就能有的点子，人家就没有？

还是早有人想到过，只是手脚受限做不成？这样想下去，调查研究柳暗花明又一村，新发现接踵而至。凡可记下的，都记录在我们那份发表的报告里了。印象最深的是深圳之城市更新：无论法外土地和违建多么插花交错，他们设计了一套对路的更新政策化解过去遗留下来的麻烦。细节这里展不开，研究报告里都写了，反正基本思路，就是如果讲理太费劲，那就不妨试一试“讲数”——“法外土地加违建”缴付多大一个代价，政府就让人家分享合法开发的收益。出发点和落脚点只有一个，那就是尽最大努力将多数人的经济活动纳入合法框架。

面上推开，选先易后难的路线。2013 年 1 月，深圳市政府下达关于优化空间资源促进产业升级的文件，率先解放工业用地。按此政策设计，原村民及其经济实际控制的工业用地，愿意拿出来以国有土地拍卖的，收益可与政府分成。于是，我们才有机会看到本文开头的故事。准确描述并不容易——此次拍出的那宗土地，在法律上属于国有，但原村民及其集体却有权分享 30%土地收益，外加持有 20%开发出来的物业。戏中有戏，凤凰社区还拿自己应得之地价款，购入开发方（深圳方格精密器件有限公司）的部分股权。经此，模糊不清的原住民地权，就转为清晰的物业所有权与公司股权。深圳关外凤凰社区，果然飞出一只金凤凰。

土地入市的路线图

回头看，打开城乡间的土地市场之门，绕来绕去，走的不是一条直线。拜早期改革之福，经济自由大增，启动了人和要素的流动，结果是经济集聚吸引人口集聚，城市化方兴未艾。落到土地上，“位置”本身开始有价，集聚之地的市价急升，让原本“不得买卖、不得租赁、出让与转让，只靠计划指令配置”的土地，再也守不住昔日巢穴，被卷进熙熙攘攘的市场。

自发反应总是原创。早在第一批“三来一补”到珠三角落地之时，那里的土地就已经发生了“市场化转让”——无非是讲一个价钱，原业主的土地就转给他人用。内地初办第一批民营企业，所用的土地也早已进入“议个价钱就转让”的不归路。试想温州私企，哪个办厂不占地？当年芜湖的年广九还能悬空炒出“傻子瓜子”不成？前一段在上海偶遇“小南国”老板，她的创业故事是把家里房子换到临街，摆上4张桌子就开张。房子怎么换的？还不是讲好价钱就换手？房子转了，下面那幅土地转没转？当然一并也转了。原本，土地市场就这么简单。

到上层建筑过堂就不容易了。调查、研究、借鉴、决策、拍板、试点、出政策、修老法，过不了五关、斩不了六将，那合法化就没门儿。也拜时代之福，那年头敢为天下先的官员似乎比后来多很多。1987年12月1日，深圳公开拍卖第一块土地。说“合法”也勉强，因为其时禁止土地买卖、租赁和转让，还白纸黑字写在尚未修订的《宪法》里。舆论压力更大，说“违宪”、“走资”算轻的，更有骂“卖国”的——参与首批深圳土地竞投的44家公司中，居然包括9家外资企业！

但也不好定人家非法。是国务院授权深圳、上海、天津、广州等城市，率先试行土地有偿转让的。首拍当日，时任国家体改委主任、国务院外资领导小组副组长、央行副行长等中央要员，外加17位城市市长亲临现场“站台”。紧接着，12月29日，广东人大通过地方法规，明确“深圳特区国有土地实行有偿使用和有偿转让制度”。来年春天，全国人大通过1988年《宪法修正案》，确认“土地的使用权可以依照法律的规定转让”。至此，土地市场的合法大门正式开启。

不过，细节里还藏有一只“魔鬼”。本来，自发的土地转让并不限于国有土地——如果以数量论，无论珠三角还是内地城乡，怕还是农村集体土地转出来的占多数——但到了“合法化”关键阶段，却被人为收窄为“唯国有土地才可向市场转让”。不是吗？先是广东地方立法，不仅把“有偿使用和有偿转让的土地制度”限于深圳特区（当时俗称“关内”），而且严格限于“国有土地”。次年全国人大修宪，明确的原则本是“土地的使用权可依法转让”，而是年年底修订的《土地管理法》更明确“国有土地和集体土地的使用权可以依照法律的规定转让”，但又留有一笔“但书”——“转让的具体办法由国务院制定”。1990年，国家颁布了《城镇国有土地使用权出让和转让暂行条例》，但“农村集体土地使用权的转让”却再也没有一部全国性法律的出台。再过8年，进一步修订的《土地管理法》干脆下达禁令：“集体土地不得买卖、出租和转让用于非农建设！”此时的立法者似乎完全忘记了1988年定下来的宪法准则。

结果，国有土地合法进入了市场，但集体土地却被隔绝在合法交易的大门之外。集体土地还是只能由集体成员自用——分宅基地或开办乡镇企业——若要转给非集体成员他用，那就只剩华山一条道，即由政府征用，变性为国有土地以后，再经由政府之手转入市场。

如此“政府一手征、一手卖”的土地制度，转眼已成形27年。说成就，这套“土地资本化”之策功效巨大，否则始于深圳、遍及珠三角，而后长三角、环渤海，再中西部的城镇化，不可能在一代人的时间内迈出如此耀眼的步伐。论问题，在一派“城市像欧洲”的超级繁荣底下，城乡、官民之间的紧张与冲突，也从来没有表现得如此集中与夸张。号称“太平盛世”又断不了动枪动棒的，看来看去，常常不是一块地，就是一处房。人们疑虑：这个“半拉子”土地市场可以持续运转吗？更有资格充当“中国模式”的典范，为人师表吗？

答案没出现，却发生了进一步的悄悄变革。看明白了，又一波“新土改”发源于大都市。经济逻辑很清晰，城市——特别是那些极富集聚潜能的大都市——更早尝到了地价急升的甜头，也使大都市具有更强烈的卖地筹资冲动。问题是，这类需求极难满足。

从根本上讲，“征卖差价归地方财政”带出来的需求，差不多可以无限膨胀，永远也没个够。想想看吧，这个“政府一手征地、一手卖地”的游戏，卖地所得归地方，但能卖出多少却取决于一是得到了多少“征转地”指标，二是当地市场买地的需求量。要是“征地指标”可由各地出价竞购，那么市场力量就间接支配着“征地指标”的分配，集聚能耐大的城市，不难得到更多的用地指标。

可惜事情不是这样的。我们这个“半拉子”土地市场，其实还是行政主导，要服从内生的铁定准则——按行政权力的等级配置征地指标，外加某些官场通行、微妙无比的官员打招呼之类的调节机制。在这套体制下，各城市获取用地指标之多寡，与城市的经济实力不一定有正向关系，却更多受制于城市行政级别或政治地位。也不能指望国家还有别的配置办法——好比一个超级大家庭，负责分派土地指标的“中央老爸”要面对几百个嗷嗷待哺的儿子，怎可以厚此薄彼？“最公平之道”，还是讲辈分、比长幼。于是，直辖市为一档，副省级省会城市为一档，地级市为一档，县级市又是一档。

至于到了镇一级——哪怕有百万人口在那里常住——那就对不起了，漏剩下多少算多少吧。

这就逼出一些“超越现体制”行动，譬如2002年上海的“三集中”。为什么大都市先行动？答案是它们手中有一副地价地租的好牌。既然从“老爸”那里拿不到更多指标，何不眼睛向下，打一打郊区集体土地的主意？理论上那些土地也不是耕地，而是农民及其集体早就占用了宅基地、乡镇企业用地等“非农建设用地”。集中起来把结余的土地指标卖给急需土地的中心城市，城乡皆有利，何乐而不为？

好事传千里。“三集中”很快蔓延到江浙、长三角、山东、天津，也由此生成国土部新的用地政策——“城乡建设用地增减挂钩”。中西部后起之秀的大城市对此也敏感得很，很快学了回去，还加上些本地创造：成都在“三集中”基础上“还权赋能”，先确权，再流转；重庆搞起有声有色的“地票”。仿佛不经意之间，政府主导的“挂钩”在一些地方向市场版“挂钩”变形，“半拉子”土地市场又被市场拉开了一道道新口子。

在首拍土地的深圳，特区国有土地入了市，关外大量的集体土地也没闲着。须知经济与人口的集聚所带来的城市土地大幅度增值，是一个在经验上很容易被感知的现象。不难理解，合法市场上的“地王”迭出，近在咫尺的关外原住民及其集体，当然不可能无动于衷。地价上涨由近及远地蔓延，一来二去，关外地价也逐渐上升，那里村民与集体的反应如出一辙——让土地与房屋大量进入市场。与此相似，连天子脚下盛产的“小产权”，也是相对价格惹起来的祸。地价房价那么高，合法口子又开得那么小，那还不活活憋出一条民间入市的通道？更有温州地方凭“地契”过户的习惯法，全部无涉官府，一概民间自理——既然正规法律不承认、不保护，人家老百姓自己玩，还不行？

看起来，土地入市是双线并行的结果。一条线起于“国有土地率先合法入市”，并通过“宅基地换房”、“留地安置”、“三集中”、“增减挂钩”、“城乡统筹”和“地票”等多种多样试验性政策工具，把部分集体土地引入合法交易的框架。另外一条线，从“精彩的法外世界”画过来，其实是在基层农村组织和部分地方法规的容许下，集体土地要顽强地争取“同地同权”。在全国性修法完成之前，上述两线似乎永不相交，不过越来越清晰的事实是，所谓“统一的城乡建设用地市场”，正出现在这两条平行线之间。

突然记起，公元1176年，宋代词人辛弃疾驻节赣州途经造口留下的那首菩萨蛮。是的，“青山遮不住，毕竟东流去”，或许正可以用来描述当下城乡土地入市的路线图。

转让权的政治经济学

不管世人怎样评价，城乡通开的土地市场总算在中国登堂入室。没什么值得大惊小怪的，既然真实世界里的资源争用无可避免，人们总要找一套摆平（比较文化的用语是“配置”）的法则。凭行政权力下命令配置是一个办法，由市场竞争定价配置是另外一个办法。只是开弓没有回头箭，市场之门一旦开启，它就有自行展开的顽强生命力。我觉得，今天再辩农地可否入市，多少已经晚了。1987 年国有土地入市之日，实际上已经预演了日后农地终究也要入市的场景。否则，“官地可以入市，民地不得转让”，怎么可能长久摆得平？

市场基础是清楚界定的财产权利。这是科斯的发现。这位经济学老人从来没到过中国，但讲出来的道理对我们认知中国经济有莫大启发。人民公社吃不饱的问题是怎么解决的？还不是在含糊不清的“集体经济”里加画了一道产权线——家庭联产承包？那是产权中最基本的权利即使用权。讲过了，“权利”者，受社会规范的个人行为范围也。家庭联产承包，就是农户可按承包条约的条件，独立利用耕地，决定怎么种、种什么。除去了“大锅饭”，中国的温饱难题就解决了。

温饱后要进一步富裕，转让权越来越重要。因为利用资源，积极性重要，能耐也重要。自己资源自己用，积极性一般没问题，但自己可不一定就是利用这些资源的最佳人选。在很多情况下，资源他用，生产率更高。于是，怎样把资源转到利用效率更高的主体之手，就成为经济增长的关键。古典经济学出现以来，学者皆重视分工和专业化，知道那是提升生产率的源泉。不过，离开了有效的转让权，分工和专业化都不过是无源之水。当年的斯密看扣针生产，很简单的专业分工就可提升生产率数千倍，但前提是资源可以他用，包括工人的劳动力为他人所用，投资方的设备也为他人所用。要是一切资源只能自用，什么都干一点，工作态度再积极，还是一个穷。

转让权加到一起，就是市场。不是吗？卖菜的随时准备转让自家的菜，买菜的随时准备转让自己的钱，才有菜市场。其他亦然。人们在熙熙攘攘的市场里寻寻觅觅，其实就是在寻找合适的转让机会。《国富论》说转让是人类天性，甚至说“从来没看见一只狗与另外一只狗交换骨头”——难怪今天的宠物也只好通过取悦于人类，才得以改善它们的生活。

个人以为，从转让权理解市场和市场经济，在认知上更贴近真实世界。譬如经济学历来有一道热门议题——政府与市场，学者们常常就政府该办什么，市场又该办什么，发生热烈的讨论。可是那样提问题，政府与市场似乎是两个泾渭分明的行为主体，至于井水与河水相犯还是不相犯，倒也允许见仁见智。

但是从市场底部看转让权，政府的力量从第一瞬间就不可或缺。阿尔钦定义产权，开门见山第一句就是，“一种通过社会强制实现的对某种经济物品的多种用途进行选择的权利”。他解释“社会强制（socially enforced），把“政府的力量”摆到第一条，其次才是“日常社会行动以及通行的伦理和道德规范”。问题来了：讲产权、讲私产，为什么要扯到“政府的力量”？

经验上不难理解。对任何经济物品，你说是你的，他人全无异议，那倒也罢了。抑或你拥有基于此财产的自由行为范围，与任何他人的自由全无冲突，那有没有“政府的力量”根本就没有什么关系。只可惜，除非我们只身居于孤岛，以上的理想境界不容易遇到。倘若财产的归属闹起了纠纷——你说是你的，他说是他的，抑或你的自由影响他人的自由，或反过来他人的自由影响到你——一连串的麻烦就产生了。

遇上麻烦，如何是好？讲理。讲不通怎么办？动手。两败俱伤又怎么办？找第三方来主持公道？你中意的第三方与人家中意的第三方，闹将起来又如何是好？这么推下去，不用推多远，“政府的力量”就呼之欲出。原来，“政府”无非就是“最后的、唯一可以合法使用暴力的权威第三方”。这是巴泽尔的定义，从产权角度看，找到一个“最后的权威第三方”来止纷定争，其他社会成员才可以集中精力于生产、经济与生活。

至于包含在财产权里的转让权，至少涉及双方或多方，各自“自由”的边界容易重叠，互相干扰的频率可能不低。君不见“一手交钱、一手交货”的相互转让，事前、事中、事后的麻烦向来不小，“假冒伪劣”一旦提上日程，可不是“买卖不成仁义在”那么简单的事情。若商场纠纷无人受理，人们只好向自给自足的方向退，宁愿降低分工水准，也不愿受欺诈和纠纷之累。由此，经验研究支持以下命题：转让权比使用权更依赖“最后的权威第三方”所提供之服务。

这样看，产权，特别是转让权，与“社会强制执行”——也就是“政府的力量”——从一开始就脱不了干系。悖论在于，如果政府这个“最后的权威第三方”太弱，担当不起有效界定产权、止纷定争之重任，那就万事皆休，财产权或者弱化、退化，或者另请高明。反过来，如果“最后的权威第三方”过于强势，带头侵犯财产权利，那岂不是请君入瓮，自作自受？理想的安排是，“最后的权威第三方”知所适从，既贡献合格服务，也领取相应贡赋。

这才是实现长期经济增长的关键。产权重要，但产权不能靠自己就变得重要。“第三方服务”不可或缺，但什么力量可以保证这个特殊的第三方，能够规规矩矩地向产权提供服务？要知道，这可是“最后的、唯一可以合法使用暴力的组织”哪！今天的产权经济学文献，讲起来汗牛充栋，不过读来读去，有意思的思想线索仅此而已。转让权构成市场之基，所以不要指望，真有哪一个市场或市场经济可以是无政府的。真正的难题是，市场连同构建其地基的转让权，是不是驾驭得了一刻都离不开的“最后的权威第三方”？

答案或许令人沮丧：财产权利再强大，也搭不成能关权力老虎的笼子。让权力上路，要靠政治制度。讲经济、讲增长、讲产权、讲市场，讲到最后还要讲政治，道理就在这个地方。论改革，如果只进行经济体制改革而回避政治体制改革，那经改就改不深，改出来的成果也可能得而复失。这是邓小平1986年的论点，现在看，还是至理名言。

回到城乡土地市场。我们观察到，转让权到处在顽强地成长。是经济集聚带起的都市地价上升，由近而远传导到周遭地区，把国有土地和集体土地都卷进了市场的深渊。从制度演化的经验看，法内、法外双轮驱动，多级政府直到基层集体和农户，争相对地价的相对变动做出反应。不管“非法”帽子怎样满天飞，这个变革还是有合法根据的，这就是1988年《宪法》定下的准则——“土地的使用权可以依法转让”。

所见之处，“新土改”释放出惊人的经济能量，推动着城乡建设。风险也是有的，最集中的一点，是行政权力纠缠土地转让权的发育，一不小心这里那里就可能以改革的名义“强权夺地”。几年来我们接触这个题目，最担心这一点，仔细观察也是这一点。对那种或可称之为“保守疗法”的策略——横竖不准农地入市，不让自由转让，反正好歹土地还在农民手上——我们也从旁做过考量。实话实说，在目前所有反对农地入市的理由当中，最具说服力的恐怕也只是这一条。讲转让权的纯经济含义，不讲转让权的政治经济学，的确不行。

不过，思之再三，我还是认为“保守疗法”不是一个好策略。第一个理由是，经济需求难违，当地价拉引土地供给之际，压集体土地不得入市，结果只会扩大低价征地规模，并为形形色色的法外供地打开大门。第二个理由是，禁止农地入市，没有也不可能因此禁绝“笼子外的老虎”咬人。问题的要害是权力不受约束，是不是允许农地入市，权力之手都可能搞名堂。事实上，在“政府一手征地、一手卖地”的现行体制下，以行政权力侵犯农民正当财产权利的勾当也并不罕见。比较而言，允许农地入市，土地有价，农民抵制侵权行为的收益会增加，抵制侵权的能动性可能上升了。

总体来看，农地转让权不可能在纯净的权力生态里获得健康发育。像以往由改革催生的财产权利一样，侵权与反侵权的博弈紧紧相伴。禁止农地入市、叫停农地转让、延缓建立城乡统一的建设用地市场，不是标本兼顾的良策，唯有把产权改革与约束权力的其他改革结合起来推进，才是“新土改”的正道。

跋 从“乡土中国”到“城乡中国”

本系列评论开篇的时候，是2012年2月。当时不知写多少篇收场，也全然没有一个写作计划。不过觉得这个题材有意思，偌大一个中国，非城即乡，以人口分布看，城乡各一半，城重乡轻的趋势却日趋明显。更为重要的是，人口与经济资源在流动中的集聚欲罢而不能。多少精彩刺激的故事发生其间，激起思考无限。于是再也不顾深浅，写一篇是一篇，也算对得起赶上了的这个时代。

回想刚到杜老门下研究农村发展不久，恰逢费孝通先生的《乡土中国》于1984年重版。那是费老1947年的作品，当年在西南联大的教义，后应《世纪评论》之约，分14期连载后，结集出版。记得我们人手一册，读得津津有味。题外话是费老阐释为什么当年要一期一期以短篇发表，答案是40年代末严重的通货膨胀！——“短篇写一篇得一笔稿费可买米”，若等出书，作者怕早就饿倒了——社会学家的经济实感如此之好，顺便也让我们明白，为什么《国富论》、《资本论》那样的鸿篇巨著，一概都是金本位时代的产物。

《乡土中国》刚面世时，中国的城市化率当不足10%。到了80年代我们读到它的重版时，城镇化率不过20%。那时耳熟能详的中国国情，翻来覆去就是“10亿人口、8亿农民”。不过，80年代初中国的工业化指数却已经相当可观，由此我们发现了一个颇有特征意义的组合——“工业化超前而城市化滞后”。那也激发了我们的最初思考。

问题在于城乡隔离。那是一整套的制度安排，把城乡之间的各个大门都关了个严严实实。举凡粮食、农副产品、农村劳力，进城的路线皆不自由通畅。“市场”成了资本主义的代名词，“计划”则成为社会主义的唯一表征。结果就是严重束缚普通人的经济自由。最为要害的，是不准人们对较高的收入机会做出自发的反应。随着普遍的权利受限，“身份”越来越有意义。在资源发生争用的场合，或者收入机会显现的当口，“城里人还是乡下人”？答案可就有了决定性。

改革拱开了城乡之间的重重大门。不过，先发力的地点不是城市，而是农村。解决长期温饱难题的“包产到户革命”，率先从落后地区的乡村向外蔓延。事后理解，“逼出来的改革”也难以还有别的范式。接踵而来的，乡镇企业异军突起、民企横空出世、农副产品与粮食购销市场化、农民工进城，变革顺序差不多都是农村先行、城镇跟进。改革与革命相似，都是“农村包围城市”起家，刨根究底，怕还是“乡土中国”的底气与力量。

到了土地市场化，演进的逻辑有变化。出发点毫不特别，那就是铸入法律的“土地不得买卖、不得租赁、不得出让与转让”。城市要用农村的土地，靠政府征用；城内各方要用土地，由行政划拨。这套硬邦邦的体制，最早被对外开放触动——外资要进来，谁给他们划拨国有土地？土地的市场化改革应运而生。不过这一回，发源地是城市：土地拍卖第一锤落在深圳，首批获国务院授权试点的，还包括上海、天津、广州，一律都是大都市。

新一波“土改”源于城市，祸起地价。城市土地不同凡响，不是因为能打粮食，也不是因为能长瓜果蔬菜。城市土地之价值在“位置”——能吸引越来越多的人口、设施、建筑、项目和经济活动的集聚。这是一个崭新的现象，与世世代代农业文明看重的土壤肥力无关。新变化甚至波及观念、文化与习俗。譬如80年代以降，成千成万负笈留洋的中国学子再没听说过有费老那一辈的故事——老人用红纸包一捧家乡的泥土给去国他乡的孩子压箱底，叮嘱要是“水土不服”，可以拿一点冲水喝下——时代不同了，乡土之“土”对中国，不如过去那么重要，泥土的神秘性随风而逝。

始料不及，先合法入市者，仅限城市国有土地而已。应该不是什么人顶层设计的结果，因为1988年的《宪法修正案》，根本就没这个意思。比较靠谱的解读，开始是城市土地才卖得起价钱，等到初尝甜头，城市政府就不情愿让农村也来分享一杯羹。“一手征地、一手卖地”的“半拉子”改革工程，就是这么修成的。当然，观念、“理论”、说教也帮过忙，诸如“土地涨价要归公”之说，让明明走歪了的“土地市场化”，看起来还是一副美不胜收的模样。一时间，就算老乡人数再多，天下围城，我自岿然不动，看谁奈何得了“唯国有土地才有权入市”。

正以为城乡土地市场搞不起来，新变革却悄然而至。还是地价惹的祸，看起来“相对价格变动引发制度变迁”，还真是天理不可违。本书基于经验观察，发现拱开城乡土地市场之门，依托的是两条线路并举。一条线路是城市政府想多拿地，能拿尽拿之余，一旦遇到也被高地价惊醒了的农民及其集体，就转向“以城市地租换农民土地”。另一条线路是郊区农民和集体自下而上，“州官入市我亦入市”，搞起形形色色的法外土地交易。两线并轨处，就是那“城乡统一土地市场”，柳暗花明又一村！

真的没有任何神奇之处。既然城市能从惯于依赖征用农民之贡赋——粮、米、菜、肉以及一切农副产品——转向依托自由而开放的市场，那么再有十年时光，为什么就不能转到一个城乡通开的土地市场？试看21世纪天下的城市，没“城”无所谓，无“市”就寸步难行。中国城市倘若无“市”，断然担当不起引领国民经济增长的重任。

时光荏苒，我们有幸亲历从“乡土中国”到“城乡中国”的转变。城乡中国“城”字当头，可不再是“征”字挂帅。当代竞争力旺盛的城市无一例外，一概是“市”字打头，以市场机制引导资源流动与集聚。由此，普遍的财产权利，特别是转让权要得到重新界定。城乡中国尤其需要法治，以在转型时期尽制度化最大努力，把大多数人的活动纳入合法框架。好戏连台，新型城市化曙光在前，谨与读者共勉。